**Kosmos-Handbücher
für die praktische
naturwissenschaftliche
Arbeit**

Gerhard Brünner

Handbuch der Aquarienpflanzen

Arten – Auswahl – Pflege

Kosmos
Gesellschaft der Naturfreunde
Franckh'sche Verlagshandlung
Stuttgart

78 Farbfotos von G. Brünner (71),
A. van den Nieuwenhuizen (2),
J. Bogner (1), L. Dennerle (1) und
B. Kahl (3)
1 Schwarzweißfoto von G. Brünner
92 Zeichnungen von M. Bertsch (6),
A. Paysan (48), W. Söllner (18), W. Weiss
(13) sowie 6 Abbildungen aus dem Archiv
und einer Originalzeichnung der
Fa. Dennerle

Umschlag von Edgar Dambacher unter
Verwendung einer Aufnahme von B. Kahl
Das Bild zeigt u. a. Zwergamazonas *Echino-dorus quadricostatus* var. *xinguensis*, Hore-mans Amazonaspflanze *Echinodorus hore-manii*, Rote Tigerlotus *Nymphaea lotus*

CIP-Kurztitelaufnahme der Deutschen
Bibliothek

Brünner, Gerhard:
Handbuch der Aquarienpflanzen : Arten –
Ausw. – Pflege / Gerhard Brünner. –
Stuttgart : Franckh, 1984.
   (Kosmos-Handbücher für die praktische
   naturwissenschaftliche Arbeit)
   ISBN 3-440-05397-0

Franckh'sche Verlagshandlung,
W. Keller & Co., Stuttgart/1984
© 1984, Franckh'sche Verlagshandlung,
W. Keller & Co., Stuttgart
Printed in Italy / Imprimé en Italie
LH 14 He / ISBN 3-440-05397-0
Satz: G. Müller, Heilbronn
Herstellung: Grafiche Muzzio, Padua/Italien

Handelsnamen, Warenbezeichnungen usw.
sind im Textteil dieses Buches ohne nähere
Kennzeichnung in bezug auf Marken-, Ge-
brauchsmuster und Patentschutz wiederge-
geben. Daraus kann nicht gefolgert werden,
daß diese Namen und Verfahren als frei
im Sinne der Gesetzgebung gelten und
von jedermann benutzt werden dürfen.
Genannte Erzeugnisse stellen lediglich hin-
weisende Beispiele dar. Ein Werturteil
ist mit ihrer Nennung insofern nicht verbunden, als nicht genannte Fabrikate ebenso
gut geeignet sein können.

Das Foto auf dem Vorsatz zeigt *Crypto-coryne wendtii* (vorn), Osiris-Amazonas-pflanze *Echinodorus osiris* (links), Karoli-na-Haarnixe *Cabomba caroliniana* (Mitte), Thailand-Hakenlilie *Crinum thaianum* (rechts). Aufnahme B. Kahl

Das Bild auf Seite 1 zeigt Amazonaspflanze *Echinodorus* sp. in Solitärpflanzung. Aufnahme B. Kahl

Das Bild auf den Seiten 2 und 3 Eidechsen-schwanz *Saururus cernuus* (vorn links), Sternpflanze *Eusteralis stellata* (links), Amazonaspflanze *Echinodorus* sp. (Mitte), Wassernabel *Hydrocotyle* sp. (davor), Karo-lina-Haarnixe *Cabomba caroliniana* (rechts), davor Tausendblatt *Myriophyllum* sp. Aufnahme B. Kahl

Zeichnung Seite 6: Haertels Wasserkelch *Cryptocoryne affinis*

Handbuch der Aquarienpflanzen

Aquaristik – auch ein „grünes" Hobby

Zur Einführung

Aquarien sind heute nicht nur Behälter mit einer Schar bunt schillernder Zierfische und wenigen grünen Pflanzen. Wo früher oft nur ein paar Vallisnerien einen dürftigen Hintergrund bildeten, strebt man heute dekorativ und abwechslungsreich bepflanzte, üppig grüne Unterwasserlandschaften an. Wie die Zimmerpflanzen sind auch die Pflanzen im Aquarium immer beliebter geworden. Das hat sicherlich mehrere Gründe. Einmal ist das Aquarium in den letzten Jahren immer mehr zu einem wesentlichen Bestandteil unserer Wohnkultur geworden. Dank der modernen Technik konnte man einen ganz neuen Aquarientyp schaffen, der überall aufgestellt werden kann und damit oft genug zum Mittelpunkt, d. h. zu einem Blickpunkt des Wohnraums geworden ist. Um so wichtiger wurde damit die dekorative Wirkung des Aquariums. Und da nun einmal die Pflanzen das Bild eines Aquariums ganz wesentlich bestimmen, wurde eine sorgfältige Bepflanzung immer wichtiger. Die Fische sind zwar nach wie vor die Hauptsache, doch mehr denn je ist heute die üppig grüne Pflanzenwelt im Aquarium gefragt.
Die zunehmende Beliebtheit von Pflanzen im Aquarium hat aber noch einen anderen Grund. Für den in der Stadt lebenden Menschen sind Pflanzen im Heim oft weit mehr als nur Dekoration: Oft genug sind sie eine letzte Brücke zur lebendigen Natur, und das gilt auch für das Aquarium. Wen wundert es, wenn sich immer mehr Menschen im Umgang mit Pflanzen zumindest ein wenig von der überall bedrohten Natur bewahren möchten. So kann auch die im warmen Licht abendlich erstrahlende, zauberhafte grüne Unterwasserlandschaft Ruhe und Entspannung vermitteln und den Betrachter immer wieder von neuem in ihren Bann ziehen. Der fast sensationelle Aufstieg der Aquaristik mit schön bepflanzten Aquarien beweist dies. Auch mit den Aquarienpflanzen holt sich der Mensch lebendiges Grün in sein Heim.

Mit den gestiegenen Ansprüchen ist auch das Sortiment an Aquarienpflanzen heute größer denn je, und damit erschließen sich auch dem Aquarienfreund ungeahnte Gestaltungsmöglichkeiten.
Eingerichtet mit Wasserpflanzen soll das Aquarium ein Stück Natur darstellen, ob nun „biotopgerecht", als „Unterwassergarten" oder als „Landschaftsaquarium", ist letztlich gleichgültig. In einem Aquarium mit gesunden, kräftig wachsenden Wasserpflanzen fühlen sich auch die Fische wohl, und so sind Pflanzen im Aquarium auch weit mehr als nur dekorativer Hintergrund. Ein „biologisches Gleichgewicht" können wir allerdings mit den Pflanzen im Aquarium nicht herstellen. Es hieße die Dinge allzu sehr zu vereinfachen, wenn man behaupten würde, daß die Pflanzen Sauerstoff erzeugten, den die Fische benötigen, während die Atmungskohlensäure der Fische den Pflanzen die nötige Kohlenstoffnahrung zur Verfügung stellt. Auch der ideale Kreislauf, bei dem die Pflanzen die anfallenden mineralisierten Abfallstoffe des Aquariums restlos aufnehmen und verbrauchen, bleibt nur ein Wunschtraum. Um einen regelmäßigen Teilwasserwechsel kommen wir nicht herum.
Wer Pflanzen im Aquarium erfolgreich pflegen will, muß ihre Bedürfnisse kennen und das Aquarienmilieu so gestalten, daß alle auf dem engen Raum des Aquariums vereinigten Pflanzenarten möglichst optimale Bedingungen vorfinden. Wir müssen lernen, Wachstum und Lebensvorgänge zu deuten und daraus die richtigen Schlüsse zu ziehen. Allerdings, die Zeiten, in denen man sich auch in der Aquaristik mehr auf „grüne Finger" verließ, sind längst vorbei. Auch heute gehören zwar zur Wasserpflanzenpflege ein wenig Fingerspitzengefühl und Erfahrung, aber wir haben gelernt, guten Pflanzenwuchs gezielt zu erzeugen. Das geht nicht so weit, daß man eine Garantie für gesunden Pflanzenwuchs geben könnte, es gibt aber erfolgversprechende Wege zu diesem Ziel. Dabei dürfen wir allerdings nie vergessen, daß wir es auch bei den

7

Bild 1. Aquarien sind heute dank moderner Technik ein Bestandteil unserer Wohnkultur geworden. Die im warmen Licht erstrahlende Unterwasserlandschaft mit einer vielgestaltigen, prächtigen Pflanzenwelt läßt das Aquarium zum Mittelpunkt des Raumes werden. Ein vorbildliches holländisches Pflanzenaquarium. Aufnahme A. van den Nieuwenhuizen.

Pflanzen mit lebenden Wesen zu tun haben, die eben nicht programmierbar sind. Auch wer seit Jahrzehnten tagtäglich mit Pflanzen umgeht, erlebt zuweilen noch Überraschungen und unvermutete Reaktionen seiner Pfleglinge, die verdeutlichen, daß sie sich nicht in ein absolut sicheres Schema zwingen lassen. Hier gilt immer noch das, was WERNER LADIGES vor mehr als 30 Jahren zur Aquaristik schrieb: „Alle Vorgänge der belebten Natur sind so fein und hochgradig kompliziert, daß nicht genug vor jeder Schematisierung und den Versuchen, alles auf einen Nenner zu bringen, gewarnt werden kann. pH-Werte und Härte sind nicht die wirkenden, sondern lediglich auch

mitwirkende Faktoren." Dem ist auch aus heutiger Sicht kaum etwas hinzuzufügen, obwohl wir inzwischen wesentlich mehr wissen und uns moderne Technik und verfeinerte Analysenmethoden zur Verfügung stehen.

Nicht alles kann auf Anhieb gelingen, und ob das perfekte Aquarium, wenn überhaupt erreichbar, letztlich so erstrebenswert ist, erscheint mir fraglich. Gewiß können aber technische Hilfsmittel bei der Pflanzenpflege hilfreich und oft genug unentbehrlich sein. Daß man aber auch mit verhältnismäßig einfachen Mitteln und geringem Aufwand prächtigen Pflanzenwuchs erreichen kann, haben die Aquarianer früherer Jahre bewiesen. Deshalb müssen wir aber nicht auf moderne Technik, auf genaue Meßverfahren usw. verzichten, sie haben uns im Gegenteil erst geholfen, die Pflanzenpflege weniger von Zufällen abhängig zu machen und auch heikle Arten unter Aquarienbedingungen pflegen zu können.

Was bedeutet denn Pflanzenpflege im Aquarium, sieht man einmal vom Dekorationswert und den physiologischen Leistungen der Pflanzen ab: Wir möchten uns am Wachstum und Gedeihen der Pflanzen erfreuen, teilnehmen an den vielen kleinen Wundern, die wir täglich an ihnen entdecken können. Die Entfaltung eines Blattes, die Bildung von Ausläufern, das Entstehen von Adventivpflanzen an Farnblättern und die rätselhaften, allabendlich wiederkehrenden ,,Schlafbewegungen'' vieler Stengelpflanzen, das alles sind Vorgänge im Leben der Pflanzen, die zu beobachten sich lohnen. Der Höhepunkt des Pflanzenlebens, die Blüte, bleibt uns unter den Kulturbedingungen des Aquariums weitgehend verschlossen. Wer an Wasserpflanzen speziell interessiert ist, kann sich aber einen Spezialbehälter einrichten, um auch dieses Wunder des Pflanzenlebens mitzuerleben. Offene Aquarien mit lichtstarken Hängeleuchten eröffnen aber auch hier völlig neue Perspektiven, wobei die schon fast vergessenen Schwimmpflanzen eine Renaissance erleben, die an die ,,Gründerjahre'' der Aquaristik erinnert.

Dieses Handbuch soll dem Aquarianer als Leitfaden zur Wasserpflanzenpflege dienen. Allgemeine Grundfragen der Aquaristik werden nur behandelt, soweit sie die Wasserpflanzenkultur betreffen. Hier sei auf die weiterführende Literatur verwiesen. Auch bei der Artenauswahl und der Beschreibung mußte ich aus Raumgründen Einschränkungen machen. Die Pflanzenbeschreibungen, Bewertungen und Kulturanweisungen zeigen die Möglichkeiten der Verwendung auf. Im einzelnen wird man sich stets nach dem jeweiligen Angebot und den eigenen Möglichkeiten richten müssen. Die alphabetische Anordnung der Pflanzenarten soll das Auffinden erleichtern, damit man sich schnell über die betreffende Pflanzenart unterrichten kann. Hier wurden auch die deutschen Pflanzennamen und gebräuchliche Zweitnamen (Synonyme) mit entsprechenden Seitenverweisen aufgenommen. Angaben zur Synonymie finden sich jeweils auch im Text bei den Gattungen.

Auf Bestimmungstabellen habe ich verzichtet, da bei der heutigen Artenvielfalt wirklich verläßliche Bestimmungsschlüssel nur nach Blütenmerkmalen zu erarbeiten sind, dem Aquarianer jedoch meist keine blühenden Pflanzen zur Verfügung stehen. Soweit die Pflanzen im Aquarium gelegentlich blühen, finden sich Texthinweise zum Teil auch dort, wo man mit Spezialkulturen blühende Pflanzen erreichen kann.

Mit der erfolgreichen Pflege von Pflanzen im Aquarium wird – ähnlich wie bei der Zierfischhaltung – unser Verständnis für die Natur zunehmen. Das wird uns vermehrt in die Lage versetzen, die Probleme unserer Zeit zu erkennen und uns noch überzeugter für unsere bedrohte Umwelt einzusetzen.

Gerhard Brünner

Wasserpflanzenkultur – vom Altertum bis zur Gegenwart

Eine kleine Kulturgeschichte der Aquarienpflanzen

Vorläufer des Aquariums hat es schon vor vielen hundert Jahren gegeben. So haben die Chinesen in mit Drachenabbildungen verzierten Porzellangefäßen Goldfische gepflegt. Inwieweit allerdings diese sog. „Drachenkübel" auch der systematischen Pflege von Wasserpflanzen dienten, ist nicht genau überliefert. In Europa kam die eigentliche Aquaristik jedenfalls erst sehr viel später auf. Im Jahre 1841 gelangte der Engländer NATHANIEL WARD zu der Einsicht, daß in einem Wasserbehälter, der mit Fischen besetzt ist, ein Gleichgewicht zwischen Sauerstoff und Kohlendioxid nur durch untergetauchte Pflanzen aufrechterhalten werden kann. Die Pflanzen waren also ein unumgänglicher Bestandteil dieser kleinen Lebensgemeinschaft. Diese Überlegung führte schon wenige Jahre später zur Verwirklichung eines entsprechend eingerichteten gläsernen Behälters: 1850 wurden in England von WARRINGTON die ersten Aquarien mit heimischen Fischen und Wasserpflanzen eingerichtet. 1856 erschien dann in der deutschen Familienzeitschrift „Die Gartenlaube" der berühmte Aufsatz „Der See im Glase" von EMIL ADOLF ROSSMÄSSLER (1806–1867). Schon ein Jahr später erschien ROSSMÄSSLERS Buch „Das Süßwasseraquarium", das Grundlage der heutigen Aquaristik wurde.
Beschreibungen und Abbildungen aus der damaligen Zeit weisen darauf hin, welch hohen Wert man den Wasserpflanzen im Aquarium beimaß. So war es einmal die „wasserreinigende Kraft" der Pflanzen, die gelobt wurde, war man doch ohne alle technische Hilfsmittel ganz auf die Sauerstofferzeugung der Pflanzen angewiesen. Den damals üblichen Sumpfpflanzen wurde als „Schlammwurzlern" eine „die Zimmerluft reinigende" Wirkung nachgesagt. In den folgenden Jahrzehnten gewann die Aquaristik relativ schnell viele Anhänger, und um die Jahrhundertwende war sie schon zu einer populären Liebhaberei geworden.
Die Kultur von Wasserpflanzen in Teichen und Gärten ist freilich weitaus älter. Aus alten ägyptischen Darstellungen wissen wir, daß Seerosen in Wassergärten schon in vorchristlicher Zeit kultiviert wurden. Von THEOPHRASTOS (372 v. Chr.) sind die ersten Darstellungen europäischer und afrikanischer Wasserpflanzen überliefert.
Eine der ersten „exotischen" Wasserpflanzen, von der bei uns genauere Berichte vorliegen, ist die Zweireihige Wasserähre *Aponogeton distachyos*. Diese Wasserpflanze wurde 1788 von MASSON aus Südafrika in die Königlichen Gärten von Kew (Großbritannien) gebracht, wo sie schon kurz darauf blühte. Die reich blühende und wohlduftende exotische Kostbarkeit wurde schnell berühmt und zierte alsbald die Gewächshausbecken vieler herrschaftlicher Gärten. 1810 wurde in „Curtis Botanical Magazine" zum erstenmal über diese Wasserpflanze berichtet. 1830 wurde der Wasserschlüssel *Hydrocleis nymphoides* eingeführt. Am meisten Aufsehen erregte aber zweifellos eine zu den Seerosengewächsen gehörende Schwimmblattpflanze mit gewaltigen Blättern, die „*Victoria regia*". 1801 entdeckt, gelangten 1846 Samen nach Europa, wo es auch bald gelang, die „*Victoria regia*" erfolgreich zu kultivieren und zum Blühen zu bringen. Sie ist immerhin eine Wasserpflanze von solchen Ausmaßen, daß man ihr eigene Gewächshäuser (Victoria-Häuser) widmete. Eine botanische Sensation war auch der 1855 erfolgte Erstimport einer Gitterpflanze „*Aponogeton fenestralis*" aus Madagaskar. Sie gehörte fortan mit ihrer eigenartigen Blattstruktur zu den größten und bestgehüteten Kostbarkeiten Botanischer Gärten und erwies sich als schwieriger Pflegling, eine Erfahrung, die wir auch heute noch machen können. Zu jener Zeit waren exotische Wasserpflanzen nur den Begüterten und den Botanischen Gärten mit heizbaren Gewächshäusern vorbehalten.

Bild 2. Die Abbildung aus E. A. ROSSMÄSSLERS Artikel „Der See im Glase" (Die Gartenlaube, 1856) zeigt den vorherrschend durch Überwasserpflanzen bestimmten Eindruck der damaligen Behälter (Farne und Pfeilkraut).

Die Aquaristik war zunächst eine reine „Kaltwasseraquaristik", und so war es die heimische Wasserpflanzenwelt, die die Bepflanzung der Aquarien bestimmte. Nachdem 1869 die ersten fremdländischen Aquarienfische (Makropoden) nach Europa gelangten, wuchs aber auch das Interesse an fremdländischen Wasserpflanzen. Bis zur Jahrhundertwende war denn auch schon eine stattliche Zahl exotischer Aquarienpflanzen bekannt, zumal – wie W.

MÖNKEMEYER in seinem 1897 erschienenen Buch „Die Sumpf- und Wasserpflanzen" schreibt – „in den letzten Jahren die Liebhaberei für Aquarien einen ungeahnten Aufschwung genommen hat".

Im Jahr 1891 brachte der berühmte Botaniker GOEBEL von einer Reise nach Guayana die ersten Haarnixen (*Cabomba aquatica*) mit. Kurz darauf war auch die Karolina-Haarnixe *Cabomba caroliniana* bekannt, dann folgten die Fettblatt-Arten *Bacopa caroliniana* und *Bacopa monnieri*. Speerblätter (*Anubias*), Wasserhyazinthe (*Eichhornia*) und Muschelblume (*Pistia*) waren ebenso bekannt wie Büschelfarn (*Salvinia*) oder Vallisnerien (*Vallisneria spiralis*). Auch *Limnobium stoloniferum* zählte zu

11

Bild 3 (links oben). Zweireihige Wasserähre *Aponogeton distachyos*, 1788 importiert und damit wahrscheinlich die erste exotische Wasserpflanze (nach einer Abbildung in Curtis Botanical Magazine,'', London 1810).

Bild 4 (links unten). *Aponogeton „fenestralis"* (heute *Aponogeton madagascariensis*) kam bereits 1855 aus Madagaskar nach Europa und zählt wegen ihrer eigentümlichen Blattstruktur auch heute noch zu den interessantesten Wasserpflanzen (Nach einer Abbildung aus W. MÖNKEMEYER, Die Sumpf- und Wasserpflanzen, Berlin 1897).

Bild 5 (oben). „*Cryptocoryne Griffithii*" mit Blütenstand, nach einer Originalaufnahme aus der „Gartenwelt" 1909, kultiviert und beschrieben von HUGO BAUM, Rostock.

den um die Jahrhundertwende bereits bekannten Arten wie auch *Sagittaria „natans"* (die schon wesentlich früher eingeführt wurde), nordamerikanische Tausendblatt-Arten (*Myriophyllum*) und Ludwigien. Der größte Teil der damaligen Aquarienflora bestand aber aus heimischen Kaltwasserpflanzen. Kostbarkeiten wie die Gitterpflanze waren „bei den ho-

hen Preisen in den Katalogen" (MÖNKEMEYER) kaum erschwinglich.

Nach der Jahrhundertwende erlebte der Gartenbau eine Blütezeit, und auch die exotische Wasserflora gewann ständig neue Liebhaber, zumal durch regen Import immer neue tropische Wasserpflanzen nach Europa gelangten. Für die Fachleute am faszinierendsten war wohl die Gitterpflanze, davon zeugen die vielen Kultur-Erfahrungsberichte in den Fachzeitschriften. 1904 beschreibt HUGO BAUM — ein Pionier der Aquarienpflanzenkultur – die Gitterpflanze in der „Gartenwelt" und gibt Kulturanweisungen, die in vielen Punkten heute noch gültig sein könnten. Im gleichen Jahr berichtet BAUM über „*Aponogeton monostachyos*". Dem Botaniker GOEBEL gelingt es, von einer Südostasienreise lebende Exemplare des Sumpffreundes „*Ambulia*" (= *Limnophila heterophylla*) nach Europa zu bringen. Nur wenige Stengel überstanden die wochenlange Schiffsreise, sie wuchsen aber bald in vielen Botanischen Gärten und bildeten schließlich

13

das Ausgangsmaterial für die Aquarienpflanzen. Aber auch Handelsgärtnereien, wie z.B. die Gärtnerei HENKEL in Darmstadt, widmeten sich dem Import. Durch sie gelangten schließlich in den Jahren 1906 und 1908 die ersten Cryptocorynen nach Deutschland. Hier war es HUGO BAUM, Universitätsgärtner in Rostock, der sich diesen Pflanzen intensiv widmete und bereits 1909 vier Arten beschrieb: *Cryptocoryne cordata*, *Cryptocoryne griffithii* und (wie wir heute wissen) *Cryptocoryne undulata* sowie *Cryptocoryne × willisii*. Schon 1907 wird von einer „Elodea" berichtet, die „ein Herr HANSEN aus Kleerksdorp in Südafrika einführte", die ihrer krausen Blätter wegen am besten als *Elodea crispa* bezeichnet wird (heute als *Lagarosiphon major* bekannt). Hier werden auch *Myriophyllum heterophyllum* und *Limnobium spongia* als Neuheit vermerkt. Zu dieser Zeit taucht auch die heute in der Aquaristik legendäre *Ludwigia pulvinaris* auf. Und wieder ist es die Gitterpflanze „Aponogeton fenestralis", die die Fachleute beschäftigt und der HUGO BAUM 1908 in „Möllers Deutsche Gärtnerzeitung" einen weiteren Artikel widmet. Man kultivierte bereits mehrere Varietäten (Rassen), und die Abbildungen vermitteln einen Eindruck, mit welch großem Erfolg man damals diese Problempflanze pflegte. BAUM meint zum Beispiel: „Hauptbedingung ist durchaus reines Regenwasser oder ganz weiches Flußwasser" (so etwas gab es damals noch).

1910 wurde die Aquarienflora um eine weitere „Ambulia" bereichert, den Blütenstiellosen Sumpffreund *Limnophila sessiliflora*. Man berichtet von einer „Aponogeton dinteri", einer *Ottelia alismoides* und von der – wohl ersten – *Echinodorus*-Art, *Echinodorus grandiflorus* aus dem tropischen Amerika. Eine schon vorher (1907) importierte „Echinodorus guyanensis" erwies sich später als zu *Sagittaria* (= *Lophotocarpus*) gehörig. Vom großherzoglichen Garteninspektor REHNELT wurde sie beschrieben „als zierliche, haltbare Sumpf- und Wasserpflanze, die jeden Wasserstand verträgt und die Eigenschaft hat, als Landform sich nicht zu verändern" („Die Gartenwelt", „Neue Sumpf- und Wasserpflanzen für Zimmer und Aquarium").

Der Erste Weltkrieg setzte dann allen Einfuhren ein Ende. Viele Arten verschwanden wieder, und erst gegen Mitte der zwanziger Jahre gelangten allmählich vermehrt fremdländische Wasserpflanzen nach Deutschland. In erster Linie war es aber jetzt der Import tropischer Zierfische, der nun die Aquaristik mehr und mehr in eine neue Richtung wies. Unter anderem gelangte um diese Zeit auch die Wasserähre *Aponogeton ulvaceus* aus Madagaskar nach Deutschland. 1931 wird von BAUM nochmals *Cryptocoryne beckettii* kultiviert. Eine der schönsten und wüchsigsten *Echinodorus*-Arten gelangt 1934 zu uns, und zwar *Echinodorus cordifolius*, die Herzblättrige Amazonaspflanze. Zwei Jahre später war es eine *Cryptocoryne*, und zwar *Cryptocoryne affinis*, die – von HAERTEL in Dresden importiert – binnen weniger Jahre die nunmehr hauptsächlich gepflegten Warmwasseraquarien eroberte. 1938 folgte als „Echinodorus tenellus" die erste Amazonasschwertpflanze *Echinodorus amazonicus*.

Gleichzeitig beginnt sich in diesen Jahren in der Aquaristik eine ökologische Betrachtungsweise durchzusetzen: Vermehrt beginnt man nun, sich mit den Beziehungen der Lebewesen des Aquariums zu ihrer natürlichen Umwelt auseinanderzusetzen. Hier setzte vor allem Prof. WERNER LADIGES mit seinem Buch „Der Fisch in der Landschaft" Maßstäbe, waren doch Fundortbeschreibungen und Biotopuntersuchungen sowie Wasseranalysen bis dahin noch völlig unzureichend. LADIGES wies der Zierfischhaltung ganz neue Ziele. Das führte letztlich – wenn auch Jahrzehnte später – auch in der Wasserpflanzenkultur zu Konsequenzen, indem man sich bei der Pflanzenkultur nun nicht mehr allein nach gärtnerischen Gesichtspunkten orientierte, sondern auch die ökologischen Gegebenheiten der Fundorte mit in die Fragestellung einbezog. Heute erscheint uns das alles selbstverständlich.

Als erster Nachkriegsimport erreichte uns 1948 auf dem Umweg über amerikanische Aquarianer der Indische Wasserfreund *Hygrophila polysperma*. Neue Verkehrsmittel wie Luftfrachtverbindungen erleichterten die Einfuhr außerordentlich, so daß die Zahl der Pflanzenimporte sprunghaft anstieg. Darunter war zwar manche Pflanze, die schnell wieder verschwand, da sie sich für die Aquarienkultur als ungeeignet erwies, doch brachten die fünfziger Jahre uns auch sehr erfolgreiche Neuimporte wie u.a. die Wasserwistarie *Hygrophila difformis* und den Riesenwasserfreund *Hygrophila corymbosa* (= *Nomaphila stricta*) sowie *Cryptocoryne balansae* (heute meist zu *Cryptocoryne crispatula* gezählt). So hat uns die Mehrzahl der Cryptocorynen und *Echinodorus*-Arten erst in den letzten Jahrzehnten erreicht. Das gilt auch für die Wasserähren (*Aponogeton*), so daß man insgesamt sagen kann, daß der überwiegende Teil unserer heutigen Aquarienflora erst vor wenigen Jahrzehnten in Kultur genommen wurde. Die ständig verbesserten Flugverbindungen haben freilich auch ihre Schattenseiten: Die fast risikolosen Transporte haben in einigen Ländern zur Massenausfuhr von Wasserpflanzen geführt, so daß manche Arten heute an ihren Fundorten selten geworden sind. Dieser schädlichen Entwicklung versucht man jetzt durch rationelle Anzuchtmethoden in einigen Ursprungsländern Einhalt zu gebieten (Seite 23).

Durch die Einfuhr immer neuer Arten kam es schon in den ersten Nachkriegsjahren dazu, daß es sowohl bei der Benennung als auch bei den Kulturanweisungen Unklarheiten und fehlerhafte Angaben gab. Hier war es ALBERT WENDT in Rostock, der – eng verbunden mit HUGO BAUM – als einer der besten Kenner unserer Aquarienflora mit den „Aquarienpflanzen in Wort und Bild" ein Standardwerk schuf, das heute noch seinesgleichen sucht. Aber auch auf die Mitarbeit von Botanikern konnte die Aquaristik nicht verzichten: In Prof. H. C. D. DE WIT vom Laboratorium für Pflanzensystematik der Landwirtschaftlichen Hochschule in Wageningen (Niederlande) erwuchs den Aquarianern ein Freund, der sich seit Jahrzehnten ihrer Probleme annimmt und der die Grundlagen unseres heutigen Wissens um die Cryptocorynen schuf.

Verglichen mit anderen „gärtnerischen" Kulturen hat die Aquarienpflanzenkunde mit kaum hundert Jahren nur eine kurze Zeitperiode durchlaufen, obwohl der Weg vom reichverzierten schmiedeeisernen, mit Sumpfpflanzen besetzten Behälter bis zum modernen, fast vollautomatischen Einbauaquarium lang erscheinen mag. Die technische Entwicklung wird aber nicht stehenbleiben, genauso wie uns auch die Zukunft weitere neue Arten von Aquarienpflanzen bescheren wird, ist doch gerade die tropische Wasserpflanzenwelt bei weitem noch nicht erforscht. Das gilt wahrscheinlich weniger für untergetauchte Pflanzen als vielmehr für amphibische Arten, die sich oft genug in der Aquarienkultur als wüchsiger und problemloser erweisen, aber oft als „Sumpfpflanzen" noch ihrer Entdeckung harren.

Was sind „Aquarienpflanzen"?

Aquarienpflanzen bezeichnet man normalerweise als Wasserpflanzen. Dieser Begriff ist allerdings sehr ungenau, umfaßt er doch einmal die „echten" Wasserpflanzen, d.h. Pflanzen, die ständig im Wasser untergetaucht (submers) wachsen, und zum anderen im weiteren Sinn auch Pflanzen, die am Wasser etwa als Uferpflanzen leben.

Der Begriff „Aquarienpflanze" umfaßt „Wasserpflanzen" im weitesten Sinn von ständig untergetaucht lebenden Arten bis zu Sumpfpflanzen und auch Pflanzen, die nur auf feuchtem Boden wachsen und für die untergetauchtes Wachstum völlig unnatürlich ist.

Grundsätzlich können wir die Aquarienpflanzen nach ihren Lebensformen in verschiedene Kategorien einteilen:

Pflanzen, die ständig untergetaucht wachsen, also „echte" submerse* Arten überleben ein völliges Absinken des Wasserspiegels nicht und bewohnen daher Standorte mit nicht

---

* Erklärung der Fachausdrücke siehe Seite 68

extrem wechselnden Wasserverhältnissen. Hierzu zählen viele bekannte und populäre Aquarienpflanzen wie z. B. Vallisnerien (*Vallisneria*), Hornkraut (*Ceratophyllum*), *Elodea*, *Lagarosiphon* und Nixkraut (*Najas*). Viele Aquarienpflanzen wachsen amphibisch, d. h., es sind Pflanzen, die sowohl untergetaucht leben können (Überflutungen) als auch als Landform auf feuchtem Boden wachsen. Sie können sich periodisch wechselnden Wasserverhältnissen anpassen und vielfach selbst längere Trockenzeiten überstehen. Ihre Anpassungsfähigkeit versetzt sie auch in die Lage, sich an die Bedingungen im Aquarium zu gewöhnen. Ein Großteil unserer Aquarienpflanzen gehört zu diesem Typ von Wasserpflanzen, wie etwa *Bacopa*, *Rotala*, Wasserfreund (*Hygrophila*), Sumpffreund (*Limnophila*) und viele andere. Es sind vielfach tropische Arten, die während der Regenzeit submers, in Jahreszeiten mit geringen Niederschlägen und entsprechend niedrigem Wasserstand jedoch emers wachsen.

Hier finden sich freilich fließende Übergänge

Bild 6. Die Grundnessel *Hydrilla verticillata* vertritt wie viele Froschbißgewächse auch (z. B. Wasserpest *Elodea*) den Typ der „echten" submersen, d. h. stets untergetauchten Wasserpflanze. Sie vermag weder Schwimm- noch Überwasserformen zu bilden und würde bei völligem Abfall des Wasserspiegels zugrunde gehen. Aufnahme G. Brünner

zu den Sumpfpflanzen. Das sind Pflanzen, die normalerweise nicht untergetaucht wachsen (Uferpflanzen), wohl aber zeitweilige Überflutungen überstehen und dabei gleichfalls Anpassungsformen bilden können. Zu diesem Typ gehören ebenfalls viele Aquarienpflanzen, wie etwa *Echinodorus*-Arten, von den Cryptocorynen z. B. *Cryptocoryne ciliata,* während andere Arten dieser Gattung ganz untergetaucht wachsen oder zum amphibischen Typ gerechnet werden. Zum Sumpfpflanzen-Typ gehören auch die Speerblätter (*Anubias*) sowie

Bild 7. Viele *Echinodorus*-Arten sind keine „echten" Wasserpflanzen, sondern wachsen im flachen Wasser oder in Sümpfen: Herzblättriger Wasserwegerich *Echinodorus cordifolius*. Aufnahme G. Brünner

Bild 8. Ein außerordentlich anpassungsfähiger, variabler Wasserfarn: Der Sumatrafarn *Ceratopteris thalictroides*, hier als Seichtwasserform mit stark reduzierten Blattspreiten. Aufnahme G. Brünner

Lagenandra oder *Ammannia*-Arten und teilweise auch Arten des Wasserfreundes *Hygrophila*. Die Fähigkeit, Unterwasserformen zu bilden, kann unterschiedlich ausgeprägt sein; so neigen manche dieser Arten auch im Aquarium dazu, über den Wasserspiegel zu wachsen, oder zeigen stark verlangsamtes Wachstum.

Ein völlig anderer Typ sind die Schwimmpflanzen. Das sind Pflanzen, die entweder am Grund verwurzelt sind und langgestielte Schwimmblätter treiben oder die frei mit flachen Blättern bzw. aufgerichtet an der Wasseroberfläche treiben. Hierher gehören See- und Teichrosen (*Nymphaea, Nuphar*), Muschelblumen (*Pistia*), Wasserhyazinthen (*Eichhornia*) oder auch die kleinen Wasserlinsen (*Lemna*), Schwimmfarne (*Azolla, Salvinia*) und andere.

Geradezu ein Musterbeispiel für die Vielfältigkeit von Anpassungsformen ist der Sumatrafarn *Ceratopteris thalictroides*, dessen üppig wachsende Unterwasserform wohl jedem Aquarianer ein Begriff ist, der sich im Aquarium aber auch ausgezeichnet als Schwimmpflanze kultivieren läßt und schließlich im flachen Wasser oder auf feuchtem Grund auch als Uferpflanze wächst. Insgesamt sind die „Aquarienpflanzen" kein ökologisch einheitlicher Pflanzentyp; die Mehrzahl der Arten (über 60 %) sind Pflanzen, die sich in der freien Natur wechselnden Bedingungen anpassen können, und gerade sie bringen vielfach das Anpassungsvermögen mit, das sie als Aquarienpflanzen so geeignet macht.

17

Aquarienpflanzen im System der Pflanzen

Heute werden in Aquarien insgesamt fast 300 Pflanzenarten aus etwa 75 Gattungen kultiviert; die Zahl der wirklich „gängigen" Arten ist allerdings weitaus geringer. Andererseits schätzt man die Zahl der in und an Süßwassergewässern vorkommenden höheren Pflanzen auf etwa 8000 Arten aus 400 Gattungen und 76 Familien. Zweifellos sind darunter auch noch viele für die Aquaristik geeignete Arten, so daß uns die Zukunft sicherlich noch manche Neuheit bescheren wird.

Jeder Aquarianer, der sich mit Fischen oder Pflanzen näher befaßt, wird sich zwangsläufig der wissenschaftlichen Benennung (Nomenklatur) und Systematik gegenübersehen, einem System, das Einheitlichkeit und Übersicht über die Artenvielfalt ermöglicht. Für viele Aquarienpflanzen gibt es natürlich gute und brauchbare deutsche Bezeichnungen: Pfeilkraut, Wasserfreund, Quellmoos oder Javafarn sind jedermann bekannte Namen. Doch andere Namen wie z.B. Haarnixe, Heusenkraut, Wasserkelch oder Sumpfschraube sind nicht jedem Aquarianer geläufig, wohl aber die wissenschaftlichen Namen dieser Arten wie *Cabomba*, *Cryptocoryne*, *Ludwigia* oder *Vallisneria*. Teilweise haben sich brauchbare deutsche Übersetzungen ergeben wie z.B. *Hygrophila* = Wasserfreund und *angustifolia* = schmalblättrig, also Schmalblättriger Wasserfreund für *Hygrophila angustifolia*. In der Mehrzahl jedoch sind solche Namen nicht durchsetzbar. „Willis Wasserkelch" für *Cryptocoryne* × *willisii* klingt recht sonderbar. So haben sich ganz allgemein die wissenschaftlichen Namen durchgesetzt.

Die Art ist dabei die grundlegende Einheit. Der Artbegriff kann z.T. deutliche Abweichungen mit einschließen. Teilweise werden diese Abweichungen als Unterarten (subspecies) oder Formen (forma) geführt. Die nächsthöhere Rangstufe ist die Gattung, die eine oder mehrere Arten umfaßt. Der Artname besteht immer aus dem vorangestellten Namen der Gattung, z.B. *Myriophyllum*, und dem zweiten, nachgestellten Namen der Art, z.B. *spicatum*. Der korrekte vollständige

Name heißt also in unserem Beispiel *Myriophyllum spicatum*. Verwandte Gattungen werden in der nächsthöheren Einheit, der Familie, zusammengefaßt.

Eine beachtliche Zahl von Aquarienpflanzen stammt aus den drei großen Gattungen *Cryptocoryne*, *Echinodorus* und *Aponogeton*. Cryptocorynen gehören zur Familie der Aronstabgewächse (*Araceae*), die mit 110 Gattungen vornehmlich in den Tropen verbreitet ist, jedoch nur zum geringen Teil Wasserpflanzen enthält. Kultiviert werden in Aquarien aus dieser Familie noch Arten der Gattungen *Anubias*, *Lagenandra*, *Orontium* und *Pistia*. Die Gattungen *Aponogeton* und *Echinodorus* gehören dagegen typischen Wasserpflanzenfamilien an. Die als Aquarienpflanzen so bekannten Amazonasschwertpflanzen der Gattung *Echinodorus* gehören zu den Froschlöffelgewächsen (*Alismataceae*), deren bekanntester heimischer Vertreter der Froschlöffel *Alisma plantago-aquatica* ist. Zu ihnen gehören auch die als Aquarienpflanzen wichtigen Pfeilkräuter (*Sagittaria*). Die Gattung *Aponogeton* schließlich ist eine „echte" Wasserpflanzenfamilie (*Aponogetonaceae*) mit fast ausschließlich untergetauchten Arten. „Echte" Wasserpflanzen finden wir auch in der Familie der Froschbißgewächse (*Hydrocharitaceae*), zu der neben dem bekannten heimischen Froschbiß *Hydrocharis morsus-ranae* so bekannte Aquarienpflanzen wie *Vallisneria*, *Elodea*, *Lagarosiphon*, *Blyxa* und *Egeria* gehören. Ähnliches gilt auch für die Tausendblätter (*Myriophyllum* = Familie der Seebeerengewächse *Haloragaceae*) oder das Hornkraut (*Ceratophyllum*) aus der Familie der *Ceratophyllaceae*, der Hornkrautgewächse. Einer speziellen Wasserpflanzenfamilie gehören ferner die Nixkräuter (*Najas*) an, die zu den Nixkrautgewächsen (*Najadaceae*) zusammengefaßt werden.

Andere Aquarienpflanzen entstammen jedoch wie die Cryptocorynen auch großen Pflanzenfamilien, die überwiegend Landpflanzen umfassen, wie etwa amphibische Vertreter der Gattungen *Bacopa* oder *Limnophila*, die zu

den Braunwurzgewächsen (*Scrophulariaceae*) gehören. Das gilt auch für Wasserfreund-Arten (*Hygrophila*), die zu den Bärenklaugewächsen (*Acanthaceae*) gerechnet werden. Ausnahmefamilien sind gewissermaßen die Orchideen (*Orchidaceae*), die als Aquarienpflanzen lediglich mit einer Art der Gattung *Spiranthes* vertreten sind. Auch die Süßgräser (*Poaceae*) enthalten nur relativ wenige echte Wasserpflanzen, ebenso wie u. a. die Schmetterlingsblütlerfamilie *Fabaceae*. Sie sind im Pflanzenteil nur insgesamt bewertet. Farne bilden teils echte Wasserfarnfamilien, wie z. B. die *Azollaceae*, die *Salviniaceae* oder die *Parkeriaceae* mit bekannten Aquarienpflanzen (*Azolla, Salvinia, Ceratopteris*), teils sind sie in überwiegend auf dem Land lebenden Pflanzenfamilien vertreten, wie der Javafarn *Microsorium*, der zu den Tüpfelfarngewächsen (*Polypodiaceae*) gehört.
Im Pflanzenteil (Seite 71 ff.) sind die Familien jeweils mit aufgeführt bzw. teilweise auch gesondert bewertet. Daneben sind auch die sog. Zweitnamen (= Synonyme) berücksichtigt, die wir natürlich auch bei den Aquarienpflanzen finden. Das betrifft besonders die Gattungen *Cryptocoryne* und *Echinodorus*. Ursachen für solche Synonyme können vielfältiger Art sein, z. B. Zweitbeschreibungen (dann ist nur der zuerst publizierte Name gültig) usw., hier sind als „Synonyme" z. T. auch Fehlbestimmungen und Verwechslungen genannt. Solche Namensänderungen tragen natürlich nicht gerade zur Übersichtlichkeit bei, sind aber oft unvermeidlich (siehe Seite 70). Verworren wird es dann, wenn von Botanikern unterschiedliche Auffassungen vertreten werden (Seite 103 und 119). Um die wissenschaftlichen Namen für den Laien übersichtlich zu halten, wurde im Text auf Autorenzitate verzichtet. Eine alphabetische Übersicht mit Autorennamen findet sich auf S. 206.

Aquarienpflanzen in ihrer natürlichen Umwelt

Gewässertypen und Biotope

Die unterschiedlichen Lebensformen unserer Aquarienpflanzen zeigen, daß sie recht verschiedenen Lebensräumen entstammen. Standort und Umwelt werden aber durch viele Faktoren geprägt: Lichtverhältnisse, Temperatur, mechanische Einflüsse des Wassers wie Strömung und Wellenschlag, vor allem aber durch die Beschaffenheit des Lebensmediums Wasser selbst: Nährstoffgehalt, Härte, Ionenverhältnisse, Gesamtsalzgehalt, pH-Wert usw. bestimmen über Lebensmöglichkeit und Wachstum einer Pflanze. Für im Boden wurzelnde Pflanzen sind schließlich auch Struktur und Zusammensetzung des Bodens maßgebend. Die Lichtabsorption der Gewässer bestimmt, in welchen Tiefen noch Wasserpflanzen wachsen können. In stark lehmig-trübem Wasser ist der Pflanzenwuchs nur in geringer Tiefe (unter 1 m) möglich, während in klaren, planktonarmen Binnenseen Wasserpflanzen noch in mehreren Metern Tiefe vorkommen können. Allgemein werden jedoch 2–3 m Tiefe nicht überschritten. Bei Tiefwasserformen liegt die Grenze bei 8 m.
An Seeufern besiedeln untergetauchte Arten die Zone der submersen Pflanzen und den Schwimmblattgürtel. Daran schließt sich die Röhrichtzone an, die wiederum an den Spülsaum mit der eigentlichen, z. T. amphibischen Uferflora grenzt. In Flußläufen wird der Pflanzenwuchs weitgehend von der Strömungsgeschwindigkeit bestimmt. In stark strömendem Wasser und auf steinigem Grund können sich nur wenige Pflanzen ansiedeln; zuweilen findet man Moosarten wie *Fontinalis* oder in tropischen Zonen typische Vertreter der *Podostemaceae* oder *Hydrostachyaceae* (Seite 99), vor allem in Stromschnellen. Erst bei geringerer Fließgeschwindigkeit bieten sich für eine grö-

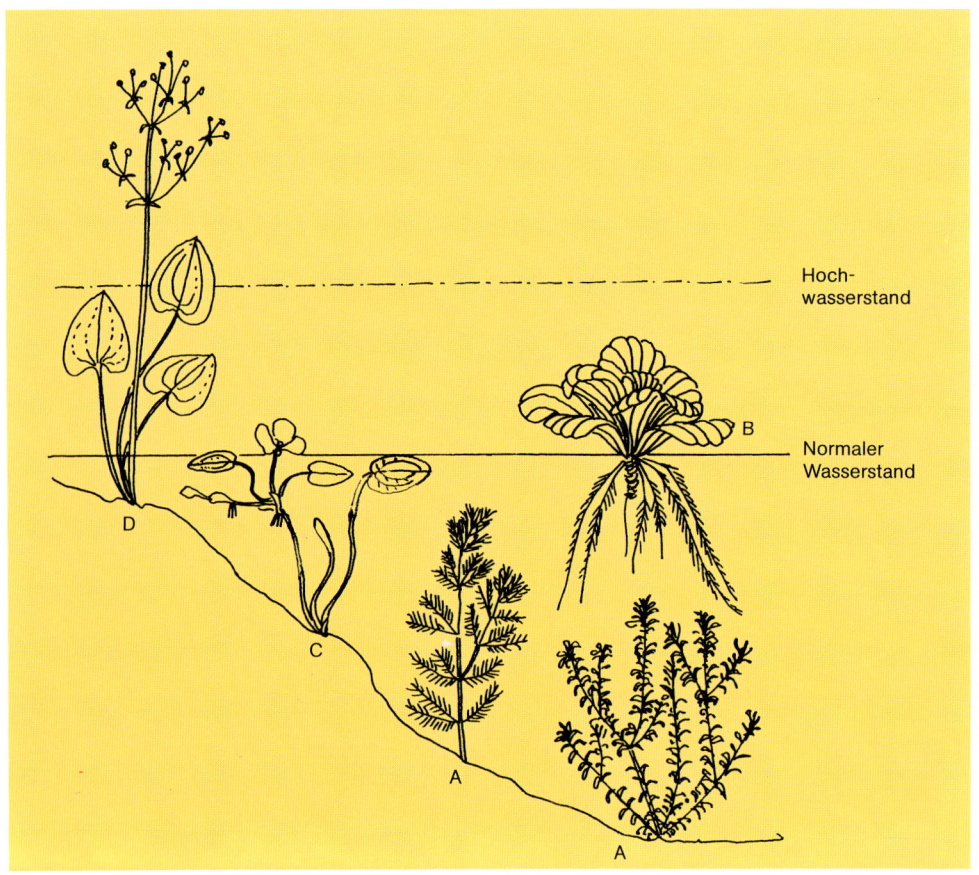

Hoch-
wasserstand

Normaler
Wasserstand

B

D

C

A

A

ßere Zahl von Pflanzen Lebensmöglichkeiten. Amphibische Arten können im Wasser wachsen, siedeln sich jedoch überwiegend an Uferrändern an. Das gilt für fließende Gewässer wie auch für Seen, Teiche und Tümpel, aber auch für Bewässerungskulturen wie Reisfelder, die eine reiche Flora solcher z.T. verschleppter amphibischer Pflanzen beherbergen. Einige tropische Aquarienpflanzen können Gewässer besiedeln, die in der Trockenzeit völlig austrocknen, sogenannte periodische Gewässer. Ein knolliger, reservestoffhaltiger Wurzelstock ermöglicht ihnen das Überleben. Zu ihnen zählen z.B. einige *Aponogeton*-Arten. Sumpfpflanzen können längere Überflutungszeiten überstehen. Andere Arten mit Verbreitungsgebieten im tidenbeeinflußten Bereich großer Flußläufe unterliegen den periodischen Überschwemmungen der Gezeiten, z.B. *Cryptocoryne ciliata, Cryptocoryne lingua.*

Bild 9. Lebensformen der Aquarienpflanzen. **A** Obligat submerse Arten (Tausendblatt, Wasserpest) können keine Überwasserformen bilden. **B** Frei treibende Schwimmpflanzen (Muschelblume). **C** Am Grund verwurzelte Schwimmblätter bildende Arten (Wasserschlüssel, *Hydrocleis*). **D** Amphibische Arten, passen sich den wechselnden Wasserverhältnissen an und bilden u.a. ausdauernde Unterwasserformen.

Licht wirkt selektiv auf die Besiedlung der Gewässer. Ausgesprochene Schattenpflanzen (viele Cryptocorynen) wachsen bevorzugt im gedämpften Licht des Baumschattens; andere Wasserpflanzen benötigen starke Sonneneinstrahlung.

Außer im Klima unterscheiden sich tropische Gewässer von heimischen in der Regel durch die Beschaffenheit des Wassers.

Aufgrund der geologischen Gegebenheiten weisen die meisten unserer Gewässer einen mehr oder minder hohen Karbonathärteanteil

Bild 10. Die Biotope der meisten Cryptocorynen entsprechen in der Regel kaum unseren Vorstellungen vom kristallklaren Tropenbach. Hier der Standort von *Cryptocoryne cordata* mit blühenden Exemplaren in einem Gewässer in Johore (Malaysia). Die Beläge auf den Blättern sind u. a. Eisenausfällungen. Aufnahme J. Bogner

auf; sie gehören überwiegend zum mäßig nährstoffreichen bis nährstoffreichen Calciumkarbonat-Typus. Ausgesprochene Weichwasserseen sind in unseren Breiten selten. Man kann sie an sog. Kennarten der Wasserpflanzen erkennen, d. h. an Arten, die nur nährstoffarme Weichwassergewässer bewohnen. Das sind u. a. die Wasserlobelie (*Lobelia dortmanna*), das Wechselblütige Tausendblatt (*Myriophyllum alterniflorum*), das Brachsenkraut (*Isoetes*) und der Pillenfarn (*Pilularia*). Sie alle sind an die nährstoffarmen Gewässer angepaßt und

durch die zunehmende Wasserverschmutzung (Eutrophierung) stark gefährdet. Ganz allgemein läßt sich der Grad der Gewässerbelastung nach den vorkommenden Pflanzen beurteilen.

Was für unsere Breiten die Ausnahme darstellt – der Weichwasser-Gewässertyp –, ist in den Tropen die Regel. Freilich können wir nicht davon ausgehen, daß alle tropischen Wasserpflanzen aus Weichwassergebieten stammen. Wir kennen durchaus auch Wasserpflanzenbiotope, z. B. in Mittelamerika (Mexiko), mit hoher Karbonathärte und deutlich alkalischem pH-Wert (Seite 84). Selbst einige Cryptocorynen werden in relativ hartem Wasser gefunden, so u. a. im Hochland von Sri Lanka bei 10°GH und pH-Werten um 7. Auch Biotope von *Cryptocoryne affinis* und *Cryptocoryne crispatula* zeigen Wasserhärten, die man hier nicht ohne weiteres erwartet (Seite 105). Schließlich sind noch die großen ostafrikanischen Seen, wie z.B. der Malawisee, nicht gerade typische Tropengewässer; sie bieten mit relativ hohem Salzgehalt und pH-Werten im alkalischen Bereich nur wenigen Pflanzen Lebensmöglichkeiten (Seite 28, 59).

Die Mehrzahl der Tropengewässer ist jedoch extrem weich und salzarm (= geringe Leitfähigkeit) mit oft kaum meßbarer Wasserhärte und einem pH-Wert, der durch freies CO_2 und Huminsäuren stets im sauren Bereich liegt. Solche Pflanzenbiotope finden sich in Westafrika (Kamerun) mit weniger als 1°GH und nur 28 µS Leitfähigkeit bei einem pH-Wert um 6. Ähnliche Werte kann man auch im Amazonasgebiet feststellen, wobei in Schwarzwasserflüssen der pH-Wert auf 4 absinkt, bedingt durch freies Kohlendioxid und Huminsäuren. Hier ist auch die Ionenzusammensetzung anders (Sulfationen überwiegen), wobei allerdings fraglich ist, ob in solchen extrem sauren Gewässern noch nennenswerter submerser Pflanzenwuchs auftritt. Cryptocorynengewässer in Südostasien sind in den letzten Jahren das Ziel eingehender Biotopuntersuchungen

gewesen. In Tieflandgewässern Sri Lankas war die Härte nicht mehr meßbar, der pH-Wert lag bei 6,6 (TOMEY). K. HORST untersuchte u.a. Standorte von *Cryptocoryne cordata* in Südthailand. Er fand eine extrem niedrige Härte sowie geringe Leitfähigkeit. Bedingt durch erhebliche Mengen von freiem Kohlendioxid war der pH-Wert stets deutlich im sauren Bereich. Wichtig ist ferner die Beobachtung, daß häufiger Natriumionen überwiegen. HORST konnte weiter erhebliche Nährstoffdifferenzen zwischen Einsickerungsstellen an Flußufern und dem freien Wasser nachweisen. Besonders CO_2 und Ammonium fanden sich an Einsickerungsstellen in erheblich höheren Konzentrationen. Hinzuweisen ist ferner darauf, daß Stickstoff nur in der Ammoniumform gefunden wurde, was von SADILEK in den Gewässern Malaysias bestätigt wurde. Auffallend ist der relativ hohe Eisengehalt tropischer Gewässer. Andere Nährstoffe sind meist in außerordentlich geringer Konzentration vorhanden. Ähnliche Funde gelten auch für die Gewässer Borneos (Seite 112).

Aquarienpflanzen im Handelsangebot

Woher kommen unsere Aquarienpflanzen?

Unter den tropischen Aquarienpflanzen überwiegt die Zahl der südostasiatischen Arten, gefolgt von Wasserpflanzen aus Gebieten des subtropischen und tropischen Amerikas. Aus Afrika stammen verhältnismäßig wenige Aquarienpflanzen. Südostasien wird bestimmt durch die Gattung *Cryptocoryne*, während *Echinodorus* die Mehrzahl der tropisch-amerikanischen Arten stellt. Die Insel Madagaskar ist vor allem für einige dort endemische, d.h. nur dort vorkommende Wasserähren (*Aponogeton*) bekannt.

Die wenigsten Aquarienpflanzen gelangen

heute aus Wildbeständen in unsere Aquarien – erfreulicherweise. Es gibt aber noch einige Arten, die an entlegenen Orten gesammelt und auf mühevollen Wegen zu den Exportfirmen in Singapur, Bangkok oder Colombo gelangen. Das gilt vor allem für einige Cryptocorynen. Sie kommen auf dem Luftweg nach Europa, sind jedoch, bevor sie in unsere Aquarien gelangen, mehrfach umgesetzt und den unterschiedlichsten Wasserbedingungen ausgesetzt gewesen, so daß oft das Risiko groß ist, solche Pflanzen weiterzukultivieren. In der Tat sind solche Importpflanzen ziemlich hinfällig (siehe auch Seite 105). *Aponogeton*-Knollen werden noch in großem Umfang aus Wildbeständen gesammelt, da die kommerzielle Aufzucht langwierig und kostspielig ist. Im Ruhezustand gesammelte Knollen überstehen den Transport recht gut und ergeben im Aquarium prächtige Pflanzen. Insgesamt überwiegt in der Aquaristik jedoch der „Verbrauch" von *Aponogeton*-Knollen (siehe Seite 77), so daß die Wildbestände inzwischen stark gefährdet sind und die Ausrottung bestimmter Arten droht. Aquarienpflanzen sind eine so vielgestaltige Pflanzengruppe, daß man sie nicht so einfach – wie Kakteen oder Orchideen – dem Washingtoner Artenschutzabkommen unterstellen kann. Es wäre aber an der Zeit, daß hier etwas geschieht, sei es durch freiwillige Importbeschränkung oder durch Gesetze (Seite 201). Verantwortungsbewußte Importfirmen sind ohnehin bemüht, durch vermehrte eigene Nachzuchten Abhilfe zu schaffen. Neue Perspektiven eröffnet hier besonders die Vitrokultur (Seite 51).

Der Artenschutz ist aber letztlich auch eine Frage des Schutzes der Biotope. Durch die Vernichtung von Regenwaldbiotopen sind nämlich viele Arten weit mehr gefährdet als durch Pflanzensammler (die meist genügend Pflanzen stehen lassen, um die Fundplätze weiter nutzen zu können). Das gilt sinngemäß auch für unsere heimische Wasserflora, deren Bedrohung uns ja allgegenwärtig ist, zumal Biotopvernichtung und Umweltvergiftung gerade die Wasserpflanzen besonders treffen. Keinesfalls dürfen wir also gefährdete Arten sammeln (siehe Seite 201).

Die meisten Aquarienpflanzen (bis zu 90%) werden in Kulturen herangezogen. Wasserpflanzengärtnereien in Thailand, Singapur und Sri Lanka decken heute den größten Teil des Bedarfs. Hier werden alle Arten von Stengelpflanzen, von *Echinodorus* bis zu den Cryptocorynen wie *Cryptocoryne wendtii* und *C. beckettii*, in großem Umfang in Betonbecken gezogen. Sie wachsen unter Abschattung bei ständig hohen Wassertemperaturen heran und werden fast täglich frisch verpackt per Luftfracht in alle Welt versandt. Diese Pflanzen sind von hoher Qualität, durch die niedrigen Anzuchtkosten auch preiswert und darüber hinaus zu jeder Jahreszeit verfügbar. Empfindliche Arten wie Cryptocorynen werden auch in tropischer Mineralerde in Töpfen angezogen, bis sie gut eingewachsen sind, und dann bei uns in Gewächshäusern akklimatisiert. Gleichfalls aus heimischen Gewächshauskulturen stammen solche Arten, die wegen ihrer zarten Blätter längere Transporte schlecht vertragen. So gut wie alle Pflanzen des Handels kommen nicht aus Aquarienkulturen – das wäre für eine Massenanzucht viel zu teuer. Deshalb müssen alle Handelspflanzen, gleichgültig ob aus Südostasien importiert oder hier in Gewächshäusern angezogen – zunächst an Aquarienverhältnisse gewöhnt werden. Nur der Aquarianer, der mit anderen Aquarianern Wasserpflanzen tauscht, bekommt garantiert „echte" Aquarienexemplare. Viele Kaltwasserpflanzen, für Heimataquarien und Freilandbehälter zunehmend gefragt, bekommt man normalerweise in Spezialgärtnereien (Seite 201).

Worauf beim Kauf achten?

Einer kleinen, kümmerlichen Pflanze im Händlerbecken sieht man nicht an, was einmal aus ihr werden kann. Umgekehrt enttäuscht uns eine große, dekorative, noch dazu teure Schaupflanze in der Regel nach dem Kauf, da sie den „Umpflanzschock" weniger gut übersteht.

Bevor wir die Pflanzen auswählen, sollten wir uns natürlich über die Bepflanzung im klaren sein (Seite 54). Für Gruppenpflanzungen benötigen wir mindestens 4−5 Exemplare pro Gruppe. Für die kritische Phase bei der Neueinrichtung eines Aquariums wählen wir schnellwüchsige Stengelpflanzen (siehe Seite 47).

Vor allem aber sollten die Pflanzen gesund sein. Woran erkennt man das? In erster Linie achten wir auf die Herzblätter; sie müssen frisch grün und unbeschädigt sein, größere Blätter sind weniger wichtig, da sie beim Umpflanzen oft ohnehin abfallen. Die Wurzeln dürfen zwar beschädigt sein (Rückschnitt siehe Seite 45), doch sollten sie keine Faulstellen aufweisen. Sehr kritisch müssen wir auch Knollen und Rhizome prüfen, da Fäulnisstellen hier in jedem Fall ein schlechtes Zeichen sind. Auch auf Schneckenlaich und Algen müssen wir achten, denn wer schleppt sich schon gern freiwillig diese Plagegeister ein. Schließlich lohnt es sich auch noch, darauf zu achten, wie die Pflanzen beim Händler gehalten wurden. Pflanzen, die irgendwo in einer dunklen Ecke im Becken stehen, sind oft schon entsprechend vorgeschädigt. Stengelpflanzen, die meist büschelweise unbewurzelt gehandelt werden, sollten möglichst frisch sein. Auf jeden Fall prüfen wir hier die unteren Stengelteile, denn hier soll nach der Pflanzung die Bewurzelung erfolgen. Durch die emerse Vorkultur sehen sie oft untypisch aus.

Welche Größen wählen wir? Ganz allgemein sollten wir kleine Exemplare bevorzugen! Jungpflanzen sind immer anpassungsfähiger, während größere Exemplare oft weitgehend zurückgehen, bevor sie neue Blätter bilden.

Ärger mit Phantasienamen und sogenannten „Aquarienpflanzen"

Nicht nur die Synonyme (Seite 70) können uns beim Pflanzenkauf verwirren, oft sind es auch wissenschaftlich klingende Phantasienamen oder wechselnd gebrauchte deutsche Bezeichnungen, die zum Ärgernis werden, wenn man beispielsweise unter irgendeinem exotischen Namen eine längst bekannte Pflanze bekommt, die man möglicherweise schon besitzt oder von der man zumindest etwas anderes erwartet hätte. Das gilt für Knollen, Rhizome oder emers vorkultivierte Pflanzen. Was man dann unter „Cryptofolio", „Cefiocaulis" oder „Oriocaulon" zu verstehen hat, ist genauso unklar wie die Bezeichnung „Indisches Wasserblatt". Bei neuen, noch unbestimmten Wasserpflanzen ist es zugegebenermaßen aber schwierig, einen vorläufigen Namen zu finden

bzw. die Pflanzen im Handel entsprechend zu kennzeichnen.

Das hat sich aber gebessert, nachdem namhafte Wasserpflanzengärtnereien dazu übergegangen sind, ihre Pflanzen mit Etikett und Pflegehinweisen in den Handel zu bringen, so daß sie bis zum Zoohändler eindeutig benannt werden können. Daß dennoch Fehler und Verwechslungen passieren, ist zumal bei schwierigen Gattungen (wie z. B. Cryptocorynen) kaum verwunderlich. Selbst Fachleuten ist es oft kaum möglich, einige Arten nach vegetativen Merkmalen und dazu anhand von Aquarienanpassungsformen zu bestimmen.

Eine wesentlich ärgerlichere Erscheinung sind diejenigen Pflanzen, die hier und da leider immer noch als „Aquarienpflanzen" angeboten werden. Als „Wasserpflanzen" taugen sie höchstens für eine kurze Gastrolle im Aquarium, man pflegt sie besser gleich als Topfpflanzen auf dem Fensterbrett! Dem erfahrenen Zimmergärtner kommen denn solche Aquarienpflanzen auch recht bekannt vor. Was hier als „Unterwasserpalme" angeboten wird, ist die bekannte Bergpalme *Chamaedorea elegans*. Sie hält einige Wochen unter Wasser aus, bevor sie eingeht. Ähnlich robust sind kleine *Dracaena*- und *Cordyline*-Arten, aber auch Fittonien (*Fittonia*), *Sellaginella* und *Syngonium* sind unter recht exotischen Phantasienamen zu haben. Gemeinsam ist allen, daß sie unter Wasser nicht wachsen und über kurz oder lang eingehen. Dabei bilden sie Fäulnisherde. Vom Kauf solcher Pflanzen ist also dringend abzuraten. Plastikpflanzen sind dann wirklich haltbarer und ungefährlicher.

Kultur der Aquarienpflanzen

Wachstum und Stoffwechsel

Leben und Wachstum der Wasserpflanzen werden von Faktoren bestimmt, die im Wasser vorhanden sein müssen oder auf das Wasser einwirken. Während des Tages wirkt die Strahlungsenergie des Lichtes auf die untergetauchten Pflanzen und ermöglicht es ihnen, mit Hilfe des im Wasser gelösten Kohlendioxids organische Substanz, zunächst Zucker (Hexose), aufzubauen. Dieser an Licht und an das Vorhandensein von Blattgrün gebundene Prozeß wird Photosynthese genannt (siehe auch Seite 32). Durch ihn gewinnt die Pflanze Energie für Wachstum und Stoffwechsel. Während der Photosynthese entsteht Sauerstoff. Tag und Nacht parallel verläuft die Atmung der Pflanze

unter Sauerstoffaufnahme und Kohlendioxidabgabe. Ein gut wachsender Pflanzenbestand kann tagsüber beträchtliche Mengen von Kohlendioxid verbrauchen, liefert dafür aber auch den für die Fische lebensnotwendigen Sauerstoff. Für Wachstum und Stoffwechsel benötigen die Pflanzen neben Kohlendioxid mineralische Stoffe, die im Wasser gelöst über die

Bild 11. Unumgängliche Voraussetzung für die Photosynthese ist Licht: Unter der Einwirkung des Lichtes nehmen die Pflanzen Kohlendioxid auf und geben Sauerstoff ab. Während der Dunkelheit erlöschen Sauerstoffabgabe und CO_2-Aufnahme, nur die Atmung der Pflanzen läuft weiter, d. h. ihre Lebensbedürfnisse sind jetzt denen der Fische angenähert, wobei Sauerstoffverbrauch und CO_2-Abgabe ins Gewicht fallen (über nächtlichen CO_2-Anstieg und O_2-Mangel siehe Text).

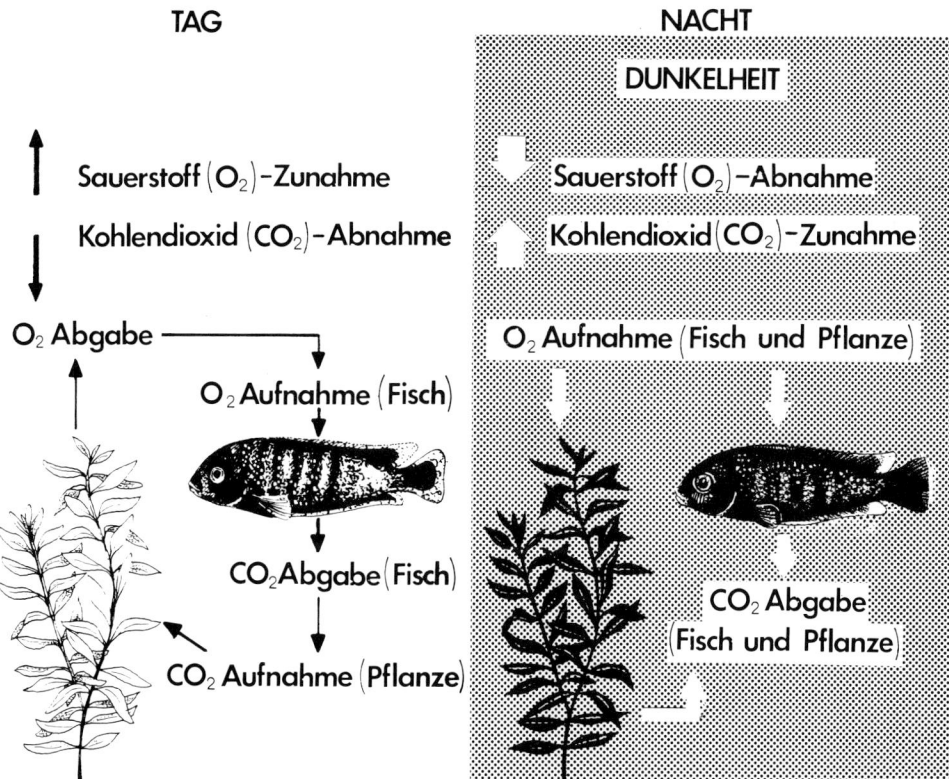

TAG

NACHT

DUNKELHEIT

Sauerstoff (O_2)-Zunahme

Kohlendioxid (CO_2)-Abnahme

O_2 Abgabe

O_2 Aufnahme (Fisch)

CO_2 Abgabe (Fisch)

CO_2 Aufnahme (Pflanze)

Sauerstoff (O_2)-Abnahme

Kohlendioxid (CO_2)-Zunahme

O_2 Aufnahme (Fisch und Pflanze)

CO_2 Abgabe (Fisch und Pflanze)

Blattoberfläche oder auch mit den Wurzeln aufgenommen werden. Das sind die sogenannten Kernnährstoffe Stickstoff (N), Phosphor (P), Kalium (K), Calcium (Ca) und weitere Hauptnährstoffe wie Eisen (Fe), Schwefel (S) und Magnesium (Mg). Dazu kommen noch etwa 17 sogenannte Mikronährstoffe (= Spurenelemente), die in höherer Konzentration extrem giftig sein können, jedoch in außerordentlich geringen Mengen (Milligramm bis Nanogramm) für die Pflanze lebensnotwendig sind. Hierzu zählen u. a. Mangan, Natrium, Chlor, Zink, Bor, Molybdän u. a. – Alle Nährstoffe müssen in einer für die Pflanze verfügbaren Form vorliegen, d. h. zu Bedingungen, die z. T. auch vom Wasserchemismus und von Oxidationsvorgängen bestimmt werden.

Tropenpflanzen wachsen unter einer bestimmten Temperatur nicht mehr, wird diese Temperatur noch weiter unterschritten, tritt schließlich der Kältetod ein. Im allgemeinen pflegt man tropische Aquarienpflanzen zwischen 24 und 26°C. Für viele Arten kann man jedoch auch 22–23°C als geeignet ansehen, zumal sie dann gedrungener wachsen. Nachts kann die Temperatur durchaus um 2°C abfallen. Wichtig ist auch Bodenwärme (Seite 43). Bei Pflanzen aus gemäßigten Breiten ist die Temperatur im Zimmeraquarium eher zu hoch als zu niedrig, für die meisten Arten sind 14–18°C optimal. Hier ist das Verhältnis zwischen Beleuchtungsintensität und Temperatur besonders wichtig: Je höher die Wärme, desto mehr Licht wird benötigt.

Stehendes Wasser bekommt Aquarienpflanzen im allgemeinen nicht gut, es kann unter Umständen stark wachstumshemmend wirken, wenn es an den Blattflächen zu Sättigungszonen von Stoffwechselprodukten kommt. Wir müssen deshalb für eine leichte Wasserbewegung sorgen (Seite 31).

Das alles sind Faktoren, die man nur insgesamt werten kann. Gerät auch nur ein Faktor ins Minimum, so ist dieser bestimmend für das Wachstum und das weitere Fortbestehen der Pflanze.

Wasser als Lebensmedium

Wer heimische Pflanzen in einem großen Freilandteich pflegt, wird sich um Fragen der Wasserchemie kaum kümmern müssen. Hier läuft praktisch alles von selbst. Ganz anders ist das im vergleichsweise winzigen Raum des Aquariums, in dem wir meist auch noch Pflanzen pflegen, die oft aus völlig anderen Gewässertypen stammen. Wir können die Natur nicht kopieren, wir können aber mit geeigneten Mitteln das Lebensmilieu der tropischen Wasserpflanzen so beeinflussen, daß es ihrem natürlichen Lebensmilieu näher kommt. Das geht freilich nicht ganz ohne Wasserchemie und Technik.

Wasserhärte, Gesamtsalzgehalt

Tropische Wasserpflanzen stammen in der Regel aus sehr weichen und salzarmen Gewässern (Seite 21). Die Frage, ob man ein entsprechend aufbereitetes, d. h. enthärtetes (entsalztes) Wasser verwenden soll, kann nicht allgemein beantwortet werden, zumal auch das Wasser aus der örtlichen Wasserversorgung sehr unterschiedlich sein kann (vgl. hierzu z. B. Kosmos-Handbuch der Aquarienkunde). Im Zweifelsfall sollten wir eine Analyse beim örtlichen Wasserwerk anfordern. Neben der Karbonathärte ist auch die Höhe der Gesamtsalze wichtig. Viele tropische Wasserpflanzen aus Weichwassergewässern tolerieren härteres Leitungswasser relativ gut, sofern das Kohlendioxidgleichgewicht stabil bleibt (Seite 29). Andererseits gibt es Arten, für die weiches (enthärtetes) Wasser obligatorisch ist. Eine (teilweise) Enthärtung des Wassers ist häufig auch dann notwendig, wenn es gilt, den pH-Wert auf optimale Werte zu bringen (Seite 28). Das Leitungswasser wird heute bequem mit Ionenaustauschern enthärtet (vgl. hierzu Hückstedt „Aquarienchemie" und „Kosmos-Handbuch der Aquarienkunde"). Im allgemeinen ist eine Vollentsalzung ratsam, bei hoher Karbonathärte (KH) genügt eventuell auch eine Teilentsalzung (Entkarbonisierung). In jedem Fall sollten wir durch Rohwasserzusatz mindestens 2–3° KH belassen, da sonst das Wasser zu unstabil wird (siehe Seite 27). Für die Praxis sind Werte zwischen 3 und 5°

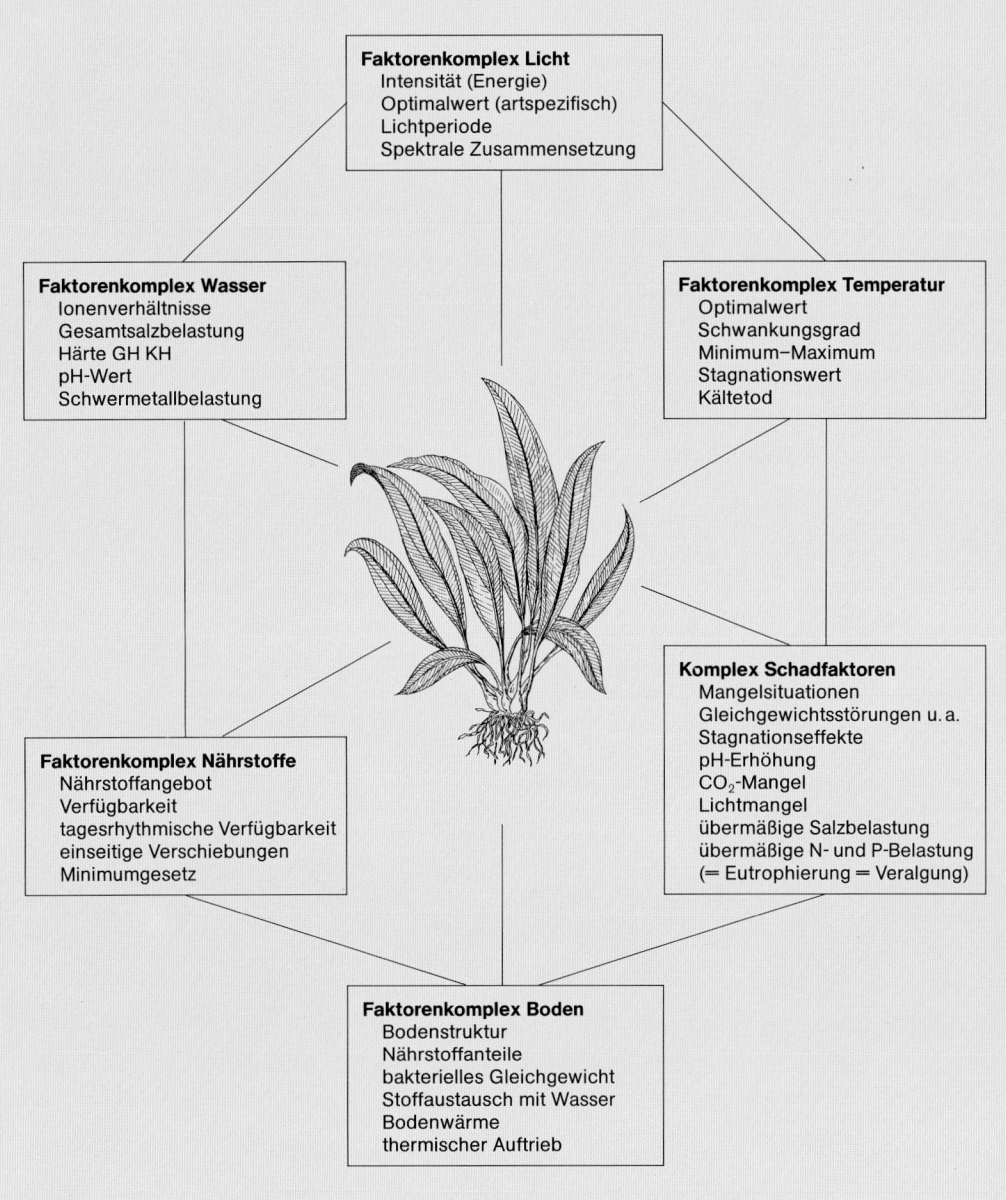

Faktorenkomplex Licht
Intensität (Energie)
Optimalwert (artspezifisch)
Lichtperiode
Spektrale Zusammensetzung

Faktorenkomplex Wasser
Ionenverhältnisse
Gesamtsalzbelastung
Härte GH KH
pH-Wert
Schwermetallbelastung

Faktorenkomplex Temperatur
Optimalwert
Schwankungsgrad
Minimum−Maximum
Stagnationswert
Kältetod

Komplex Schadfaktoren
Mangelsituationen
Gleichgewichtsstörungen u. a.
Stagnationseffekte
pH-Erhöhung
CO_2-Mangel
Lichtmangel
übermäßige Salzbelastung
übermäßige N- und P-Belastung
(= Eutrophierung = Veralgung)

Faktorenkomplex Nährstoffe
Nährstoffangebot
Verfügbarkeit
tagesrhythmische Verfügbarkeit
einseitige Verschiebungen
Minimumgesetz

Faktorenkomplex Boden
Bodenstruktur
Nährstoffanteile
bakterielles Gleichgewicht
Stoffaustausch mit Wasser
Bodenwärme
thermischer Auftrieb

Bild 12. Beispiele wichtiger Faktorenkomplexe für das Wachstum der Aquarienpflanzen.

KH optimal, so daß einerseits genügend Pufferreserve besteht und mit relativ wenig Kohlendioxid ein optimaler pH-Wert gehalten werden kann (Seite 28). Torffilterung (Aktivtorf) ist bei nicht zu hartem Wasser als langsame, schonende Enthärtung bei gleichzeitiger Senkung des pH-Wertes brauchbar (pH-Kontrolle wichtig!).

Ist eine Enthärtung in jedem Fall nötig? Sicherlich nicht, denn es gibt Aquarianer, die bei 20° KH noch guten Pflanzenwuchs haben. Jedoch wird ab 10° KH die Auswahl an Pflanzen, die höhere Härte und einen pH-Wert im leicht alkalischen Bereich noch tolerieren, zweifellos geringer (siehe auch die Artbeschreibungen). Wichtig ist auch hier, in jedem Fall den pH-Wert stabil zu halten (Seite 31). Bei Lei-

27

tungswasser bis zu 10° KH kann man allgemein auf eine Enthärtung verzichten, sofern man nicht gerade kritische Weichwasserarten pflegen will. Letztlich wird diese Entscheidung aber auch vom Fischbesatz bestimmt: Wer Malawi-Cichliden pflegt, benötigt härteres, leicht alkalisches Wasser, und auch viele Lebendgebärende stammen aus Gewässern, die deutlich alkalisch sind und eine hohe Karbonathärte aufweisen. Hier richtet sich die Pflanzenauswahl natürlich nach den Fischen.

Änderungen im Wasserchemismus dürfen vor allem niemals plötzlich vorgenommen werden! Abgesehen von den Aquarienfischen kann dies auch bei empfindlichen Wasserpflanzen verheerende Folgen haben. So mancher schöne Cryptocorynenbestand aus härterem Wasser ist durch plötzliche Zugabe von „naturgleichem", weichem Tropenwasser innerhalb weniger Tage völlig zusammengebrochen. Die an höheren Salzgehalt gewöhnten Pflanzen vertragen die spontane Umstellung auf weiches Wasser, das eigentlich ja ihrem natürlichen Milieu entspricht, äußerst schlecht! Umstellungen gleich welcher Art müssen immer allmählich erfolgen, d. h., die Zugabe von enthärtetem Wasser ist nur schrittweise möglich mit wöchentlichem Wasserwechsel. Auch schonende Enthärtungssysteme (z. B. Tetra Aqua Top) sollte man immer nur schrittweise einbringen: Tägliche Kontrolle ist nötig (gegebenenfalls vorübergehend abschalten). Auf gar keinen Fall darf man den Wasserchemismus dauernd ändern! Die einmal gewählten Werte müssen auch ständig eingehalten werden (Härte, pH-Wert, CO₂), andernfalls werden die Pflanzen durch immer neue Anpassungen dauernd gestreßt, d. h., sie kümmern dahin. Deshalb sollte der Wasserpflanzenpfleger auch die wichtigsten Wasseruntersuchungs-Reagenzien zur Hand haben (dies auch schon, um Wachstumsstörungen auf die Spur zu kommen). Dazu gehören Bestimmungen von Gesamthärte, Karbonathärte (= Säurebindungsvermögen SBV), pH-Wert und CO₂. Im Handel gibt es hierzu einfach zu handhabende Reagenziensätze (z. B. Tetra Test Laborett, Aquamerck Wasserlabor, Eheim Aqua Diagnose, Dupla Analytik System). Leitfähigkeitsmesser, die ja die gesamten im Wasser gelösten Salze erfassen, sind bei der Pflanzenpflege in der Regel entbehrlich.

Wenig kritisch sind die Bedingungen im Kaltwasseraquarium, da die Mehrzahl der Pflanzen (Ausnahmen!) unseren Leitungswasserverhältnissen angepaßt ist, d. h. in mittelharten Karbonatgewässern vorkommt. Wichtig ist es hier allein, den pH-Wert zu stabilisieren (siehe Seite 31).

Schließlich sind hier noch die sogenannten Brackwasserpflanzen zu nennen, für die man im Aquarium den Salzgehalt meist mit Kochsalzgaben einstellt. Diese Salzbelastung wird nur von wenigen Arten vertragen, die aus entsprechenden Biotopen stammen (siehe Artbeschreibungen). Insgesamt sind die Erfahrungen mit brackwasserverträglichen Arten noch unzureichend. Wichtig ist auch hier, die Pflanzen schrittweise an anderes Wasser zu gewöhnen.

pH-Wert

Karbonathärte, gelöstes Kohlendioxid (Seite 29) und der pH-Wert stehen in enger Wechselbeziehung. Dabei gibt der pH-Wert darüber Auskunft, ob ein Wasser neutral, sauer oder alkalisch ist (Bild 13). Für optimales Pflanzenwachstum muß der pH-Wert innerhalb eines bestimmten Bereiches liegen.

Die Wasserreaktion (pH-Wert) ist von vielen Faktoren abhängig, z. B. von der Karbonathärte, vom gelösten CO_2 und auch von organischen Säuren (z. B. Huminsäuren aus Torf). Steigt der Gehalt an freiem Kohlendioxid, sinkt der pH-Wert, und dies um so drastischer, je geringer die Karbonathärte ist. Wird dem Wasser CO_2 entzogen – z. B. durch Pflanzenassimilation oder Durchlüftung –, steigt der pH-Wert usw. Für die meisten tropischen Aquarienpflanzen ist ein pH-Wert im leicht sauren Bereich – also etwa um 6,8 – am günstigsten. Bei pH-Werten über 7,8 wachsen die meisten Pflanzen nicht mehr, denn das Kohlendioxid liegt dann nicht mehr in einer verfügbaren Form vor, sondern überwiegend als Hydrogenkarbonat, das – wenn überhaupt – nur stark verlangsamt genutzt wird. Vorzugsweise Wasserpflanzen der gemäßigten Zonen wie z. B. die Wasserpest *Elodea* sind jedoch in der Lage, diese Karbonatform durch Abspaltung von CO_2 zu nutzen (sog. Bikarbonatassimilation). Dabei wird der pH-Wert weiter erhöht (bei Tageslicht u. U. bis zur Laugenvergif-

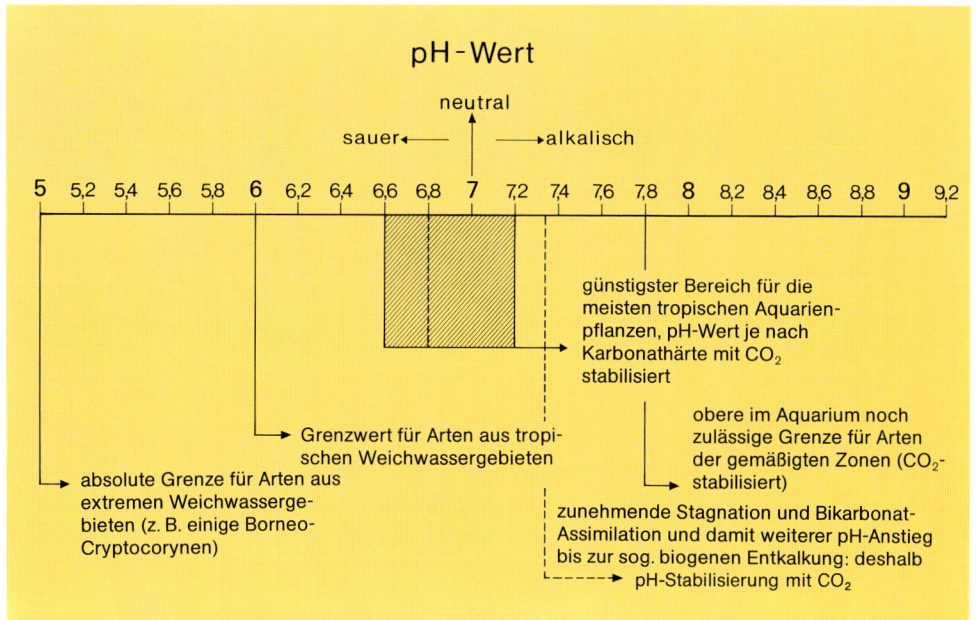

pH-Wert

neutral

sauer ← → alkalisch

5 5,2 5,4 5,6 5,8 6 6,2 6,4 6,6 6,8 7 7,2 7,4 7,6 7,8 8 8,2 8,4 8,6 8,8 9 9,2

günstigster Bereich für die meisten tropischen Aquarienpflanzen, pH-Wert je nach Karbonathärte mit CO_2 stabilisiert

Grenzwert für Arten aus tropischen Weichwassergebieten

obere im Aquarium noch zulässige Grenze für Arten der gemäßigten Zonen (CO_2-stabilisiert)

absolute Grenze für Arten aus extremen Weichwassergebieten (z. B. einige Borneo-Cryptocorynen)

zunehmende Stagnation und Bikarbonat-Assimilation und damit weiterer pH-Anstieg bis zur sog. biogenen Entkalkung: deshalb pH-Stabilisierung mit CO_2

Bild 13. Der pH-Wert und seine Wirkung auf die Aquarienpflanzen.

tung), und an den Blättern scheidet sich Calciumkarbonat ab, sie fühlen sich rauh an. Zu einer solchen Situation darf es im Aquarium auf keinen Fall kommen. Es ist also wichtig, den pH-Wert zu stabilisieren (siehe Seite 31). Für tropische Wasserpflanzen reicht dies jedoch oft nicht aus. Wie schon erwähnt, liegt für die meisten Arten ein akzeptabler, praxisgerechter pH-Wert bei 6,8. Optimale Werte liegen oft noch darunter, wenige Arten brauchen sogar einen noch niedrigeren pH-Wert (siehe Artenbeschreibungen). Die Einstellung erreicht man dann mit der Senkung der Karbonathärte auf etwa 3–4° KH (Seite 26) und CO_2-Zufuhr. Für einige extreme Weichwasserpflanzen kann es nötig sein, den pH-Wert bis auf 5,5 zu senken (Torffilterung). Das kann nur in Spezialaquarien geschehen, da die Wirkung auf Aquarienfische bedenklich ist und auch andere Aquarienpflanzen innerhalb kurzer Zeit absterben können, wie z.B. *Vallisneria*. Bei solch extrem niedrigen Werten muß man auch bei der Anwendung von Aquarientonerde und tonerdehaltigen Handelspräparaten aufpassen, da dann Aluminium-Ionen freigesetzt werden, die für Pflanzen stark giftig sind.

Kohlendioxid

Ohne Kohlendioxid und Licht gibt es keine Photosynthese (Seite 25) und damit auch kein Pflanzenwachstum. Unseren Aquarienpflanzen muß freies Kohlendioxid (CO_2) zur Verfügung stehen. Leitungswasser ist normalerweise im „CO_2-Gleichgewicht" (d. h., es ist so viel freies CO_2 vorhanden, daß die Hydrogenkarbonate in Lösung bleiben). Sobald die Pflanzen durch Assimilation (= Verbrauch von CO_2) dieses auch als sogenannte „Gleichgewichtskohlensäure" bezeichnete Kohlendioxid in Anspruch nehmen, wird das Gleichgewicht gestört (= pH-Anstieg). Durch Zufuhr von Kohlendioxid können wir dies verhindern und gleichzeitig eine stabile CO_2-Versorgung der Pflanzen erreichen.

Die Frage, ob man mit Kohlendioxid düngen soll oder nicht, muß heute eindeutig zugunsten der CO_2-Düngung beantwortet werden. Daß es auch ohne CO_2-Zufuhr geht, wird heute immer noch an Tausenden von Aquarien bewiesen, und wie anders hätte man früher wohl z.B. auch so prächtigen Cryptocorynenwuchs erreichen können? Mit Zierfischen gut besetze und gut „gefütterte" Aquarien können über ein beachtliches CO_2-Potential verfügen (Atmungs- und Bakterienkohlendioxid), und zwar besonders dann, wenn man mit Technik (Beleuchtung, Filterung, Durchlüftung) recht sparsam ist (wie es früher zwangsläufig der Fall war). Andererseits wurden gerade durch die moderne Technik die Voraussetzungen für schönen und gesunden Pflanzenwuchs geschaffen. Der heute übliche hohe Beleuchtungsaufwand mit großen, üppig wachsenden Pflanzenbeständen beweist dies. Andererseits wird dadurch fast regelmäßig eine Situation herbeigeführt, die (durch verstärkte Assimilation) den CO_2-Haushalt des Wassers überbeansprucht. Das betrifft die geringen Reserven des weichen „Tropenwassers" in der Regel mehr als „stabileres" härteres Wasser. Mit anderen Worten: Ein hoher Beleuchtungsaufwand zwingt fast zur Zufuhr von Kohlendioxid. Wer artenreiche, üppige Pflanzenbestände in strahlender Helligkeit erleben will, kommt um eine CO_2-Düngung nicht herum, und wer das geradezu explosionsartige Wachstum unter CO_2-Zufuhr erlebt hat, wird vollends von dieser Maßnahme überzeugt sein.

Der Handel bietet verschiedene Ausführungen von CO_2-Düngegeräten an, und zwar von vollautomatischen Geräten mit ständiger pH-Überwachung bis zu einfachen, preiswerten Diffusionsgeräten. Diese Diffusionsgeräte (z.B. Tetra CO_2-Optimat) eignen sich vor allem für kleinere Aquarien. Allerdings müssen sie wegen der Ansammlung von Fremdgasen häufiger entlüftet werden. Leistungsfähiger (und billiger im Dauerbetrieb) sind Geräte wie z.B. Dennerle CO_2-Regeneratoren, die mit einem Wirbelkammersystem arbeiten, oder der Dupla-Reaktor, bei dem das Kohlendioxid über ein Wasserkaskadensystem zugeführt wird. Das sind effektiv arbeitende Geräte, die

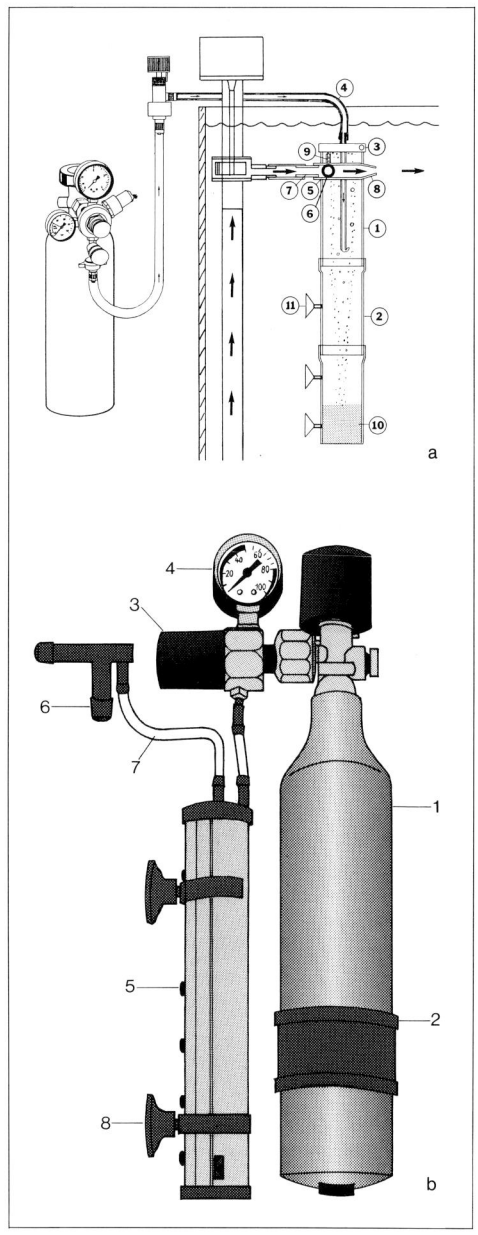

Bild 14. Zwei in der Praxis bewährte CO_2-Systeme.
a Dennerle CO_2-Regeneratoren (Typ Cyclo 800, 2000). Ein Teil des Filterrücklaufs (Tauchkreiselpumpe oder Saugfilter) wird in einer Wirbelkammer mit CO_2 angereichert und fließt über eine Blasenbremse nach unten ins Aquarium ab. 1 Wirbelkammer, 2 Wirbelrohrverlängerung, 3 Deckel mit Falschgasentlüftung 4 CO_2-Zufuhr (je nach Aquariengröße über Vario-Druckminderer und CO_2-Kapseln oder Druckflasche), 5 Verteilerwinkel, 6 Druckregulierschraube, 7 Filteranschluß, 8 Wasseraustritt vom Filter, 9 Zerhackerdüse, 10 Blasenbremse, 11 Saughalter.

b Dupla-CO_2-Reaktor: Ein Teil des vom Filter kommenden Wassers wird in einem Reaktor über ein Kaskadensystem mit CO_2 angereichert. 1 CO_2-Stahlflasche, 2 Halterung, 3 Ventil für CO_2-Zufuhr, 4 Manometer, 5 Reaktor, 6 Schlauchadapter, 7 Wasserzulauf zum Reaktor, 8 Sauger für Befestigung. Ein weitgehend ausbaufähiges System (automatische Nachtabschaltung über Magnetventil bis zur vollautomatischen Steuerung über den Dupla-pH-Dauerregler). Automatische Entlüftung von Fremdgasen.

beide über eine automatische Entlüftung verfügen und auch den Anschluß entsprechender Kohlensäureflaschen zulassen.

Mit größter Präzision arbeiten elektronische Geräte, die über den vorgewählten pH-Wert vollautomatisch bei ständiger pH-Messung über ein Magnetventil die CO_2-Zufuhr steuern (Dupla pH-Dauerregler, Selzle, HSL 2428). Solche aufwendigen (und teuren) Geräte wird man wohl nur in entsprechenden Anlagen einsetzen.

Wieviel Kohlendioxid? Kohlendioxid ist in höherer Konzentration für Aquarienfische giftig, wobei über die von Fischen noch tolerierten Mengen unterschiedliche Auffassungen bestehen. Giftwirkungen sind überdies von verschiedenen Faktoren (u. a. pH-Wert, Sauerstoffgehalt) abhängig. Zu hohe CO_2-Dosierung kann auch ohne akute Vergiftungserscheinungen die Aquarienfische in ihrer Vitalität schwächen (vgl. Handbuch der Aquarienkunde). Wenn man die Karbonathärte gering hält (bis 5° KH), wird man im allgemeinen mit maximal 20 mg/l einen günstigen pH-Wert einstellen können. Für die Fische wird es jedoch dann gefährlich, wenn man versucht, höher karbonathaltiges alkalisches Wasser mit CO_2 auf einen niedrigen pH-Wert „herunterzudrücken". Hier ist es sinnvoller, den vorhandenen pH-Wert lediglich mit CO_2 zu stabilisieren bzw. vorsichtig in abgestuften Schritten in die Nähe des Neutralpunktes zu bringen. Das ist bei Wasser bis 10° KH zusätzlich mit Torffilterung (unter Kontrolle!) möglich. In höher karbonathaltigem Wasser wird man sich im allgemeinen damit begnügen, das Gleichgewicht zu halten, um damit die Bikarbonatassimilation (Seite 28) zu verhindern.

Sehr karbonatarmes Wasser (das aber äußerst exakt eingestellt werden muß) kann andererseits auch allein durch Belüftung auf einem zwar niedrigen CO_2-Niveau, aber bei stabilem pH-Wert gehalten werden. Das hat HÜCKSTEDT mit seinem sogenannten „Einheitswasser" bewiesen (siehe HÜCKSTEDT „Aquarienchemie", Kosmos-Vivarium).

Für die richtige Einstellung der CO_2-Düngegeräte ist es unumgänglich, zunächst den jeweils aktuellen CO_2-Gehalt des Wassers zu ermitteln. Das geschieht am besten über ein Tages- und Nachtprofil, wofür der Handel entsprechende Reagenzien anbietet (z.B. Tetra CO_2-Test, Dupla Test CO_2). Kritisch sind vor allem die Nachtwerte, da hier von den Pflanzen kein CO_2 beansprucht wird. Geräte mit automatischer Nachtabschaltung sind hier eindeutig vorteilhafter, doch kann man auch von Hand abschalten (nicht bei Diffusionsgeräten). Bei stärkerem Fischbesatz (Sauerstoffmangel) kann nachts eine Durchlüftung notwendig werden!

Wichtig: Unbedingt notwendig ist die laufende CO_2-Überwachung, dazu gibt es entsprechende Geräte (Dennerle Kipptest, Dupla CO_2-Test). Die Gebrauchsanweisungen der Hersteller sind zu beachten, Torffilterung kann Werte verfälschen. Dosierung sehr langsam erhöhen (Cryptocorynen!).

Bei jeder Art der CO_2-Düngung muß die Aquarienoberfläche gut belüftet sein.

Wasserpflege, Düngung

Verglichen mit der freien Natur ist ein Aquarium nur eine winzige Wasseransammlung, in der sich alle Veränderungen des Wasserchemismus ungleich spontaner einstellen. Das kann gar nicht oft genug betont werden.

Obwohl eine sehr schwache organische Belastung des Wassers z.B. durch Futterreste und Exkremente für Pflanzen durchaus erwünscht ist, wird sie doch schnell zu einseitig hoher Belastung (vor allem durch Stickstoff). Andererseits verarmt eine so kleine Wassermenge sehr rasch an Mikronährstoffen. Ein regelmäßiger Teilwasserwechsel ist deshalb unumgänglich, um einerseits Überschüsse abzubauen und zum anderen Spurenstoffe zuzufügen. Dazu sollte man normalerweise ein- bis zweiwöchentlich etwa ein Viertel bis ein Drittel des Wassers austauschen. Sehr empfindliche Pflanzen (Cryptocorynen) können durch plötzliche Zugabe größerer Frischwassermengen „geschockt" werden; hier wird man maximal ein Achtel des Beckenvolumens, jedoch dann stets wöchentlich, wechseln. Vorteilhaft kann hier der Zusatz von sog. Schutzkolloiden (Handelspräparate) sein.

Filterung ist für Aquarienpflanzen nicht nötig (Ausnahme Torffilterung), zur Beseitigung der Stagnation genügt eine Umlaufpumpe. In fischbesetzten Aquarien wird man aber nicht auf eine Filterung verzichten wollen, doch sollte man das Filtervolumen nicht zu groß wählen, da sonst u. U. durch Oxidation Eisen und Mikronährstoffe für die Pflanzen verlorengehen können. Für Pflanzenaquarien genügt eine dünne Lage von Filterwatte oder ähnlichem mechanischem Filtermaterial, die wöchentlich ausgewaschen wird.

Durchlüftung hat in Pflanzenaquarien nichts zu suchen, da mit dem Luftstrom das zugeführte Kohlendioxid wieder ausgetrieben wird. Eine Durchlüftung ist aber dort nötig, wo die Gefahr einer nächtlichen Erhöhung der CO_2-Konzentration bzw. von Sauerstoffmangel besteht (tagsüber abschalten).

Aquariendünger werden in ihrer Wirkung auf Pflanzen insofern überschätzt, als ein akuter Nährstoffmangel relativ selten vorliegt (Ausnahme Eisen). Pflanzen benötigen nur minimale Nährstoffmengen, die jedoch ständig verfügbar sein müssen! Viele Pflanzennährstoffe sind im Aquarium sehr unstabil, d. h., sie gehen schnell in eine für die Pflanzen nicht mehr nutzbare Form über. Mit Hilfe sogenannter Komplexbildner (Chelate) gelingt es, Eisen, aber auch Mikronährstoffe wie Mangan, Zink usw. weitgehend zu stabilisieren. Die meisten Aquarien-Düngepräparate des Handels sind normalerweise entsprechend zusammengesetzt, d. h., sie enthalten komplexgebundenes Eisen, aber keine Elemente, die im Aquarium ohnehin schon im Übermaß anfallen. Eine Vorratsdüngung sollte nur über den Teilwasserwechsel erfolgen und jeweils auch nur auf das zugesetzte Wasservolumen berechnet werden. Vor einer unkritischen regelmäßigen Volldüngung kann nur gewarnt werden. Zuweilen hat schon das Leitungswasser eine Düngewirkung (Nitrate), die an manchen Orten schon nicht mehr ganz zu vernachlässigen ist. Man denke dabei nur an die Werte tropischer Gewässer, in denen nur äußerst geringe (aber ständig verfügbare) Nährstoffmengen vorkommen. Mit Eisen sollten die Pflanzen dagegen regelmäßig versorgt werden, da dieses Element aus dem Leitungswasser weitgehend entfernt wird. Doch auch hier kommt es nicht auf eine hohe Dosierung an, sondern auf die ständige Verfügbarkeit für die Pflanzen. Leicht „belastetes" Wasser in einem gut eingefahrenen Aquarium enthält aus dem Eiweißabbau Aminosäuren, die die Verfügbarkeit der Pflanzennährstoffe auf natürliche Weise fördern (dies gilt auch für Huminsäuren). Aus

diesem Grund ist auch sicher die Behauptung richtig, daß in fischbesetzten Becken die Pflanzen besser wachsen.

Es gibt auch organische Eisendünger in Depotform (Ferrogan), die langsam zerfallen und somit länger in Lösung bleiben.

Exakter noch ist die Kurzzeitdüngung, die – wie die Fütterung der Fische – täglich geschehen muß und für die ein spezieller Dünger (Duplaplant 24) entwickelt wurde. Die eleganteste Lösung ist zweifellos auch hier mit moderner Automatik zu erreichen, wie die kürzlich entwickelte Dupla-Dosierpumpe 60 beweist. Mit ihr wird dem Aquarienwasser tropfenweise kontinuierlich eine vorher berechnete Nährstoffmenge zugesetzt. Zerfallserscheinungen wie bei der Vorratsdüngung sind hier weitgehend ausgeschlossen, so daß man fast den Verhältnissen in der freien Natur gleichkommt. Für den Aquarianer, der nicht gleich zur teuren und aufwendigen Automatik greifen will, ergibt sich folgende Grundregel: So sparsam wie möglich, dafür aber um so häufiger mit äußerst geringer Dosierung düngen! Überdüngung kann katastrophale Folgen haben. Bei jeder Düngemaßnahme müssen wir nämlich daran denken, daß Pflanzennährstoffe nicht nur das Pflanzenwachstum fördern, sondern auch den Algenwuchs stimulieren können; das gilt übrigens auch für das Kohlendioxid (Grünalgen). Selbst so „harmlose" Nährstoffe wie Eisen sollte man keinesfalls überdosieren (= Blockadewirkungen). Gegebenenfalls prüfen wir den Eisengehalt, es gibt dafür einfach zu handhabende und hinreichend exakte Reagenzien (Aquamerck Eisen Fe^2, Fe^3, Duplatest Fe). 0,1 mg/l reichen völlig aus. Nicht zuletzt wird das Nährstoffgefüge in einem Aquarium durch vielfältige Faktoren geprägt, hierzu zählt u. a. auch noch das sogenannte Redoxpotential (siehe hierzu HÜCKSTEDT: Aquarienchemie, Kosmos-Vivarium).

Beleuchtung

Licht liefert der Pflanze die Energie für die Photosynthese. Dafür bilden Pigmentsysteme der Pflanzen (Chlorophylle) gewissermaßen die „Empfangsantennen", um die Lichtenergie aufzufangen, zu absorbieren. Die aus der

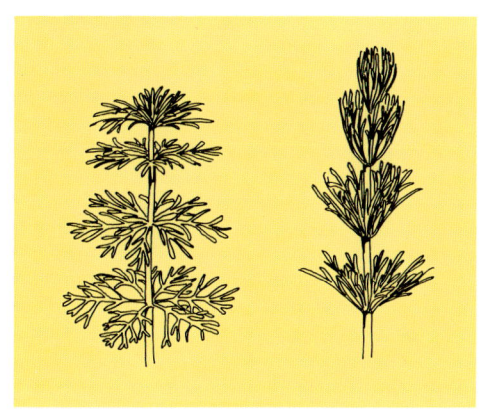

Bild 15. „Schlafbewegungen" sind allabendlich an vielen Stengelpflanzen im Aquarium zu beobachten, hier beim Sumpffreund *Limnophila* (links Tagstellung, rechts Nachtstellung mit zusammengefalteten Blattquirlen). Die Bewegungen folgen dem Tag-Nacht-Rhythmus, werden aber autonom gesteuert, d. h., bei abendlich verlängerter Lichtperiode nehmen die Triebspitzen dennoch ihre „Schlafstellung" ein, ein Beweis dafür, daß die Pflanze über ein „Zeitmeßsystem" verfügen muß.

Beleuchtung gewonnene Energie gewährleistet den normalen Ablauf der Stoffwechselvorgänge und das Wachstum. Auch hier gilt das Gesetz vom Minimum: Alle anderen Faktoren können noch so optimal sein, fehlt ausreichende Beleuchtung, so tritt Kümmerwuchs auf. Licht ist jedoch nicht nur Energiespender, es ist in mannigfacher Weise an den Lebensprozessen der Pflanzen beteiligt. Das können wir beispielsweise an den allabendlichen „Schlafbewegungen" vieler Aquarienpflanzen sehen, die zwar autonom gesteuert werden, jedoch dem Tag-Nacht-Rhythmus folgen. Eindrucksvoll ist oft auch die Wirkung der Lichtperiode (siehe Beleuchtungsdauer).

Welche Lichtquellen?

Früher stellte man die Aquarien am Fenster auf und war auf die wechselnden Bedingungen des Tageslichtes angewiesen. Die moderne Aquaristik ist jedoch ohne Kunstlicht nicht mehr vorstellbar. Es steht jedoch außer Frage, daß die Intensität des Tageslichtes (z. B. die eines hellen Sommertages) mit künstlichen Lichtquellen nicht erreicht werden kann. So findet die Kunstlichtkultur von Pflanzen

zwangsläufig dort ihre Grenzen, wo es sich um extrem lichtbedürftige, d. h. auf die Intensität des Sonnenlichtes angewiesene Wasserpflanzen handelt. So gesehen ist das Tageslicht etwa für die Kultur vieler Schwimmpflanzen eine optimale und dazu noch kostenlose und energiesparende Lichtquelle. Bei der Pflege sehr lichtbedürftiger Pflanzen sollte man sich also durchaus auch wieder an das Tageslicht erinnern. Spezialbehälter (Seite 171), an einem hellen Fenster aufgestellt, zeigen viele Wasserpflanzen von einer ungewohnten Seite, nämlich als dekorativ blühende exotische Gewächse. Freilich wird man hier von den räumlichen Verhältnissen abhängig sein und den Betrieb auf die helle Jahreszeit beschränken. Die Praxis hat auch gezeigt, daß viele Kaltwasserpflanzen bei Tageslicht eindeutig besser wachsen, da ihr Anpassungsvermögen an Kunstlicht offenbar geringer ist als das der tropischen Aquarienpflanzen. Natürlich sind bei heimischen Pflanzen die Verhältnisse im Freiland noch günstiger, und wer die Möglichkeit hat, solche Pflanzen im Freiland zu pflegen, sollte dies nutzen. Ein Vergleich der schwächlichen Aquarienform mit der gedrungenen, kräftigen Freilandpflanze wird jeden überzeugen. Eine Zusatzbeleuchtung ist jedoch bei Kaltwasseraquarien in den trüben Wintermonaten unerläßlich.

Leuchtstofflampen sind mit ihrer raumsparenden Röhrenform die Voraussetzung für die modernen Behältertypen, die das Aquarium harmonisch in den Wohnraum einfügen. Nach wie vor sind Leuchtstofflampen für die Mehrzahl der Aquarienpflanzen die empfehlenswertesten Lichtquellen: Günstiger Anschaffungspreis, gute Anpassung an die Behältergröße durch entsprechende Lampenwahl und hohe Lichtausbeute bei sparsamem Stromverbrauch sind wichtige Vorteile dieses Lampentyps. Wichtig ist allerdings, daß man mit entsprechenden Reflektoren das Licht auch optimal nutzt. Hier lassen viele Aquarienleuchten noch zu wünschen übrig.

Leuchtstofflampen stehen heute in unterschiedlichen Längen und Lichtfarben in reicher Auswahl zur Verfügung. Die Frage nach der günstigsten Lichtfarbe kann heute so beantwortet werden, daß untergetauchte Pflanzen offenbar ihr Pigmentsystem auf die jeweilige Lichtfarbe einstellen können. Tageslicht-

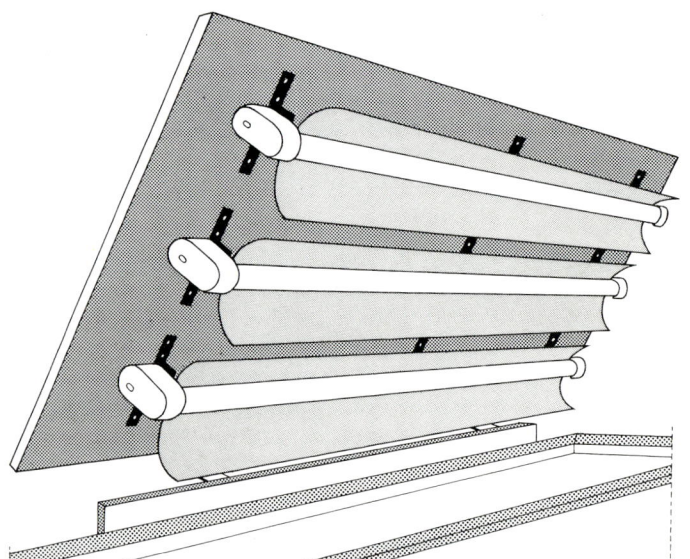

Bild 16. Leuchtstofflampen sollten stets mit entsprechenden Spezial-Metallreflektoren betrieben werden, denn nur so wird ihre volle Leistung ausgenutzt. Bei vielen Lampengehäusen wird ein erheblicher Teil der Lichtenergie verschenkt, und die Beleuchtung ist zwangsläufig weniger effektiv.

lampen wie „Daylight de luxe" (Osram 19) oder Tageslicht 5000 de luxe (Philips) wie auch „True lite" (Duro lite) kommen dem natürlichen Tageslicht am nächsten. Sie besitzen eine sehr gute Farbwiedergabe, jedoch eine verhältnismäßig geringe Lichtausbeute. Lampen der modernen Typen Osram „Lumilux" oder Philips TLD super 80 vereinigen hohe Lichtausbeute mit hervorragender Farbwiedergabe. Da die Fische in brillanten Farben und die Pflanzen im Aquarium in prächtig leuchtendem Grün erscheinen sollen, ist die Farbqualität ein wichtiger Faktor. Trotz ihres schmalbandigen Spektrums (Bild 19) sind die Lampen der neuen Typen für unsere Zwecke sehr gut geeignet. Die sogenannten „Pflanzenstrahler" Osram L-Fluora oder Sylvania Gro Lux sollten – wenn überhaupt – nur in Kombination mit anderen Lampen verwendet werden. Ihr Licht wirkt durch die Anpassung an das Photosynthesespektrum (Blau-Rot-Betonung) sehr unnatürlich, und sie werden heute

Bild 17. Nur optimale Beleuchtung garantiert gedrungenen Wuchs und volle Ausfärbung. Erst in intensivem Licht kann z.B. *Rotala macrandra* ihre prachtvolle rote Färbung entwickeln. Mit Halogen-Punktlichtstrahlern kann man solchen Pflanzengruppen gegebenenfalls zusätzliche Lichtenergie zuführen und so optisch besonders wirkungsvoll aus dem Bestand hervorheben. Aufnahme G. Brünner

Bild 18. Das mit Hochdruck-Quecksilberdampflampen beleuchtete offene Aquarium hat in der Aquaristik neue Maßstäbe gesetzt. Der freie Blick auf den Wasserspiegel eröffnet völlig neue Perspektiven, hoch wachsende Pflanzen können sich über der Wasseroberfläche entfalten, das gerichtete Licht verleiht der Unterwasserlandschaft eine besonders lebendige Atmosphäre. Aufnahme L. Dennerle

auch allgemein für die Aquarienbeleuchtung geringer bewertet. Wichtig ist, daß man bei der einmal gewählten Lichtfarbe bleibt. Vor allem sollte man die Lichtfarben niemals spontan wechseln, weil dies eine völlige Irritation der Pigmentsysteme der Pflanzen bedeutet. Bei empfindlichen Pflanzen wie Cryptocorynen kann ein Wechsel den völligen Zusammenbruch des Wachstums zur Folge haben. Das gilt auch für den Lampenaustausch. Niemals sollte man alle Lampen auf einmal wechseln, sondern nach und nach (siehe Übersicht Seite 38). Hochdruck-Quecksilberdampflampen bieten gegenüber Leuchtstofflampen den Vorteil einer höheren Lichtintensität im unmittelbaren

Strahlungsbereich. Mit ihnen kann man eine Beleuchtungsstärke erzielen, die mit Leuchtstofflampen nicht zu erreichen ist. Das gilt besonders für mit Parabolspiegel ausgerüstete Lampen, mit denen auch in Bodennähe noch hohe Lichtintensitäten zu erzielen sind. Mit ihnen lassen sich auch lichtbedürftige Schwimmpflanzen ziehen. Da diese Lampen über dem Aquarium aufgehängt werden, wirken die Becken im Wohnraum völlig verändert, und so hat dieser Lampentyp der Aquaristik fraglos neue Perspektiven eröffnet. Der Blick von oben macht die fast vergessene Kultur von Schwimmpflanzen wieder möglich, und die Unterwasseransicht erscheint durch Licht- und Schattenwirkung lebendiger. Vorteilhaft ist auch die relativ hohe Nutzbrenndauer der Hochdruck-Quecksilberdampflampen von ca. 9000 Stunden, nachteilig sind die merklich schlechtere Farbwiedergabe und die geringere Lichtausbeute. Schließlich ist auch der Anschaffungspreis dieser Lampen recht hoch. Hochdruck-Metallhalogenlampen werden im Erwerbsgartenbau schon längere Zeit verwendet. Sie sind in Stärken ab 150 Watt für mittelgroße bis große Behälter in entsprechenden (recht teuren) Lampen geeignet. Ihr Vorteil: bessere Lichtausbeute und sehr gute Farbwiedergabe gegenüber Hochdruck-Quecksilberdampflampen. Diesem Lampentyp wird sicherlich die Zukunft gehören.

Mischlichtlampen und Glühlampen scheiden allgemein wegen der geringen Lichtausbeute aus. Glühlampen kann man höchstens für sehr kleine Aquarien verwenden. Ihr Spektrum – das wenig Blau enthält – ist für Pflanzen wenig geeignet; manche Schattenpflanzen reagieren aber ausgesprochen positiv auf rotreiches Glühlampenlicht. Erfahrene Cryptocorynenpfleger schwören bisweilen auch heute noch für heikle Arten auf die Glühlampenbeleuchtung. Ihre Berechtigung haben Glühlampen da, wo sie über einen gesonderten Schaltkreis zur zusätzlichen Dämmerungsbeleuchtung eingesetzt werden, etwa um Schockwirkungen bei Fischen (beim Einschalten von Leuchtstofflampen) zu verhindern.

Leuchtstofflampen und Hochdruck-Quecksilberdampflampen

Eigenschaften	Leuchtstofflampen[1]	Hochdruck-Quecksilberdampflampen[2]
Ausleuchtung, Lichtverteilung	außerordentlich gleichmäßig	je nach Reflektoreigenschaften annähernd gleichmäßige Ausleuchtung nur bei überlappenden Strahlungskegeln
Leuchtdichte und Beleuchtungsstärke in Bodennähe	sehr gering, hohes Strahlungsniveau fordert sehr hohen Lampenaufwand (je nach Beckentiefe)	relativ hoch, im unmittelbaren Strahlungsbereich maximale Lichtstärke durch Parabolreflektoren
Lichtintensität an der Wasseroberfläche z. B. für Schwimmpflanzenkultur	nur mit extrem hohem Lampenaufwand erreichbar, Maximum der Hochdruck-Quecksilberdampflampen wird nicht erreicht	mit Spezialreflektoren in hinreichender Intensität erzielbar (125–250 Watt-Lampen)
Einbaumöglichkeit in Beleuchtungsaufsätze	ohne Schwierigkeiten möglich, jedoch gute Entlüftung notwendig	nur mit zugelassenen Geräten mit Gebläsekühlung zulässig
Energieverbrauch	sehr wirtschaftlich, sehr hohe Lichtausbeute[1]	Lichtausbeute wesentlich geringer (siehe Tab. 2)
Farbwiedergabe nach DIN 5035	Stufe 1 (sehr gut)[1]	Stufe 3 (weniger gut)
Lichtstromrückgang	nach 7500 Stunden (Nutzbrenndauer) 15–28 Prozent[3]	nach 9000 Stunden (Nutzbrenndauer) etwa 20 Prozent[4]
Anlaufzeit (nach Einschaltung)	sofortige Zündung (bei üblicher Schaltung)	ca. 4–5 Minuten bis zur vollen Lichtleistung (Schreckreaktionen der Fische werden vermieden)

[1] Angaben bezogen auf Typen 21 u. 31 (Osram) sowie 83 u. 84 (Philips), [2] bezogen auf HQL de luxe u. a., [3] bezogen auf TLD super 80 (Philips), abhängig von Umgebungstemperatur, Schalthäufigkeit usw. Für Aquarien empfiehlt sich gegebenenfalls Wechsel nach 5000 Brennstunden, [4] bezogen auf HQL 125 Watt (Osram)

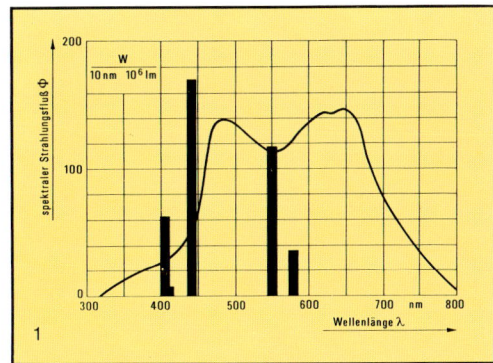

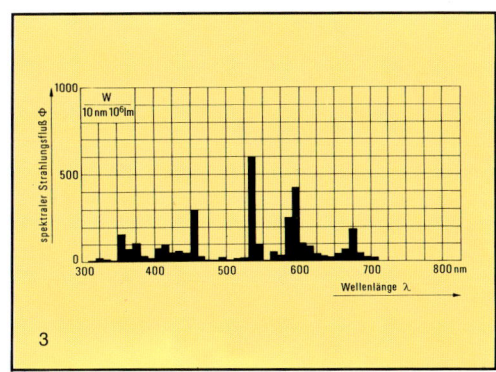

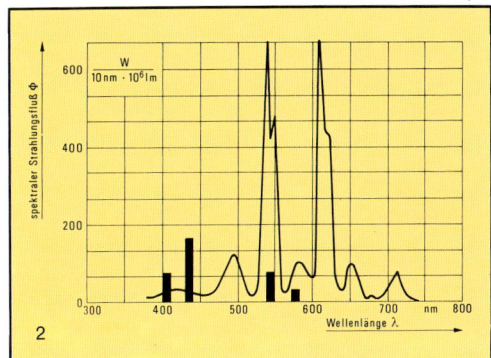

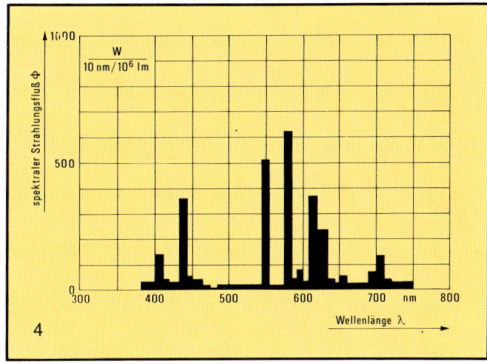

Bild 19. Farbspektren verschiedener Lichtquellen für die Aquarienbeleuchtung.

1 Leuchtstofflampen, deren Strahlungsspektrum dem natürlichen Tageslicht angenähert ist, sind fraglos am natürlichsten, und zwar sowohl in der Farbwiedergabe als auch in der physiologischen Wirkung auf Pflanzen und Fische. Dieser Vorteil muß allerdings mit einer verringerten Energieausnutzung bezahlt werden (bezogen auf Luxwert). (Beispiel Philips Tageslicht 5000 de luxe 47).

2 Moderne Leuchtstofflampen haben eine sehr hohe Lichtleistung bei verringertem Energieverbrauch und gleichzeitig hervorragender Farbwiedergabe. Ihr Spektrum ist zwar stark „augenbezogen", ergibt aber in der Praxis hervorragenden Pflanzenwuchs. Hierbei werden allgemein die „warmen" Farbtypen bevorzugt (Beispiel Philips Warmton 83).

3 Hochdruck-Quecksilberdampflampen mit Leuchtstoff haben sich als Aquarienhängeleuchten für das „offene Aquarium" hervorragend bewährt. Mit der stark gerichteten Strahlung erreicht man bis in Bodengrundnähe hohe Beleuchtungsstärken. Gegenüber Leuchtstofflampen ist die Lichtausbeute allerdings geringer, deshalb ist der Einsatz von Spezialreflektoren ratsam (mit Vorschaltgeräten ab 80 Watt). (Beispiel Philips HPL de luxe)

4 Hochdruck-Metallhalogendampflampen haben gegenüber Quecksilberhochdrucklampen eine verbesserte Farbwiedergabe und (je nach Typ) eine höhere Lichtausbeute. Sie werden seit langem erfolgreich im Gartenbau eingesetzt und dürften auch für die Aquaristik die Lichtquellen der Zukunft sein (mit Vorschalt- und Zündgerät ab 150 Watt). (Beispiel Philips HPI-P)

Nach Unterlagen von Philips

10 Regeln für richtige Beleuchtung

1. Starkstrom und Wasser sind gefährliche Partner. Lampeninstallation nur durch den Fachmann, VDE-geprüfte Leuchten verwenden.

2. Bei Hochdrucklampen unbedingt die vorgeschriebenen Sicherheitsabstände beachten. Vorsicht vor Spritzwasser!

3. Jeder Wechsel des Lampentyps (Lichtfarbe) stört das Wachstum. Es dauert oft viele Wochen, bis sich die Pflanzen auf ein neues Spektrum eingestellt haben.

4. Plötzlicher Wechsel der Lichtintensität kann bei manchen Pflanzen schwere Schockwirkungen auslösen (Cryptocorynen). Intensität behutsam steigern (verbrauchte Lampen nie alle auf einmal austauschen).

5. Leuchtstofflampen nach 5000 (maximal 7500) Brennstunden auswechseln. Nur gut gelüftete Lampengehäuse garantieren volle Ausnutzung der Nutzbrenndauer.

6. Nur mit geeigneten Reflektoren kann der Wirkungsgrad (die Lichtausbeute) der Leuchtstofflampen voll genutzt werden, beim Kauf darauf achten. Deckscheiben stets peinlich sauber halten.

7. Die Beleuchtungsdauer darf nicht unter 12 Stunden liegen, kann aber ohne Folgen für das vegetative Wachstum auf 14 Stunden ausgedehnt werden.

8. Nur gleichmäßige Lichtperioden ermöglichen gutes Wachstum, d.h. Lampen mit Schaltuhren betreiben.

9. Pflanzenstrahler ergeben ein sehr unnatürliches Licht; gegenüber modernen Lampentypen haben sie kaum noch Vorteile und sollten höchstens zu 20 Prozent an der Beleuchtung beteiligt sein.

10. Intensive Beleuchtung bedeutet intensiveren Pflanzenstoffwechsel: Die Aquarienpflanzen beanspruchen die CO_2-Reserven des Wassers entsprechend; Mangel an Kohlendioxid führt zur Stagnation des Wachstums und zum pH-Anstieg (Seite 28).

Wieviel Licht?

Das Lichtbedürfnis der Wasserpflanzen ist milieugeprägt, wir kennen ausgesprochene Schattenpflanzen und extrem lichtbedürftige Arten. Cryptocorynenbäche im tiefen Baumschatten erhalten nur einen Bruchteil der Lichtenergie, die etwa an einem ganztägig voll besonnten Uferrand herrscht. Hinzu kommen mannigfache spektrale Unterschiede: Schattenlicht wird durch das Laub der Urwaldbäume gefiltert, und ganz allgemein kann bei submersen Pflanzen das Wasser – je nach Tiefe und Färbung – ein recht unterschiedliches Lichtklima bewirken. Teils führt dies zu speziellen Anpassungen, unsere Aquarienpflanzen können sich aber normalerweise den verschiedensten Lichtsituationen weitgehend anpassen. Freilich wird man mit Leuchtstofflampen keine Seerosen zu prächtigem Blühen bringen, noch fühlen sich Schattenpflanzen im grellen Lichtkegel einer Hochdrucklampe wohl. Für die meisten Pflanzen genügt die normale „Standardbeleuchtung", die bei fertigen Einbauaquarien meist vorgegeben ist (oft

---

Energieverbrauch und Lichtleistung bei 80 Watt Nennwert

Lampentyp	Verbrauch[1]	Lichtstrom lm *	Lichtausbeute lm/W **
1 80 Watt Hochdruck-Quecksilber-dampf-Reflektorlampe HQL R de luxe (flora-set)	89 Watt	3000 lm[2]	33,7 bzw. 37,5[4]
1 80 Watt Hochdruck-Quecksilber-dampflampe, Ellipsoidform. HQL de luxe	89 Watt	3850 lm[2]	43,2 bzw. 48,1[4]
2 Leuchtstofflampen à 36 Watt	90 Watt (2 × 45 W)	6900 lm[3]	76,7 bzw. 95,8[4]
3 Leuchtstofflampen à 18 Watt	81 Watt (3 × 27 W)	4350 lm[3]	53,7 bzw. 80,5[4]

[1] einschließlich Vorschaltgerät, [2] bezogen auf a) Strahlerform HQL R de luxe, b) Ellipsoidform HQL de luxe, hier läßt sich der Wirkungsgrad mit Spezialreflektoren wesentlich verbessern. Bei höheren Wattstärken Lichtausbeute allgemein etwas günstiger, [3] bezogen auf Lichtfarben 21 u. 31 (Osram) sowie 83 u. 84 (Philips), [4] ohne Vorschaltgerät, * Lichtstrom (Lumen): Lichtleistung, die von einer Lichtquelle abgestrahlt wird, bezogen auf Augenoptimum, ** Lichtausbeute: Verhältnis zwischen Lichtstrom (lm) und Leistungsaufnahme (Watt) einer Lichtquelle. Je höher die Lichtausbeute, desto wirtschaftlicher die Lichtquelle

leider etwas knapp). Bei Stengelpflanzen können wir z.B. zwischen Schwachlichtformen und Starklichtformen unterscheiden, Schattenpflanzen wie beispielsweise viele Cryptocorynen zeigen bei schwächerer Beleuchtung üppigere Blattformen als in intensivem Licht.

Die Beleuchtungsintensität wird vielfach in Luxwerten (lx) angegeben. Diese Angaben nützen uns jedoch nicht viel, da die wenigsten Aquarianer über entsprechende Meßgeräte verfügen. Luxwerte sind bei Pflanzenbeleuchtung auch insofern wenig aussagekräftig, als sie sich auf das Augenoptimum beziehen, d.h. Lampen, die hierauf abgestimmt sind, eigentlich viel zu hoch bewerten. Man kann deshalb für die Aquarienpraxis nur ungefähre Richtwerte angeben. Verhältnismäßig einfach ist dies bei Leuchtstofflampen. Sie sollen etwa der Beckenlänge entsprechen und mit Reflektoren (!) die gesamte Beckenbreite abdecken; so braucht man z.B. bei 40 cm Breite drei Lampen mit Reflektoren. Erweist sich diese Beleuchtung bei Schattenpflanzen als noch zu intensiv, kann man eine Lampe abschalten und hat dann immer noch eine Reserveleistung. Voll ausschöpfen müssen wir dies ohnehin bei Wassertiefen von 40–50 cm, weil hier die Leistungsgrenze der Leuchtstofflampen erreicht wird.

Bei dieser Betrachtungsweise kann die übliche Faustregel Watt/Liter durchaus einen brauchbaren Anhalt liefern, zumal man hiermit den in der Praxis so unterschiedlichen Lichtquellen, Beckengrößen, Lampentypen usw. einigermaßen gerecht wird.

Grob gesagt rechnet man für Schattenpflanzen 0,5 W/l, für die meisten Arten wird man schon mit 0,7 W/l auskommen, für die mehr lichtbedürftigen Arten sollte man jedoch 1 W/l veranschlagen. Der Unsicherheitsfaktor solcher Rechnungen wird durch die Anpassungsfähigkeit der Aquarienpflanzen weitgehend ausgeglichen. Ein Aquarium ist ohnehin nicht gleichmäßig hell. Es gibt dunkle Ecken und Abschattungen. Hier bleibt es dem Einfühlungsvermögen des Aquarianers überlassen, die Pflanzen jeweils ins rechte Licht zu setzen. Legt man beispielsweise Wert auf einen dekorativen Vordergrundrasen (z.B. aus *Echinodorus tenellus*), so muß man wegen des hohen Strahlungsabstandes zum Bodengrund nach vorn hohe Lichtenergie installieren. Auch Arten mit rötlicher Blattfärbung sind meist extrem lichtbedürftig, wie z.B. *Alternanthera* oder *Rotala macrandra*: Sie benötigen ein Optimum an Strahlungsenergie, wenn sie nicht verblassen sollen. Grundregel: Die Beleuchtung eher zu reichlich bemessen. Das gilt grundsätzlich für alle Lampentypen.

Einteilung verschiedener Aquarienpflanzen nach ihren Lichtansprüchen

Richtwert 0,5 Watt / Liter[1]

Bolbitis heudelotii	Cryptocoryne griffithii	Cryptocoryne spp.,
Cryptocoryne affinis	Cryptocoryne minima	Borneo-Herkünfte
Cryptocoryne beckettii	Cryptocoryne purpurea	Microsorium pteropus
Cryptocoryne cordata-Gruppe		Vesicularia dubyana

Richtwert 0,7 Watt / Liter[1]

Anubias-Arten	Heteranthera zosterifolia	Nymphoides aquatica
Aponogeton-Arten	Hygrophila-Arten	Pilularia globulifera *
Barclaya longifolia	Isoetes-Arten *	Potamogeton gayii
Ceratophyllum-Arten	Lagenandra-Arten	Potamogeton malaianus
Ceratopteris-Arten	Leptodyctium riparium *	Riccia fluitans *
Crinum-Arten	Lobelia cardinalis	Sagittaria-Arten
Cryptocoryne crispatula	Ludwigia-Arten (*)	Saururus cernuus
Cryptocoryne pontederiifolia	Myriophyllum-Arten *	Utricularia-Arten
Echinodorus-Arten	Najas-Arten	Vallisneria-Arten
Fontinalis antipyretica *	Nitella flexilis *	Zosterella dubia

Richtwert 1 Watt / Liter[1]

Acorus gramineus * (bedingt)	Eusteralis stellata	Mayaca fluviatilis
Aldrovanda vesiculosa (*)	Glossostigma elatinoides	Micranthemum umbrosum
Alternanthera reineckii	Gymnocoronis spilanthoides	Myriophyllum-Arten (*)
Ammannia-Arten	Hemianthus micranthemoides	Najas-Arten
Bacopa-Arten	Heteranthera zosterifolia	Nesaea-Arten
Baldellia ranunculoides *	Hottonia palustris *	Nuphar-Arten (submers)
Blyxa-Arten	Hydrilla verticillata (*)	Nymphaea-Arten (submers)
Cabomba-Arten	Hydrocotyle-Arten *	Ottelia-Arten
Callitriche-Arten *	Hydrotriche hottoniiflora	Pistia stratiotes (bedingt)
Cardamine lyrata *)	Hygrophila-Arten	Polygonium aquaticum
Ceratophyllum-Arten	Hygrorhiza aristata	Proserpinaca pectinata
Crassula helmsii	Ilysanthes parviflora	Ranalisma humile *
Cryptocoryne ciliata	Lagarosiphon-Arten (*)	Ranunculus-Arten *
Cryptocoryne lingua	Ludwigia-Arten (*)	Rorippa amphibia *
Cryptocoryne parva	Lilaeopsis-Arten	Rotala-Arten
Cryptocoryne × willisii	Limnobium laevigatum	Salvinia-Arten (bedingt)
Echinodorus-Arten	Limnophila-Arten	Samolus valerandi *
Eichhornia azurea	Ludwigia-Arten (*)	Stratiotes aloides *
Egeria densa *	Luronium natans *	Trichocoronis rivularis
Elatine-Arten *	Lysimachia nummularia *	Vallisneria-Arten
Elodea-Arten *	Marsilea-Arten	

Sehr hoher bis extrem hoher Lichtbedarf (Tageslicht)[2]

Acorus gramineus *	Callitriche-Arten *	Hottonia palustris *
Brasenia schreberi *	Eichhornia-Arten	Hygrorhiza aristata
Acrostichum aureum	Heteranthera peduncularis	Hydrocleis nymphoides
Azolla-Arten	Heteranthera reniformis	Limnobium spongia

Tägliche Beleuchtungsdauer

Für tropische Aquarienpflanzen ist die Tag-undnachtgleiche normal, d.h., sie benötigen eine Lichtperiode von täglich 12 Stunden. Viele Tropenpflanzen sind in ihrem Blühverhalten von der Lichtperiode geprägt (so manche Cryptocorynen, die Wasserhyazinthe *Eichhornia* usw.). Andere Arten wie z.B. *Aponogeton* sind tagneutral. Hier wird das Blühverhalten durch die Klimaperiodik geprägt. Da wir aber bei den meisten Arten ohnehin nicht mit Blüten rechnen, sondern mehr Wert auf vegetativen Zuwachs legen, schadet es nicht, wenn wir die Lichtperiode auf 14 Stunden erhöhen. Hierbei ergeben sich zum Teil leicht gesteigerte Zuwachsraten. Bei Kaltwasserpflanzen hingegen sollte die Lichtperiode (bis auf wenige Ausnahmen) länger als 12 Stunden dauern, d.h., wir müssen während der Wintermonate – sofern wir Tageslicht verwenden – den Tag mit Zusatzbeleuchtung künstlich verlängern, um die Pflanzen auch während der dunklen Jahreszeit in guter Verfassung zu halten (einige Arten reagieren auf verkürzte Lichtperioden mit der Bildung von Winterknospen). Wichtig ist, die Lichtperioden gleichmäßig einzuhalten, was mit Hilfe der heute überall verwendeten Schaltuhren leicht möglich ist.

Der Boden

Der Boden ist ein wichtiger Bestandteil des Aquariums. Er steht mit dem Wasser in engem Stoffaustausch. Negative Veränderungen im Boden wirken auf das Wasser, und ein Ungleichgewicht des Wassers kann sich störend auf den Boden auswirken. Im Boden spielt sich überwiegend der bakterielle Abbau der anfallenden organischen Substanzen ab, eine verwickelte Kette von Prozessen, an deren Ende die organischen Stoffe in mineralischer und damit für die Pflanzen verfügbarer Form vorliegen. Bei einem „verdichteten" Boden überwiegen stark anaerobe (sauerstoffarme) Prozesse, die bei Störungen im Pflanzenwuchs bis zur Bildung des giftigen Schwefelwasserstoffs führen können. Andererseits besteht kein Zweifel daran, daß in natürlichen Gewässern das Bodenmilieu weitgehend durch anaerobe Prozesse bestimmt wird. Das sieht man schon daran, daß einige Sumpfpflanzen wie z.B. *Ludwigia peruviana* sogenannte „Atemwurzeln" ausbilden, um der Sauerstoffnot zu begegnen. Die Frage ist nur, wie weit wir dies auf die Aquarienverhältnisse übertragen können. Hier steht dem Bodenvolumen im Vergleich zu natürlichen Gewässern ein geradezu winziges Wasservolumen gegenüber, so

daß sich Stoffwechselprodukte sauerstoffarmer Bodenprozesse dem Wasser im Übermaß mitteilen. Wahrscheinlich ist hier der Mittelweg am brauchbarsten, er wird auch seit Jahrzehnten in der Aquaristik praktiziert: Das ist ein relativ grober Kiesboden, der sich im Laufe der Zeit so weit mit Sinkstoffen anreichert, daß deren Mineralisation sowohl anaerobe wie aerobe Prozesse umfaßt. Stark „zehrende" Pflanzen wie z. B. große *Echinodorus*-Arten werden sich in solchen Böden nur langsam voll entfalten und können auch unter Mangelerscheinungen leiden, da der Anfall natürlicher Sinkstoffe keine berechenbare Größe ist. Hier sind in den meisten Fällen deshalb Bodenzusätze zu empfehlen (Seite 43). Bodenwasserstagnation (Seite 44) muß in jedem Fall vermieden werden.

Bodensubstrate

Der „Standardboden" besteht aus sogenanntem Aquarienkies von 2–3 mm Körnung, ei-

Bild 20. Die Ansprüche der Aquarienpflanzen an den Bodengrund sind durchaus nicht einheitlich. Starkwüchsige, große Pflanzen wie etwa die prächtige Breitblättrige Amazonasschwertpflanze *Echinodorus bleheri* stellen an die Nährstoffreserven des Bodengrundes hohe Anforderungen, sollen sie wirklich üppig wachsen und sich zu wirkungsvollen Solitärpflanzen entwickeln (Tonerdezusatz bzw. Handelspräparate erforderlich, bei Kümmerwuchs nachdüngen, S. 43). Aufnahme G. Brünner

nem Material, das sich allgemein durchgesetzt hat (wichtig: der Kies muß kalkfrei sein und darf keine Härtebildner abgeben, notfalls Säureprobe).
Solch ein heller Boden kommt freilich dem Ideal tropischer Gewässer nicht immer nahe. Dunkle Materialien wirken oft dekorativer und lassen das Grün der Pflanzen leuchtender und wärmer erscheinen. Maßgebend sind jedoch in erster Linie die Bedürfnisse der Fische: Zum Beispiel ist scharfkantiges, gebrochenes, grobes Gestein keinesfalls für Bodenfische ge-

eignet, für die mehr oder weniger feiner Sand obligatorisch ist.

Bewertung verschiedener Bodenmaterialien:

Feinsand: Sand unter 1 mm Körnung sollte nach Möglichkeit gemieden werden. Er führt auf die Dauer zum Zusetzen des Bodens.

Aquariensand: 1 mm Körnung ist ausreichend grob. Vorteil: Grobe Schmutzpartikel können nicht einsinken und sind leicht abzusaugen.

Feinkies: Körnung 1–2 mm ist für nährstoffreiche Bodenzusätze günstig, da ein Einsinken von Mulm hier unerwünscht ist.

Aquarienkies: Körnung 2–3 mm, kann gut regeneriert werden (Seite 45), entwickelt ein recht stabiles Bakterienmilieu mit guter Mineralisation.

Grobkies und Bachkiesel: Körnung 4–10 mm; nur für spezielle Biotopaquarien; ergibt wenig Halt bei der Pflanzung kleiner Arten, kann aber auch zum Überschichten von Aquarienkies verwendet werden.

Blähton: Normales Hydrokultursubstrat ist zu grob, geeignet sind nur feiner strukturierte Sorten. Sie müssen vor Gebrauch mehrfach aufgekocht werden (Austreiben der Luft); sehr schöne Farbkontraste, auch zum Überschichten von Aquarienkies.

Lavagestein, Lavalit: Geeignet sind Sorten mit etwa 3 mm Struktur. Durch Zermahlen entsprechend scharfkantig, Pflanzung etwas schwieriger als bei Kies, ergibt hervorragende Kontraste und ausgezeichneten Pflanzenwuchs (vor Verwendung gründlich auf Sieb spülen, Entfernung des Staubanteils). Sehr gut zum Überschichten von Aquarienkies geeignet.

Die Füllhöhe des Bodens sollte je nach Pflanzenart zwischen 8–12 cm liegen.

Bodenzusätze, Bodendüngung

Soll man dem Aquarienboden Blumenerde zusetzen oder nicht? Diese Frage ist so alt wie die Aquaristik. Allgemein haben sich heute aber die „mageren" Böden durchgesetzt. Vielfach wird nur ungewaschener Kies empfohlen. Solche Böden sind allerdings in der Anfangsphase sehr nährstoffarm, was aber nicht unbedingt ein Nachteil sein muß, wenn man z. B. an die Veralgungsgefahr denkt (Seite 52). Andererseits zeigt die Praxis, daß sogenannte wurzelzehrende Wasserpflanzen, d. h. Arten, die einen Großteil ihrer Nährstoffe aus dem Boden schöpfen wie z. B. Cryptocorynen, *Echinodorus* u. a., auf optimale Nährstoffverhältnisse im Boden angewiesen sind. Um die Nährstoffversorgung solcher Arten auch über einen langen Zeitraum zu sichern, haben sich Bodenzusätze des Handels bewährt. Sie liegen meist in Depotform vor, d. h. mit langsam fließenden Nährstoffen, meist auch eisenbetont (u. a. Tetra Initial-D, Dynophyll, Terra Bona usw.). Teilweise ist man auch dazu übergegangen, solche Zusätze u. a. mit tropischen Lateritböden, Humus usw. anzureichern, so daß sie weitgehend den natürlichen Verhältnissen entsprechen (z. B. Dennerle Deponit mix, Dupla-Duplarit). In allen Fällen sollte man sich hier an die Anweisungen der Hersteller halten.

Tonerde ist ein in der Aquaristik seit Jahrzehnten bewährter Bodenzusatz (als Aquarientonerde im Handel) und ein natürliches Nährstoffreservoir. Man gibt die Tonerde sparsam halbtrocken in kleinen Stücken dem Bodensubstrat bei (nicht vermengen!), und zwar nur dort, wo später gepflanzt wird. Ganz gleich, welche Zusätze man auch verwendet, eine gut gewaschene Substratauflage von etwa 2 cm ist in jedem Fall notwendig.

Eine nachträgliche gezielte Düngung mit Tonerdestückchen (evtl. mit Aquariendünger angereichert) ist durch Einbringen etwa erbsengroßer trockener Stücke möglich (z. B. bei großen *Echinodorus*).

Bodenheizung

Tropenpflanzen sind – das besagt eine alte Gärtnerregel – empfindlich gegen „kalte Füße". Das gilt auch für Aquarienpflanzen. Liegt die Raumtemperatur unter der des Aquarienwassers, so entsteht zwischen Bodengrund und Wasser ein Wärmegefälle, das unter Umständen mehrere Grad Celsius betragen kann. Das ist nicht selten die Ursache von Wachstumsstörungen. Man kann Temperaturdifferenzen durch Einbau eines „doppelten Bodens" beseitigen, indem man das Beckenwasser in einem Kreislauf unter dem Aquarienboden führt, doch wird heute allgemein die aktive Bodenheizung bevorzugt. Aus Sicherheitsgründen sollten dazu aber nur Heizkabel in Niedervoltausführung (24 V,

Einsickern von Sinkstoffen

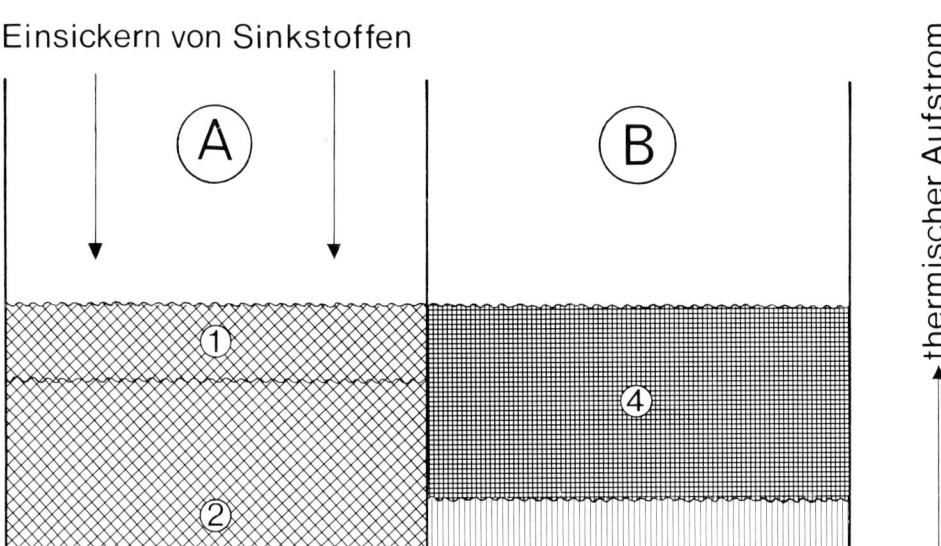

Bild 21. Bodenprofile.
A Bodengrundmaterial: üblicher „Aquarienkies",
± 3 mm.
1 Deckschicht aus gewaschenem Kies; **2** ungewaschener Kies, gegebenenfalls an Pflanzstellen mit Tonerdebrokken angereichert; **3** Niedervolt-Heizkabel mit schwachem Wärmeauftrieb zur Beseitigung der Bodenwasserstagnation.
Bewertung: Seit Jahrzehnten bewährtes Bodengrundmaterial, das ein Einsickern von Abfallstoffen ermöglicht und mit der Zeit in ein stabiles, mild nährstoffhaltiges Bodenmilieu übergeht (Abbau der Sinkstoffe). Vorteil: Sehr lange Gebrauchszeiten, leicht regenerierbar (siehe Text).

Nachteil: Verhältnismäßig lange „magere" Anlaufphase.
B Bodengrundmaterial: Feinkies von 1–2 mm Korngröße.
4 Deckschicht aus gewaschenem Feinkies; **5** Feinkies mit Nährstoffanreicherung im gesamten Bodenbereich, zum Teil depotgebunden, langsam fließende Nährstoffe, natürliche Bodenbestandteile wie Humus, Tonerde und tropische Lateriterde. Die Feinkiesstruktur verhindert ein Einsinken von Sinkstoffen (Absaugen erforderlich). Vorteil: Nährstoffoptimum schon nach relativ kurzer Anlaufphase, natürliche, reichhaltige Nährstoffpalette mit langer Wirkungszeit. Nachteil: Die dichte Bodenstruktur läßt Entlüftung und Regenerierung nicht zu.

42 V) mit Sicherheitstransformator dienen. Vorteilhaft sind Systeme, bei denen sich das Kabel am Boden festlegen läßt bzw. mit Klippsaugern am Boden gehalten wird, denn nichts ist unangenehmer, als wenn man beim späteren Umpflanzen gut verwurzelter Pflanzen das Heizkabel mit aus dem Boden zieht. Solche Heizungen sollte man nur über einen Temperaturfühler betreiben, der übermäßige Bodenerwärmung verhindert und andererseits die Bodenheizung gegenüber der Beckenheizung bevorzugt (z. B. Duomat 1200). Eine Boden-heizung bietet aber auch noch einen weiteren, ganz entscheidenden Vorteil: Durch die Wärmeabgabe entsteht ein milder Wasserauftrieb, der gerade so stark ist, daß die Bodenwasserstagnation vermieden wird und zudem Nährstoffaustausch und Bakterienleben gefördert werden.
Über Pumpen betriebene Bodendurchfluter (Eheim) kommen u. a. für Kaltwasserbecken in Frage, doch müssen sie in jedem Fall so eingestellt werden, daß das Bodenwasser sehr langsam (!) von unten nach oben diffundiert.

Bodenpflege

In gut mit Fischen besetzten Aquarien neigt jeder Bodengrund dazu, sich mit der Zeit zu verdichten. Das gilt besonders für Kiesboden, in den die Sinkstoffe einsinken und sich mit der Zeit übermäßig anhäufen können, so daß die Abbauvorgänge (Mineralisation) nur noch unvollkommen verlaufen. Regelmäßiges Absaugen beim Teilwasserwechsel verlangsamt diesen Prozeß. In der Regel wird eine Totalerneuerung des Bodens erst nach vielen Jahren notwendig sein.

Einen gut „funktionierenden" Boden sollte man nicht unnötigerweise wechseln. In Fällen einer auftretenden „Bodenmüdigkeit" hat sich bei grobem Kiesboden das „Regenerieren" bewährt, d.h. das Absaugen tieferer Bodenschichten mit Hilfe eines an den Absaugschlauch angeschlossenen Filterkorbes. Dazu steckt man ihn möglichst tief nacheinander systematisch in alle Bodenbereiche mit Ausnahme dichter Pflanzenbestände. Der Ablauf des Wassers zeigt die Wirkung dieser Maßnahme. Der Boden darf jedoch nur in großen Zeitabständen gereinigt werden, da man auch bei vorsichtigster Handhabung die Wurzeln der Pflanzen beschädigt. Ein guter Bodenindikator sind die Malaiischen Turmdeckelschnecken (*Melanoides tuberculata*), die bei Grobkies den Bodengrund locker halten. Erscheinen sie tagsüber in großen Mengen auf dem Bodengrund, ist dies in der Regel ein Zeichen für akuten Sauerstoffmangel.

Die Pflanzung

Frisch gekaufte Wasserpflanzen sollte man so schnell wie möglich wieder in temperiertes Wasser legen und alsbald pflanzen. Die bequemste Pflanzmöglichkeit hat man, wenn das Aquarium fast völlig entleert ist bzw. bei der Neueinrichtung eines Aquariums. Andererseits kann man bei etwa zu einem Drittel gefüllten Aquarien bei der Pflanzung gleich merken, ob die Pflanze richtig Halt gefunden hat. Pflanzt man im entleerten Becken, darf man einzelne Pflanzengruppen nicht längere Zeit offen an der Luft belassen, sondern deckt sie mit Plastikfolie ab, bis alle Pflanzen gesetzt

sind und das Wasser eingelassen wird. Natürlich sollte man auch vorher wissen, wo man die Pflanzen plazieren will (Seite 54 ff.).

Stengelpflanzen werden meist mit Bleidraht gebündelt verkauft. Vor der Pflanzung entfernen wir vorsichtig den Draht, schneiden faule Stengelteile ab und entfernen an 2–3 Stengelknoten die Blätter. Dann stecken wir die Stengel einzeln jeweils 2–3 cm tief in den Boden, wahren dabei aber den nötigen Abstand innerhalb der Pflanzgruppe. Niemals darf man Stengel gebündelt stecken, denn dies kann zum Faulen der Stengelteile führen. Bewurzelte Pflanzen werden zunächst „geputzt", d.h., man entfernt alle schadhaften und fäulnisverdächtigen Teile. Dabei muß man speziell den Wurzeln besondere Aufmerksamkeit schenken, da keine faulen Teile in den Boden gelangen dürfen. Ob man die Wurzeln weitgehend schont oder stark zurückschneidet, ist insofern belanglos, als Wasserpflanzen sich nach der Pflanzung in der Regel völlig neu bewurzeln. Zu lange Wurzeln sind in jedem Fall einzukürzen, da sie sonst aus dem Boden herausragen. Doch sollte man so viele Wurzeln belas-

Bild 22. Aquarienpflanzen lassen sich kaum wurzelschonend verpflanzen, normalerweise ist ein Rückschnitt nötig. Das Einkürzen stimuliert die Neubildung von Wurzeln. Man beläßt soviel Wurzeln, daß die Pflanze sicher verankert und ein Auftrieb verhindert wird.

Bild 23. Die Pflanzung ist denkbar einfach: Man formt mit zwei Fingern ein entsprechendes Pflanzloch und drückt die Pflanze nach dem Einsetzen und Auffüllen des Bodengrundes gut an. Auf richtige Pflanzhöhe achten.

sen, daß die Pflanzen sich gut verankern lassen und nicht kurz danach an der Wasseroberfläche treiben. Die Praxis hat gezeigt, daß der Wurzelrückschnitt zur Bildung neuer Wurzeln anregt. Besonders sorgfältig sollte man Rhizompflanzen (schon beim Kauf) auf Fäulnisstellen prüfen, faule Stellen herausschneiden und das Wasser zur Fäulnisvorbeugung über Torf filtern.

Für bewurzelte Pflanzen formt man mit den Fingern eine entsprechende Pflanzgrube, setzt die Pflanze ein und drückt den Boden wieder an. Sie soll dann so stehen, daß das Bodenniveau mit dem Wurzelhals abschließt (Bild 23). Pflanzen, die dazu neigen aufzutreiben, kann man mit kleinen Steinen am Wurzelhals beschweren. Eine zu tiefe Pflanzung kann sich nachteilig auswirken, bei zu hoch gesetzten Pflanzen zieht das Wurzelwachstum die Pflanze meist „von selbst" in den Boden. Besonders wenn man ohne Wasser pflanzt, sind nach dem Einlassen des Wassers noch Korrekturen nötig wie Nachdrücken bei Pflanzen, die Auftrieb zeigen, usw.

Die „Pflanzung" eines „Vordergrundrasens" erfordert einige Mühe. Meist sind dafür geeignete Pflanzen wie z.B. *Echinodorus tenellus* in Töpfen vorkultiviert und dicht verwachsen. Solche Pflanzenbüsche müssen wir vorsichtig so weit zerteilen, daß wir jeweils 2–3 Einzelpflanzen gewinnen. Diese werden dann dicht beieinander zu einem Rasen gepflanzt und notfalls etwas mit Kieseln beschwert, bis die Pflänzchen angewachsen sind. Das erfordert etwas Geduld. Mit beginnender Ausläuferbildung verfestigt sich der Bestand, so daß man nach einigen Monaten tatsächlich einen schönen Rasen hat.

Viele Aquarienpflanzen werden in Töpfen angezogen angeboten. Das hat den Vorteil, daß sie nicht durch wiederholtes Umpflanzen nachhaltig geschädigt sind. Beim Austopfen sieht man, daß sie dicht eingewurzelt sind. Für Einzelpflanzen formen wir ein entsprechendes Pflanzloch und drücken die Pflanze vorsichtig mit dem Wurzelballen in den Boden. Pflanzen, die man zu mehreren in einem Topf vorkultiviert hatte, kann man entweder so „mit Ballen" pflanzen oder auch auseinandernehmen und einzeln setzen.

Alle Pflanzen benötigen mehr oder minder

lange Zeit, bis sie den „Umpflanzschock" überwunden haben, d. h. sich an die veränderten Licht- und Wasserverhältnisse gewöhnt und neue Wurzeln gebildet haben. Viele Stengelpflanzen überwinden diese Phase innerhalb kürzester Zeit, vor allem natürlich frei treibende Arten wie etwa das Hornkraut *Ceratophyllum,* sie haben kaum „Anpassungsprobleme". Bei empfindlichen Arten können jedoch oft Monate vergehen, bevor sich neuer Wuchs zeigt. Hier darf man nicht die Geduld verlieren und erneut umpflanzen. Das ist in der Regel das Verkehrteste, was man machen kann. Hat man wirklich den Eindruck, daß man den Standort für die Pflanze falsch gewählt hat, dann sollte man nur nach reiflicher Überlegung erneut umsetzen.

Erstbepflanzung, „Anfängerpflanzen"

Ein neu eingerichtetes Aquarium „funktioniert" noch nicht. Bakterienleben, Pflanzenwachstum usw. sind noch nicht in Gang gekommen. In diesem Zustand ist das Aquarium sehr labil, es kann leicht zu Entgleisungen kommen. Nährstoffe werden von den neu gepflanzten Pflanzen noch nicht beansprucht. Algen können sich schnell dieser Situation bemächtigen: Es kommt zur gefürchteten Veralgung, bei der die Pflanzen schließlich unterliegen.
Das Prinzip der „Erstbepflanzung" beruht darauf, daß schnellwüchsige Stengelpflanzen sich innerhalb kurzer Zeit auf die gegebenen Verhältnisse einstellen, wachsen und damit die Nährstoffe beanspruchen. So haben die Algen keine Chance, die Pflanzen zu überwuchern. Es ist auf jeden Fall ein ziemliches Risiko, ein Aquarium von Anfang an mit langsam wachsenden Arten zu bepflanzen. Auch der Anfänger wird, um erste Erfahrungen zu machen, nicht gleich auf schwierige Arten zurückgreifen, sondern gleichfalls problemlose, wüchsige Arten wählen, also in erster Linie schnellwüchsige Stengelpflanzen. Natürlich kann man nicht alle Stengelpflanzen pauschal als problemlos empfehlen, zwischen einem Indischen Wasserfreund (*Hygrophila polysperma*) und einer *Rotala wallichii* bestehen sehr große Unterschiede. *Hygrophila* ist eine Pflanze, die sich gewissermaßen sofort wohlfühlt, während *Rotala wallichii* zu den schwierigen Arten gehört,

die sich nur in aufbereitetem Wasser pflegen läßt (Seite 185).
Die Stengelpflanzen, die sich zur Erstbepflanzung eignen, sind im Text mit E bezeichnet. Wichtig ist, daß man nicht mit Pflanzen spart. Das Aquarium sollte möglichst dicht mit diesen meist auch ziemlich preiswerten Pflanzen besetzt werden, dem Wasser-Bodenvolumen muß eine entsprechende Pflanzenmenge gegenüberstehen.
Die endgültige Pflanzung kann dann geschehen, wenn Erstbepflanzung und Fischbesatz gut harmonieren, d. h., wenn die Pflanzen das Becken immer wieder so durchwuchern, daß man ständig auslichten muß. Jetzt kann man die Plätze für vorgesehene Pflanzgruppen freilegen. Wer ganz sichergehen will, ersetzt die Erstbepflanzung nur nach und nach gegen die endgültig vorgesehenen Arten. Auf alle Fälle sollte man eine oder mehrere Gruppen der Erstbepflanzung stehenlassen, d. h. mit in die geplante Unterwasserlandschaft einbeziehen. Man muß aber stets darauf achten, daß solche schon dichten Bestände neu gesetzte Pflanzen nicht abschatten.
Pflanzen, die unter der Kategorie „Erstbepflanzung" verwendet werden, sind aufgrund ihrer Wüchsigkeit ohnehin auch gute „Anfängerpflanzen". Darüber hinaus gibt es aber auch noch Arten, deren Kultur verhältnismäßig einfach ist, wenn sie auch nicht so wüchsig sind. Der mit der Kultur von Wasserpflanzen noch nicht so vertraute Aquarianer sollte zunächst auf solche Arten zurückgreifen. Sie sind im Text mit A gekennzeichnet. Es ist wie bei der Pflege von Zierfischen: Erst wer genügend Erfahrung mit einfacheren Arten hat, sollte sich an Problempflanzen herantrauen. Welche Pflanzen nun aber in jedem Fall „schwierig" sind, ist nicht immer eindeutig zu sagen. Was bei einem Aquarianer fast ohne Zutun wächst, geht beim anderen nach kurzer Zeit ein. Es gibt aber sehr problematische Aquarienpflanzen, wie z. B. Borneo-Cryptocorynen, die selbst dem Spezialisten große Schwierigkeiten machen. Schließlich wird man sich bei der Bepflanzung seines Aquariums auch nach dem jeweiligen Handelsangebot richten müssen, und der Zoohändler wird hier dem Anfänger gern mit seinem Rat helfen.

Pflegearbeiten, Vermehrung

Die Pflegearbeiten betreffen in erster Linie die Pflege des „Kulturmediums", also des Wassers, doch gibt es auch einige regelmäßige Pflegemaßnahmen für Pflanzen. Sonst aber gilt die Regel: Pflanzen möglichst ungestört lassen! Dennoch verläuft das Wachstum nicht so harmonisch, wie es unseren Vorstellungen entspricht. Die Wachstumskonkurrenz der Pflanzen untereinander kann – würden wir nicht eingreifen – nach einiger Zeit nur eine einzige Art zur dominierenden Pflanze des Aquariums machen. Es gibt Pflanzenarten, die unter entsprechenden Voraussetzungen stark dazu neigen, alle anderen zu überwuchern. Bekannt hierfür ist z.B. der Sumatrafarn *Ceratopteris thalictroides,* das gilt aber mehr oder weniger auch für alle wüchsigen Stengelpflanzen. Wir müssen also durch regelmäßige Eingriffe das Wachstum so regulieren, daß nicht schwächere Arten der Konkurrenz unterliegen und damit einfach verschwinden. Ob Pflanzen sich im Aquarium gegenseitig aktiv negativ beeinflussen, ist fraglich. Solche Erscheinungen beruhen normalerweise darauf, daß die Lebensbedingungen für eine Art günstiger sind als für eine andere. Auch kann eine Art das Nährstoffgefüge unter Umständen stärker und besser nützen als eine andere usw.

Stengelpflanzen sind die „pflegeaufwendigsten" Pflanzen des Aquariums. Sobald sich ihre Triebspitzen allzusehr der Wasseroberfläche nähern, müssen wir mit einem scharfen Messer einkürzen (nicht abknipsen). Wir können die Triebe auf halber Höhe kappen, so daß wir einen Steckling gewinnen; die gekürzten Triebe treiben mit Seitentrieben neu aus. Häu-

Bild 24 (unten links). Die Mehrzahl der Stengelpflanzen ist sehr regenerationsfähig: Jeder Blattknoten kann sowohl Sprosse als auch Adventivwurzeln bilden. Normalerweise wählt man als Stecklinge Stengelstücke mit 3–4 oder mehr Knoten und entfernt an den unteren Knoten die Blätter, bevor man die Triebe einzeln steckt.

Bild 25 (unten rechts). Ausläuferbildung ist eine Vermehrungsform, die ganz ohne Zutun des Pflegers erfolgt. Nach dem Anwachsen und Erstarken beginnen z.B. Cryptocorynen unterirdische Ausläufer zu treiben. Die Pflanzen sind auf diese Weise bestandsbildend. Man kann Ausläuferpflanzen aber auch nach Erstarkung abtrennen und verpflanzen (nicht mit dem Messer oder scharfen Gegenständen bei Heizkabeln).

Bild 26. Eine für große *Echinodorus*-Arten typische Vermehrungsform ist die Ausbildung von Jungpflanzen an verkümmerten Blütenständen. Sie wird auch Pseudoviviparie genannt und kommt vorwiegend unter den ungünstigen Blühbedingungen des Aquariums vor.

fig ist es aber auch günstiger, die Triebe dicht über dem Boden abzuschneiden und neu zu stecken. Auch bei großen Solitärpflanzen muß man hin und wieder vergilbte Blätter entfernen oder auch – oft schweren Herzens – zu große Blätter abschneiden, wenn danebenstehende Pflanzen zu sehr beschattet werden. Solche Arbeiten führt man stets beim Teilwasserwechsel mit aus wie auch das Ausdünnen zu dichter Bestände, die sonst völlig verfilzen. Auch Aquarienpflanzen können „überaltern", d. h., langfristig müssen wir Bestände verjüngen und neu pflanzen.

Vermehrt werden Aquarienpflanzen auf unterschiedlichste Weise. Die einfachste Art der Vermehrung ist die Teilung von Sproßstücken, etwa bei der Wasserpest *Elodea,* beim Hornkraut *Ceratophyllum* oder anderen wurzellosen, frei treibend lebenden Arten. Jedes abgebrochene Sproßstück ist praktisch vermehrungsfähig. Eine andere einfache Art der Vermehrung, die vor allem die meisten Stengelpflanzen betrifft, ist die Stecklingsvermehrung. Jeder Stengelknoten kann sowohl Adventivwurzeln als meist auch Sprosse bilden (Bild 24). 3–4 Knoten reichen aus, um eine neue Pflanze zu bilden. In den Boden gebracht, bewurzeln sich Stecklinge relativ schnell. Wir dürfen sie aber nicht zu tief stecken, die Stengel müssen in der oberen (sauerstoffreichen) Deckschicht bleiben. Entspitzte Triebe treiben aus den Blattachseln neue Sprosse.

Bei einigen Aquarienpflanzen geht die Regenerationsfähigkeit so weit, daß sie sich aus einzelnen Blättern vermehren lassen. Das ist die Regel beim Wasserhornfarn *Ceratopteris,* der an älteren Blättern meist dicht mit Adventivpflanzen besetzt ist. Vereinzelt kann man auch bei *Hygrophila*-Arten und anderen beobachten, daß sich lose an der Wasseroberfläche treibende Blätter bewurzeln und neue Sprosse austreiben.

Die Vermehrung durch Ausläufer ist typisch für viele Aquarienpflanzen, z. B. für Cryptocorynen, für kleinwüchsige *Echinodorus*-Arten und andere. Gut eingewöhnte Pflanzen bilden mehr oder weniger schnell unterirdische oder am Boden kriechende Ausläufer und sind damit auf ihre Art bestandsbildend, d. h., es entwickelt sich ohne weiteres Zutun eine Pflanzengruppe. Natürlich kann man die Pflanzenketten von *Echinodorus* etwas lenken, indem man sie mit Steinchen beschwert in die gewünschte Richtung bringt. Erstarkte Ausläuferpflanzen lassen sich natürlich auch abtrennen, das sollte aber nicht zu früh geschehen.

49

Vorsicht bei unterirdischen Ausläufern (Heizkabel! Seite 48).

Schließlich kann man manche Arten auch durch Rhizomteilung vermehren, so z.B. *Anubias* (siehe die Artbeschreibungen).

Die Vermehrung durch Samen spielt in der Aquaristik nur eine untergeordnete Rolle, da die meisten Arten bei untergetauchter Haltung weder blühen noch fruchten. Zuweilen werden zwar Blütenstände entwickelt, es fehlen jedoch die natürlichen Bestäubungsinsekten wie bei Cryptocorynen (Seite 103). Ausnahmen sind vor allem Arten der Gattungen *Aponogeton* und *Barclaya*. Beide blühen im Aquarium und setzen auch Samen an (Bild Seite 77 und Seite 88). Die Anzucht der Jungpflanzen erfordert allerdings einige Mühe und gelingt am ehesten bei den relativ großen Samen von *Aponogeton* (Bild 52). Die Samen werden in Aufzuchtschalen (kleine Kunststofftöpfe), die man mit gewaschenem Sand gefüllt hat, mit einer Pinzette etwa 2–3 mm tief gesetzt. Die Töpfe hängt man an einem Drahtbügel so in das Aquarium, daß der Wasserstand nur 1 cm beträgt. Die Samen keimen relativ schnell, meist ist schon nach wenigen Tagen das erste fadenartige Primärblatt zu sehen. Nach einigen Wochen kann man den Wasserstand nach und nach erhöhen.

Bei anderen Gattungen ist die Aufzucht schwieriger. Oft werden feine Samen nur auf sehr feuchtem Substrat angezogen und erst später an stehendes Wasser gewöhnt. Insgesamt ist die Sämlingsaufzucht ziemlich langwierig, und es vergehen meist 1–2 Jahre, bevor man eine stattliche Pflanze hat.

Echinodorus-Arten blühen häufiger im Aquarium; meist verklemmt der lange Blütenstandstiel unter der Deckscheibe, besser ist es bei offenen Aquarien. Dennoch werden in der Regel keine keimfähigen Samen gebildet, und die Pflanzen gehen dazu über, in den Achseln der Blüten Jungpflanzen zu bilden, ein Vorgang, den man als Pseudoviviparie bezeichnet (Seite 70). Ähnliches kann man auch bei *Aponogeton undulatus* beobachten.

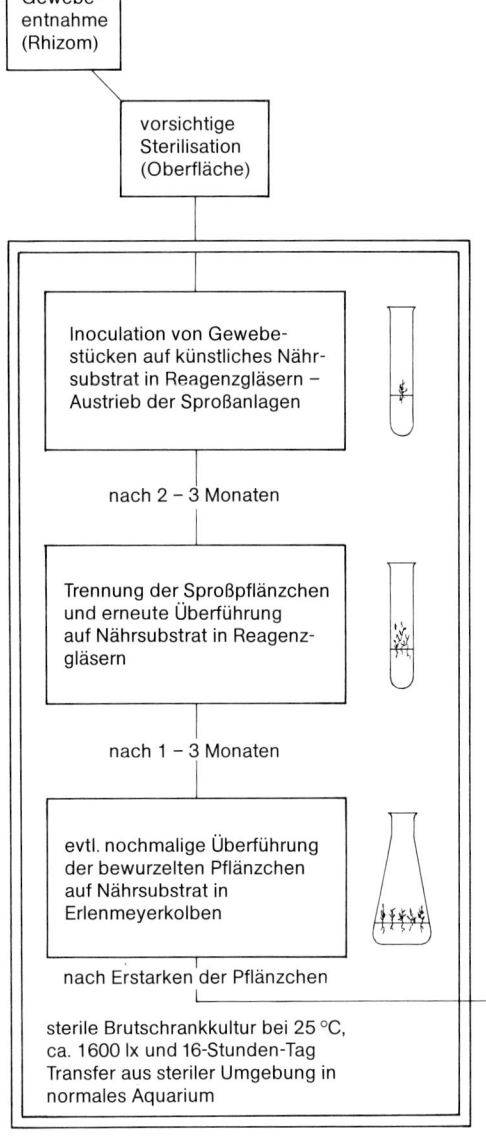

Bild 27. Schema der Vitrokultur. Eine Vermehrungsform der Zukunft, die besonders für seltene Cryptocorynen und *Aponogeton*-Arten in Betracht kommt. So lassen sich aus einer *Aponogeton*-Knolle mit Hilfe der Vitrokultur 1000 Jungpflanzen ziehen.

Gewebeentnahme (Rhizom)

vorsichtige Sterilisation (Oberfläche)

Inoculation von Gewebestücken auf künstliches Nährsubstrat in Reagenzgläsern – Austrieb der Sproßanlagen

nach 2 – 3 Monaten

Trennung der Sproßpflänzchen und erneute Überführung auf Nährsubstrat in Reagenzgläsern

nach 1 – 3 Monaten

evtl. nochmalige Überführung der bewurzelten Pflänzchen auf Nährsubstrat in Erlenmeyerkolben

nach Erstarken der Pflänzchen

sterile Brutschrankkultur bei 25 °C, ca. 1600 lx und 16-Stunden-Tag Transfer aus steriler Umgebung in normales Aquarium

Eine ungewöhnliche künstliche Vermehrungsmethode hat man vor einigen Jahren mit der sogenannten Vitrokultur (Gewebekultur) auch für Aquarienpflanzen erprobt. Diese komplizierte und für den Aquarianer zu aufwendige Methode wurde zuerst in den Niederlanden an Cryptocorynen erprobt. Durch die Vitrokultur kann man wertvolle und schwierig zu vermehrende Arten in größeren Mengen heranziehen. Inzwischen sind Versuche auch bei *Aponogeton* erfolgreich verlaufen. Das Prinzip des Verfahrens (Bild 27) besteht darin, daß man Pflanzenteile, z.B. Rhizomstücke, oberflächlich sterilisiert und steril Gewebeteile entnimmt. Diese werden dann auf einen künstlichen Nährboden überführt. Da in jeder Pflanzenzelle gewissermaßen der „Bauplan" der ganzen Pflanze vorprogrammiert ist, entwickeln sich auf dem künstlichen Nährboden aus den Gewebestücken im Brutschrank nach einiger Zeit zahlreiche kleine Pflänzchen, die, mehrfach auf neue Nährböden überführt, schließlich normal auf Sandboden weiterkultiviert werden können. Man darf erwarten, daß dieses Verfahren bald auch zur kommerziellen Anzucht seltener und vor allem in ihren Wildbeständen gefährdeter Arten genutzt wird, so daß Importe nicht mehr nötig sind.

Schäden, Wachstumsstörungen, Algen

Entdecken wir im Aquarium ein *Barclaya*-Blatt mit großen oder kleineren Fraßstellen, dann ist die Diagnose einfach: Wasserschnecken. Folgerung: Entweder verzichtet man auf die Pflege solcher Schneckenleckerbissen oder man versucht, die Schnecken aus dem Aquarium zu entfernen. Am besten ködert man sie, eine chemische Bekämpfung ist weniger ratsam. Berüchtigt ist die Große Schlammschnecke (*Lymnaea stagnalis*), die auch andere zartere Wasserpflanzen anfrißt. Aber auch unter Aquarienfischen gibt es „Pflanzenliebhaber", die eine Vorliebe für die feinen Spitzentriebe entwickeln. Die Pflanzen sehen dann ziemlich zerrupft aus. Andere Aquarienfische gehen auch nicht gerade zart mit Pflanzen um, buddeln sie wieder aus usw. In diesem Fall helfen dann nur noch sehr robuste Pflanzen wie

etwa die Riesenvallisnerie (*Vallisneria gigantea*), deren Wurzelbereich man nach der Pflanzung mit entsprechendem Steinbelag sichert. Auch „derbe" Arten wie *Anubias* oder *Cryptocoryne ciliata* kämen hier in Frage.

Wesentlich schwieriger zu deuten sind Pflanzenschäden, die sich langsam, oft nur schleichend einstellen. Sie sind in der Regel auf Kulturfehler zurückzuführen, so etwa das vorzeitige Vergilben von Blättern. Die Diagnose Eisenmangel liegt zwar nahe, trifft aber nicht immer zu. Versuchsweise kann man vorsichtig ein Eisenpräparat zusetzen, der Erfolg muß sich aber innerhalb weniger Tage zeigen. Besseren und sichereren Aufschluß erhält man durch eine Eisenbestimmung (Seite 32). Nährstoffmangel kann aber durchaus auch andere Elemente betreffen und sich ganz unterschiedlich zeigen. Diese Fragen sind in der Aquaristik aber noch wenig untersucht, dazu wäre umfangreiches Pflanzenmaterial und eine aufwendige Analytik nötig. Oft kann auch nur die Aufnahme von Nährstoffen gestört sein (Seite 32), es können aber auch sogenannte Ionenkonkurrenzen vorliegen. So beeinflußt Kalk (Ca) die Aufnahme von Eisen ungünstig; das gilt auch für Nitrat, während Ammonium die Eisenaufnahme fördert. Schwermetalle wie z.B. Kupfer (neue Kupferwasserleitungen) können – so nötig sie auch als Mikronährstoffe sind – in höherer Dosis Wachstumsschäden hervorrufen. Wir können vor allem die Faktoren Wärme, pH-Wert, Härte und Kohlendioxidgehalt prüfen und auch die Nitratwerte messen. Mit einfach zu handhabenden Reagenziensätzen kann man weitere Faktoren prüfen (Aquamerck-Reagenzien, Dupla Analytik System).

Zeigen sich Schäden an den Blatträndern, kann es sich um zu hohe Salzbelastung handeln (u.a. Nitrat und Chloridwerte prüfen, evtl. Leitungswasser prüfen). Nekrotische Zonen an jungen Blättern bei stark wachsenden Pflanzen – wie z.B. bei großen *Echinodorus*-Arten – deuten hingegen auf echten Nährstoffmangel im Boden hin. Man gibt kleine Tonbrocken (Seite 43) und wartet ab. Meist zeigt sich der Erfolg schon nach 8–10 Tagen: Die Pflanzen entwickeln wieder gesunde Blätter. Bei Nährstoffmangel können auch Testpflanzen hilfreich sein, so die Muschelblume *Pistia stratiotes* (Seite 176), deren Blattvergilbung im Aquarium schon sehr frühzeitig auf Mangelsituationen aufmerksam macht und die auch schon nach wenigen Tagen positiv auf Nährstoffgaben (Eisen) sichtbar reagiert.

Überläßt man ein Aquarium längere Zeit ohne Frischwasserzufuhr und ohne CO_2-Düngung sich selbst, stellen sich bald CO$_2$-Mangelschäden ein. Das erkennen wir an den Kalkablagerungen auf den Blättern (verursacht durch Bikarbonatassimilation), die Blätter größerer Pflanzen fühlen sich rauh an, und meist ist dann auch der pH-Wert deutlich angestiegen, und das Wachstum stagniert. Zur Vorbeugung solcher Schäden sollte man immer einen pH-Dauertest oder Kipptest (Seite 31) installieren, so daß man rechtzeitig auf diese Situationen aufmerksam wird.

Zeigen sich bei Stengelpflanzen übermäßig langgestreckte Internodien, so liegt eindeutig Lichtmangel vor. Stengelpflanzen sind hier die besten Testpflanzen. Abhilfe schaffen wir, indem wir die Beleuchtung verstärken, die Lichtperiode verlängern und eventuell auch die Temperatur so weit wie möglich absenken.

Cryptocorynen – in vielfältiger Hinsicht oft problematisch – sind für die sogenannte „Cryptocorynen-Krankheit" bekannt, eine Blattfäule, die nur wenige (meist rein grüne) Arten verschont. Diese Krankheit hat schon zu vielen Spekulationen Anlaß gegeben. Heute müssen wir davon ausgehen, daß es sich nicht um einen spezifischen Erreger handelt, sondern meist um physiologische Schockwirkungen. Wer je durch plötzlich veränderte Beleuchtung einen herrlichen Cryptocorynenbestand innerhalb weniger Stunden hat zusammensinken sehen, wird diese Annahme bestätigen. Allerdings kann sich ein solcher Zustand auch schleichend einstellen, etwa beim allmählichen Anstieg von Nitratkonzentrationen, z. B. bei versäumtem Teilwasserwechsel.

Sosehr Seewasseraquarianern das Wachstum bestimmter Algen am Herzen liegt, im Süßwasseraquarium sind Algen keine gern gesehenen Gäste und dazu häufig genug so hartnäckig, daß sie schon manchen Aquarianer zur Verzweiflung gebracht haben. Auf die Gefahr der allgemeinen Veralgung bei der Neueinrichtung eines Aquariums wurde bereits hingewiesen (Seite 47). Schnellwüchsige, optimal wachsende Pflanzen sind aber auch ganz allgemein ein sicheres Algenvorbeugungsmittel. Dennoch treten auch in gut laufenden Aquarien Algen hin und wieder ohne erkennbare Ursache auf. Auch hier gilt: Zunächst alle Wachstumsfaktoren durchprüfen, besonders pH-Werte und CO_2-Konzentration. Phosphate sind zwar ein wichtiger Pflanzennährstoff, für den Gewässerkundler aber auch ein Indikator für ein algenfreundliches Milieu. So kann auch hier eine Prüfung nützlich sein (Aquamerck „Phosphat", Duplatest PO_4). Werte über 10 mg/l bieten in jedem Fall optimale Voraussetzungen für Algenwuchs (Abhilfe durch Teilwasserwechsel, mehr schnellwachsende Stengelpflanzen). Im Prinzip gilt dies auch für Stickstoff (als Nitrat).

Aquarianer teilen Algen gewöhnlich in Blaualgen, Braunalgen, Fadenalgen, Grünalgen, Bart- und Pinselalgen sowie Punktalgen ein. Wissenschaftlich sind die Bezeichnungen weitgehend unkorrekt.

Grünalgen (*Chlorophyceae*), die als schwacher Bewuchs an den Aquarienscheiben auftreten, sind völlig harmlos. Sie zeigen im Gegenteil an, daß das Wasser gesund ist. Im Prinzip gilt das auch für Fadenalgen, obgleich sie sehr lästig sind. Die mechanische Entfernung mit einem angerauhten Holzstab hat sich am besten bewährt, und zwar möglichst frühzeitig schon beim ersten Auftreten. „Braunalgen" haben mit wirklichen Braunalgen, die im Meer leben, nichts zu tun. Es handelt sich um Kieselalgen (*Diatomeae*). Sie treten als bräunliche Beläge oder als „Braune Schmieralgen" auf, letztere sind meist ein Zeichen von Nährstoffüberschuß. Bei bräunlichem Algenbelag liegt zuweilen Lichtmangel vor. Bekämpfung durch wiederholten Wasserwechsel, gegebenenfalls kann man auch das Licht verstärken, nicht düngen.

Blaualgen (*Cyanophyta*) setzen sich meist auf dem Aquarienboden ab, befallen aber auch Pflanzen mit schleimig-schmierigen, meist dunkelblaugrünen Belägen. Sie deuten auf einen gestörten Gleichgewichtszustand hin. In Aquarien mit großen, gut wachsenden und stark assimilierenden (Sauerstoffabgabe!) Pflanzenbeständen treten keine Blaualgen auf. Bekämpfung: Befallsherd sofort mit einem Schlauch absaugen, täglich wiederholen, Teilwasserwechsel, eventuell Beleuchtung und Kohlendioxid-Zufuhr verstärken. Mit Geduld wird man diese Algen wieder los. Eine chemische Bekämpfung mit Wasserstoffperoxid ist für Pflanzen und Fische gefährlich, Rivanol schädigt die Pflanzen, Antibiotika sind z. T. wirksam, vernichten aber gleichzeitig die gesamte normale Bakterienflora des Aquariums. Bartalgen (*Compsopogon*) gehören zu den Rotalgen (*Rhodophyta*). Sie wurden vor etwa zwei Jahrzehnten in Aquarien eingeschleppt und sind vermutlich tropischen Ursprungs. Sie zählen zu den unangenehmsten und hartnäckigsten Algen. Die langen blau- bis schwarzgrünen Fäden haften außerordentlich fest an den Blättern. Begünstigt wird die Ansiedlung dieser Alge durch Bikarbonatassimilation (= CO_2-Mangel); die hierdurch bedingten Kalkablagerungen ergeben offenbar ein günstiges Ansiedlungsmilieu für die Alge. Meist ist bei Befall auch der pH-Wert des Wassers deutlich erhöht. Bekämpfung: Alle befallenen Blätter entfernen, Wasser mit CO_2 leicht sauer einstellen oder stabilisieren. Bei stärkerem Befall würde ich bei dieser Alge ausnahmsweise auch eine chemische Behandlung erwägen. Freilich muß man eine derartige Maßnahme meist mit Schäden an den Pflanzen erkaufen. Es gilt dann abzuwägen, welcher Schaden größer ist. Das einzige mir bekannte Mittel, das zuverlässig gegen Bartalgen hilft, ist das eines niederländischen Herstellers (Protalon 707). Aber auch bei exaktester Dosierung können zarte Pflanzen geschädigt werden, z. B. *Ceratophyllum* schon nach wenigen Stunden. Andererseits überstehen die meisten *Echinodorus*- und *Cryptocoryne*-Arten eine Kur mit diesem Mittel ohne erkennbare Schäden, und selbst sehr stark befallene Blätter z. B. von *Anubias* sind nach der Behandlung sauber und völlig frei von Bartalgen. Letztlich ist aber jede chemische

Behandlung sinnlos, wenn man danach alles beim alten läßt, d. h. die Befallsursache nicht abstellt (CO_2-Zufuhr, pH-Wert senken).

Nicht ganz so hartnäckig sind Algen, die die Aquarianer als Pelz- und Pinselalgen bezeichnen. Sie siedeln sich meist an älteren Blättern an und können hier entfernt werden, oder man entfernt stärker befallene Blätter ganz. Sehr fest haften die sogenannten grünen Punktalgen. Auch hier ist es ratsam, die befallenen Blätter sofort zu entfernen, um einer Ausbreitung vorzubeugen. Hilft dies nicht, bleibt nur die chemische Bekämpfung.

Eingriffe mit chemischen Mitteln sind stets ein Notbehelf, man sollte nach ihnen nur als letztes Mittel greifen. Zuerst einmal wird man sich an die biologische Bekämpfung durch algenfressende Fische erinnern, die zwar leider nicht alle Algenarten vertilgen, aber doch außerordentlich wertvolle Helfer sein können. Genannt seien hier nur die Siamesische Rüsselbarbe *Epalzeorhynchus siamensis*, die Schönflossenbarbe *Epalzeorhynchus kallopterus*, die Saugschmerle *Gyrinocheilus aimonieri*, der Streifenharnischwels *Panaque nigrolineatus*, der Antennenwels *Ancistrus dolichopterus* (vergreift sich zuweilen auch an Wasserpflanzen) und andere Welse wie z. B. *Plecostomus*.

Nicht nur zur Vorbeugung, sondern auch zur aktiven Algenbekämpfung eignen sich frei treibende, schnellwüchsige Stengelpflanzen wie vorzugsweise das Hornkraut *Ceratophyllum*. Solche Pflanzen sollten das Aquarium möglichst ganz durchwuchern. Dabei bleiben die Algen schließlich die Schwächeren und verschwinden. Das Hornkraut sollten wir jedoch nicht zu früh entfernen.

Wichtig: Bei Algenbefall niemals düngen (außer Eisen- und CO_2-Düngung).

„Unterwassergarten" oder geographisches „Landschaftsbecken"

Gestalten mit Wasserpflanzen

Ob wir ein Aquarium „biotopgerecht" bepflanzen oder ob wir die Pflanzenauswahl lediglich nach dekorativen Gesichtspunkten treffen, ist biologisch gesehen letztlich gleichgültig, wenn nur die Pflanzen ihre physiologische Funktion als üppig wachsender Bestand erfüllen.

Art und Anordnung der Pflanzen sind in erster Linie eine Frage des persönlichen Geschmacks. Man kann darüber streiten, ob es sinnvoll ist, ein Aquarium nach ästhetischen, gewissermaßen gartengestalterischen Gesichtspunkten zu bepflanzen. Immerhin haben solche harmonischen und gleichzeitig effektvoll aufeinander abgestimmten Pflanzengruppen nach dem Vorbild der holländischen Pflanzenaquarien der Aquaristik ohne Zweifel viele neue Anhänger zugeführt. Wohl niemand wird sich dem Zauber dieser kunstvoll gestalteten Unterwassergärten entziehen können. Solche Aquarien bieten auch eine äußerst wirkungsvolle Kulisse für die Fischbesetzung.

Freilich kann man das Thema Pflanzengestaltung auch anders sehen: Vorgefertigte Bepflanzungspläne mit dazugehörigem Pflanzensortiment führen immer mehr zum Typus des „Einheitsaquariums", mit der stets gleichen schematischen Anordnung der Pflanzen und der stets gleichen schematischen Aufteilung nach Vorder-, Mittel- und Hintergrund. Die Pflanzenauswahl beschränkt sich dabei nur allzuoft auf wenige „Standardpflanzen". Daß bei solchen einfach zu kopierenden Bepflanzungen oft jede individuelle Note verlorengeht, wird wohl niemand bestreiten. Andererseits wird man gerade dem Anfänger gewisse Hilfen geben müssen, da es nur mit einiger Erfahrung möglich ist, Wachstum, Wuchshöhe und gestaltlichen Charakter aller Pflanzen unter den gegebenen Bedingungen von vornherein richtig einzuschätzen. Der erfahrene Aquarianer hat aber gewiß seine persönlichen phantasievollen Vorstellungen zur Gestaltung seines Aquariums und wird hier eigene Ziele verfolgen. Wer aber am Anfang sichergehen möchte, wird gern ein Pflanzensortiment wählen und damit auf die Erfahrungen anderer zurückgreifen. Die Praxis zeigt, daß es doch über kurz oder lang – auch bedingt durch Ausfälle – zu Umgestaltungen nach dem persönlichen Geschmack kommt. So ist das „Einheitsaquarium" damit keineswegs vorprogrammiert.

Der Zwang zur Rationalisierung wird allerdings auch vor den Wasserpflanzenkulturen des Handels nicht haltmachen und uns überwiegend preiswerte Einheitsware bescheren. So werden die gängigen und leicht anzuziehenden Arten mehr und mehr das Sortiment beherrschen, während aufwendiger anzuziehende Arten wohl um so teurer werden müssen. Für manche Aquarianer wird das vielleicht ein Grund sein, Wasserpflanzen lediglich als billiges Dekorationsmaterial zu sehen – und das sollten sie eben nicht sein.

Anhänger des „Unterwassergartens" können bei der Artenauswahl gewissermaßen aus dem vollen schöpfen, brauchen sie doch hier nur die jeweiligen Kulturansprüche der Pflanzen zu berücksichtigen (und auch hier ist der möglichst universell einzusetzende Pflanzentyp oft genug am meisten gefragt). Völlig anders sieht es aus, wenn wir Pflanzen mit speziellen Ansprüchen etwa aus extremen Weichwassergebieten pflegen möchten. Sie erreichen ihr Wachstumsoptimum nur in entsprechend weichem und meist deutlich saurem Wasser. Diese Bedingungen vertragen aber nicht alle anderen Pflanzen und Aquarienfische, so daß wir nur bestimmte Arten miteinander vergesellschaften können. Das gilt für den wasserchemisch entgegengesetzten Fall ebenso, etwa Pflanzen der ostafrikanischen Seen wie z. B. des Malawisees, also Pflanzen aus Gewässern mit relativ hoher Karbonathärte und leicht alkalischem Wasser. Auch hier bedingen die Wasserbedingungen die Pflanzenauswahl. Einschränkungen hinsichtlich der Artenauswahl können schließlich auch durch die Beleuchtung (Lichtintensität) bestimmt werden.

Ob man bei der Beschränkung der Pflanzenarten noch einen Schritt weitergeht und die Auswahl nach geographischen Gesichtspunkten trifft, muß jeder für sich selbst entscheiden. Tatsächlich „biotopgerecht" eingerichtete Aquarien würden allerdings etwas trist aussehen, und die Bezeichnung „Biotopaquarium" ist mir auch ein wenig zu anspruchsvoll. Besser spricht man wohl von einem „Landschaftsaquarium", wobei man die Pflanzenauswahl so treffen kann, daß sie in eine südamerikanische, eine afrikanische oder eine südostasiatische Gewässer-Landschaft paßt, ohne daß die einzelne Pflanze unbedingt im Biotop der jeweiligen Fischart vorkommen müßte. So sollte dieser Bepflanzungstyp eben nur einige geographische Andeutungen enthalten, mehr sollten und können wir von einem Landschaftsaquarium auch nicht fordern. Nur in Ausnahmefällen wird man im Aquarium echte Pflanzengesellschaften vereinen können.

diese Art aus ihren Heimatgewässern (wenn schon nicht aus ihrem Biotop) stammt. Die Hauptsache ist schließlich, daß Einrichtung, Wasserbeschaffenheit und Bepflanzung den artgemäßen Bedingungen dieser Fischart entsprechen.

„Unterwassergärten" nach holländischem Vorbild

Holländische Aquarien mit ihrem üppigen, dekorativen Pflanzenwuchs gelten bei uns seit vielen Jahren als Vorbild für schöne und eindrucksvolle Pflanzengestaltung. Was ist an diesen Aquarien so Besonderes? Vor allem sind sie nicht zu klein, sogar oft recht lang und im Verhältnis dazu relativ flach. Das sind ideale Voraussetzungen für günstige Beleuchtungsverhältnisse (Strahlungsabstand), und wenn man zudem noch berücksichtigt, daß man in den Niederlanden durchweg mit 1 W/l rechnet,

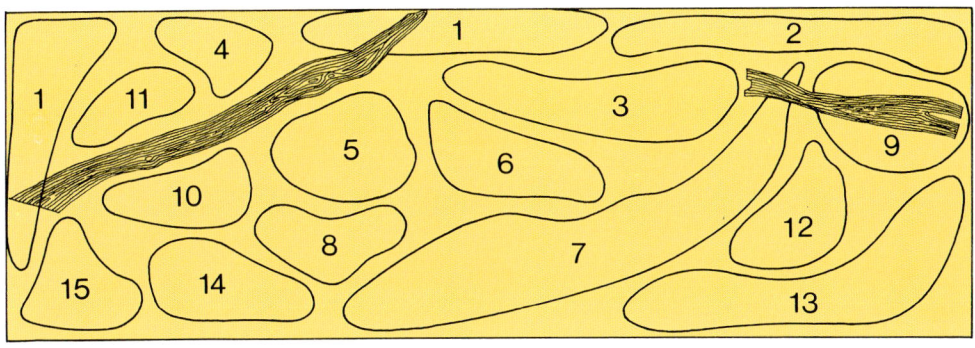

Ein nach geographischen Gesichtspunkten eingerichtetes Aquarium schränkt die Artenauswahl erheblich ein, was jedoch keineswegs ein Nachteil sein muß. Auch große Aquarien, die nur mit wenigen Pflanzenarten, jedoch in ausgedehnten Beständen, besetzt sind, können ästhetisch sehr ansprechen, ohne daß man dazu Biotopfanatiker sein muß. Solche Aquarien wirken oft weit harmonischer als überladene Unterwassergärten in zu kleinen Becken. Doch trennen sich bei dieser Frage Geschmack und Auffassung der Aquarianer. Und die Aquarienfische selbst? Ihnen ist es letztlich gleichgültig, ob sie neben einer „kontinentfremden" Wasserpflanze schwimmen oder ob

Bild 28. „Unterwassergarten", Typ holländisches Pflanzenaquarium. **1** *Didiplis diandra*, Bachburgel; **2** *Vallisneria spiralis*, Vallisnerie; **3** *Ludwigia repens* oder Bastardludwigie; **4** *Heteranthera zosterifolia*, Seegrasblättriges Trugkölbchen; **5** *Nymphaea lotus*, rot, Rote Tigerlotus; **6** *Cryptocoryne wendtii*, grüne Form; **7** *Saururus cernuus*, Eidechsenschwanz; **8** *Cryptocoryne beckettii*, Typ „petchii"; **9** *Vesicularia dubyana*, Javamoos; **10** *Mayaca fluviatilis*, Mooskraut, **11** *Bacopa caroliniana*, Großes Fettblatt; **12** *Rotala rotundifolia*, Rundblättrige Rotala; **13** *Cryptocoryne × willisii*; **14** *Marsilea crenata*, Zwergkleefarn; **15** *Echinodorus tenellus*, Grasartige Amazonaspflanze. Beckengröße 120 × 40 × 42 = ca. 200 Liter

Berechnungsgrundlage (−40 Prozent) = 120 Liter
Beleuchtung: 3 Leuchtstofflampen mit Spezialreflektor à 40 (38) Watt = 120 Watt
Lichtaufwand: 1 W/l
Dekorationsmaterial: Moorkienholz

so liegt hier sicher ein Teil des Erfolges dieser Aquarien. Durch die Länge dieser Aquarien kann man auch viele Pflanzenarten harmonisch nebeneinander gruppieren, ohne daß das Ganze zu gedrängt wirkt. Eingerichtet werden muß mit System, Geschmack und Überlegung. Dazu fehlt es in den Niederlanden auch nicht an Anregungen: In Wettbewerben, sogenannten Heimschauen, werden die schönsten Aquarien von den Vereinigungen preisgekrönt.

Die Aufteilung der Bepflanzung erfolgt in klassischer Weise: niedrige Pflanzen im Vordergrund, teils als grüne „Rasen", die sich weit in den Mittelgrund – oft als „Straße" oder „Schneise" – ziehen; die Mittelzone wird allgemein von halbhohen Arten beherrscht, während hochwüchsige Pflanzen den Hintergrund bilden.

Dies ist aber durchaus kein festes Schema, so ragt einmal eine hochwüchsige Stengelpflanzengruppe fast bis an die Sichtscheibe, dann zieht sich ein Zwergamazonaspflanzen-Bestand tief bis in den Bereich der hohen Hintergrundpflanzung. Vor allem ist in einem typisch holländischen Becken die Bepflanzung so reichhaltig, daß vom Bodengrund normalerweise nichts mehr zu sehen ist. Dazu kommt häufig noch ein terrassenartiger Aufbau zum Hintergrund, so daß auch die höheren Hintergrundpflanzen näher an die Strahlungsquelle gelangen, entsprechend gedrungener wachsen und einen geschlossenen Hintergrund bilden.

Bild 29. Holländische Pflanzenaquarien zeichnen sich durch lange, flache Formen aus, das ergibt hohe Lichtenergie bis in Bodennähe, eine wesentliche Voraussetzung für schönen, gedrungenen Pflanzenwuchs. Die Länge des Beckens ermöglicht eine abwechslungsreiche Gruppierung der Pflanzen und eine harmonische Raumwirkung. Aufnahme A. van den Nieuwenhuizen

Sieht man sich die Pflanzenauswahl an, so kann man in größeren Aquarien gut und gern 25 – 30 Arten zählen. Es ist wirklich eine Kunst, so viele Pflanzenarten auf verhältnismäßig kleinem Raum harmonisch zu vereinigen, ohne daß das Aquarium überladen wirkt. Im Gegenteil, Form und Farben sind im Idealfall so abwechslungsreich miteinander verbunden, daß man einen harmonischen Eindruck bekommt. Die ästhetisch ansprechende Wirkung solcher Aquarien steht außer Frage. Auffallend ist, daß häufig auf große Solitärpflanzen verzichtet wird, die allerdings in den langen Aquarien auch kaum eindrucksvoll untergebracht werden können. Statt dessen findet man oft ausgesprochene Solitärgruppen, d. h. Pflanzengruppen, die sich nach Form oder Farbe wirkungsvoll vom gesamten Pflanzenbestand abheben. Hervorzuheben ist jedoch, daß solche Aquarien durchaus nicht „pflegeleicht" sind, d. h., sie fordern ständig Pflege des Pflanzenwachstums durch Einkürzen, Ausdünnen, Begrenzen usw.

Bei der Gestaltung eines „Unterwassergartens" nach holländischem Vorbild sind der Phantasie keine Grenzen gesetzt. Auch wenn man gewissen Leitlinien folgt, lassen sich solche Aquarien doch in außerordentlicher Vielfalt gestalten, so daß kein Becken dem anderen gleicht.

„Landschaftsaquarien" nach geographischen Gesichtspunkten

Wohl kein Aquarianer, der heimische Fischarten pflegt, würde diese Fische mit möglichst exotischen Pflanzen fremder Länder zusammenhalten. Hier ist man bestrebt, die Fische mit ihrer heimatlichen Pflanzenumwelt zu zeigen, kennt man doch die Biotope dieser Fische oft aus eigener Anschauung. Zur Einrichtung gehören nun einmal Tausendblatt (*Myriophyllum*), Teichrose (*Nuphar*), Quellmoos (*Fontinalis*) u. a., gleichgültig ob diese Pflanzen nun tatsächlich zum Gewässertyp der gepflegten Fische gehören oder nicht, sie sind doch in der

Bild 30. Großwüchsige Solitärpflanzen schaffen wirkungsvolle Blickpunkte in der Unterwasserlandschaft. Viele *Echinodorus*-Arten sind hierzu wie geschaffen, so u. a. die Osiris-Amazonaspflanze *Echinodorus osiris,* die zudem durch die rötliche Färbung der jungen Blätter besonders dekorativ ist. Im Vordergrund Zwergamazonas *Echinodorus quadricostatus* var. *xinguensis* sowie *Ludwigia repens.* Beispiel für ein geographisches Landschaftsaquarium „Südamerika". Aufnahme G. Brünner

gleichen „Landschaft" oder geographischen Region zu Hause.

Das gleiche gilt aber auch für südamerikanische Diskus oder Skalare, sie müssen einfach zwischen großen Amazonaspflanzen (*Echinodorus*) schwimmen, weil diese zu ihnen „passen" und als „natürlich" betrachtet werden. Diese Empfindung mag zwar nicht der Realität entsprechen, paßt aber doch in unsere phantasievolle Vorstellung der Tropenlandschaft des Amazonasbeckens. So wird man auch beim Typ des Landschaftsaquariums stets „die Phantasie mit einrichten lassen", eben weil uns die oft pflanzenarmen Biotope hier wohl manche Illusion geraubt haben. Ein echtes Biotop können wir weder räumlich, vom Wasser her noch sonst perfekt realisieren. Und ob man dann wirklich immer so genau sein muß und nicht einmal auch eine „kontinentfremde" Pflanze zu Hilfe nimmt, ist wiederum eine Frage der persönlichen Einstellung.

Schließlich wird ein „Landschaftsaquarium" auch bewußt artenärmer gehalten. Es gibt nicht wenige Aquarianer, die mit 2–3 Pflanzenarten ein Aquarium meisterhaft gestalten können. So werden etwa mit großen *Cryptocoryne*-Beständen, die lediglich durch eine schwerpunktmäßige Kontrastpflanzung – etwa mit Sumpffreund (*Limnophila*) – aufgelockert werden, für den Betrachter eindrucksvolle Perspektiven erreicht.

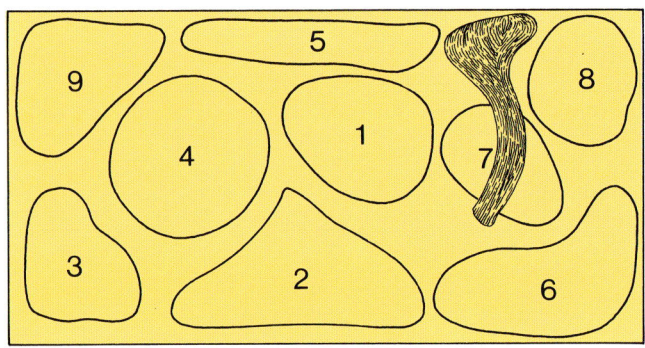

Bild 31. Landschaftsaquarium „Südostasien".
1 *Cryptocoryne cordata*, Typ „*siamensis*"; **2** *Cryptocoryne × willisii*; **3** *Cryptocoryne wendtii*, kleiner Wuchstyp; **4** *Barclaya longifolia*, Barclaya, oder *Ceratopteris thalictroides*, Sumatrafarn; **5** *Hygrophila difformis*, teilweise *C. cordata* überschattend; **6** *Cryptocoryne affinis*; **7** *Microsorium pteropus*, Javafarn oder *Vesicularia dubyana*, Javamoos auf Moorkienwurzel; **8** *Hygrophila stricta* oder *H. corymbosa*, Wasserfreund; **9** *Cryptocoryne wendtii*, großer Wuchstyp.
Beckengröße 80 × 40 × 35 = 112 Liter
Berechnungsgrundlage (− 40 Prozent) = 67 Liter
Beleuchtung: 3 Leuchtstofflampen à 20 (18) Watt mit Spezialreflektor = 60 Watt
Beleuchtungsaufwand: ca. 0,9 W/l
Dekorationsmaterial: Moorkienwurzel

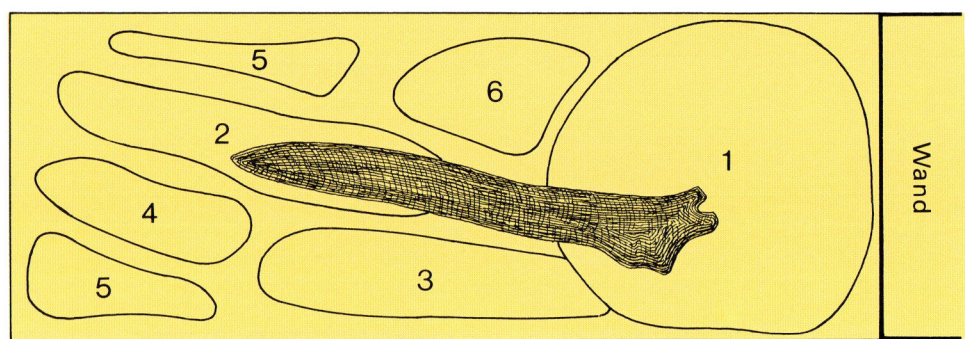

Bild 32. Landschaftsaquarium „Amazonasgebiet", Aquarium beidseitig einsehbar als Raumteiler.
1 *Echinodorus bleheri*, Große Amazonasschwertpflanze; **2** *Cabomba caroliniana* oder *C. aquatica*, Haarnixe, Cabomba; **3** *Echinodorus latifolius*, Mittlere Amazonaspflanze; **4** *Echinodorus bolivianus* oder *E. quadriocostatus*, Zwergamazonaspflanze; **5** *Echinodorus tenellus*, Grasartige Amazonaspflanze; **6** *Heteranthera zosterifolia*, Seegrasblättriges Trugkölbchen; Schwimmpflanzen: *Salvinia auriculata*, Brasilianischer Büschelfarn, *Eichhornia crassipes*, Wasserhyazinthe.
Beckengröße: 110 × 40 × 45 = ca. 200 Liter
Berechnungsgrundlage (−20 Prozent) = 160 Liter
Beleuchtung: 2 Hochdruck-Quecksilberdampflampen à 80 Watt = 160 Watt
Lichtaufwand: 1 W/l
Dekorationsmaterial: Moorkienwurzel

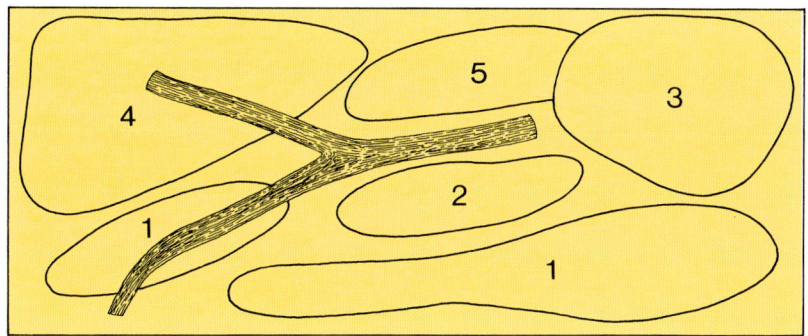

Bild 33. Landschaftsaquarium „Westafrika".
1 *Anubias barteri* var. *nana,* Zwergspeerblatt; **2** *Ammannia gracilis* oder *Ammannia senegalensis;* **3** *Crinum natans* oder *Nymphaea lotus,* Grüne Tigerlotus; **4** *Anubias barteri* var. *barteri,* Speerblatt; **5** *Limnophila indica,* Sumpffreund. Flutend: Hornkraut *Ceratophyllum demersum.*

Beckengröße: 100 × 40 × 40 = 160 Liter
Berechnungsgrundlage: (−40 Prozent) = 96 Liter
Beleuchtung: 3 Leuchtstofflampen mit Spezialreflektor
à 30 Watt = 90 Watt
Lichtaufwand: ca. 0,93 W/l
Dekorationsmaterial: Moorkienwurzel
Wasser: bis 5° KH, pH ca. 6,8

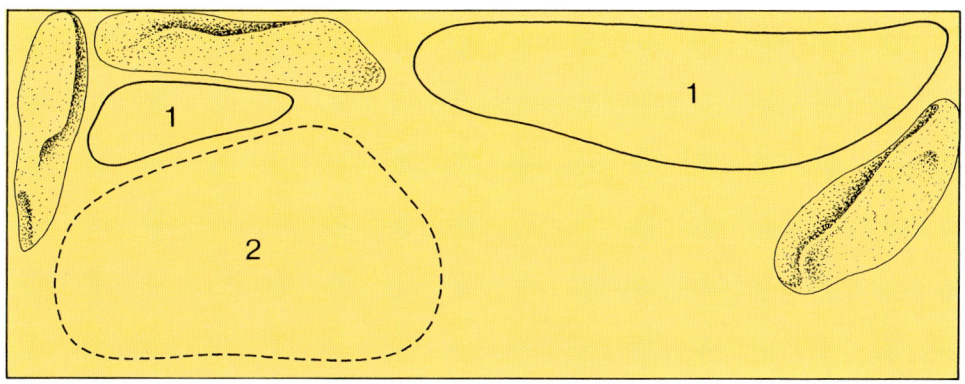

Bild 34. Landschaftsaquarium „Malawisee".
1 *Vallisneria spiralis,* Vallisnerie; **2** *Ceratophyllum demersum,* flutend, Hornkraut = entspricht dort vorkommenden Arten.
Weitere geeignete Arten: *Hydrilla verticillata,* Grundnessel; *Lagarosiphon major,* Krause „Wasserpest"; *Cryptocoryne crispatula*, Typ „balansae"; Echinodorus-*Arten wie u. a. *Echinodorus maior*,* Riesen-Amazonaspflanze; *E. bleheri*,* Große Amazonasschwertpflanze; *E. amazonicus*,* Kleine Amazonasschwertpflanze; *Sagittaria graminea* var. *platyphylla*,* Pfeilkraut; *Bacopa caroliniana*,*

Großes Fettblatt; *Elodea densa*,* Argentinische Wasserpest.
Beckengröße 120 × 45 × 45 = ca. 240 Liter
Berechnungsgrundlage (−40 Prozent) = ca. 150 Liter
Beleuchtung: 3 Leuchtstofflampen à 40 (38) Watt mit
Spezialreflektor = 120 Watt
Lichtaufwand: 0,8 W/l
Wasser: 14° GH, 13° KH, pH 7,3
Dekorationsmaterial: Steine, Schieferplatten
* geeignet, jedoch geographisch nicht zugehörig

Unsere Bepflanzungsskizzen zeigen jeweils Aquarientypen vom „Unterwassergarten" über geographische „Landschaftsaquarien" verschiedener Kontinente bis zum Heimataquarium. Die Skizzen sollen lediglich einige allgemeine Richtlinien und Anhaltspunkte geben. Die meisten der vorgeschlagenen Pflanzenarten sind gegen andere Arten entsprechenden Wuchstyps austauschbar, zumal man sich ja auch nach dem jeweiligen Angebot des Handels richten muß.
Ein Sonderfall sind Brackwasseraquarien. Nur

59

wenige Pflanzenarten sind so salzverträglich, daß sie in einem solchen Aquarium noch wachsen können. Da im Brackwasser gedeihende Pflanzen normalerweise im Süßwasser kultiviert werden, muß man sie allmählich an Brackwasserbedingungen umgewöhnen, wobei Mißerfolge nicht auszuschließen sind (siehe Artbeschreibungen).

Der an Wasserpflanzen speziell interessierte Aquarianer wird sich auch gerne Spezialbehälter einrichten wollen, sei es um Cryptocorynen über Wasser zu ziehen und zur Blüte zu bringen (Seite 105) oder um auch einmal aufgetauchte Formen anderer amphibischer Aquarienpflanzen zu studieren. Wer also Wert auf blühende Wasserpflanzen legt, wird ein möglichst flaches und im vollen Tageslicht (Fenster) stehendes Spezialaquarium einrichten (Seite 171). Solche Behälter müssen teilweise abgedeckt werden, um eine hohe Luftfeuch-

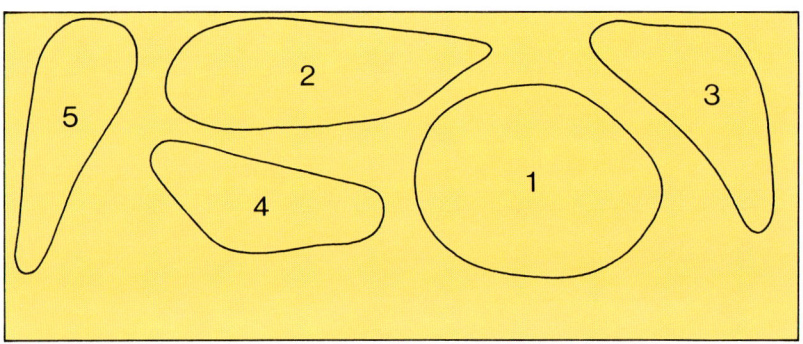

Bild 35. Landschaftsaquarium „Mitteleuropa", besetzt mit einheimischen Fischarten.
1 *Nuphar lutea,* Teichrose; **2** *Ceratophyllum demersum,* Hornkraut, Hornblatt; **3** *Myriophyllum spicatum,* Tausendblatt; **4** *Eleocharis acicularis,* Nadelsimse; **5** *Ludwigia palustris,* evtl. auch Bastardludwigie.

Beckengröße: 100 × 40 × 38 = 150 Liter
Berechnungsgrundlage (−40 Prozent) = 90 Liter
Beleuchtung: 3 Leuchtstofflampen à 30 Watt mit Spezialreflektor = 90 Watt
Lichtaufwand: 1 W/l
Dekorationsmaterial: Steine (Urgestein)

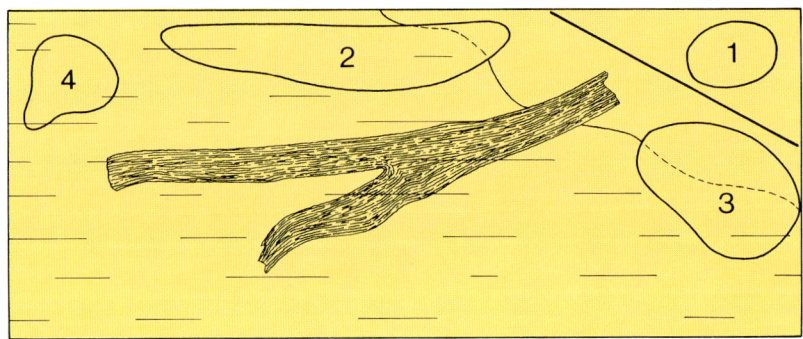

Bild 36. Tropisches Brackwasser-Aqua-Terrarium, z.B. für Schlammspringer *(Periophthalmus)*.
1 *Cyperus alternifolius „gracilis",* Zypergras*; **2** *Cryptocoryne ciliata,* Gewimperter Wasserkelch**; **3** *Microsorium pteropus,* Javafarn**; **4** *Acrostichum aureum,* Mangrovefarn, junges Exemplar.
Beckengröße 100 × 40 × 45
Beleuchtung: 2 Hochdruck-Quecksilberdampflampen 80 Watt oder 3 Leuchtstofflampen à 30 Watt mit Spezialreflektor

Dekorationsmaterial: Moorkienholz, Steine
* muß so gepflanzt werden, daß die Pflanzerde nicht mit dem Brackwasser in Berührung kommt (Bodentrennung, Kulturgefäß)
** Umgewöhnung an Brackwasser muß allmählich (!) erfolgen, nicht alle Populationen sind offenbar gleich gut geeignet (siehe Text, S.106)

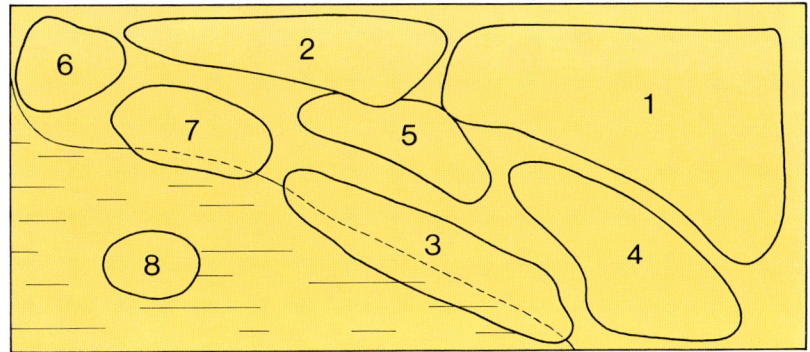

Bild 37. Aqua-Terrarium „Südostasien".
1 *Lagenandra ovata;* **2** *Cryptocoryne ciliata,* Gewimperter Wasserkelch; **3** *Vesicularia dubyana,* Javamoos, halbemers am Ufer wachsend; **4** *Lagenandra lancifolia,* **5** *Lagenandra thwaitesii* (z. T. abgeschattet durch 1 und 2); **6** *Hygrophila*-Art, z. B. *H. corymbosa,* Wasserfreund; **7** *Hygrophila difformis*,* Wasserwistarie, amphibisch wach-

send; **8** Schwimmpflanze im Wasserteil, *Pistia stratiotes,* Muschelblume.
Beckengröße: 100 × 40 × 45
Beleuchtung: 2 Hochdruck-Quecksilberdampflampen 125 Watt oder Tageslicht
* submerse Exemplare müssen in feucht-gespannter Warmluft emers angezogen werden.

tigkeit zu erzeugen (erübrigt sich bei Schwimmpflanzen).
Abschließend sei noch bemerkt, daß viele „Aquarienpflanzen" auch ausgezeichnete Sumpfpflanzen für das Aqua-Terrarium abgeben. Entsprechende Hinweise finden sich bei den Artbeschreibungen.

10 Regeln für die richtige Gestaltung des Aquariums mit Pflanzen

1. Pflanzenauswahl und Bepflanzung richten sich in erster Linie nach den Bedürfnissen der Aquarienfische (Pflanzenarten, Bepflanzungsdichte, Wasserverhältnisse usw.)
2. Einzeln gesetzte Pflanzenarten wie Stengelpflanzen wirken kaum. In Gruppen pflanzen, bei der Pflanzung die entsprechende Wuchsgröße berücksichtigen, d. h. mit genügend Abstand pflanzen. Konkurrierende Arten von vornherein so pflanzen, daß sie sich später nicht beschatten.
3. Mit Überlegung und Phantasie planen, für größere Becken einen Bepflanzungsplan entwerfen, sich vorher über das verfügbare Artenangebot informieren.
4. Aquarienausstellungen besuchen. Hier sieht man, wie vorbildliche, von erfahrenen

Aquarianern gestaltete Bepflanzungen aussehen, und gewinnt Anregungen für eigenes Gestalten.
5. Kontrastwirkungen schaffen Atmosphäre! Mit hellgrünen Kontrastpflanzen vor dunkelblättrigen Hintergrundpflanzen erhält man Tiefenwirkung, „Farbtupfer" mit rötlichen Pflanzen schaffen.
6. Gestalt und Struktur müssen sich ergänzen. Gruppen mit feinblättrigen Arten pflanzt man vor lang- und großblättrige Hintergrundpflanzen. Auch hier auf Abstand achten, Mittelgrundpflanzen sollen keine gleichmäßige „Mittelgrundzone" ergeben.
7. Nicht sichtverdeckend pflanzen, d. h. hohe Pflanzen in den Hintergrund als Abschluß setzen. Tiefenwirkung schaffen, d. h. Vordergrundgruppen sollten unregelmäßig in den Mittelgrund verlaufen und sich eventuell teilweise bis an die Grenze der Hintergrundpflanzung erstrecken (für Raumteileraquarien siehe Bild 32).
8. Stengelpflanzen abgestuft setzen, d. h. Exemplare zur Sichtscheibe stärker einkürzen, so daß die Gruppe in sich abgestuft nach hinten höher wächst.
9. Solitärpflanzen setzen Schwerpunkte, sie sollten aber nicht symmetrisch in der Mitte des Aquariums stehen, sondern seitlich versetzt zwischen Mittel- und Hintergrund. Mit zusätz-

licher Beleuchtung (Spotlight) erreicht man hier besonders wirksame Effekte.

10. Beschränkung in der Artenauswahl! Wer in einem kleineren Aquarium allzu viele verschiedene Pflanzenarten unterbringen will, kann keine wirkungsvollen Pflanzengruppen bilden. Das Aquarium wirkt unruhig und überladen.

Bild 38. Wüchsige Stengelpflanzen sind die wichtigsten Gestaltungselemente der Aquarienlandschaft, denn sie sind weitgehend „formbar", d.h., sie lassen sich nach Bestandsgröße und Wuchshöhe ideal der jeweiligen Aquariengröße anpassen. Sie eignen sich bei entsprechender Gruppierung selbst für kleinste Aquarien (Sumpffreund *Limnophila,* Wasserfreund *Hygrophila* und *Rotala*-Arten). Aufnahme G. Brünner

Worterklärungen zum Bau der Aquarienpflanzen

(Bild 39 bis Bild 44)

Ähre: Die Blüte bildet eine Hauptachse mit zahlreichen ungestielten Blüten, z.B. Wasserähren (*Aponogeton*).

eiförmig: Blatt im oberen Teil der Spreite deutlich schmaler, etwa doppelt so lang wie breit (Bild 39).

elliptisch: Blatt ähnelt in der Form einer Ellipse (Bild 39).

Dolde: Viele Einzelblüten entspringen an einem Punkt des Blütenstieles und bilden – meist mehr oder minder langgestielt – in der Regel eine Blütenebene.

fiederschnittig: Blatt mit Einschnitten, die fast bis zur Mittelrippe reichen (Bild 44).

gabelig geteilt: Besonders bei Wasserpflanzen vorkommende weitgehende Zerteilung des

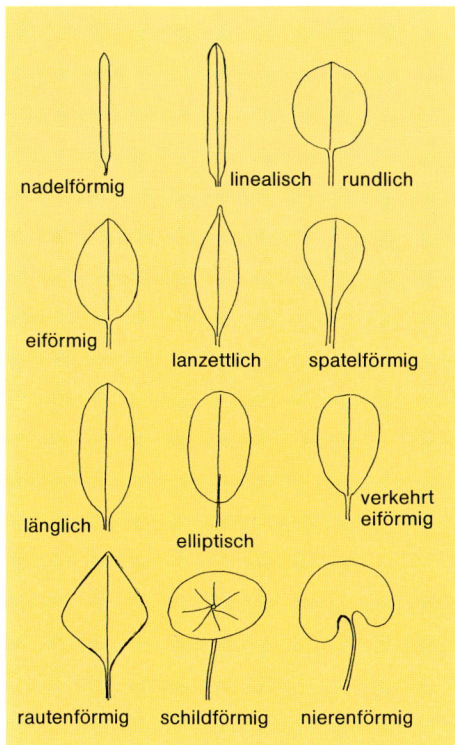

nadelförmig · linealisch · rundlich

eiförmig · lanzettlich · spatelförmig

länglich · elliptisch · verkehrt eiförmig

rautenförmig · schildförmig · nierenförmig

Bild 39. Blattformen.

Wasserblattes in zahlreiche, oft fadendünne Blatteile (Bild 44).

ganzrandig: Blattrand ohne jeden Einschnitt.

gefiedert: Zusammengesetztes Blatt, wenn das Blatt in mehrere Blättchen (Fiedern) gegliedert ist, die wiederum in einzelne Fiedern zerfallen können (mehrfach gefiedert, Bild 44).

gegenständig: Zwei Blätter stehen sich in gleicher Höhe am Stengel gegenüber (Bild 43).

gekerbt: Blattrand mit spitzen Einschnitten und abgerundeten Spitzen (Bild 42).

gelappt: Einschnitte der Blattspreite, die jedoch nur bis zur Spreitenmitte reichen.

gesägt: Blattrand mit spitzen Zähnen, die im Rand scharfe Einschnitte bilden (Bild 42).

gezähnt: Blattrand mit spitzen Zähnchen und gerundeten Einbuchtungen (Bild 42).

grundständig: Blätter, die am Grund unmittelbar über dem Boden ohne erkennbaren Blattstiel stehen und in der Regel eine Rosette bilden (Bild 43).

kreuzweise gegenständig: Blattstellung, bei der die Blattpaare regelmäßig jeweils rechtwinklig gedreht stehen.

länglich: Blatt etwa 3- bis 4mal so lang wie breit mit mehr oder minder abgestumpften Enden (Bild 39).

lanzettlich: Blätter etwa 3- bis 4mal so lang wie breit, beiderseits stärker verschmälert (Bild 39).

lineal, linealisch: Blatt mehrfach so lang wie breit mit parallelen Rändern (Bild 39); von bandförmigen Blättern spricht man, wenn die Blattspreite sehr lang ist, wie etwa bei Aquarienpflanzen vom Typ *Vallisneria* oder Pfeilkraut (*Sagittaria subulata*).

nadelförmig: Blätter ohne erkennbare Spreite (Fläche), im Querschnitt oft rundlich, oft länger als breit, nadelartig, spitz; Blätter, die etwa so breit wie dick sind, werden auch pfriemlich genannt.

nierenförmig: Der Blattumriß gleicht in der Form einer Niere (Bild 39), z. B. bei *Heteranthera reniformis*.

pfeilförmig: Blattbasis tief eingeschnitten, mit zwei mehr oder minder spitzen rückwärtigen Seitenlappen (Bild 40); spießförmig sind die Blätter, wenn die Seitenlappen gerade stehen, d. h. nicht nach hinten zeigen.

quirlständig: An einem Blattknoten entspringen 3 oder mehr Blätter, bei vielen Aquarienpflanzen (vgl. Bild 43 sowie Bild 45).

rautenförmig: Blätter, deren Spreite mehr

Bild 40. Formen des Blattgrundes.

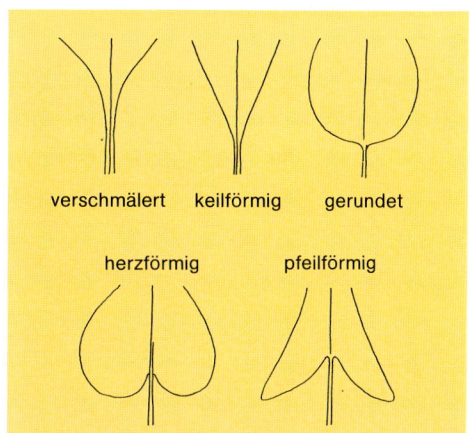

verschmälert · keilförmig · gerundet

herzförmig · pfeilförmig

oder minder rhombisch geformt ist, z.B. bei der Wassernuß *Trapa* (vgl. auch Bild 39).

Rispe: Mehrfach verzweigter Blütenstand mit gestielten Blüten.

rundlich: Blätter, die in der Form mehr oder minder kreisförmig rund sind (Bild 39).

Scheinquirle: Blätter, die nicht in einem echten Quirl stehen, sondern wechselständig spiralig einander so weit genähert stehen, daß der Eindruck eines Blattquirls entsteht, z.B. bei *Lagarosiphon*-Arten, Seite 147.

schildförmig: Blattstiel entspringt der Mitte der Spreite, z.B. beim Wassernabel *Hydrocotyle vulgaris* (vgl. auch Bild 39).

Schirmtraube: Traubenartiger Blütenstand, bei dem die Einzelblüten scheinbar doldenartig in einer Ebene stehen, jedoch aufeinanderfolgend am Stiel entspringen.

sitzend: Blätter oder Blüten, die ohne erkennbaren Stiel am Stengel sitzen.

spatelförmig: Oberer Teil der Spreite verbreitert, zur Basis stark verschmälert (Bild 39).

stengelumfassend: Die Blattspreite umfaßt am Grunde den Stengel.

Traube: Blüten gestielt an unverzweigtem Blütenstengel.

verkehrt eiförmig: Blatt etwa doppelt so lang wie breit, im oberen Teil der Spreite deutlich breiter (Bild 39).

wechselständig: Die Blätter stehen einzeln zerstreut am Stengel; stehen sie in einer Ebene, nennt man dies zweizeilig, z.B. untergetauchte Form von *Eichhornia azurea,* vgl. Bild 43 und Bild 98.

Bedeutung und Erklärung einiger Artnamen

Der Artname, d.h. die Artbezeichnung einer Pflanze, besteht stets aus zwei Namen, dem der Gattung und einem sog. „spezifischen Epitheton", z.B. *Ludwigia* (Gattung) *palustris* (spezifisches Epitheton), letzterer im allgemeinen Sprachgebrauch als „Artname" bezeichnet. Spezifische Epitheta dienen der näheren Kennzeichnung und beziehen sich in der Regel auf Aussehen und Beschaffenheit der Pflanze, auf einen Vergleich zu anderen Pflanzen, auf ihre Herkunft, ihr Vorkommen (Lebensform) und ihre Verwendung, oder die Pflanze wird zu Ehren einer Person benannt. Die Endungen der Artnamen sind (mit Ausnahmen) veränderlich und richten sich in der Regel nach dem Geschlecht des Gattungsnamens, wie z.B.:

Echinodorus (= männlich) *angustifolius*
Hygrophila (= weiblich) *angustifolia*
Beispiele:

1. auf Herkunft Bezug nehmend:
Bacopa caroliniana, Fettblatt aus Karolina (USA)

Aponogeton madagascariensis, Wasserähre aus Madagaskar (Gitterpflanze)
Limnophila indica, Sumpffreund aus Indien
Elodea canadensis, Wasserpest aus Kanada

2. nach Personen benannte Pflanzen:
Cryptocoryne griffithii, Wasserkelch, benannt nach dem englischen Botaniker, Arzt und Pflanzenmaler WILLIAM GRIFFITH (1810–1845)
Cryptocoryne wendtii, benannt nach ALBERT WENDT (1887–1958), dem bekannten Aquarianer und Wasserpflanzenkenner
Rotala wallichii, benannt nach dem dänisch-englischen Botaniker, Pflanzensammler und Arzt NATHANIEL WALLICH (NATHAN WOLFF, 1786–1854)

3. vergleichend zu anderen Pflanzen:
Elodea callitrichoides, dem Wasserstern (*Callitriche*) ähnliche Wasserpest
Ottelia alismoides, dem Froschlöffel (*Alisma*) ähnliche Ottelie

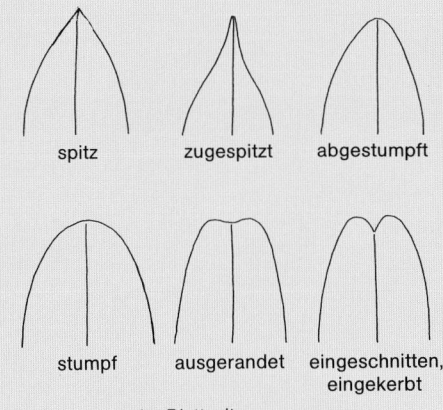

spitz   zugespitzt   abgestumpft

stumpf   ausgerandet   eingeschnitten, eingekerbt

Bild 41. Formen der Blattspitze.

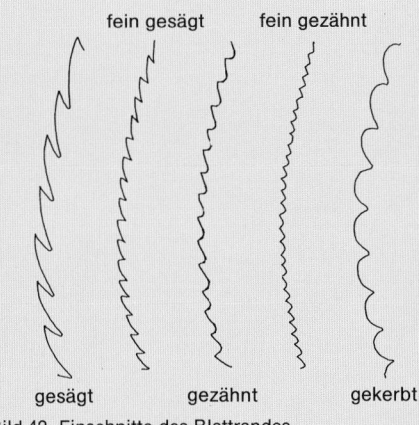

fein gesägt   fein gezähnt

gesägt   gezähnt   gekerbt

Bild 42. Einschnitte des Blattrandes.

Bild 45. Blattquirle bekannter Aquarienpflanzen.

Bild 43. Blatt-stellungen.

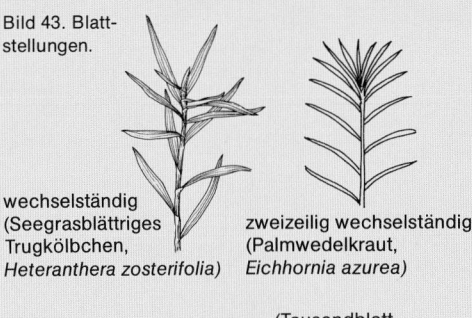

wechselständig (Seegrasblättriges Trugkölbchen, *Heteranthera zosterifolia*)

zweizeilig wechselständig (Palmwedelkraut, *Eichhornia azurea*)

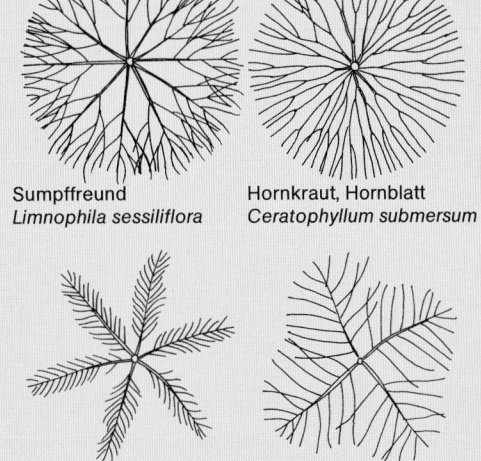

Sumpffreund *Limnophila sessiliflora*

Hornkraut, Hornblatt *Ceratophyllum submersum*

quirlständig (Tausendblatt, *Myriophyllum*)

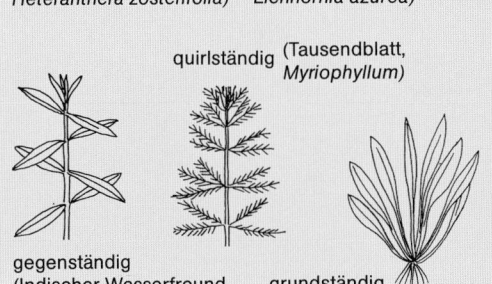

gegenständig (Indischer Wasserfreund, *Hygrophila polysperma*)

grundständig (Amazonaspflanze, *Echinodorus*)

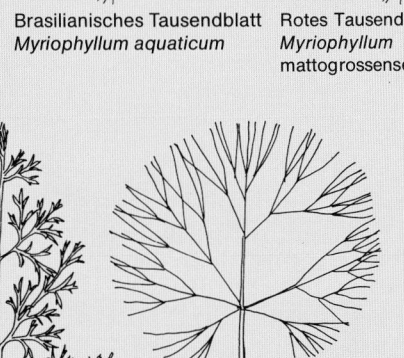

Brasilianisches Tausendblatt *Myriophyllum aquaticum*

Rotes Tausendblatt *Myriophyllum* mattogrossense

Bild 44. Blatt-Teilungen.

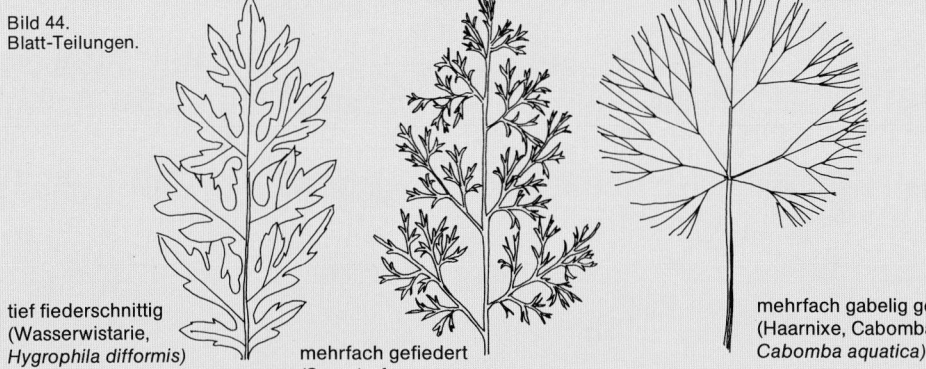

tief fiederschnittig (Wasserwistarie, *Hygrophila difformis*)

mehrfach gefiedert (Sumatrafarn, *Ceratopteris thalictroides*)

mehrfach gabelig geteilt (Haarnixe, Cabomba, *Cabomba aquatica*)

65

4. auf Nutzung bezogen:

Neptunia oleracea, oleracea = gemüseartig, Blätter dieser Sumpfpflanze werden in Südostasien als Gemüse verwendet
Fontinalis antipyretica, antipyretica = gegen Fieber, Feuer; Fieberheilmoos, Gemeines Quellmoos, wurde früher gegen Fieber verwendet, eine andere Erklärung besagt, daß getrocknetes Quellmoos zum Abdichten von Feuerstätten diente (Isolierung)

5. auf gestaltliche Merkmale bezogen:

Cryptocoryne bullosa, bullosa = blasig, nimmt Bezug auf die blasig aufgeworfene Blattstruktur dieses Wasserkelches
Echinodorus macrophyllus, macrophyllus = großblättrig, eine besonders großblättrige *Echinodorus*-Art

6. auf das Vorkommen und die Lebensweise der Pflanze bezogen:

Riccia fluitans, fluitans = flutend, schwimmend, Flutendes Teichlebermoos
Trichocoronis rivularis, rivularis = an Bächen wachsend, die als „Mexikanisches Eichenblatt" bekannte Pflanze

Übersetzung einiger Artnamen (Epitheta)*:

acicularis nadelspitz
affinis verwandt
alba, -us weiß
alismoides froschlöffelähnlich
alterniflorum mit wechselständigen Blüten
alternifolia, -um mit wechselständigen Blättern
aloides Aloe-ähnlich
angustifolia, -us schmalblättrig
antipyretica gegen Fieber, Feuer
arcuata, -us bogenförmig
aristata, -us begrannt
arrhiza, -us wurzellos
attenuata, -us verschmälert
aureum, -a goldgelb
australis südlich

azurea, -us himmelblau
brevipes kurzstielig
bullosa, -us blasig
callitrichoides wassersternähnlich
caerulea, -us blau, himmelblau
cardinalis kardinal-, scharlachrot
cernua, -us übergebogen, nickend
ciliata, -us gewimpert
crassicaulis dickstengelig
cordata, -us herzförmig
cordifolius herzblättrig
cornuta, -us gehörnt
corymbosa, -us doldentraubig
crassipes dickstielig
crenata, -us gekerbt
crispatula, -us etwas gekräuselt
crispus, -a kraus
cuculata, -us kapuzenartig
demersum untergetaucht
densa, -us dicht
diandra, -us zweimännig
difformis ungestaltig
distachyos zweiährig
diversifolia, -us verschiedenblättrig
dubia, -us zweifelhaft, unsicher
echinatus igelstachelig
echinosperma igelsamig
elatinoides elatineähnlich
exoleta, -us vergessen
ferruginea, -us rostfarben
filiculoides einem kleinen Farn ähnlich
flagelliformis peitschenartig
flexilis biegsam, gekrümmt
fluitans flutend, schwimmend
fluviatilis im oder am Fluß lebend
foetida, -us übelriechend, stinkend
fragilis zerbrechlich
fusca braunrot
gibba, -us höckerig
gigantea, -us riesig, riesenhaft
globulifera, -us pillentragend
gracilis schlank, zierlich
graminea, -us grasartig
hamulata, -us angelhakenförmig
heterophylla, -us verschiedenblättrig
hippuroides tannenwedelähnlich
hottoniiflora wasserfederblütig
humile, -is niedrig
inflata, -us aufgeblasen
lacustris Teich-, See-
laevigatum, -us glatt
lanceolata, -us lanzettlich

---

* Endungen nach den im Text behandelten Arten

lancifolia mit lanzettlichen Blättern
latifolia breitblättrig
leucocephala, -us weißköpfig
lingua Zunge, Band
longicauda, -us lang geschwänzt
longifolia, -us langblättrig
lotus, lotos Pflanzenname der Antike
lutea, -us gelb
lyrata, -us leierförmig
macrandra, -us mit großen Staubblättern
macrophyllus großblättrig
macropoda, -us großstengelig
maior größer
major größer
minima, -us die kleinste, sehr klein
minor kleiner, weniger
morsus-ranae Froschbiß
myriophylloides, tausendblattähnlich
najas nixkraut(ähnlich)
nana, -us zwergig
natans schwimmend
neotropicalis tropisch-neuweltlich
nummularia, -is münzenähnlich
nymphoides seerosenähnlich
oblongifolia mit länglichen Blättern
oleracea, -us gemüseartig
opacus dunkel, glanzlos, schattig
pallidinervia mit blassen Nerven
palustris Sumpf-
parva, -us klein
parviflora, -us kleinblütig
parvula, -us ziemlich klein
pectinata, -us kammartig
pedicellata, -us Blütenstiel tragend
peduncularis mit gestielter Blüte
peltata, -us schildartig
perfoliatus mit durchwachsenen Blättern
platyphylla, -us breitblättrig
polyrrhiza, -us vielwurzelig
pontederiifolia pontederienblättrig
pulcherrima, -us am schönsten
pteridoides Pteris-ähnlich (Farn)
pumila, -us niedrig
purpurascens purpurn werdend

purpurea, -us purpurn
pusilla, -us winzig
pygmaea, -us zwerghaft
quadricostatus vierrippig
quadrifolia, -us vierblättrig
ranunculoides hahnenfußähnlich
reniformis nierenförmig
repens kriechend
rigidifolius steifblättrig
riparium am Ufer wachsend
rivularis am Bach wachsend
rotundifolia, -us rundblättrig
sagittifolia, -us pfeilblättrig
salicifolia weidenblättrig
sativa, -us angepflanzt
scaber rauh, scharf
scabratum rauh
sessiliflora, -us mit sitzenden Blüten
sessilis sitzend, ungestielt
spicatum ährig
spilanthoides, Spilanthes-ähnlich
spiralis schraubig, spiralig, gedreht
spongia, -us Schwamm
stellata, -us sternförmig
stratiotes Soldat
striolata, -us fein gestreift
stricta -us steif, straff
subulatus, -a schwach geflügelt
submersum, -a untergetaucht
tenellus sehr zart
teres stielrund, glatt
thalictroides Thalictrum-ähnlich, wiesenrautenähnlich
trisulca, -us dreifurchig
ulvaceus, -a kraus
umbrosum schattenreich
undulatus, -a wellig, wellenförmig
uniflora, -us einblütig
verticillata, -us quirlblättrig
vesiculosa, -us voller Blasen
vivipara, -us lebendgebärend
vulgaris gewöhnlich, gemein
zosterifolia seegrasblättrig

Erklärung einiger Fachausdrücke

Adventivpflanzen: An ungewöhnlichen Stellen voll entwickelter Pflanzen ausgebildete Jungpflanzen, z.B. auf älteren Blättern des Sumatrafarns *Ceratopteris thalictroides* ausgebildete Adventivpflanzen.

Adventivwurzeln: Wurzeln, die neu an ungewöhnlichen Stellen entstehen, häufig nach Zerteilung der Pflanzen, z.B. stengelbürtige Wurzeln bei Stecklingen.

amphibisch: Pflanzen, die sowohl im Wasser wie auch auf dem Land wachsen können, in der Regel im flachen Wasser wachsend.

Ausläufer: Meist horizontal ober- oder unterirdisch wachsende Sprosse, die Jungpflanzen entwickeln, Form der vegetativen Vermehrung, z.B. bei *Echinodorus tenellus.*

Autorenzitat: Bezeichnet in der Regel den Autor, der die Pflanze zum ersten Mal gültig beschrieben hat: *Hydrocotyle vulgaris* L. (L. = CARL VON LINNÉ, 1707–1778, Begründer der binären Nomenklatur). Werden Pflanzen in andere Gattungen überführt, wird der erste Autor in Klammern gesetzt: *Echinodorus cordifolius* (L.) GRISEB. Die Art wurde 1773 von LINNÉ als *Alisma cordifolia* beschrieben, 1857 von GRISEBACH zu *Echinodorus* gestellt.

Bastarde (Hybriden): Kreuzungen von Rassen, Arten, Gattungen. Kreuzungen zwischen Gattungen und Arten werden durch ein × gekennzeichnet, so gibt man bei Kreuzungen zwischen Arten entweder beide Elternpaare an, z.B. Bastard-Ludwigie = *Ludwigia palustris* × *L. repens.* Ein Arten-Bastard kann auch durch ein sog. Sammelepitheton bezeichnet werden: *Cryptocoryne* × *willisii* (eine Cryptocoryne, die aus verschiedenen Elternpaaren hervorgegangen ist).

Brakteen: Hochblätter, z.B. Tragblätter, die den Laubblättern beim Übergang zur Blüte folgen, bei Aronstabgewächsen zu einem großen, auffälligen, blütenumschließenden Hochblatt – hier Spatha genannt – entwickelt.

emers: Aufgetaucht, außerhalb des Wassers wachsend.

Familie: Taxonomische Rangstufe oberhalb der Gattung, faßt alle verwandten Gattungen zusammen, z.B. Froschbißgewächse *Hydrocharitaceae* (vgl. Seite 138).

Form (forma, f.): Taxonomische Rangstufe unterhalb der Varietät, bezeichnet konstante Abweichungen, z.B. *Sagittaria subulata* forma *pusilla,* eine von der Nominatform deutlich abweichende Zwergform, rein ökologisch bedingte Abweichungen je nach Wuchsweise, z.B. forma *submersa,* forma *emersa,* werden heute kaum noch anerkannt.

Gattung: Faßt Arten zusammen, die sich deutlich von anderen Artengruppen unterscheiden, jedoch durch gemeinsame Merkmale verbunden sind, z.B. bei Cryptocorynen u.a. die Anordnung der Fruchtblätter als Abgrenzung gegenüber der nahe verwandten Gattung *Lagenandra,* Artbegriff siehe Seite 18.

Heterophyllie: Ausbildung verschiedenartiger Laubblätter, bei Wasserpflanzen nicht ungewöhnlich aufgrund der unterschiedlichen Anpassung an das Lebensmilieu: Untergetauchte Wasserblätter sind in der Regel viel feiner zer-

Bild 46. Die sogenannte Heterophyllie (Verschiedenblättrigkeit) zeigt sich bei vielen Aquarienpflanzen, so u.a. bei den tief eingeschnittenen Wasserblättern der Wasserwistarie *Hygrophila difformis*, die völig von den elliptischen, ungeteilten Luftblättern abweichen.

teilt als die Luftblätter oberhalb des Wasserspiegels, diese oft mit ungeteilter Spreite (modifikatorische Heterophyllie).

Hybriden: Siehe Bastarde.

Internodium: Blattloses Stengelglied zwischen den Knoten (Nodien), z.B. bei Stengelpflanzen wie *Limnophila* oder *Hygrophila*. Übermäßig verlängerte Internodien beruhen in der Regel auf Lichtmangel und zu hoher Wärme.

Kleistogamie: Es kommt schon in der geschlossenen Blüte zur Selbstbefruchtung, wobei z.b. wie bei *Barclaya* die Blüten gar nicht mehr den Wasserspiegel erreichen und unter Wasser in der geschlossenen Blüte Samen ausgebildet werden.

Klon: Durch vegetative Vermehrung – z.B. Stecklinge – aus einem Individuum entstandene erbgleiche Nachkommenschaft, für Aquarienpflanzen u.a. bei *Alternanthera* vermutet.

Knolle: Unterirdische, rundliche Sproßknollen, z.B. bei Wasserähren (*Aponogeton*), die der Reservestoffspeicherung dienen. Verfügen im Gegensatz zum Rhizom nur über begrenztes Wachstum, in der Regel wurzellos.

Kosmopolit: Mehr oder minder über die ganze Welt verbreitete Pflanzenart, z.B. *Ceratophyllum demersum,* das Rauhe Hornkraut, eine in Europa (nördlich bis Mittelskandinavien) über Asien südlich über das indo-malaiische Gebiet bis nach Australien, die Fidschi-Inseln und weite Gebiete Afrikas und Amerikas verbreitete Pflanze. Im Gegensatz dazu stehen **endemische** Arten, die nur eng begrenzte Gebiete bewohnen, z.B. Inseln, wie viele Wasserähren *Aponogeton* (Madagaskar) oder Cryptocorynen (u.a. Sri Lanka, Borneo).

Lichtperiode: Siehe Photoperiodismus.

Modifikation: Nicht erbliche, durch äußere Bedingungen (Klima, Boden, Wasserverhältnisse usw.) hervorgerufene Abänderung einer Art (siehe auch Heterophyllie).

Nektar: Saftartige, zuckerhaltige Ausscheidung der Blüte von sog. Nektarien (Drüsen, z.B. am Blütenboden), dienen der Anlockung von Bestäubungsinsekten.

Nervatur: Blattadern, vom mehr oder weniger starken Mittelnerv in feinen Verästelungen ausgehende Seitennerven, z.T. auch parallelnervig wie *Sagittaria* oder *Vallisneria*.

Nomenklatur: Nach dem „Internationalen Code der Botanischen Nomenklatur" festgelegte Regeln zur Benennung der Pflanzen nach taxonomischen Rangstufen (Art, Gattung, Familie usw.). Entsprechend den Regeln ist jeweils der erste gültig publizierte Name einer Pflanze maßgebend. Änderungen können sich aus Revisionen usw. ergeben (siehe auch S. 18, 103, 119).

Nominatform: Die „Normalform" einer Pflanze, im Gegensatz zu bestimmten Abweichungen der gleichen Art, z.B. *Anubias barteri* var. *barteri* (Nominatform), *Anubias barteri* var. *nana,* eine kleinere Varietät, das Zwergspeerblatt.

Photoperiodismus: Unterschiedliches Blüh- und Wuchsverhalten der Pflanzen gegenüber der Dauer der Beleuchtungsphase (Lichtperiode), z.B. blühen viele Tropenpflanzen nur bei einer maximalen Lichtperiode von 12 Stunden (Kurztag), verlängerte Lichtperioden verhindern Blütenbildung, fördern dagegen das vegetative Wachstum (siehe auch S. 41).

Primärblätter: Auf die Keimblätter folgende Laubblätter, bei vielen Wasserpflanzen schnell vergänglich, z.B. *Echinodorus berteroi,* bei anderen Arten stellen sie dagegen die Aquarienform dar, z.B. *Sagittaria graminea,* S. 187.

Pollen: An den Staubblättern haftende Pollenkörner (Blütenstaub), bisweilen mit klebrigem Sekret wie bei Cryptocorynen (haftet an Bestäubungsinsekten).

Population: Fortpflanzungsgemeinschaft von Individuen einer Art in bestimmten begrenzten Räumen (Gebieten).

Rassen: Entstehen u.a. aufgrund ökologischer Bedingungen (Ökotypen) oder räumlicher Isolierung. So wird bei Cryptocorynen die Bildung abweichender Pflanzen (u.a. zahlreiche unterschiedliche Wuchstypen bei *Cryptocoryne wendtii*) auf voneinander isolierte Standorte zurückgeführt (Lokalrassen)

Rhizom: Wurzelstock, meist verzweigte Erdsprosse (= gestauchte Sproßachsen), mehr oder minder horizontal im oder auf dem Boden wachsend, mit sproßbürtigen Wurzeln und ruhenden Knospen, die aus der Sproßachse aktiviert werden können, z.B. bei Cryptocorynen (S. 104), Rhizome mit Reservestoffen bei *Nuphar* und *Nymphaea*.

Segment: U.a. haarfeine Teile von Fiederblättern wie Segmente des Tausendblattes *Myriophyllum* oder sehr fein auslaufende Zipfel von Wasserblättern, u.a. *Cabomba,* Haarnixe.

semimers: Halb aufgetaucht, mehr oder weniger amphibisch wachsende Pflanze.

Solitär: Von solitarius (= einzelstehend), als Mittel- oder Blickpunkt einzeln plazierte Pflanzen (im Gegensatz zur Gruppenpflanzung).

Spatha: Siehe Brakteen.

Spreite: Der Teil des Blattes, der die eigentliche Blattfläche umfaßt und meist eine mehr oder minder charakteristische Form bildet.

submers: Untergetaucht, ständig unter Wasser.

Subspecies: Abgekürzt ssp., Unterart, nach der Art höchste Rangstufe von Pflanzenpopulationen, die sich in bestimmten erblichen Merkmalen gleichen und von der Art unterscheiden.

Synonym: Nebenname, Zweitname, ungültiger Pflanzenname, der z.B. aufgrund einer Zweitbeschreibung entstehen kann oder aufgrund von Überarbeitungen als ungültig erkannt wird (siehe auch S. 19). Ein bekanntes Beispiel hierfür ist *Cryptocoryne affinis,* die 1883 von Hooker fil. gültig beschrieben wurde, was jedoch beim Import 1936 nicht bemerkt wurde, worauf die Pflanze 1949 neu als *Cryptocoryne haerteliana* beschrieben wurde. Erst viele Jahre später gelang es Prof. de Wit, diesen Irrtum aufzuklären, womit *Cryptocoryne haerteliana* zum Synonym wurde.

tagneutral: Sind Pflanzen, die keine deutliche photoperiodische Reaktion zeigen, z.B. in ihrem Blühverhalten von der Lichtperiode (Tageslänge) unabhängig sind.

terrestrisch: Auf der Erde, rein emers als Landpflanze wachsend.

Varietät, varietas, var.: Taxonomische Rangstufe unterhalb der Subspecies, Pflanzen mit deutlichen erblichen Abweichungen z.B. hinsichtlich der Größe und Form, z.B. *Anubias barteri* var. *angustifolia,* eine schmalblättrige Varietät des Speerblattes.

vegetativ: Alle ungeschlechtlichen Vermehrungsformen der Pflanzen (d.h. ohne Blüte, Bestäubung, Frucht- und Samenbildung), z.B. Stecklingsvermehrung, Ausläufer, Adventivpflanzen. Vegetativer Zuwachs: gesteigertes Wachstum der vegetativen Organe (Blätter, Stengel), oft auf Kosten der Blütenentwicklung.

Viviparie: vivipar = lebendgebärend. Echte Viviparie liegt z.B. bei den Samen von *Cryptocoryne ciliata* vor, die bei der Keimung schon als fertiger Sämling freigegeben werden, also schon in der Frucht keimen und ausgebildet werden. Unechte Viviparie (Pseudoviviparie) finden wir, wenn ungünstige Lebensumstände die Samenentwicklung verhindern, u.a. bei *Echinodorus*-Arten im Aquarium: Anstelle der meist verkümmerten Blüten werden Jungpflanzen hervorgebracht (adventive Bildung).

zweihäusig: = diözisch, Pflanzen, bei denen männliche und weibliche Blüten auf getrennten Individuen vorkommen; so gibt es bei *Vallisneria* weibliche und männliche Pflanzen, die jeweils nur Blüten ihres Geschlechts entwickeln. Einhäusige (monözische) Pflanzen weisen sowohl männliche wie weibliche Blüten auf, bei zwittrigen Blüten sind männliche und weibliche Blütenorgane (Staub- und Fruchtblätter) in einer Blüte vereinigt.

Zwiebeln: Bestehen aus reduzierten, fleischigen Schuppenblättern, die der Reservestoffspeicherung dienen, z.B. *Crinum.*

Aquarienpflanzen von A–Z, Gattungen und Arten

Abkürzungen zum Pflanzenteil:

GR Pflanze mit grundständigen Blättern
ST Stengelpflanze
SCH Schwimmpflanze oder Schwimmblätter bildende Pflanze
BO Bodenbedecker, in der Regel kriechend wachsend
E wüchsige, problemlos wachsende Arten zur Erstbepflanzung geeignet (siehe Seite 47)
A in der Kultur wenig anspruchsvolle, einfach zu pflegende Arten, insbesondere auch für den Anfänger geeignet (siehe Seite 47)
K Arten, die ausschließlich oder in erster Linie für das Kaltwasseraquarium in Frage kommen
T sehr gut im Aqua-Terrarium haltbare Arten
F auch für Freilandbehälter und Gartenteiche geeignete Arten, jedoch nicht winterhart
FW auch für Freilandbehälter und Gartenteiche geeignete Arten, winterhart (evtl. Wassertiefe beachten oder Schutzabdeckung)
( ): Hinweis gilt mit Einschränkungen (nähere Angaben siehe Text)
(S): Synonym, ungültiger wissenschaftlicher Name, Zweitname oder Nebenname (siehe Seite 70)

Soweit nicht anders vermerkt, beziehen sich die Angaben zu vegetativen Merkmalen auf submerse (untergetaucht wachsende) Aquarienexemplare. Die maximale Wuchsgröße wird dabei in der Regel nur unter optimalen Kulturbedingungen erreicht. Viele Arten bleiben unter normalen Aquarienverhältnissen kleiner, auch können Blattformen je nach Kulturbedingungen und Entwicklungsgrad in erheblichem Umfang variieren.

Acorus, Kalmus   GR T FW
Araceae, Aronstabgewächse
Sumpfpflanzen mit linealischen Blättern und kräftigem Rhizom. Für die Aquarienkultur kaum von größerem Wert. Die bekannteste Art ist der bei uns vor einigen Jahrhunderten aus Ostasien eingebürgerte Kalmus *Acorus calamus,* nur für Freilandbecken geeignet. Für Aquarien wird die nachstehende Art angeboten.

Acorus gramineus, Graskalmus
Ostasien
Blätter grundständig, grasartig, linealisch spitz, dunkelgrün, bis 40 cm lang und 8 mm breit. Meist als Zwergform *Acorus gramineus* var. *pusillus* im Handel, mit fächerförmig erscheinender Blattstellung, Blätter kaum 10 cm lang, auch als weiß-grün gestreifte Zuchtform. Für die submerse Haltung im Kaltwasserbecken nur von zeitweiligem Dekorationswert, nicht ausdauernd. Beide Formen ausgezeichnete Freilandpflanzen für flache Uferteile kleinerer Becken, meist winterhart. Im ungeheizten Aqua-Terrarium ist *Acorus gramineus* eine haltbare, empfehlenswerte Pflanze.

Acrostichum, Mangrovenfarn   GR T
Pteridaceae, Saumfarngewächse
Tropische Zonen, in Gezeitengebieten
Aus dieser Gattung wird hin und wieder *Acrostichum aureum* importiert, eine pantropische Art mit einfach gefiederten Blättern. Sie wird recht groß (über 1 Meter); Jungpflanzen können zeitweilig submers kultiviert werden, beständiger ist dieser Sumpffarn jedoch im Aqua-Terrarium. Verträgt Brackwasser, 22–26°C, sehr lichtbedürftig.

Aglaonema spp., *Araceae,*   T
Aronstabgewächse,
Anubias ähnelnde Pflanzen, jedoch nicht für Unterwasserkultur geeignet, für feuchtwarme Terrarien empfehlenswert.

Aldrovanda vesiculosa, Wasserfalle   ST
Droseraceae, Sonnentaugewächse
Ost- und Südosteuropa, zerstreut in Mitteleuropa, Ost- und Südostasien, Afrika, Australien
Blätter in dichten 6- bis 10zähligen Quirlen,

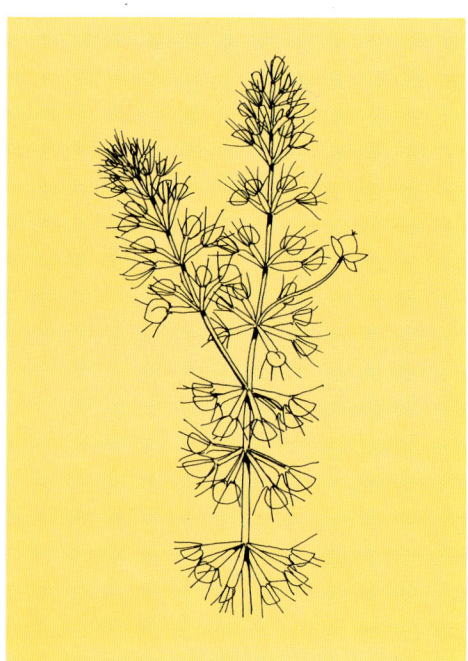

Bild 47. Die Wasserfalle *Aldrovanda vesiculosa* ist eine bei uns vom Aussterben bedrohte Pflanze (Art der Roten Liste).

Spreite rundlich zusammenklappbar gefaltet, mit drüsig-haariger, z. T. mit Borsten besetzter Oberfläche. Blattstiel keilförmig verbreitert, von der Spreite mit 4–6 steifen Borsten abgesetzt, einzelnes Blattsegment 8–14 mm lang, Stengel wurzellos frei flutend. In ruhigem, durch Sonneneinstrahlung stärker erwärmtem Wasser, an Ufern, in Gräben, in moorigem, kalkarmem, nährstoffarmem bis mäßig nährstoffreichem Wasser. Bei uns vom Aussterben bedroht (Rote Liste S. 201). Oft sporadische Ausbreitung (Vogelzug, Wasservögel).
Wasserpflanze, die in der Anfangszeit der Aquaristik wegen ihrer interessanten Biologie als insektivore Pflanze gepflegt wurde, heute aber nur vereinzelt mit Wasserpflanzensendungen importiert wird. Der Fangmechanismus dieser Pflanze unterscheidet sich von Wasserschlauch-Arten (*Utricularia*) dadurch, daß bei *Aldrovanda* die Spreitenhälften bei Berührung der Haare blitzschnell zusammenklappen (ähnlich der Venusfliegenfalle *Dionaea*). Haltung nur in Spezialaquarien möglich: Ca. 25°C und hohe Beleuchtungsstärke (1W/l), Wasser extrem weich, etwa 1° KH, nicht über 5° GH bei einem pH-Wert nicht über 6, wird mit CO_2 eingestellt und gehalten, schwache Torffilterung günstig (pH-Kontrolle).

Algen siehe *Phycophyta*

Algenfarn siehe *Azolla*

Alismataceae, Froschlöffelgewächse
Etwa 100 Arten umfassende Pflanzenfamilie, mit Verbreitungsschwerpunkt im tropischen und subtropischen Amerika. Meist Uferpflanzen, sehr anpassungsfähig und variabel, wichtige Aquarienpflanzengattungen sind *Echinodorus* und *Sagittaria*. Siehe auch *Ranalisma, Baldellia* und *Luronium*.

Alternanthera, | ST | T |
Papageienblatt, Purpurblatt
Amaranthaceae, Fuchsschwanzgewächse
Warme Regionen der Welt, besonders tropisches Amerika
Artenreiche Gattung, jedoch nur wenige aquatische Vertreter, u. a. *Alternanthera philoxeroides* ,alligator weed', ein in vielen tropischen Gebieten berüchtigtes Gewässerunkraut. Als Aquarienpflanze hat bislang nur eine Art Bedeutung: *Alternanthera reineckii,* eine sehr formenreiche Art. Der nomenklatorische Status der einzelnen Rassen ist bislang noch unklar, was zu zahlreichen Phantasienamen Anlaß gegeben hat. Über die Fundorte dieser Art ist wenig bekannt, u. a. wird ein Standort für Zentralbrasilien (im Staat Goiás) beschrieben, wo die Art ausschließlich als Sumpfpflanze, bis 0,5 Meter hoch, gefunden wurde. Diese emerse Lebensweise dürfte auch das langsame submerse Wachstum im Aquarium erklären. Als Purpur- oder Papageienblätter sind zuweilen auch andere im Zierpflanzenanbau verbreitete Arten im Handel, so u. a. *A. ficoidea* (*A. amoena*), für die Aquarienkultur ungeeignet.

Alternanthera reineckii, Papageienblatt, Purpurblatt
Brasilien
In der Blattform äußerst variable Art, von der mehrere Rassen in Kultur sind: „Kleines Papageienblatt" mit mehr oder minder breit lanzettlichen Blattspreiten, bis 20 mm lang, oliv-

grün bis leicht rötlich (Sproßspitzen), Blattunterseiten rötlich. Das „Große Papageienblatt", meist als „*Alternanthera* oder *Telanthera lilacina*" bezeichnet, erreicht Blattlängen bis zu 70 mm bei 15–20 mm Breite, Färbung je nach Belichtung olivgrün bis rötlich-olivgrün, Blattunterseiten weinrot. Noch größere Blätter, jedoch mit gewelltem Rand und deutlich rötlicher Blattfärbung, besitzt eine als „*Alternanthera rosaefolia*" im Handel befindliche Rasse (Klon?). Hier wie auch bei den als „*A. sessilis*" bezeichneten Pflanzen mit schmallanzettlichen, bis 100 mm langen und 15 mm breiten, olivgrün-rötlichen bis intensiv roten Blättern und ungewelltem Rand gelang C. Kasselmann der Nachweis, daß auch diese zum Formenkreis von *A. reineckii* gehören. Gegenüber der „echten" *A. sessilis* zeigen alle Formen von *A. reineckii* in den winzigen Einzelblüten (starke Lupe) der kleinen, blattachselständigen Blütenknäuel 4 weiße Kronblätter und 4 Staubblätter (bei *A. sessilis* 5 weiße, an der Basis rötlich-violette Kronblätter und 2–5 Staubblätter).

Alternanthera reineckii ist im Aquarium recht anspruchsvoll: Benötigt hohe Lichtenergie (1W/l) und kurzen Strahlungsabstand, CO_2-Düngung unerläßlich, weiches Wasser mit leicht saurer Reaktion, günstigste Wachstumstemperaturen um 25°C, wächst relativ langsam. Doch lohnen diese Pflanzen den hohen Pflegeaufwand wegen ihrer Farbenpracht. Sie kommt am besten bei Gruppenpflanzungen zum Ausdruck, dazu einen freien Platz im Blickfeld wählen. Gekürzte Stengel verzweigen sich, Stecklinge bewurzeln sich langsam, nicht als Erstbepflanzung verwenden, eisenbetonte Nährstoffgaben.

Alternanthera sessilis
Pantropisch
Ähnelt *A. reineckii,* wird oft mit dieser verwechselt; im Handel als „*A. sessilis*" bezeichnete Pflanzen gehören häufig zu *A. reineckii.* Die echte *A. sessilis* ist für Aquarienkultur unbrauchbar.

Amazonaspflanze siehe *Echinodorus*

Amazonasschwertpflanze siehe *Echinodorus*

Amblystegium siehe *Leptodyctium*

Bild 48. Mit dem Papageienblatt *Alternanthera reineckii* lassen sich effektvolle farbliche Wirkungen erzielen; es benötigt optimale Lichtverhältnisse, um nicht zu vergrünen. Aufnahme G. Brünner

Ambulia (S) siehe *Limnophila*

Ammannia, Ammannie ST
Lythraceae, Weiderichgewächse
Wärmere Gebiete weltweit, vielerorts eingebürgert
Etwa 30 Arten umfassende Gattung kleiner amphibischer Gewächse, von denen zwei nahe verwandte und einander ähnelnde Arten in Aquarien gehalten werden. *Ammannia* ist (wie *Rotala*) als Kulturfolger (Reisanbau) u.a. bis nach Südeuropa verschleppt (z.B. *Ammannia coccinea, A. auriculata*). Blätter gegenständig, Blüten klein, blattachselständig, meist in Trugdolden.

Ammannia gracilis, Große Kognakpflanze
Westafrika (u.a. Senegal, Gambia)
Blattspreiten sehr variabel, je nach Kulturbe-

Bild 49. *Ammannia senegalensis* ist eine je nach Kultur-bedingungen variable, verhältnismäßig anspruchsvolle Pflanze; sie wird oft auch als Kognakpflanze bezeichnet. Aufnahme G. Brünner

lich dekorativ als Kontrastpflanzung vor hohen Hintergrundpflanzen, gleich ob dunkel- oder hellgrün. *A. senegalensis* kommt normaler-weise nur für Gruppenpflanzung in Betracht, mit *A. gracilis* lassen sich auch mit einzelnen voll entwickelten Zweigen schöne Blickpunkte schaffen. Vermehrung durch Stecklinge, Be-wurzelung und Wachstum relativ langsam. Temperatur 22−28°C, nicht zur Erstpflan-zung verwenden.

Anubias, Speerblatt   GR T
Araceae, Aronstabgewächse
Westafrika (Senegal bis Nordangola, überwie-gend Küstengebiete)
Gattung mit 8 Arten und zahlreichen Varietä-ten (CRUSIO 1979). Wachsen meist halbemers, z.T. submers oder als Sumpfpflanzen an fla-chen, oft steinigen Strömungsstellen oder an Ufern von Flüssen und Bächen der Regen-waldgebiete, unterliegen Überflutungen wäh-rend der Regenzeit, Standorte halbschattig bis tief schattig, auch besonnte Biotope bekannt. Wurzeln vieler Arten haften fest an steinigem Grund oder Baumwurzeln. *Anubias barteri* var. *nana* vergesellschaftet mit *Bolbitis heude-lotii,* Standorte mit sehr salzarmem saurem Wasser (1° GH, pH 5,6−6,4).
Anubias-Arten sind im Wuchstyp recht robust mit kriechend wachsendem Wurzelstock und lanzettlichen oder elliptischen, z.T. pfeil- und spießförmigen Blättern. Blütenstand ent-spricht dem typischen Araceen-Typus mit weißem oder grünem Hüllblatt. Wegen der va-riablen Wuchsformen ist eine exakte Bestim-mung nur nach Blütenmerkmalen möglich, blüht nur bei halbemerser Kultur. *Anubias*-Arten sind schon seit Beginn dieses Jahrhun-derts als Warmhauspflanzen in Kultur, haben in der Aquaristik jedoch erst in den letzten Jahrzehnten zunehmende Bedeutung erlangt. Hier war es vor allem das Zwergspeerblatt *An-ubias barteri* var. *nana,* das den Wert dieser Gattung für die Aquarienkultur verdeutlichte. Heute werden mehrere für Aquarien geeig-nete Arten angeboten.

dingungen, linealisch-lanzettlich, bis 80 mm lang und 7 mm breit, meist kleiner, zur Spitze verschmälert, z.T. leicht stumpflich, Basis ver-schmälert bis leicht gerundet, sitzend, ziemlich dünnhäutig, rötlich-olivgrün (je nach Lichtbe-dingungen), emerse Pflanzen mit elliptischen bis verkehrt eiförmigen grünen, bis 40 mm langen Blättern (so oft im Handel!), auch als „*Ammannia latifolia*" bezeichnet.

Ammannia senegalensis, Kognakpflanze
Tropisches Afrika, verschleppt mit Reisanbau
Im ganzen kleiner als *A. gracilis,* submerse Blätter länglich-lanzettlich bis linealisch, bis 45 mm lang und 10 mm breit, Basis verschmä-lert, Spitze zugespitzt, olivgrün bis kognakfar-ben (je nach Lichtbedingungen). Emerse Blät-ter elliptisch, hellgrün.
Ammannia-Arten entsprechen in ihren Kul-turansprüchen den nahe verwandten *Rotala*-Arten, d.h., sie benötigen viel Licht, 1W/l, möglichst karbonatarmes Wasser, das mit CO_2 auf pH 6,8 gehalten wird, und optimale Eisen-versorgung. Die Pflanzen wirken außerordent-

Bild 50. Afrikanische Speerblätter, *Anubias*-Arten, erfreuen sich zunehmender Beliebtheit als dekorative Pflanzen des Tropenaquariums. Sie wachsen verhältnismäßig langsam, sind jedoch recht robust: *Anubias barteri* var. *glabra* ist eine von Westafrika bis Zentralafrika verbreitete niedrig wachsende Art für den Vordergrund. Aufnahme G. Brünner

Anubias afzelii
Senegal bis Sierra Leone
Blattspreiten variabel, länglich-elliptisch bis lanzettlich, bis 40 cm lang und 6–12 cm breit, zur Basis leicht zugespitzt verlaufend, Blattstiel kräftig, bis 30 cm, Wuchshöhe 80 cm, recht stattlich, doch im Aquarium submers in entsprechend großen Behältern haltbar. Ähnlich gestaltet, jedoch für Aquarienhaltung zu groß, ist *Anubias gigantea* (Guinea bis Liberia).

Anubias barteri
Guinea bis Gabun und Zaire
Sehr variable Art in bezug auf Blattspreite und Größe, in mehrere Varietäten aufgegliedert (früher teilweise als selbständige Arten ge-führt). Spatha länglich lanzettlich, während der Blüte bis an die Basis geöffnet und nach hinten gebogen.

Anubias barteri var. barteri
Nigeria, Kamerun, Fernando Póo
Blattspreite variabel, oval lanzettlich, 8–22 cm lang, bis 10 cm breit. Basis meist gerundet, herzförmig eingeschnitten, auffallend die entlang der Nerven etwas eingesunkene Blattfläche.

Anubias barteri var. glabra
Weit verbreitet, Guinea bis Zaire
Blattspreite mehr oder minder lanzettlich, bis 8–15 cm lang und 3 cm breit, zugespitzt, zur Basis verschmälert, Rand oft leicht gewellt, variabel, im Aquarium an var. *nana* erinnernd, oft als diese im Handel, jedoch mit schmaleren, größeren, mehr lanzettlichen Blättern.

Anubias barteri var. nana, Zwergspeerblatt
Kamerun
Blattspreiten mehr oder weniger länglich-oval

75

bis fast rundlich, leicht abgestumpft, Basis gerundet bis leicht herzförmig, bis 6 cm lang und 2,8 cm breit, Blattstiel kurz, Rhizom kriechend, eine überwiegend submers wachsende Art, Wuchshöhe 5−8 cm.

Anubias barteri var. *angustifolia*
Guinea bis Kamerun
Blattspreite länglich-lanzettlich, bis 10 cm lang und 3 cm breit (zuweilen als „*Anubias nana*" im Handel).

Anubias barteri var. *caladiifolia*
Nigeria, Kamerun
Blattspreiten elliptisch, zugespitzt, zur Basis pfeilförmig verbreitert, bis 20 cm lang und 12 cm breit, oft sehr lang gestielt (bis 50 cm).

Anubias congensis (S) = *Anubias heterophylla*

Anubias lanceolata (S) = siehe *A. minima*

Anubias minima (S) = *Anubias barteri* var. *glabra*

Anubias nana (S) = *Anubias barteri* var. *nana*

Von den *Anubias*-Arten ist *A. barteri* mit den Varietäten var. *nana,* var. *glabra* und var. *angustifolia* nicht nur wegen ihrer relativ geringen Wuchshöhe, sondern vor allem wegen ihrer guten Aquarienanpassung am empfehlenswertesten. Auch var. *barteri* ist gut geeignet, beansprucht aber entsprechenden Raum. Nicht zu tief pflanzen, Rhizom muß noch sichtbar bleiben, auch an Moorkienwurzeln oder Steinen befestigen, bes. var. *nana*. Temperatur nicht unter 24°C, etwa 0,7 W/l, Wasser möglichst weich, leicht sauer, auch höhere Härtegrade werden toleriert, sofern CO_2-Gleichgewicht gehalten wird (CO_2-Düngung). Wegen ihrer robusten Blattstruktur auch für Cichlidenbecken geeignet, alle relativ langsam im Wachstum, im Aqua-Terrarium ihren natürlichen Standorten entsprechend meist raschwüchsiger und sehr gut haltbar.
Weitere für die Vivarienkultur angebotene Arten: *Anubias gilletii* (Nigeria bis Zaire) wächst amphibisch mit variablen Blättern, großwüchsig, dies gilt auch für *Anubias heterophylla* (West- und Zentralafrika), geeignet für große Sumpfterrarien; *Anubias hastifolia*

(Ghana bis Nordangola) hat spießförmige Blätter, nur für halbemerse Kultur. Für kleinere Aqua-Terrarien ist *Anubias gracilis* (Sierra Leone, Guinea) mit spießförmigen, bis 12 cm langen Blättern empfehlenswert, ähnlich, jedoch größer, ist *Anubias pyanertii* (Gabun bis Zaire) mit tief zweilappigen Blättern, halbemers gut haltbar.

Aponogeton, Wasserähren $\boxed{\text{GR}}$
Aponogetonaceae, Wasserährengewächse
Wasserähren zählen zu den schönsten Pflanzen der Aquarienflora. Kaum andere Wasserpflanzen erreichen jene unverkennbar zarten, überaus prächtigen Blattformen. Bedingt durch einen periodischen Wachstumszyklus entfalten sie oft ein so rapides Wachstum, daß aus einer unscheinbaren Knolle innerhalb weniger Wochen eine prachtvolle große Solitärpflanze wird. Kein Wunder also, daß diese Pflanzen schon frühzeitig die Aufmerksamkeit der Aquarianer auf sich zogen. Als exotische Wasserpflanzen haben sie eine noch längere Tradition (Seite 10), und schon kurz nach der Jahrhundertwende dürften die ersten Arten in Aquarien gepflegt worden sein, deren Zahl dann bis auf 15 anstieg. Heute im Zeitalter moderner Verkehrsmittel hat uns der Pflanzenimport weitere interessante Arten beschert, doch hat dies auch seine Schattenseiten, da der fortwährende „Verbrauch" die Wildbestände gefährdet (Seite 23). Hier ist zu hoffen, daß moderne Anzucht- und Vermehrungsverfahren (Seite 51) den Import überflüssig machen. Auch der Aquarianer kann seinen Teil dazu beitragen, durch sorgsame, artgerechte Pflege und Nutzung der Samenvermehrung.
Gestalt: *Aponogeton*-Arten besitzen einen knollenartigen oder länglichen Wurzelstock und entwickeln untergetauchte oder Schwimmblätter. Form und Größe der rosettig stehenden submersen Blätter variiert von länglich-lanzettlichen, gekrausten oder gewellten Formen bis zu der eigenartigen Blattstruktur der Gitterpflanze *Aponogeton madagascariensis*. Ährenartige Blütenstände mit zahlreichen unscheinbaren Blüten entwickeln sich an langen Stielen über der Wasseroberfläche, sie können ein- oder mehrschenkelig sein. Auch unter Aquarienbedingungen werden Blüten ziemlich regelmäßig entwickelt.
Artenzahl: Von den bisher bekannten 44 Ar-

ten werden etwa 12 regelmäßig für die Aquarienkultur angeboten, andere Arten sind schwierig zu pflegen bzw. auch wenig attraktiv (schwimmblattbildende Arten).

Verbreitung: Vom afrikanischen Kontinent über Madagaskar und Südasien bis nach Australien.

Ökologie: Die reservestoffspeichernden Wurzelstöcke deuten auf eine ausgeprägte Periodik hin, d. h. Anpassung an wechselnde Klima- und Wasserbedingungen. Arten aus mehr oder minder ariden Gebieten haben z. T. nur eine Vegetationszeit von wenigen Wochen und befinden sich während der übrigen Trockenzeit im Ruhezustand. Die standortgeprägte Periodik betrifft im Grunde alle Arten mit dem Effekt, daß sie im Aquarium nach einer Zeit stürmischen Wachstums mehr oder weniger deutlich zurückgehen oder im Wachstum stagnieren. Dieser Rhythmik sollte im Aquarium durch entsprechende Maßnahmen entsprochen werden.

Kultur: Abgesehen von wenigen Arten – wie der Gitterpflanze *A. madagascariensis* – ist die Kultur der Wasserähren nicht schwierig. Vom Handel werden meist Knollen angeboten, die in der Regel keinen oder nur geringen Austrieb zeigen. Dies ist auch allgemein der günstigste Zeitpunkt für die Pflanzung. Als Bodengrund genügen grober Sand, Quarzkies oder Lavalit mit etwas Tonerde. Knollen nicht tief pflanzen, sie müssen noch sichtbar aus dem Boden ragen, am besten leicht schräg halb herausragend setzen, bei unausgetriebenen Knollen auf richtige Lage achten. Der Austrieb zeigt sich meist sehr schnell, besonders wenn sich die Knollen in echtem Ruhezustand befanden.

Lichtbedarf: Es genügt der übliche Lampenaufwand, d. h. etwa 0,7 W/l. Sofern die Blätter in hohen Becken zu schmal und langstielig werden, Lichtintensität erhöhen. Bei intensiver Beleuchtung ist der Wuchs dekorativ und kompakt. Als Solitärpflanzen müssen Wasserähren genügend Freiraum haben, so daß sie nicht von anderen Pflanzen beschattet oder in ihrer dekorativen Wirkung beeinträchtigt werden. Das muß schon bei der Pflanzung berücksichtigt werden. Späteres Umpflanzen bereits bewurzelter Knollen bringt nachhaltige Wachstumsstörungen mit sich und sollte unbedingt vermieden werden.

Wasser: *Aponogeton*-Arten stammen z. T. aus Weichwassergebieten, doch sind auch Arten bekannt, die in Gewässern mit härterem Wasser vorkommen. Man verwendet vorzugsweise weiches, leicht saures Wasser, besonders für kritische Arten (*A. madagascariensis*). Die Mehrzahl der Wasserähren ist jedoch auch gut in mittelhartem Wasser zu pflegen, sofern man für eine CO_2-Stabilisierung sorgt.

Temperatur: Sollte der Wachstumsrhythmik entsprechen, was jedoch im Aquarium kaum realisierbar ist, so daß man für die meisten Arten mit der üblichen Temperatur um 25 °C vorliebnehmen muß.

Vermehrung: Von einer Ausnahme abgesehen, ist eine Vermehrung bei dieser Gattung

Bild 51. Wasserähren, *Aponogeton-Arten*, zählen zu den im Aquarium regelmäßig blühenden Wasserpflanzen. Die ein- bis mehrährigen Blütenstände entfalten sich über der Wasseroberfläche. Sie bestehen aus zahlreichen kleinen, meist zwittrigen Blüten. Hier Blütenähren von *Aponogeton ulvaceus* kurz vor der vollen Entfaltung. Aufnahme G. Brünner

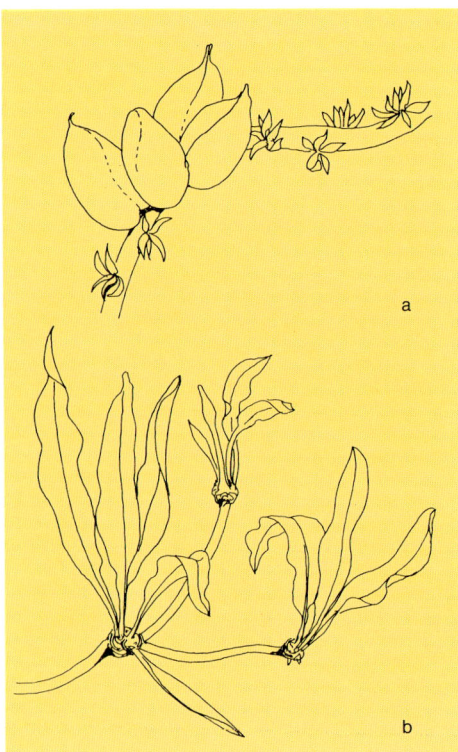

Bild 52. Vermehrungsformen bei Wasserähren *(Apono-geton)*: **a** *Aponogeton*-Arten können normalerweise nur durch sexuelle Vermehrung (Blüten- und Fruchtbildung) vermehrt werden: Vollreife Früchte an einem abgeblühten Blütenstand.
b *Aponogeton undulatus* vermehrt sich auch vegetativ: An langen Stielen werden anstelle der Blüten Adventivpflanzen ausgebildet.

nur durch Samen möglich. Das setzt Blütenbildung und Bestäubung voraus. Im Aquarium müssen wir künstlich bestäuben, am besten mit einem feinen Haarpinsel die Blütenähren wiederholt mehrfach bestreichen, wenn möglich Blütenstaub von anderen artgleichen Blütenständen übertragen (kreuzweise Bestäubung, siehe auch Arten). Für erfolgreichen Samenansatz dürfen die Blütenähren nicht im überhitzten Raum zwischen Deckscheibe und Wasserspiegel eingeklemmt sein (für Lüftung sorgen), günstiger sind die Bedingungen im offenen Aquarium bei entsprechend großem Lampenabstand. Anschwellen der Fruchtknoten zeigt die erfolgreiche Bestäubung an, doch dauert es mehrere Wochen, bis die zunächst schwimmfähigen Samen ausfallen. Aufzucht Seite 50.

Ruhezeit: Ob man *Aponogeton*-Knollen nach dem Zurückgehen des Wachstums (einsetzende Ruhezeit) aus dem Aquarium entfernen soll oder nicht, darüber sind die Meinungen geteilt. Bei *Aponogeton ulvaceus* habe ich mehrfach beobachtet, daß die Pflanzen nach reichlicher Blütenbildung ihr Wachstum stark einschränkten, um bei einer Temperatur von ständig 24°C nach 2–3 Monaten wieder kräftig auszutreiben und neues prächtiges Wachstum mit Blütenbildung zu entfalten. Im allgemeinen jedoch sind die Verhältnisse im Aquarium über längere Dauer gesehen den natürlichen Bedingungen zu widersprechend. Man sollte die Knollen deshalb nach Abschluß der Wachstumsphase aus dem Becken nehmen, gut säubern und in möglichst keimfreiem, mäßig feuchtem Sand oder Torfmoos für einige Monate bei 12–15°C verwahren. Danach kann man sie wieder im Aquarium auspflanzen.

Arten des afrikanischen Kontinents:

Im allgemeinen wenig attraktiv für die Pflege im Aquarium, bislang sind nur 2 schwimmblattbildende Arten für Garten- oder Gewächshausbecken in Kultur.

Aponogeton distachyos, ⬛SCH⬜F⬜
Zweireihige Wasserähre (Bild 3, S. 12)
Südafrika (Kapprovinz), vielerorts eingebürgert, u.a. Westeuropa (Südfrankreich, Großbritannien), Australien, Südamerika
Submerse Primärblätter vergänglich, zuerst pfriemlich, Schwimmblätter länglich-elliptisch, beiderseits leicht abgestumpft, bis 15 cm lang und 3 cm breit, hellgrün, z. T. mit dunkler Fleckung. Blattstiele je nach Wassertiefe bis 1 m, Blüte zweiährig, bis 6 cm, mit auffallend großen weißen Blütenblättern (Petalen), setzt leicht Samen an, Knollen kräftig, 3 (6) cm. – Schönste der schwimmblattbildenden Arten mit auffallend dekorativen, wohlduftenden Blütenständen, reichblühend, wenig wärmebedürftig, insbesondere für Freilandbecken geeignet und hier bei frostfreiem Grund auch überwinternd.
Gelegentlich wird eine weitere schwimmblattbildende afrikanische Art kultiviert: *Aponoge-*

ton abyssinicus (Äthiopien, Ostafrika) mit variablen, bis 16 cm langen Schwimmblättern und dekorativen violetten Blüten. Sie ist wärmebedürftiger, verlangt hohe Lichtintensität (Tageslicht), setzt leicht Samen an.

Arten aus Madagaskar:

Die Insel Madagaskar beherbergt etwa zehn endemische Arten, die sowohl im Hochland als auch in tieferen Lagen in stehenden wie auch in fließenden Gewässern bei unterschiedlichen geologischen Verhältnissen gefunden werden. Lichtverhältnisse wechselnd, von schattigen Urwaldgewässern bis zu vollbesonnten Standorten. Wasseranalysen zeigen im allgemeinen extrem weiches Wasser, meist unter 1° GH, z. T. mit bräunlich-humosen Färbungen. Temperatur je nach Höhenlage und Jahreszeit zwischen 18 und 25 °C.

Aponogeton bernierianus
Östliches Madagaskar
Blätter variabel, länglich-lanzettlich bis linealisch, bis 1 m lang und 10 cm breit, meist kleiner, Basis keilförmig bis gerundet, z. T. herzförmig, zur Spitze abgestumpft bis spitz, stark genoppt, z. T. gewellt, dunkelgrün bis rötlichbraun. Stiel kurz, Blüte 3- bis 10schenkelig, weiß dichtblütig, Knolle länglich bis oval, bis 4 cm, ähnelt im ganzen *A. boivinianus*.
In der Kultur problematisch, benötigt sehr weiches Wasser, pH 6–6,5, 20–23 °C, 0,7 W/l. Boden mehrfach gewaschener Grobsand, untere Schicht mit wenig Nährstoffanreicherung.

Aponogeton boivinianus, Genoppte oder „Hammerschlag"-Wasserähre
Nördliches Madagaskar
Blätter linealisch bis länglich-lanzettlich, bis 50 cm lang und 3–4 cm breit, zur Spitze keilförmig verschmälert, spitz bis leicht stumpf, Basis gerundet bis herablaufend, dunkelgrün, sehr stark genoppt. Stiel 6–13 cm, Blüte 2- bis (3)ährig, weiß (bisweilen leicht rosafarben), benötigt Fremdbestäubung, Knolle rundlich abgeflacht, 3–4 cm.
Auffallend schöne Art für große Becken als Solitärpflanze. Weiches bis mittelhartes Wasser, leicht sauer, CO_2-Düngung, Torffilterung günstig, normaler Lampenaufwand ausreichend, haltbar, geht aber zeitweilig zurück, dann zumindest kühler halten, während der Vegetationsperiode 22–24 °C.

Aponogeton fenestralis (S) = *Aponogeton madagascariensis*

Aponogeton guillotii (S) = *Aponogeton madagascariensis*

Aponogeton henkelianus (S) = *Aponogeton madagascariensis*

Aponogeton madagascariensis, Gitterpflanze
Madagaskar, eingebürgert auf Mauritius
(Bild 53, S. 80)
In Blattform und Größe variable Art, deren auffallendstes Merkmal die ausgeprägte Fensterung der Blattspreiten ist, d. h., die Blattfläche ist mehr oder weniger auf die Nervatur reduziert. Ob diese eigenartige Erscheinung als Anpassung an stärkere Wasserströmung (weniger Strömungswiderstand) gewertet werden kann, ist fraglich, zumal die Art auch in stehenden Gewässern gefunden wird. Blätter bis 55 cm lang (meist wesentlich kleiner), in der Form oval bis lanzettlich, mit abgestumpfter oder gerundeter Spitze und gerundeter Basis, im Aquarium ziemlich klein bleibend. Häufiger im Handel ist eine schmalblättrige Rasse: Blätter bis 30 cm lang und nur 2–3 cm breit, zur Spitze und Basis verschmälert, Fensterung weniger ausgeprägt, für Aquarienkultur besser geeignet. Zwischen beiden Formen gibt es offenbar Übergänge. Ähre dichtblütig, 2- bis 4schenkelig (selten mehr), weiß bis violett, setzt leicht Samen an. Wurzelstock länglich bis rundlich, 3 cm.
Begehrte und interessante Aquarienpflanze, in der Kultur jedoch schwierig. Erfordert spezielle Bedingungen, im normalen Warmwasseraquarium nicht ausdauernd und nach mehreren Wachstumsschüben eingehend. Pflege am besten in Spezialbehältern: Weiches Wasser mit CO_2-Zufuhr, leichte Torffilterung, bei pH 6, Wasser muß wöchentlich gewechselt werden, Temperatur 22 °C, während der Wachstumsruhe 18 °C. Bodenkies mit wenig Tonerde, darauf 2 cm gewaschener Grobsand, am besten leicht gedämpftes Tageslicht.

Bild 53. Von den madagassischen Wasserähren hat die Gitterpflanze *Aponogeton madagascariensis* die größte Berühmtheit erlangt. Generationen von Aquarianern haben sich mit ihrer Kultur beschäftigt. Mit ihrer eigenartigen Blattstruktur ist sie fraglos eine der merkwürdigsten Wasserpflanzen. Aufnahme G. Brünner

Aponogeton ulvaceus,
„Ulvablättrige" Wasserähre
Madagaskar
Blätter länglich oval bis lanzettlich, bis 50 cm lang und 9 cm breit, oft kleiner bleibend, Basis keilförmig in den Stiel verschmälert. Spitze abgerundet bis stumpf zugespitzt, zart hellgrün, transparent durchscheinend mit starker Randwellung. Blüte zweiährig, weiß, meist Kreuzbestäubung nötig, Knolle rundlich, bis 2 cm.
Eine der empfehlenswertesten Arten für die Aquarienkultur, regelmäßig angeboten und seit Jahrzehnten bewährt, verträgt aufgrund ihrer Herkunft auch härteres Wasser, gedeiht aber besonders prächtig in leicht saurem, weichem Wasser und bei CO_2-Düngung. Grobe Bodenstruktur mit Nährstoffanreicherung, 0,7 W/l. Solitärpflanze für freien Standort, Wassertiefe mindestens 40 cm, Temperatur 22–24 °C.
Aus Madagaskar stammen u. a. noch *Aponogeton dioecus, A. capuronii* und *A. longiplumulosus.* Von ihnen ist besonders die letztgenannte Art mit schmal-lanzettlichen, bis 30 cm langen Blättern mehrfach importiert worden.

Arten aus Südasien:

Die Gattung ist hier von Indien, Sri Lanka bis nach Südchina, Vietnam und Papua-Neuguinea verbreitet. Die größte Verbreitung erlangen dabei *Aponogeton undulatus* (Indien bis Malaysia) und *Aponogeton lakhonensis* (China, Thailand bis Celebes). Als Aquarienpflanzen sind bislang fünf Arten von Bedeutung, sie stammen aus sehr unterschiedlichen Biotopen von Teichen, Gräben bis zu schnell fließenden Gewässern. So *Aponogeton rigidi-*

Bild 54. *Aponogeton ulvaceus* aus Madagaskar ist eine häufig kultivierte, mit ihrer unverkennbar zarten, schönen Blattstruktur äußerst dekorative, dabei gut haltbare Art. Aufnahme G. Brünner

folius auf Sri Lanka in flachem, stark strömendem Wasser, pH 7,2, GH 6,5° bei 23–25 °C. Gleichfalls auf Sri Lanka wird *Aponogeton crispus* noch in Höhenlagen bis 2000 m gefunden, meist in ganzjährig wasserführenden Gewässern, so daß – u. a. auch bei *Aponogeton echinatus* – offenbar keine extremen Ruhezeiten vorkommen. *Aponogeton natans* wird dagegen oft in ausgesprochen temporären Gewässern gefunden (Reisfelder). Der überwiegende Teil der asiatischen Wasserähren hat einen einährigen Blütenstand. Lediglich *Aponogeton robinsonii* und *A. eberhardtii* sind zweiährig. Über die Verwandtschaftsverhältnisse zwischen *A. crispus*, *A. echinatus* und *A. natans* besteht Unklarheit, zumal offensichtlich auch künstlich erzeugte Bastarde (auch mit *A. undulatus*) kultiviert werden, so daß eine eindeutige Artabgrenzung schwierig, wenn nicht unmöglich ist.

Aponogeton crispus, Krause Wasserähre 〔A〕
Sri Lanka
Blattform variabel, nicht selten mit *A. echinatus* verwechselt. Die meisten Aquarienexemplare haben eine linealisch-lanzettliche, bis 30 cm lange, 2–3 cm breite Spreite, Spitze leicht stumpflich, Basis keilförmig bis verschmälert, Mittelnerv auffallend heller, Blattrand gekraust, mittel- bis dunkelgrün. Unter Aquarienbedingungen ist der Blattstiel meist kurz, auch treten Schwimmblätter sehr selten auf, Blüten einährig, weiß (manchmal leicht rosafarben), bis 15 cm lang, lockerblütig, selbstfertil – setzt leicht Samen an. Wurzelknolle länglich, bis 2 cm ⌀ (Unterschied zu *A. echinatus*).
Eine der populärsten Wasserähren, die auch unter weniger günstigen Kulturbedingungen

Bild 55. Als Krause Wasserähre, „*Aponogeton crispus*", sind viele unterschiedliche Wuchstypen im Handel. Ihre Artzuordnung ist oft schwierig, teilweise müssen sie auch zu *Aponogeton echinatus* gerechnet werden. Es ist in jedem Fall eine der empfehlenswertesten, für die Aquarienkultur hervorragend geeigneten Arten.

und in härterem Wasser gut gedeiht. Identität der kultivierten Pflanzen nicht eindeutig, so hat eine Hochlandform von *A. crispus* mehr ovale Blätter, offenbar gibt es auch Übergangsformen zu Tieflandpopulationen.

Aponogeton echinatus　　　　A (SCH)
Vorderindien
Ähnlich *A. crispus* variabel, Blattspreiten bis 40 cm lang, 2–5 cm breit, linealisch- bis länglich-lanzettlich, hellgrün, teilweise etwas durchscheinend, mit weitläufig oder enger gewelltem Rand. Spitze meist leicht abgestumpft, Basis keilförmig verschmälert, bildet lanzettliche Schwimmblätter mit leicht gerundeter (niemals herzförmiger) Basis. Blüte einährig,

weiß bis leicht violett, oft dichter als bei *A. crispus,* Wurzelstock rundlich bis verkehrteiförmig.
Wie *A. crispus* eine der populärsten und besten Aquarienarten, wächst sehr üppig, prächtige Solitärpflanze.

Aponogeton natans　　　　(SCH)
Indien, Sri Lanka
Submerse Primärblätter ähnlich *A. echinatus,* jedoch kleiner bleibend, bis 15 cm lang und 3 cm breit, zarthäutig, hellgrün, Rand weitläufig gewellt, Basis und Spitze gleichmäßig verschmälert. Normalerweise schnell Schwimmblätter bildend, diese lanzettlich, bis 11 cm lang und 3 cm breit mit herzförmiger Basis. Blütenähre einährig weiß bis rosafarben, Wurzelstock 2 cm Durchmesser.
Entwickelt zunächst in schneller Folge dekorative Unterwasserblätter, alsbald folgen Schwimmblätter, wobei die untergetauchten Blätter langsam absterben. Durch regelmäßiges Entfernen der Schwimmblätter läßt sich dieser Prozeß verzögern, erst nach eingelegter Ruhezeit erfolgt wieder kräftiger submerser Wuchs, als Aquarienpflanze nur zeitweilig haltbar.

Aponogeton rigidifolius, „Leder"-Wasserähre
Sri Lanka
Blattspreite länglich-lanzettlich, 30–40 cm lang, zur Basis verschmälert, Spitze schmal keilförmig zugespitzt, Basis verschmälert bis gerundet, Rand gewellt, dunkel olivgrün, Blätter derb, etwas brüchig. Stiel bei Aquarienexemplaren kurz (8 cm), Blüte einährig, dichtblütig, bis 15 cm, weiß, Wurzelstock länglich kriechend bis 1 cm $\varnothing$.
Eine in der Blattfärbung ungewöhnlich schöne Wasserähre, im Aquarium verhältnismäßig anspruchsvoll, geringe Karbonathärte und CO_2-Düngung, pH 6,5, möglichst häufiger Teilwasserwechsel.

Aponogeton stachyosporus (S) = *Aponogeton undulatus*

Aponogeton undulatus,　　　　A
Gewelltblättrige Wasserähre
Indien, Burma, Malaysia
Blattspreite sehr variabel (Rassen), lineal-lanzettlich, bis 30 cm lang und 2–4 cm breit, zur

Bild 56. *Aponogeton undulatus* ist eine in Südostasien weit verbreitete variable Wasserähre. Arttypisch sind die auffallend transparenten Blattzonen. Eine anpassungsfähige, auch für den Anfänger geeignete Art, die Adventivpflanzen entwickelt. Aufnahme G. Brünner

Weitere aus Asien importierte Arten: U. a. *Aponogeton lakhonensis* (China, Kambodscha, Thailand südlich bis Celebes), ziemlich kleinwüchsige Art, Blätter schmal-lanzettlich, bis 20 cm lang und 4–5 cm breit mit stumpflicher Spitze, hellgrün, zarthäutig. Derbe grünlich-bräunliche Blätter besitzt *Aponogeton loriae* (Papua-Neuguinea).

Arten aus Australien:

Für die Aquaristik sind vor allem die Formen von *Aponogeton elongatus* interessant, einer Art, die in Nordostaustralien u. a. in Regenwaldflüssen, z. T. im tidenbeeinflußten Süßwasserbereich, vorkommt. Auch *Aponogeton bullosus* wird in schnellfließenden permanenten Gewässern gefunden. Dagegen sind Arten wie *A. queenslandicus* und *A. hexapetalus* nur in ausgesprochen temporären Gewässern zu finden und kommen für die Aquarienkultur kaum in Betracht. Alle australischen Arten besitzen gelbliche oder gelbgrüne Blütenähren.

Aponogeton bullosus
Australien (Queensland)
Blattspreiten linealisch-lanzettlich bis schmal-lanzettlich, 30 cm lang, 2 cm breit, Basis keilförmig verschmälert, Spitze leicht abgestumpft, stark genoppt dunkelgrün, Stiel 6–12 cm, Blüten einährig, 5 cm, locker, gelb, Knolle länglich, 1–2 cm ⌀.
Prächtige Art, selten importiert, nur von wenigen Fundorten bekannt, Pflege schwierig, braucht vor allem häufige Frischwasserzufuhr.

Aponogeton elongatus
Australien im Nordosten und Osten
In der Blattform sehr variable Art, in vier Formen gegliedert, von denen drei in Aquarien kultiviert werden:
forma *elongatus*: Schmalblättrig, linealisch-lanzettlich, bis 30 cm lang, 1–2 cm breit, zur Spitze und Basis keilförmig verschmälert, bräunlich-grün mit gewelltem Rand.
forma *latifolius*: Blätter länglich-lanzettlich, bis 40 cm lang und 5 cm breit, zur Basis keilförmig bis leicht gerundet, Spitze leicht abgerundet, Rand weitläufig gewellt, hellgrün, an *A. ulvaceus* erinnernd, die für Aquarien beste Form.
forma *longifolius*: Blattspreite linealisch, bis

Spitze und Basis gleichmäßig verschmälert (schmalblättrige Rassen auch als *A. stachyosporus* beschrieben), arttypisch sind die auffallend transparenten Zonen der Blattspreite, Rand gewellt, Blattstiel 10–15 cm. Unter Aquarienbedingungen werden kaum Schwimmblätter entwickelt, ebenso sind Blütenstände sehr selten. Blüte einährig, lockerblütig, bis 10 cm lang, weiß bis leicht rosa. Anstelle der Blüten bilden sich ausläuferähnliche Triebe mit Adventivpflanzen, zunächst von blütenähnlichen Hüllblättern umgeben.
Robuste Art, außerordentlich gut anpassungsfähig, gedeiht auch gut in härterem Wasser, aus der einfachen viviparen Vermehrung läßt sich leicht ein kleiner Bestand bilden, der herangewachsen sehr wirkungsvoll ist.

50 cm lang und 2 cm breit, Basis verschmälert, Spitze leicht verschmälert und abgestumpft, langgestielt (bis 50 cm).

In frühen Entwicklungsstadien sind die einzelnen Formen oft schwer zu unterscheiden, Blüte einährig, bis 20 cm, lockerblütig, Fremdbestäubung nötig, gelb, Knolle eiförmig bis länglich, bis 2,5 cm ⌀.

Anspruchslose, in der Aquarienkultur bewährte Art, besonders forma *latifolius* gelangt auch noch unter mäßigen Lichtbedingungen und in härterem Wasser zu guter Entwicklung. forma *longifolia* kommt nur für sehr hohe Becken in Betracht.

Armoracia siehe *Brassicaceae*

Asteraceae, Korbblütengewächse
Weltweit verbreitet

Neben den Orchideen artenreichste Pflanzenfamilie, die jedoch nur wenige echte Wasserpflanzen enthält. Obligat submers sind Arten wie *Cotula myriophylloides* (Südafrika), einige Arten leben amphibisch im seichten Uferwasser, u. a. *Eclipta* (auch als Reisfeldunkraut), *Megalodonta* und *Hydropectis aquatica* (Mexiko), sind aber alle bislang in der Aquaristik noch nicht erprobt. Seit kurzem ist eine Art der Gattung *Trichocoronis* – auch *Shinnersia* (Texas bis Mexiko) in Kultur. Nach Biotopbeobachtungen (WISCHNATH) am Rio Palenque (Mexiko) wuchsen die Pflanzen in schnellströmendem Wasser in 20–110 cm Tiefe, pH 7,8, 12° KH und 20° GH, Temperatur 27°C. Eine weitere *Asteraceae,* und zwar *Gymnocoronis,* ist seit zwei Jahrzehnten in Kultur.

Gymnocoronis spilanthoides ST F
Tropisches Amerika

Blätter lanzettlich, bis 15 cm lang und 6 cm breit, Basis gerundet, Spitze leicht stumpf, hellgrün, erinnern an *Hygrophila corymbosa,* sind jedoch derber und zeigen submers noch schwache Randkerbung, kreuzweise gegenständig variabel, blüht bei Aquarienkultur nicht.

Wie Wasserfreundarten verwendet, jedoch langsamer im Wuchs, etwa 1 W/l, weiches Wasser, CO_2-Düngung. Stecklinge bewurzeln sich verhältnismäßig langsam, neigt zum Überwasserwuchs, im Aqua-Terrarium besser wachsend, auch Freilandhaltung im Sommer möglich, ergibt schöne Uferpflanzen.

Trichocoronis (Shinnersia) rivularis, ST A
„Mexikanisches Eichenblatt"
Mexiko

Blätter in Form und Größe sehr variabel, länglich-elliptisch, bis 25 mm lang, z. T. auch größer, mit gelapptem Rand, Spitze abgestumpft, Basis keilförmig, hellgrün, gegenständig, Stengel relativ dünn, die gelappte Blattform ent-

Bild 57. *Trichocoronis rivularis,* das Mexikanische Eichenblatt, ist eine erst seit wenigen Jahren bekannte, sehr wüchsige Wasserpflanze, die auch in hartem Leitungswasser gut gedeiht, allerdings sehr hohe Lichtansprüche stellt. Aufnahme G. Brünner

wickelt sich mit zunehmender Internodienver-
kürzung zur Wasseroberfläche, neigt im flachen Wasser zu flutenden Blättern, dann rosettig erscheinend, auch emerse Triebe bildend
und amphibisch wachsend. Blüte unscheinbar.
Seit 1980 als Aquarienpflanze bekannt, zeichnet sich durch raschen Wuchs aus, gedeiht in
hartem Wasser (jedoch CO_2-Gleichgewicht!)
ebenso wie in weichem Wasser, verträgt Temperaturabfall bis 15 °C, optimal für Aquarienkultur 20−24 °C, Kiesgrund ausreichend,
Stecklinge bewurzeln sich sehr schnell. Wich-
tigste Forderung ist hohe Beleuchtungsener-
gie: mindestens 1 W/l, sonst werden die Pflanzen unansehnlich, je mehr Licht, desto dekorativer der Wuchs. Kommt in kleinen Gruppen
vor dunklem Hintergrund sehr wirkungsvoll
zur Geltung, gekappte Triebe verzweigen sich,
wegen des schnellen Wachstums ist häufiges
Stecken erforderlich.

Azolla, Moosfarn, Algenfarn   [SCH] [F]
Azollaceae, Moosfarngewächse
Tropen und Subtropen, z. T. warme Gebiete
gemäßigter Zonen
Kleine, auf der Wasseroberfläche treibende
Schwimmfarne mit winzigen, schuppenförmi-
gen, unbenetzbaren (papillösen), zweilappigen, meist blaugrünen bis grünen, auch rötlichen (Herbstfärbung) Blättern und herabhängenden Tauchwurzeln. Blätter werden von der
Blaualge *Anabaena azollae* bewohnt, die at-
mosphärischen Stickstoff bindet.
Sechs Arten, von denen die beiden folgenden
am häufigsten angeboten werden. Z. T. auch
bei uns sporadisch vorkommend (eingeschleppt), doch nicht beständig:

Azolla caroliniana, Karolina-Moosfarn
Südliche USA bis Brasilien, vielerorts eingebürgert
Sehr kleine Art. Pflanzen maximal 20 mm, in
der Regel kleiner, im Umriß mehr oder weniger rund, gabelig verzweigt, obere Blattlappen
mehr oder minder spitzlich, Rand häutig, sehr
schmal.

Azolla filiculoides, Farnblattähnlicher Moosfarn
Warme Gebiete Amerikas, weltweit verschleppt
Pflanze im Umriß mehr länglich und fiederar-

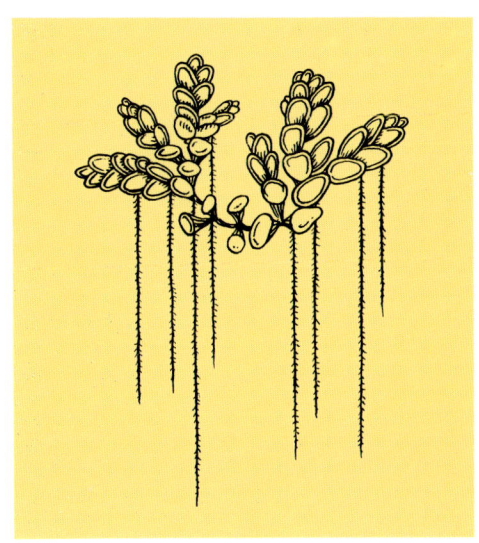

Bild 58. Der winzige Moosfarn *Azolla caroliniana* hält sich
am besten im offenen Aquarium bei Tageslicht, neigt jedoch zur Bildung von reduzierten Formen.

tig verzweigt, meist deutlich größer als *A. caroliniana,* bis 30 mm, obere Blattlappen ziemlich
stumpf, Rand häutig, breiter als bei *Azolla caroliniana.* Beide Arten sind in reduziertem Zustand (Aquarienformen) sehr ähnlich und oft
kaum zu unterscheiden. Färbung der Blätter
hängt weitgehend von Wachstumsbedingun-
gen ab, beide zeigen rötliche Herbstfärbung.
Gelegentlich importiert wird ferner *Azolla
pinnatifida* (Tropen der Alten Welt), gleichfalls im Aquarium haltbar.
Die kleinen *Azolla*-Farne waren früher sehr
beliebt, im Zeitalter der künstlich beleuchteten Aquarien ist ihre Bedeutung stark zurück-
gegangen. Am einfachsten gelingt die Kultur in
offenen Aquarien bei Tageslicht (Fenster) und
bei Temperaturen von 12−25 °C. Während der
warmen Jahreszeit teilen sich die Sprosse un-
entwegt, so daß die Wasseroberfläche schnell
überwachsen ist. Aus diesem Grund kann
Azolla für Freilandbecken auch nur bedingt
empfohlen werden; auf jeden Fall keine dichten *Azolla*-Teppiche dulden, rechtzeitig abfischen. Überwinterung frostfrei, auf Torfmoos,
hell am Fenster. Im Tropenaquarium geht
Azolla nach anfänglich oft gutem Wachstum in
eine stark zurückgebildete Form über, die in

Bild 59. Das Große Fettblatt *Bacopa caroliniana* ist – obwohl aus gemäßigten Breiten stammend – eine der empfehlenswertesten Stengelpflanzen für das Tropenaquarium. Es stellt keine speziellen Anforderungen. Aufnahme G. Brünner

überfluteten Standorten oder Feuchtgebieten, einige sind „echte" (obligate) Wasserpflanzen, wie z. B. *Bacopa myriophylloides* (Brasilien). Die bislang als Aquarienpflanzen verbreiteten Arten sind vom amphibischen Wuchstyp, so die pantropisch verbreitete *Bacopa monnieri,* wie so viele andere krautige Wasserpflanzen ein lästiges Unkraut im Reisanbau, u. a. bis nach Nordspanien und Portugal verschleppt und hernach eingebürgert.

Bacopa amplexicaulis (S) = *Bacopa caroliniana*

Bacopa caroliniana, Großes Fettblatt
Südliche USA, atlantischer Bereich
Blätter länglich-eiförmig, etwa 20 mm lang und 10 mm breit, emers fleischiger, kürzer und rundlicher, gegenständig, stengelumfassend, meist hellgrün bis leicht rötlich-bräunlich (= Spitzenblätter). Stengel kräftig, bis 3 mm, steif, emers flaumhaarig. Blüten einzeln blattachselständig, bläulich-violett bis violett, bis 15 mm. Sehr ähnlich ist auch *Bacopa rotundifolia* (östliche USA), emers bildet diese Art auffallend dünne, runde bis eiförmige, 1–3 cm lange Blätter. Die weiße Blüte dieser Art hat einen gelblichen Schlund und entbehrt der Brakteen (Unterscheidung zu *B. caroliniana,* diese hat ein kleines Brakteenpaar).

Bacopa rotundifolia siehe *Bacopa caroliniana*

Bacopa monnieri, Kleines Fettblatt
Pantropisch, in subtropische Gebiete verschleppt bis nach Südeuropa
Blätter spatelförmig bis länglich verkehrt-eiförmig, bis 15 mm lang und 7 mm breit, ziemlich derb sitzend, meist ganzrandig, z. T. angedeutet gekerbt, emerse Blätter ebenso, oberseits fettartig glänzend, mittelgrün, submers meist hellgrün. Stiel kräftig, Blüten blattachselständig, einzeln, 8–10 mm, blaß violett.
Von den kultivierten *Bacopa*-Arten ist *B. caroliniana* fraglos die empfehlenswerteste Art. Sie stellt jedoch hohe Lichtansprüche, soll sie wirklich dekorativ wachsen, d. h. bis 1 W/l, auch sollte man die Temperatur bei etwa 22 °C halten. Im übrigen ist das Große Fettblatt recht anpassungsfähig und gedeiht auch noch sehr gut in mittelhartem Wasser, im Wachstum ist es etwas langsamer als andere Stengelpflanzen,

abgedeckten Behältern häufig ganz abstirbt. Nur bei sehr intensivem Licht (Hochdrucklampen) sind die Verhältnisse günstiger. Hinsichtlich der Wasserverhältnisse ist *Azolla* anspruchslos.

Bachburgel siehe *Didiplis diandra*

Bacopa, Fettblatt | ST | A | T |
Scrophulariaceae, Braunwurzgewächse
Weltweit, vor allem Amerika, tropische und subtropische Gebiete
Artenreiche Gattung, meist kleine, aufrecht oder niederliegend bis flutend wachsende Pflanzen, bevorzugt amphibisch auf zeitweilig

benötigt oft längere Zeit, um sich zu etablieren, Verwendung sehr vielseitig, sowohl in Gruppenpflanzung als auch einzelne Triebe in kleineren Becken, Vermehrung durch Stecklinge. Das gilt auch für *Bacopa rotundifolia* und *Bacopa monnieri*, doch ist *B. rotundifolia* offenbar seltener in Kultur, während sowohl *Bacopa caroliniana* als auch *Bacopa monnieri* schon seit der Jahrhundertwende zum festen Bestandteil der Aquarienflora gehören. Da sie in der freien Natur meist emers amphibisch wachsen, sind *Bacopa*-Arten auch ausgezeichnete Pflanzen für das Aqua-Terrarium, in dem sie auch regelmäßig blühen. Bevorzugt amphibisch wächst auch eine weitere, unlängst aus Afrika importierte Art mit länglich-eiförmigen, am Rand auffällig gekerbten, hellgrünen Blättern: *Bacopa crenata*. Eine weitere, nicht gesicherte Neuheit besitzt schmale, 30–40 mm lange Blätter und ist möglicherweise *Bacopa floribunda* zuzurechnen.

Bananenpflanze siehe *Nymphoides aquatica*, S. 172

Baldellia ranunculoides, K FW
Hahnenfußähnlicher Igelkolben
Alismataceae, Froschlöffelgewächse
Westeuropa, Nordwestafrika
Wächst normalerweise emers, bildet jedoch Unterwasserformen mit rosettig stehenden veränderlichen, meist linealisch- bis länglich-lanzettlichen, hellgrünen Blättern, die an *Echinodorus* erinnern (= *Echinodorus ranunculoides*).
Für Kaltwasseraquarien, 12–18°C, weiches Wasser günstig, nicht länger als 12 Stunden beleuchten, relativ beständig, eine schöne wintergrüne Kaltwasserpflanze, die (ssp. *repens*) auch Ausläufer bildet. Art der Roten Liste, Seite 201.

Barclaya, Barclaya GR
Nymphaeaceae, Seerosengewächse
Südostasien
Ausschließlich submers wachsende Nymphaeaceen-Gattung mit grundständigen, rosettig wachsenden Blättern, bislang 3 (4) Arten bekannt, werden vielfach in gleichen Biotopen wie Cryptocorynen angetroffen, wachsen z.T. auch in Gesellschaft mit diesen, u.a. im flachen Wasser von Urwaldbächen der Monsungebiete

bei sehr hohen Durchschnittstemperaturen und oft extrem weichem Wasser. In der Aquarienkultur hat sich bisher nur *Barclaya longifolia* durchgesetzt, vor mehr als zwei Jahrzehnten aus Thailand importiert. Andere Arten wie *Barclaya motleyi* und *B. rotundifolia* sind gelegentlich kultiviert worden, stellen aber offenbar zu hohe Anforderungen für eine erfolgreiche Aquarienhaltung.

Barclaya longifolia, Langblättrige Barclaya
Burma, Thailand, östliches Vietnam, Andamanen-Inseln, Indonesien (?)
Blätter länglich-lanzettlich bis annähernd pfeilförmig, Basis verbreitert und mehr oder minder tief herzförmig eingeschnitten, Spreite zur leicht stumpflichen Spitze allmählich verschmälert, bis 35 (40) cm lang und 4 (5) cm

Bild 60. Hahnenfußähnlicher Igelkolben, *Baldellia ranunculoides* ssp. *repens,* eine Ausläufer bildende wintergrüne Kaltwasserpflanze.

Bild 61. Die Langblättrige Barclaya, *Barclaya longifolia,* gehört zu den Seerosengewächsen. Sie bildet jedoch keine Schwimmblätter aus, sondern dekorative Unterwasserblätter.

Bild 62. *Barclaya longifolia* entwickelt auch im Aquarium ziemlich regelmäßig dekorative Blüten, die allerdings zuweilen die Wasseroberfläche nicht erreichen. Deshalb sollte man den Wasserspiegel zur Blütezeit möglichst etwas senken. Aufnahme G. Brünner

breit, oberseits hellgrün bis olivgrün, unterseits purpurn bis bräunlich-rot, Rand gewellt, andere Populationen dieser Art sind im ganzen rötlich-bräunlich gefärbt, Rand oft weniger deutlich gewellt. Blattstiele relativ kurz, 7–15 cm, Blüten mit 5 lanzettlichen Kelchblättern und etwa 7–10 an der Basis verwachsenen Kronblättern, die zum Innern der Blüte umgebogen sind, außen grün, nach innen dunkel-rot-violett gefärbt. Bildet ohne Bestäubung Früchte mit keimfähigen Samen, selbst unter Wasser in der geschlossenen Blüte (sog. Kleistogamie), Wurzelstock knollig geformt, entwickelt Tochtersprosse.

Eine der schönsten Pflanzen des Tropenaquariums, voll entwickelte Pflanzen bieten einen prächtigen Anblick und sollten an einer bevorzugten Stelle des Aquariums frei bei ungehindertem Lichteinfall stehen, 0,7–1 W/l. Kiesboden oder Lavalit, sollte an der Pflanzstelle mit Nährstoffen angereichert werden, entscheidend ist hoher Wasserstand und Bodentemperatur nicht unter 24°C. *Barclaya* wächst recht zügig und bildet innerhalb weniger Wochen eine schöne Pflanze. So wichtig es ist, für die Entfaltung der Blätter einen hohen Wasserspiegel (40 cm) einzuhalten, so ratsam ist es andererseits, den Wasserstand auf etwa 30 cm zu begrenzen, andernfalls erreichen die Blüten die Oberfläche nicht. *Barclaya* gehört zu den wenigen Aquarienpflanzen, die auch im Aquarium sicher zur Blüte gelangen. Dies sollte man sich nicht entgehen lassen. Sogar ein Samenansatz erfolgt ohne Zutun des Pflegers. Die kleinen, kaum 1–2 mm großen Samen können in flachem Wasser (Seite 50) ausgesät werden. Einfacher ist allerdings die Vermehrung aus Rhizomsprossen, die sich an älteren Pflanzen bilden. Rhizom stets flach setzen, der obere

Teil muß noch zu sehen sein. Wächst *Barclaya* nach einiger Zeit nicht mehr, so braucht dies kein Kulturfehler zu sein. Selbst unter optimalen Bedingungen in sehr weichem, leicht saurem Wasser und konstant hoher Temperatur unterliegt *Barclaya* offensichtlich einer Periodik, d.h., die Pflanzen durchlaufen eine Ruhezeit, um dann wieder erneut zu wachsen. Sofern Wasser und Bodenverhältnisse in Ordnung sind, wäre es falsch, die Pflanzen aus dem Becken zu nehmen. Hier hilft nur geduldiges Abwarten. Ruhezeiten nach der Blüte sind häufiger zu beobachten. *Barclaya*-Blätter werden ganz besonders leicht von Schneckenfraß heimgesucht, deshalb Schnecken fernhalten.

Bastardludwigie = *Ludwigia palustris* × *L. repens,* S. 155

Blyxa, Fadenkraut [GR] [ST]
Hydrocharitaceae, Froschbißgewächse
Tropen der Alten Welt
Submerse Pflanzen, in der Regel mit grundständigen, schmal-lanzettlichen bis linealischen Blättern, Blüten zwittrig oder zweihäusig, etwa 10 Arten, einige als Begleitunkräuter des Reisanbaus weltweit verschleppt, meist in stehenden Gewässern, bei oft voller Besonnung in großen Beständen, normalerweise nur in weichem, leicht saurem Wasser wachsend. Eine aufgrund ihrer spezifischen Biotopprägung für die Aquarienkultur wenig anpassungsfähige Gattung. Außer der bereits seit Jahrzehnten kultivierten *Blyxa echinosperma* sind in den letzten Jahren weitere Arten importiert worden, die insgesamt für die Haltung im normalen Tropenaquarium nur bedingt geeignet sind.

Blyxa aubertii
Südasien, Australien
Blätter grundständig rosettig, linealisch lang zugespitzt, ausgeprägt dreikantig, bis 1 m lang, kaum 7 mm breit, in Aquarien stets kleiner bleibend (etwa 30 cm), je nach Belichtung schwach rötlich-bräunlich gefärbt.

Blyxa echinosperma, Igelsamiges Fadenkraut
Südostasien, Nordaustralien
Blätter grundständig, rosettig, linealisch, bis 50 cm lang, in Aquarien meist kleiner bleibend, kaum 5 mm breit, lang zugespitzt, Basis breit dreikantig, Aquarienexemplare nur schwer von *B. aubertii* zu unterscheiden. *B. echinosperma* besitzt scharfstachelige Samen (Name), Samen von *B. aubertii* sind stumpf höckerig. Beide Arten sind kleistogam, gelangen also auch untergetaucht zur Samenreife, sofern sie zusagende Lebensbedingungen vorfinden.

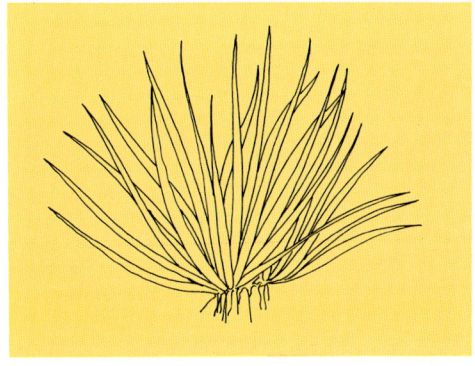

Bild 63. Das Igelsamige Fadenkraut, *Blyxa echinosperma,* ist eine anspruchsvolle, oft nicht sehr beständige Pflanze.

Blyxa japonica, Japanisches Fadenkraut
Indien bis Japan, als Reisunkraut in Bewässerungskulturen in Oberitalien und Portugal
Stengelbildende Art, im Habitus von den anderen Arten stark abweichend. Blätter linealisch-lanzettlich, 15–30 (40) mm lang und 1–3 mm breit, sitzend, Rand sehr fein gezähnt, mehr oder minder schraubenständig, an zarten, verzweigten Stengeln. – Gleichfalls stengelbildend ist die gelegentlich importierte *Blyxa novo-guineensis* (Neuguinea).
Alle *Blyxa*-Arten benötigen weiches, karbonatarmes, leicht saures Wasser (CO_2-Düngung), starkes Licht, mindestens 1 W/l, besser Tageslicht, wöchentlichen Teilwasserwechsel mit Eisendüngerzugabe, sehr salzempfindlich. Vorsicht bei der Pflanzung, meist sehr brüchig, flach pflanzen. Am haltbarsten und leichtesten zu pflegen ist zweifellos *Blyxa japonica,* hier gelingt es unter guten Lichtverhältnissen relativ schnell, einen ansehnlichen Bestand heranzuziehen.

(junge Blätter), dunkel bis olivgrün, bis 50 cm lang. In Aquarien wesentlich kleiner und hier oft zu dichten Horsten mit übereinandergeschobenen Blättern verwachsen, wodurch der farnartige Charakter zurücktritt. Rhizom kriechend wachsend, mit feinen dunklen Haftwurzeln an Steinen usw. fest verwachsen.

Für die Kultur gilt das gleiche wie für *Microsorium* (Seite 161), nur daß *Bolbitis* sehr salzempfindlich ist. Nie einpflanzen, an Moorkienholz oder Steinen festbinden, braucht Zeit zur Eingewöhnung. Weiches, leicht saures Wasser und CO_2-Düngung vorteilhaft, Temperatur um 25°C, entwickelt sich im Laufe der Zeit zu dekorativen Büschen, kommt mit relativ wenig Licht aus, 0,5 W/l, Vermehrung durch Rhizomteilung.

Bolbitis heteroclita
Südasien
Erinnert an *Microsorium* (Seite 160), hat jedoch dreizählige Blätter, Spreite insgesamt 20 cm lang, mit langem Stiel, Rhizom kriechend. – Bekannte Warmhauspflanze, geht bei Unterwasserkultur in der Regel langsam zurück, hier ist der ähnlich gestaltete Javafarn *Microsorium pteropus* entschieden vorzuziehen.

Brachsenkraut siehe *Isoetes,* S. 145

Brasenia schreberi SCH F
Nymphaeaceae, Seerosengewächse
Nord- und Zentralamerika, z.T. in viele Tropengebiete verschleppt
Sämlinge entwickeln unbeständige submerse Blätter, ältere Pflanzen besitzen ausschließlich ovale bis runde, schildförmige Schwimmblätter, bräunlich-olivgrün gefärbt, Blüten klein, unscheinbar, wächst im Schlamm an flachen Ufern von Teichen und langsam fließenden Gewässern.
Vor Jahrzehnten als kleine Schwimmblattpflanze kultiviert, für künstlich beleuchtete Aquarien jedoch kaum geeignet, im flachen Wasser des Freilandbeckens dagegen während des Sommers gut haltbar.

Brassicaceae, Kreuzblütengewächse
Nur wenige Arten dieser Pflanzenfamilie sind von Interesse für die Aquaristik, so die Gattungen *Subularia, Rorippa* und *Cardamine,*

Bild 64. Der Kongofarn *Bolbitis heudelotii* ist nach Eingewöhnung gut haltbar und bildet dann oft dicht verwachsene Horste (Bild). Nur an Moorkienwurzeln verankern, nicht einpflanzen. Aufnahme G. Brünner

Bolbitis, Kongofarn GR T
Lomariopsidaceae
Tropen der Alten Welt
Tropische Farngattung, einige Arten in Warmhäusern kultiviert, für die Aquaristik jedoch nur *Bolbitis heudelotii* wichtig, eine in Regenwaldbächen West- und Zentralafrikas verbreitete Art, die z.T. gleiche Biotope wie *Anubias* bewohnt (Seite 74), wächst in der Trockenzeit meist voll emers.

Bolbitis heudelotii,
Kongofarn, Kongo-Wasserfarn
Tropisches Westafrika, Zentralafrika
Blätter variabel, einzelne Blattfiedern fiedrig eingeschnitten, zuweilen auch grob gesägt

alle ausschließlich für Kaltwasserbecken. Darüber hinaus ist die Gattung *Nasturtium* für Freilandanlagen von Wert, vor allem die Brunnenkresse *Nasturtium officinale* (*Rorippa nasturtium-aquaticum*), deren unpaarig gefiederte Blätter auch im Winter grün bleiben (als Salat gegessen). Wüchsig bei Wassertiefen von 10–50 cm, für Zimmerbehälter (Kaltwasser) nur zur zeitweiligen Dekoration.

Subularia aquatica, `GR` `K` `FW`
Pfriemenkresse
Europa, überwiegend Nordeuropa
Blätter pfriemlich rund, rosettig stehend, 70 mm lang, 0,2 mm dick, grundständig. Blütenstengel mit unscheinbaren Blüten, auf schlammigem Boden zeitweilig auch untergetaucht wachsend, in meist nährstoffarmen Gewässern bei uns selten, Art der Roten Liste Seite 201.
Nur für Kaltwasserbecken, zierlich rasenartig wachsend, jedoch selten angeboten.

Cardamine lyrata, `ST` `K` `A`
Japanisches Schaumkraut
Ostasien
Untergetauchte Blätter mehr oder minder rundlich, bis 30 mm, Basis leicht herzförmig, wechselständig, hellgrün, ziemlich zarthäutig, seltener werden auch gefiederte Blätter ausge-

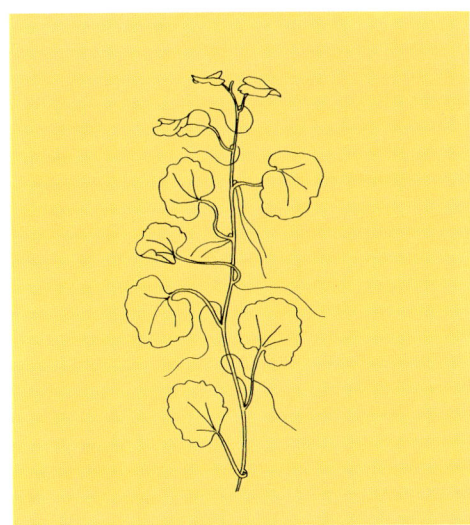

Bild 65. Japanisches Schaumkraut, *Cardamine lyrata*, eine altbewährte Kaltwasserpflanze.

bildet (meist flutend), Stengel dünn, an den Knoten wurzelnd, blüht im Aquarium nicht. Sumpfpflanze, die in Überschwemmungsgebieten und an Ufern wächst, schon seit der Jahrhundertwende in Kultur, 12–18°C. Bei höheren Temperaturen und Lichtmangel werden die Pflanzen unansehnlich, 0,7–1 W/l, Stecklinge bewurzeln sich leicht, bedarf häufiger Neupflanzung.

Rorippa aquatica, `GR` `K` `FW`
„Wassermeerrettich"
USA (Minnesota bis Florida)
Submerse Blätter grundständig, mehrfach fiedrig, z.T. in feine Segmente geteilt, bis 7 cm lang, teilweise werden auch ungeteilte, lanzettliche Blätter mit grob gesägtem Rand entwickelt, blüht im Aquarium nicht. Auch als *„Armoracia aquatica"* bekannt.
Verhältnismäßig anspruchslos, benötigt jedoch 0,7–1 W/l, wächst ziemlich langsam, nicht zu warm halten, 15–22°C. Ähnlich *Hygrophila* können an Blättern Adventivpflanzen entstehen.

Brunnenkresse siehe *Brassicaceae*, S. 90

Bryophyta, Moospflanzen
Die kleinen, zierlichen Moosarten sind vielfach Vertreter feuchter oder nasser Standorte, vertragen dabei wohl auch zeitweilige Überflutungen. Etwa 50 Gattungen weisen Arten auf, die ständig untergetaucht wachsen oder an ihren Standorten sehr langen Überflutungsperioden ausgesetzt sind bzw. schwimmend flutend wachsen. Von den Lebermoosen (*Hepaticae*) ist für den Aquarianer vor allem die Gattung *Riccia* mit *Riccia fluitans,* dem Flutenden Teichlebermoos (Seite 183), wichtig, ein weltweit verbreitetes, thallöses Schwimmoos. Hierher gehört auch *Ricciocarpus* (Seite 184). Von den Laubmoosen (*Musci*) ist als typisches Wassermoos das Quellmoos *Fontinalis* (Seite 134) den Aquarianern seit Jahrzehnten ein Begriff. Andere im Aquarium kultivierte Moosarten wachsen auch amphibisch, wie das Javamoos *Vesicularia dubyana* (Seite 198). Normalerweise bleibt dieses zierliche Moos submers, doch im flachen Uferwasser oder auch an Aquarienrändern bilden sich emerse Formen mit Sporenkapseln. Bis zu einem gewissen Grad gilt dies auch für ein anderes im

91

Bild 66. Die Riesenhaarnixe *Cabomba aquatica*, seit nahezu 100 Jahren in Kultur, ist die schönste Art der Gattung; sie stellt aber auch sehr hohe Anforderungen an Beleuchtung und Wasserqualität. Aufnahme G. Brünner

Aquarium kultiviertes Laubmoos, *Leptodyctium riparium* (Seite 149). Für die Praxis ist allerdings nur die vegetative Vermehrung von Bedeutung. Das betrifft auch *Glossadelphus zollingeri,* ein dem Javamoos sehr ähnliches aquatiles Laubmoos.

Insgesamt sind die Moospflanzen in aquaristischer Hinsicht noch wenig erforscht. Zweifellos befinden sich unter den vielen Wassermoosen insbesondere tropischer Herkunft noch manche Arten, deren Kultur im Aquarium lohnen würde.

Bunge siehe *Samolus,* S. 190

Büschelfarn siehe *Salvinia,* S. 189

Cabomba, Wasserhaarnixe, Haarnixe ST
Cabombaceae, Haarnixengewächse
Temperierte und tropische Gebiete Amerikas
Streng submerse Wasserpflanzengattung, wird z.T. auch zu den *Nymphaeaceae* gerechnet. Acht Arten in flachen Ufergewässern, wie Buchten größerer Ströme, Seen, Teiche, von den atlantischen Gebieten Nordamerikas über Mittelamerika bis nach Nordargentinien. Mit sehr feinen, oft in außerordentlich viele Segmente geteilten Blättern; als Aquarienanpassungsformen oft schwer voneinander zu unterscheiden. Unter sehr guten Lichtverhältnissen (Tageslicht) werden Schwimmblätter gebildet. Die über der Wasseroberfläche ausgebildeten Blüten sind meist dreizählig mit jeweils drei Kelch- und Kronblättern. *Cabomba*-Arten gehören zu den schönsten, wenngleich auch anspruchsvollsten Aquarienpflanzen und waren schon vor der Jahrhundertwende in Kultur, so *Cabomba aquatica* seit 1891 und *C. caroliniana* seit 1892, d.h. zu einer Zeit, als Tageslicht für Aquarien noch unabdingbar war. Mit Einführung der künstlichen Beleuchtung ergaben sich zunehmend Probleme mit *Cabomba.* Erst die Einführung lichtstarker Beleuchtungssysteme hat die Haarnixen wieder zu populären Aquarienpflanzen werden lassen.

Cabomba aquatica, Riesen-Haarnixe
Unteres Stromgebiet des Amazonas, Guayana, Surinam
Blätter im Gesamtumriß rund, 5–7 cm, in außerordentlich viele und feine Segmente zerteilt, Segmentbreite 0,1–0,4 mm, meist 5teilige Basis, mehrfach gabelig geteilt, Spitzen fein, Mittelnerv fehlend, rein grün. Schwimmblätter mehr oder minder rund, 1–2 cm, Blüten relativ klein, gelb.
Eine der schönsten Arten. Aquarienpflege indes nicht ganz einfach, hohe Lichtintensität (1 W/l) erforderlich, um wirklich schöne üppige Exemplare zu erzielen; weiches, leicht saures Wasser, CO_2-Düngung, pH etwa 6,5 sind weitere wichtige Voraussetzungen. Kann man diese Bedingungen erfüllen, ist *Cabomba aquatica* nicht so heikel, wie ihr oft nachgesagt wird. Die Temperatur sollte jedoch 24°C nicht überschreiten, stark gestreckte Internodien und spärliche Blätter sind ein Zeichen für unzureichende Beleuchtung. Man pflanzt am besten in frei stehenden Gruppen, genügend weit

pflanzen, damit sich die Pflanzen nicht gegenseitig beschatten, Stecklinge bewurzeln sich sehr schnell, leichte Nährstoffanreicherung des Bodens vorteilhaft. Triebe können auch eingekürzt werden, entwickeln dann Seitensprosse, mit ihrer äußerst zarten Struktur – ein Blatt hat mehrere hundert Segmentspitzen – eine unvergleichlich dekorative und wertvolle Stengelpflanze, die zwar im Aquarium nicht die Pracht von Tageslichtexemplaren erreicht, aber dennoch den hohen Pflegeaufwand lohnt.

Cabomba australis
Südbrasilien, Paraguay, Nordargentinien
Blätter im Gesamtumriß einen Halbkreis bildend, bis 3 cm lang und 4 cm breit, Segmente 0,3–0,6 mm breit, Wuchs lockerer und unregelmäßiger. Schwimmblätter linealisch bis linealisch-eiförmig, Kronblatt weiß mit gelber Basis.
Aufgrund ihrer Herkunft weniger wärmebedürftig, bei 16–22°C gut haltbar, steht jedoch

Bild 67 (links). *Cabomba caroliniana,* die Karolina-Haarnixe, ist die für Aquarien empfehlenswerteste Art. Sie ist gut anpassungsfähig und wirkt als kleine Gruppe sehr ansprechend. Aufnahme G. Brünner

Bild 68 (rechts). Bei sehr guter Beleuchtung (Tageslicht) entwickelt *Cabomba caroliniana* zahlreiche kleine, weiße, am Grunde gelbe Blüten über der Wasseroberfläche. Aufnahme G. Brünner

in der Lichtbedürftigkeit kaum hinter *C. aquatica* zurück.

Cabomba caroliniana
Atlantische Gebiete der USA, besonders südöstliche Staaten
Wasserblätter sehr variabel, im Umriß meist halbkreisförmig, z.T. nierenförmig oder fast rund, 3–4 cm lang, bis 6 cm breit, im Aquarium beträchtlich kleiner bleibend. Segmente relativ breit, 0,5–1,0 mm, mit deutlichem Mit-

telnerv, 3- bis 5teilige Basis, meist rein grün, zuweilen mit rötlich angelaufenen Triebspitzen (var. *caroliniana*). Besonders fein und üppig entwickelte Formen werden auch als var. *multipartita* bezeichnet, eine stärker reduzierte Aquarienform ist als var. *paucipartita* beschrieben: Blattumriß nierenförmig, maximal bis 3 cm lang und 5 cm breit, meist kleiner, Segmente stark reduziert, bis 1,5 mm breit, zudem gibt es Formen mit spiralig gedrehten, silbergrünen Blättern. Eine Varietät mit stark rötlich angelaufenen Blättern ist als var. *pulcherrima*, teils auch als eigene Art *Cabomba pulcherrima*, beschrieben. Sie kommt in Südcarolina, Georgia und Florida vor (behält ihre schöne Färbung allerdings nur unter optimalen Lichtverhältnissen = Tageslicht). – Schwimmblätter linealisch bis schmalelliptisch, bis 40 mm lang, Kelchblätter innen weiß, Kronblätter weiß mit gelber Basis, bei var. *pulcherrima* Kronblätter purpurn mit eingebuchteter Kronblattspitze.

Cabomba caroliniana ist ohne Frage die für Aquarienkultur am besten geeignete Art, das gilt für alle Varietäten, besonders aber für die Nominatform, doch auch hier gilt, daß der hellste Platz im Aquarium gerade gut genug ist für eine *Cabomba*-Gruppe. 0,7 W/l dürfen auf keinen Fall unterschritten werden, sonst nicht so anspruchsvoll wie *C. aquatica,* gedeiht auch in mittelhartem Wasser noch gut und ist sehr wüchsig.

Cabomba piauhyensis, Rote Cabomba
Amazonasgebiet, Bolivien, Karibische Inseln, Mittelamerika
Blattumriß halbkreisförmig bis fast rund, bis 6 cm Durchmesser, im Aquarium meist kleiner, Basis 5teilig, Segmente sehr fein, 0,1–0,5 mm, je nach Lichtverhältnissen rötlich-olivgrün bis intensiv bräunlich-rötlich. Blätter gegenständig, z. T. auch in 3zähligen Quirlen. Schwimmblätter variabel, meist sehr schmal, Blütenkronblätter purpurn-violett mit gelber Basis, bei var. *alba* (Kuba) weiß.
Wie *C. aquatica* recht anspruchsvoll (= volle Wuchsgröße und Ausfärbung). Nur unter Tageslicht oder im direkten Strahlungsbereich von Hochdrucklampen gelingt es, die Art in guter Verfassung zu halten. Ungenügende Lichtverhältnisse und hartes Wasser ergeben

Kümmerformen, die kaum noch etwas von der Schönheit dieser Art erahnen lassen.

Cabomba pulcherrima siehe *C. caroliniana*

Außer den genannten Arten sind hier noch anzuführen: *Cabomba palaeformis* (Mexiko bis Guatemala) mit rötlichen, weniger zart gegliederten Blättern, *Cabomba warmingnii* (Brasilien), beide noch nicht in Kultur. Als *Cabomba furcata* bezeichnete Pflanzen dürften sowohl zu *C. piauhyensis* als auch zu *C. caroliniana* zu rechnen sein. Für Zentralamerika ist *Cabomba schwartzii* neu beschrieben.

Callitriche, Wasserstern   ST K FW
Callitrichaceae, Wassersterngewächse
20 Arten umfassende Gattung, die meisten wachsen mit relativ dünnen Stengeln und gegenständigen linealischen bis spateligen Blättern submers bis amphibisch, bilden z. T. auch an der Wasseroberfläche rosettig stehende Schwimmblätter. Überwiegend finden sich Wassersternarten in gemäßigten Zonen, z. T. auch in Gebirgslagen tropischer Gebiete, in langsam fließenden und stehenden, nur mäßig nährstoffreichen Gewässern. Sie bevorzugen flache Uferzonen, Bäche, Wiesengräben und Tümpel. Andere Arten finden sich nur in überwiegend nährstoffarmen Fließgewässern, wie z. B. *Callitriche hamulata.* Auch *Callitriche hermaphroditica* gehört hierzu (letztere Art der Roten Liste, Seite 201).
Für die Aquaristik sind Wasserstern-Arten nur als Kaltwasserpflanzen von Interesse. Wenig anspruchsvoll und gut haltbar ist der Teichwasserstern, *Callitriche stagnalis* (Europa, Asien, u. a. Höhenlagen Sri Lankas, Madagaskar, Ostafrika), veränderlich, mit schmal-linealischen bis spateligen Blättern, neigt jedoch im flachen Wasser zur Schwimmblattbildung, sonst anspruchslos. Der Herbstwasserstern *Callitriche hermaphroditica* (nördliches Europa) wächst völlig submers, sehr zart, mit linealischen, 15 mm langen, kaum 2 mm breiten Blättern, benötigt weiches Wasser. Das gilt auch für die gleichfalls nordeuropäische Art *Callitriche hamulata* mit bis 30 mm langen, linealischen, an der Spitze verbreitert ausgerandeten Blättern, bildet auch Schwimmblattrosetten, sehr gut auch im Winter haltbar. Der Sumpfwasserstern *Callitriche palustris* wächst

benen Arten stellen wahrscheinlich nur Standortformen oder Rassen dar und lassen sich auf zwei Arten zurückführen: *Ceratophyllum demersum* und *C. submersum*. *C. demersum* ist bei uns weit verbreitet, während *C. submersum* nur zerstreut vorkommt und wärmebedürftiger ist (Art der Roten Liste, Seite 201).

Ceratophyllum demersum, Gemeines oder Rauhes Hornkraut
Fast weltweit verbreitet, in gemäßigten und tropischen Zonen
Blätter quirlig stehend, 7- bis 12zählig, Segmente 1-bis 2mal gabelig geteilt, etwa 10−20

Bild 69. Heimische Wasserstern-Arten *(Callitriche)* benötigen allesamt sehr viel Licht und möglichst kühles Wasser.

Bild 70. Das Gemeine oder Rauhe Hornkraut *Ceratophyllum demersum* gehört zu den am vielseitigsten verwendbaren Aquarienpflanzen. Es wächst sowohl im Kaltwasserbecken als Bestand gepflanzt (Bild) oder auch frei treibend, z. B. auch als Erstbepflanzung im Warmwasseraquarium. Aufnahme G. Brünner

nur amphibisch oder kriechend als Sumpfpflanze, für ungeheizte Aqua-Terrarien.
Alle Wasserstern-Arten benötigen in erster Linie kühles Wasser (bis 18°C) und hohe Lichtenergie, am besten Tageslicht oder mindestens 1 W/l, Bedingungen, die im Zimmeraquarium häufig nicht zu erfüllen sind. Im Freilandbecken sind fast alle Arten mühelos anzusiedeln, besonders *Callitriche palustris* (*Callitriche hermaphroditica*, nur aus Kulturen beziehen).

Cefiocaulis siehe *Eusteralis stellata, S. 133*

Ceratophyllum, | ST | E | A | FW |
Hornkraut, Hornblatt
Ceratophyllaceae, Hornkrautgewächse
Weltweit verbreitet
Wurzellose, ausschließlich submers wachsende Pflanzen, unter Wasser frei treibend oder verankert (mit sog. Rhizoiden) in langsam fließenden und stehenden Gewässern, Gräben, auch Bewässerungskanälen und Reisfeldern, dabei durch Verkrautung lästig werdend, z. T. auch etwas salztolerant (*C. demersum*). Gestaltlich stark durch Umweltbedingungen geprägt, eine Tatsache, die auch bei der Aquarienkultur deutlich wird, die vielen beschrie-

mm lang, Quirle nicht mehr als 40 mm Durchmesser erreichend, meist kleiner, ziemlich steif, etwas brüchig, deutlich mit Stacheln besetzt, Stengel dünn, etwa 1–2 mm.

Aquarienformen je nach Haltungsbedingungen mehr oder minder zart, in härterem, karbonathaltigem, kühlerem Wasser bei höherem pH-Wert deutlich rauh, dunkelgrün und steifere Struktur mit deutlicherer Bestachelung, in wärmerem, weichem Wasser nur spärlich bestachelt, zarter hellgrün. Blüten in Aquarien sehr selten, unscheinbar klein, blattachselständig, Winterformen nur im Freiland im Herbst mit dicht gedrängtem, knorpeligem Wuchs.

Ceratophyllum submersum, Zartes oder Glattes Hornkraut
Europa, Asien, südlich bis Neuguinea
Ähnlich *C. demersum,* doch Blattquirle wesentlich zarter und 3- bis 4mal gabelig geteilt, mit sehr feinen Endzipfeln, dabei 30 mm Segmentlänge erreichend, Blattquirldurchmesser bis 60 mm, nur sehr undeutlich, mit äußerst feinen Stacheln besetzt, kälteempfindlicher als *C. demersum.*

Hornkräuter gehören zu den klassischen Aquarienpflanzen und wurden als wintergrüne Kaltwasserpflanzen besonders geschätzt. *Ceratophyllum* hat aber auch heute noch seinen festen Platz in unserer Aquarienflora. Hier ist es das Rauhe Hornkraut, das besonders in den letzten Jahrzehnten auch für das Tropenaquarium „entdeckt" wurde. Dies vor allem wegen seiner enormen Wüchsigkeit, besonders auch zur Erstbepflanzung, Haltung frei treibend. Diese Art wächst unter veränderten Umweltbedingungen fast ohne jede Störung weiter und dient durch Bindung von Nährstoffen zur Einstellung eines günstigen Gleichgewichtes. Je nach Größe des Aquariums genügen schon wenige Stengel, die innerhalb kurzer Zeit die gesamte Oberfläche „unterwachsen", so daß schnell eine Auslichtung nötig wird, sonst hat man bald dicht verwachsene Pflanzenmassen. Bei der Auslichtung darauf achten, daß man mit den Pflanzenbüscheln keine Jungfische aus dem Wasser zieht (gut ausspülen). Viele Aquarianer belassen auch nach der Anwachsphase stets einige *Ceratophyllum*-Ranken im Aquarium, da ihr schnelles Wachstum der Algenbildung entgegenwirkt (Seite 47). Ob es

sich bei dem im Tropenaquarium so überaus wüchsigen *Ceratophyllum* tatsächlich um eine Art tropischer Herkunft handelt, erscheint mir fraglich, nachdem es gelingt, solche Exemplare mühelos im Freiland zu kultivieren, die dann von Pflanzen heimischer Herkunft nicht mehr zu unterscheiden sind. Im kühleren Wasser des Kaltwasseraquariums kann man *Ceratophyllum demersum* auch „pflanzen", d. h. als kleine Büschel im Boden verankern, bei 12–20 °C ist der Wuchs kompakter und dekorativer, jedoch weniger rasch, zu langwüchsige Gruppen müssen eingekürzt und neu verankert werden. Eine sehr haltbare und dekorative Kaltwasserpflanze, die auch in härterem Wasser ohne Schwierigkeiten wächst und mit etwa 0,7 W/l auskommt, letzteres gilt auch für das Tropenaquarium. *Ceratophyllum submersum* wird in gleicher Weise kultiviert, ist aber etwas problematischer, wird auch seltener angeboten. Art der Roten Liste, Seite 201.

Ceratopteris, | GR | (SCH) | A |
Hornfarn, Sumatrafarn
Parkeriaceae, Hornfarngewächse
Tropen der Alten und Neuen Welt
Variable Wasserfarne, die aufgrund ihrer außerordentlichen Plastizität, Formenmannigfaltigkeit und geographischen Rassen teils in mehrere Arten gestellt, teils aber auch nur als eine Art (*C. thalictroides*) betrachtet werden. Neuere Untersuchungen haben jedoch einige konstante Unterscheidungsmerkmale (Sporenzahl) ergeben, die eine Aufteilung in vier Arten zulassen. Für die in Aquarien gepflegten Arten verbleiben allerdings vorläufig noch einige Unklarheiten hinsichtlich einer überzeugenden Artenunterscheidung. Sicher zuordnen läßt sich die den Typus darstellende Art mit fein zerteilten Blättern, den Aquarianern als Sumatrafarn ein Begriff = *Ceratopteris thalictroides.* Dies ist auch die geographisch am weitesten verbreitete Art. Sie wächst sowohl submers am Boden verwurzelt als auch schwimmend oder aber sehr häufig im Uferschlamm als Sumpfpflanze (Bild Seite 17) mit stark reduzierten Blattspreiten. Zeigt sich schon hierbei eine starke Variabilität, so kommen noch zahlreiche geographische Rassen hinzu, denen man wahrscheinlich auch einige breitlappige Formen zurechnen muß. Die äußerst zartgliedrigen emersen Formen errei-

chen Wuchshöhen über 0,5 m. Man findet sie an ihren natürlichen Standorten oft in fußhohem Wasser, häufig voll besonnt, auf nährstoffreichem Grund, oft auch in Gewässern mit wechselnden Wasserständen (Regenzeit). Die in Aquarien heute kultivierten Schwimmenden Hornfarne werden allgemein zu *Ceratopteris pteridoides* gerechnet, obwohl eine sichere Abgrenzung gegenüber *Ceratopteris cornuta* allein aufgrund der Blattmerkmale nicht überzeugend ist, zumal auch Bastarde beider Arten möglich sind, wie dies bei *Ceratopteris richardii* vermutet wird.

C. thalictroides war schon vor der Jahrhundertwende bekannt, wurde jedoch als einjährig kultivierter Farn (Sporenaussaat) nur in Botanischen Gärten gepflegt. Erst die 1936 als Sumatrafarn importierte feinfiedrige Form verhalf diesem Farn zu großer Popularität.

Ceratopteris cornuta, Hornfarn
Tropisches Afrika (Westafrika, Sudan bis Tansania), Madagaskar, vereinzelt auch im tropischen Asien

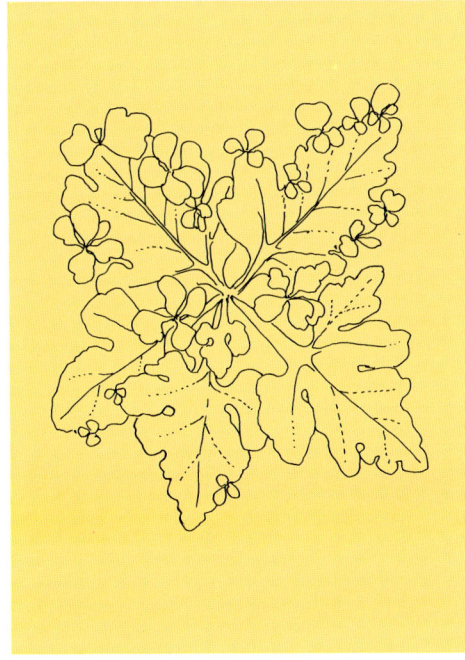

Bild 71. Der Schwimmende Hornfarn *Ceratopteris pteridoides,* im Tropenaquarium u. a. gut zur Beschattung von Cryptocorynen-Gruppen geeignet, bildet an älteren Blättern zahlreiche Adventivpflanzen.

Blätter veränderlich, im Umriß mehr oder weniger spießförmig, bis 30 cm lang und 20 cm breit, submers, noch größer. Spreite je nach Kulturbedingungen tief eingeschnitten, nur wenige große Lappen bildend, mit unregelmäßig geformtem Rand (Schwimmform) oder in feinere einfache Blattfiedern zerteilt, jedoch deutlich gröber und weniger fein als Sumatrafarn (submerse Form), hellgrün gefärbt, bastardiert offenbar mit *C. thalictroides.*

Ceratopteris pteridoides, Schwimmender Hornfarn
Tropisches Amerika, verschleppt nach Südostasien, Nordaustralien
Schwimmblätter relativ konstant, im Umriß meist elliptisch mit verbreiterter, leicht herzförmiger Basis, bis 25 cm lang und 15 cm breit, Rand z. T. eingeschnitten, leicht gewellt. Stiel abgeflacht, schwammig verdickt und zur Spreite leicht verbreitert, hellgrün bis mittelgrün, zuweilen leicht rötlich-bräunlich. Nur als Schwimmform bekannt, feiner zerteilte Schwimmfarne gehören meist zum Formenkreis von *Ceratopteris cornuta.*

Ceratopteris thalictroides, Sumatrafarn, Filigranfarn
Südostasien, Nordaustralien, tropisches Amerika, Ostafrika (Tansania)
Blätter meist mehrfach fiederteilig, mit feinen bis sehr feinen Segmenten, submers bis 1 m lang und 40 cm breit, mit kräftigen, bis 10 mm bis 20 cm langen Stielen, Feinheit der Fiederblätter unterschiedlich (Rassen), besonders feine Fiederstruktur häufig als Filigranfarn bezeichnet (weniger starkwüchsig). Emerse Form mit mehrfach geteilter Spreite sehr stark reduziert, schmal linealisch mit gerundetem Rand.
Hornfarne gehören zu den brauchbarsten und wüchsigsten Pflanzen des Tropenaquariums, sie verfügen über ein hervorragendes Anpassungsvermögen und sind leicht zu pflegen. Das gilt besonders für *Ceratopteris thalictroides,* einen Wasserfarn, der unter zusagenden Bedingungen außerordentlich rasch wächst. Als Solitärpflanze kann der Sumatrafarn über 60 cm Höhe und einen Durchmesser von 1 m erreichen. In kleinen Behältern muß man die Pflanzen deshalb rechtzeitig verjüngen. d. h. zeitig neue Pflanzen aus den sich an älteren Blättern

Bild 72. Der Sumatrafarn *Ceratopteris thalictroides* ist fraglos die schönste und für das Aquarium empfehlenswerteste Art der Gattung, eine äußerst wüchsige Pflanze, die schnell große Ausmaße erlangt und zu dichten Beständen heranwächst. Nicht einpflanzen, junge Farne am Boden zunächst mit Steinen verankern. Aufnahme G. Brünner

bildenden Adventivpflanzen gewinnen: Sofern diese etwa 6−8 cm Durchmesser und Wurzeln zeigen, entfernen und zunächst freitreibend als Schwimmpflanze weiter kultivieren. Sie ersetzen dann zum gegebenen Zeitpunkt die zu große Mutterpflanze. Obwohl *Ceratopteris* keine speziellen Anforderungen stellt, sollte man zu hohe Karbonathärte (über 15° KH) und pH-Werte über 7,3 meiden, optimal sind etwa 3−5° KH und pH 6,8. Boden möglichst grob strukturiert mit Nährstoffanreicherung. *Ceratopteris* nie einpflanzen! Adventivpflanzen mit einem Stein beschwert in Position am Boden halten, sie bewurzeln sich von selbst und sind nach 1−2 Wochen fest im Boden verwachsen. Wegen des starken Wachstums ist Teilwasserwechsel mit Aufdüngung sehr wichtig. In gleicher Weise wird auch *C. cornuta* gepflegt, es wirkt als Solitärpflanze allerdings weniger als der Sumatrafarn. Beide Arten kann man wahlweise auch als Schwimmpflanzen kultivieren. Hier wuchern sie besonders rasch. Die feuchtwarme Atmosphäre zwischen Deckscheibe und Wasserspiegel bildet auch ideale Kulturbedingungen für *Ceratopteris pteridoides,* der nur als Schwimmpflanze gedeiht. Noch besser wächst dieser Hornfarn ohne Deckscheiben (Feuchtraumfassungen) oder in offenen Aquarien mit Hochdrucklampen. Ältere Blätter sind meist völlig von Adventivpflanzen bedeckt. Die tief ins Wasser hängenden Tauchwurzeln schwimmender *Ceratopteris*-Arten beleben die Unterwasserlandschaft und bilden den bevorzugten Aufenthaltsort von Jungfischen, besonders geeignet zur gezielten Beschattung von Cryptocorynengruppen; bei lichtbedürftigen Arten rechtzeitig auslichten, damit diese keinen Schaden nehmen.

Chara, Armleuchteralgen ST FW
Characeae, Armleuchteralgengewächse
Weltweit verbreitet, Schwerpunkt in tropischen Gebieten
Pflanzen mit stengelartigen Trieben, mit quirlig stehenden Kurztrieben einen armleuchterähnlichen Thallus bildend, wachsen meist in alkalischem Wasser (pH 7–9), dabei von grauweißen Kalkkrusten (Bikarbonatassimilation) bedeckt. Gelegentlich in Aquarien kultiviert werden *Chara fragilis* und *Chara foetida,* letztere bei uns häufiger in Tümpeln, meist als beherrschende Pflanze. Kennzeichnend der unangenehme Geruch, wenn man die Pflanzen aus dem Wasser nimmt (fehlt bei *Chara fragilis*), gelegentlich in Kaltwasserbecken kultiviert, meist freitreibend, für Pflanzung zu zerbrechlich. Für Freilandbecken wenig empfehlenswert, da es leicht zur Massenvermehrung (mit pH-Erhöhung) kommt. Besser geeignet ist *Nitella,* siehe Seite 166.

Crassula, Dickblatt ST T
Crassulaceae, Dickblattgewächse
bis auf wenige Gebiete weltweit verbreitet
Nur wenige Arten der Gattung zählen zu den Wasserpflanzen, d. h. sie wachsen normalerweise auf periodisch überschwemmten Standorten am Ufer, können aber auch Unterwasserformen bilden. *Crassula aquatica* (Nord- und Mitteleuropa), bei uns fast ausgestorben (Rote Liste, Seite 201), ist für Aquarienhaltung kaum geeignet, andere aquatile Arten sind als Reisanbauunkräuter weit verschleppt, so *Crassula bonariensis* (Südamerika).

Crassula helmsii, Nadelkraut
Australien, Neuseeland, u. a. eingebürgert in Südengland
Blätter etwas fleischig, entfernt nadelähnlich, linealisch bis schmal-lanzettlich, 5–12 mm lang, Basis leicht verschmälert und stengelumfassend, Ende spitz bis leicht stumpflich, gegenständig, hellgrün. Stengel dünn, auf Schlammboden kriechend wachsend, oft in dichten Beständen, im Aquarium nicht blühend.
Das Nadelkraut gehörte als *Tillaea recurva* früher zu den vielgepflegten Aquarienpflanzen, ist aber heute verhältnismäßig wenig verbreitet. *Crassula helmsii* gedeiht im Warm- und Kaltwasserbecken, d. h. bei 10–25 °C, benötigt keine speziellen Wasserbedingungen, doch ziemlich viel Licht, bis 1 W/l, für Vorder- und Mittelgrund, auch freitreibend zu halten, problemlos aus Stecklingen zu vermehren. Für Aqua-Terrarien, halbemers gut geeignet, auch für Freiland, jedoch nicht winterhart.
In die Nähe der *Crassulaceae* gehören auch die eigenartigen Pflanzen der Familie *Podostemaceae,* die in stark strömenden tropischen Gewässern, als kleine krautartige Pflanzen an Steinen und Felswänden haftend, extreme Anpassung an die Standortbedingungen zeigen, mit einem thallusartigen, oft weitgehend reduzierten Sproß und Blättern, oft auch mit Wurzelorganen, die zur Assimilation befähigt sind. Etwa 250 Arten in Südamerika und Afrika, in der Regel mit kleinen Verbreitungsgebieten. Wegen der überaus starken Standortprägung für Aquarienkultur nicht geeignet. Dies gilt auch für die in ähnlichen Biotopen vorkommenden Pflanzen der Familie *Hydrostachyaceae* (Afrika, Madagaskar).

Crinum, Hakenlilien GR
Amaryllidaceae, Amaryllisgewächse
Pantropisch
Etwa 130 Arten, jedoch nur wenige echt submers. Diese erinnern in vegetativem Zustand mit bandförmigen, oft flutenden Blättern an breitblättrige Vallisnerien, sind jedoch an der grundständigen Zwiebel leicht zu erkennen. *Crinum thaianum* wurde von J. SCHULZE in Südthailand in schnellfließenden Gewässern der Küstenniederungen in einem verhältnismäßig engbegrenzten Verbreitungsgebiet gefunden und wächst auf kiesig-lehmigem Grund in klarem, weichem Wasser, an relativ flachen Standorten, so daß die Blätter sich flutend an der Oberfläche umlegen, bildet keine emersen Formen, z. T. vergesellschaftet mit *Blyxa* und *Cryptocoryne retrospiralis.* In westafrikanischen Regenwaldbächen wächst *Crinum natans* in extrem weichem, saurem Wasser (pH 5–6), Wassertiefe schwankt zwischen 10 cm und 1 m. Größere Bestände bilden zur Blütezeit ein eindrucksvolles Bild. Leider gelingt es im Aquarium nur selten, *Crinum-*Arten zur Blüte zu bringen. Die auffallend schönen Blüten sind auch der Grund, weshalb viele (terrestrische) *Crinum-*Arten als Zierpflanzen kultiviert werden, sie sind jedoch nicht für Aquarien geeignet.

99

Crinum natans, Schwimmende Hakenlilie
Westafrika von Sierra Leone bis Kamerun
Blätter derb bandartig, bis 1 m lang und zur
Spitze allmählich verschmälert, 2–4 cm breit,
dunkelgrün, mit kräftig hervortretendem Mittelnerv, Ausformung der Blattränder variabel,
in der Regel stark genoppt und gewellt, bisweilen auch mehr glatt. Zwiebel kräftig hell, Blüten an kräftigem Stiel über der Wasseroberfläche, 4- bis 6blütig, Dolden mit 6 weißen Kronblattzipfeln und purpurfarbenen Staubblättern. Ob sich alle Pflanzen des Handelsangebotes auf diese Art zurückführen lassen, erscheint fraglich, denn gleichfalls in Westafrika
kommt die sehr ähnliche *Crinum purpurascens*

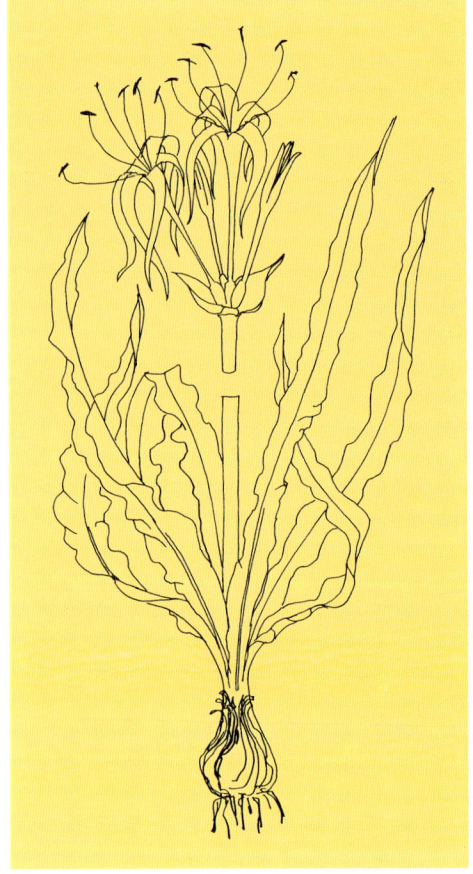

Bild 73. Die westafrikanische Hakenlilie *Crinum natans* ist
eine stattliche Solitärpflanze.

vor, eine amphibische Art, die zeitweilig auch
völlig submers wächst, Blätter linealisch, am
Rand mehr oder weniger gewellt, in der Regel
selbsttragend und weniger schlaff als *C. natans*,
Blüten weiß, leicht purpurn angelaufen.
C. natans ist eine der schönsten Solitärpflanzen, jedoch nur für größere Aquarien geeignet, ab 150 l und 50 cm Wasserhöhe, doch
vergehen schon 2–3 Jahre, bis die Pflanze
wirklich große Ausmaße annimmt. Auch in
nicht voller Größe ist diese Hakenlilie sehr ansprechend. Sie sollte aber in jedem Fall einen
freien Standort haben, damit ihr Wuchscharakter voll zur Geltung kommt. Gelangt
unter optimalen Bedingungen auch zur Blüte.
Die Kulturanforderungen dieser Art sind ungleich höher als die der Thailändischen Hakenlilie, d. h. *C. natans* wächst nur in relativ weichem, leicht saurem Wasser, bei etwa 25 °C
und etwa 0,7 W/l, Grobkies mit Tonerde oder
entsprechender Düngung. Wichtig: Zwiebel
nicht zu tief pflanzen, der Zwiebelhals muß gut
sichtbar aus dem Boden ragen, Bodenfüllhöhe
gut 12 cm, Vermehrung: Bildung von Nebenzwiebeln an älteren, gut eingewöhnten Exemplaren, Zwiebeln möglichst nicht umpflanzen.
Dies wird von allen Zwiebelgewächsen außerordentlich schlecht vertragen!

Crinum thaianum, [A]
Thailändische Hakenlilie
Südthailand
Blätter grundständig, flach, stark an *Vallisneria* erinnernd, können 1–3 m lang werden, im
Aquarium bis 1,2 m, etwa 15 mm breit, biegsam, schlaff, oft leicht verdreht, hellgrün.
Zwiebel sehr kräftig, bis 12 cm lang und 7 cm
dick, bildet nach einiger Zeit Nebenzwiebeln,
Blütendolden an kräftigen Stielen, mit 5–8
Blüten und 6 weißen Kronblattzipfeln, an *C.
natans* erinnernd. Wurde 1971 eingeführt und
erfreut sich seither großer Beliebtheit.
Überaus anpassungsfähige Art, stellt keine
speziellen Anforderungen, wächst bei 0,7 W/l
und 24–26 °C ausgezeichnet, etabliert sich
recht schnell und wächst dann sehr kräftig, so
daß die Blätter nach Erreichen des Wasserspiegels sich an der Wasseroberfläche umlegen
und dichte, flutende Blattmassen bilden. Meist
wird dabei anderen Pflanzen zuviel Licht entzogen. Hier hilft dann nur ein kräftiger Rückschnitt, der von *C. thaianum* gut vertragen

Bild 74. Die thailändische Hakenlilie *Crinum thaianum* erinnert mit ihren langen bandförmigen Blättern an die Riesenvallisnerie (und verlangt wie diese möglichst hohe Becken), ist jedoch an den kräftigen Zwiebeln leicht kenntlich. Sie gehört zu den Amaryllisgewächsen. Aufnahme G. Brünner

wird, so daß man das Wachstum so gut regulieren kann. Die Thailändische Hakenlilie ist sowohl für Einzelpflanzung wie auch (in großen Behältern) als Gruppen-Hintergrundpflanzung geeignet. Hierzu werden die Zwiebeln etwa in 15 cm Abstand gesetzt, Boden wie bei *C. natans*, jedoch mindestens 12 cm Füllhöhe. Beim Kauf auf gesunde Zwiebeln achten. Aus Sämlingen gezogene Zwiebeln sind besonders begehrt, da sie lange Zeit gut Aquarienmaße behalten. Vermehrung auch aus Nebenzwiebeln, die sich an älteren Pflanzen bilden; sie sollten jedoch erst etwa 2–3 cm Durchmesser erreichen, bevor sie von der Mutterzwiebel vorsichtig getrennt werden.

Cryptocoryne,

Wasserkelche, Cryptocorynen
Araceae, Aronstabgewächse
Südostasien

Cryptocorynen haben als Aquarienpflanzen eine Bedeutung erlangt wie kaum eine andere Wasserpflanzengattung. Obwohl einige Arten bereits zu Anfang dieses Jahrhunderts eingeführt wurden, sind Cryptocorynen doch erst mit der zunehmenden Haltung tropischer Aquarienfische populär geworden. Doch blieb das Sortiment verhältnismäßig bescheiden und umfaßte nur wenige Arten. Erst mit verbesserten Importbedingungen (Luftfracht) vor gut 30 Jahren stieg der Import sprunghaft an. Damit kamen auch neue Arten in unsere Aquarien, zuweilen auch solche, die wissenschaftlich noch gar nicht bekannt und beschrieben waren. Zugleich zeigte sich hierbei deutlich, daß nicht alle Cryptocorynen-Arten gleich gute Aquarieneignung besitzen. Dennoch, ein großer Teil der Cryptocorynen sind Pflanzen, die sich hervorragend den Bedingungen des

101

Aquariums anzupassen vermögen und in ihrem unverwechselbaren schönen Wuchscharakter zu einem besonders wertvollen und unverzichtbaren Bestandteil unserer Aquarienflora geworden sind.

Artenzahl. Man kennt heute etwa 50 Arten. Ein beachtlicher Teil dieser Arten ist erst durch Importe für Aquarienkultur bekannt geworden und wissenschaftlich beschrieben. Viele Arten sind sehr selten und z. T. noch unzulänglich bekannt sowie auch schwierig in der Kultur (z. B. Borneo-Cryptocorynen). Für die Aquarienkultur werden etwa 17 Arten regelmäßig angeboten. Unter ihnen gibt es ausgesprochene Favoriten, wie z. B. viele Sri Lanka-Cryptocorynen, vor allem natürlich *Cryptocoryne wendtii*. Kaum weniger gilt dies für *Cryptocoryne affinis* oder *Cryptocoryne cordata* sowie *C. crispatula,* alle recht dankbare Arten.

Herkunft. Die Cryptocorynen stammen aus einem weiten Gebiet in Südostasien. Dabei ist

Bild 75 (links). Die Fahne oder Spathasspreite gehört zu den auffallendsten und charakteristischsten Merkmalen des Cryptocorynen-Blütenstandes.
Das Bild zeigt die gewimperte Spathasspreite von *Cryptocoryne ciliata* mit hell abgesetztem, fein gepunktetem Schlund. Aufnahme G. Brünner

Bild 76 (rechts). Der geöffnete Blütenkessel einer Cryptocoryne zeigt den Blütenkolben mit den weiblichen Blüten am Grunde und darüber an dünnem Stiel die männlichen Blüten, dem Prinzip einer Kesselfallenblüte entsprechend: Angelockte Insekten werden etwa 24 Stunden bis zur Reifung der Pollen durch einen Klappverschluß (links oben verdeckt sichtbar) gefangengehalten. Aufnahme G. Brünner

jedoch charakteristisch (Ausnahme *C. ciliata*), daß die einzelnen Arten nur ein relativ kleines Verbreitungsgebiet haben. Endemische Inselarten sind häufig. Voneinander isolierte Standorte haben zuweilen starke Variabilität (Rassen, Artkomplexe) zur Folge. JACOBSEN konnte hier anhand von Chromosomenuntersuchungen interessante Zusammenhänge aufzeigen. Die hier gewählte Einteilung nach Festland-Arten und Insel-Arten (Sri Lanka, Sumatra, Borneo, Philippinen, Neuguinea, Malaiische Halbinsel) entspricht nicht nur praktischen Gesichtspunkten, sondern stellt vielfach auch genetisch und morphologisch einander nahestehende Arten dar, wie dies insbesondere bei den Sri-Lanka-Cryptocorynen deutlich wird.

Die <u>Benennung</u> (Nomenklatur) der Cryptocorynen (siehe auch Seite 19) war von jeher ein Ärgernis für den Aquarienfreund, ist sie doch durch viele Fehl- und Umbenennungen sowie eine Flut von Handelsnamen gekennzeichnet. Das ist freilich bei oft so variablen und schwierig zu bestimmenden Arten kaum verwunderlich. In ihren vegetativen Merkmalen können einige Arten sich derart gleichen, daß nur die Blüte einen sicheren Aufschluß liefert. Die langjährigen Forschungen von Prof. H. C. D. DE WIT (Niederlande) und in jüngster Zeit von N. JACOBSEN (Dänemark) haben indes zur Klärung beigetragen, wenngleich hier auch z. T.

unterschiedliche Auffassungen bestehen, u.a. hinsichtlich des Artstatus, der von DE WIT u. a. für *C. balansae, C. petchii, C. blassii* und *C. siamensis,* aufrechterhalten wird (siehe Verzeichnis S. 117), während JACOBSEN diese Arten einzieht.

<u>Blüten</u> der Cryptocorynen bekommt man im Aquarium nur selten zu sehen. Die meisten Arten blühen nur in flachem Wasser bzw. ganz emers. Die Cryptocorynenblüte besteht aus einer sog. Blütenscheide oder Spatha, die am Grund zu einem Kessel erweitert ist. Der Blütenkolben mit den Blütenorganen: am Grund 4–8 weibliche Blüten, darüber an dünnem Stiel die schleimige Pollen tragenden männlichen Blüten. Der Kessel ist nach oben durch eine Klappe verschließbar, verengt sich zur Röhre, die im oberen Teil offen ist und in die auffällige sog. Spatha (oder Scheidenspreite) erweitert ist. Dabei unterscheidet man den Kragen und den Schlund, der den Eingang zur Röhre bildet. Das Ganze ist eine sinnvolle Einrichtung zur Bestäubung durch winzige Insekten, die durch Duftstoffe angelockt über die Röhre in den Kessel gelangen, worauf sich die Klappe verschließt. Erst nach 24 Stunden wird der Kesselausgang wieder freigegeben, dann sind auch die Pollen gereift und verkleben an den die Blüten verlassenden Insekten, so daß die Bestäubung der nächstbesuchten Blüte gesichert ist. Färbung, Größe und Form sowie Struktur der Blüte, insbesondere der Spathaspreite, sind bei aller Variabilität der vegetativen Organe recht konstant und erlauben somit die sichere Bestimmung.

<u>Fruchtbildung</u> setzt Bestäubung voraus. Nur in vereinzelten Fällen kommt es zur Selbstbestäubung. Emers kultivierte Pflanzen (Seite 105) kann man bestäuben, sofern man zwei gleichzeitig blühende Exemplare hat. In diesem Fall werden die Kessel mit einem seitlichen Schnitt geöffnet, wobei die Narben der zuletzt erblühten Blüte mit dem schleimigen Pollen der älteren Blüte bestäubt (abgestreift) werden. Sofern die Bestäubung erfolgreich war, vollzieht sich die Fruchtbildung im Verlauf der nächsten Monate. Bei der Reife springt die Frucht auf und entläßt zwischen 20–40 länglich geformte, ca. 5 mm lange Samen, die, nur kurze Zeit schwimmfähig, zu Boden sinken und sofort keimen. Die Aufzucht erfolgt nach den auf Seite 50 gegebenen

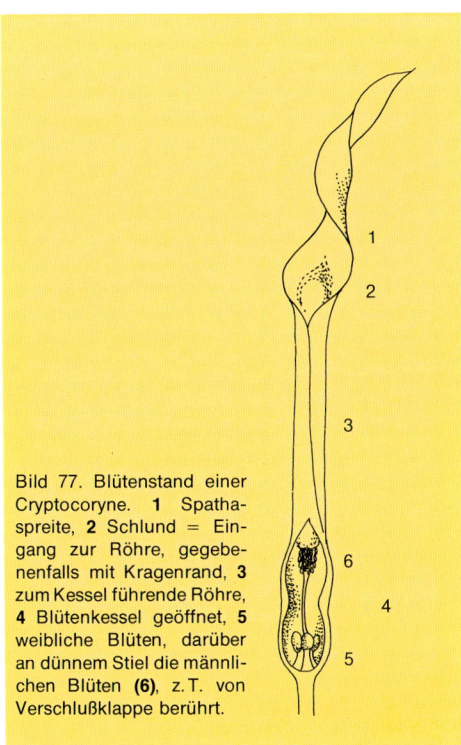

Bild 77. Blütenstand einer Cryptocoryne. **1** Spathaspreite, **2** Schlund = Eingang zur Röhre, gegebenenfalls mit Kragenrand, **3** zum Kessel führende Röhre, **4** Blütenkessel geöffnet, **5** weibliche Blüten, darüber an dünnem Stiel die männlichen Blüten **(6)**, z. T. von Verschlußklappe berührt.

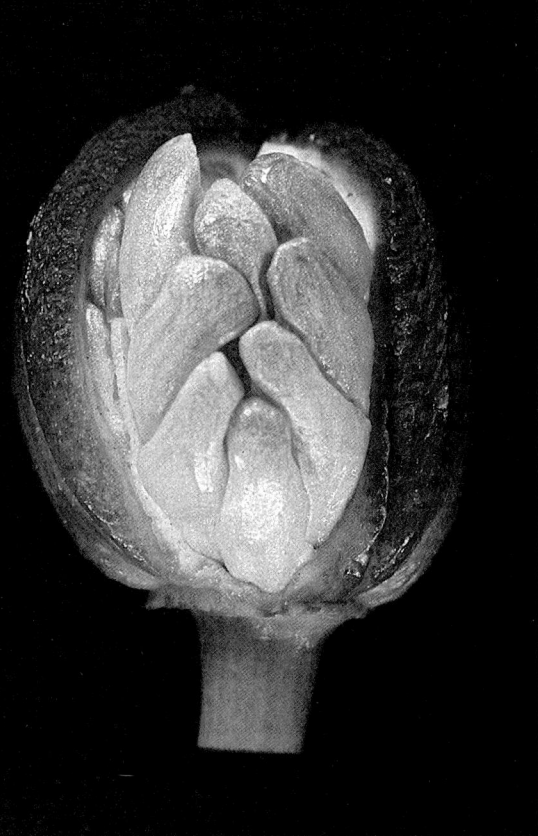

Bild 78. Fruchtbildung gelingt bei uns in der Regel nur mit künstlicher Bestäubung. War diese erfolgreich, werden kleine, etwa 10–15 mm große Früchte ausgebildet, die bei der Samenreife platzen und zahlreiche kleine Samen entlassen, die sofort keimen. Aufnahme G. Brünner

Hinweisen. Einige Arten sind vivipar (Seite 106, 107). Verschiedene Rassen von Sri-Lanka-Cryptocorynen sind steril (triploid), bei ihnen gelingt kein Fruchtansatz.

Kultur der Cryptocorynen

Bodengrund: Für große Arten sollte man eine Mindestfüllhöhe von 8–10 cm vorsehen, ganz entscheidend ist auch Bodenwärme für alle Cryptocorynen lebenswichtig, speziell bei bestimmten Weichwasserarten kann ein Schwarztorfzusatz günstig sein. Im übrigen hat sich reiner Quarzkies (3 mm) für die meisten

Arten gut bewährt, Zusatz von eisenbetonten Nährstoffdepots ist günstig (Initial-D, Deponit). Gute Erfolge sind auch mit Lavagestein (3 mm) als Substrat zu erzielen, wobei die dunkle Färbung dieses Materials die Schönheit der Cryptocorynenblätter besonders gut hervorhebt.

Beleuchtung: Lichtmessungen an den Standorten einiger Arten zeigen, daß diese zu den lichtbescheidensten Pflanzenarten gehören, eine Tatsache, die uns bei der Aquarienkultur ganz besonders zugute kommt. Kaum verwunderlich, daß Arten wie *Cryptocoryne affinis* zu den Pionierpflanzen der Kunstlicht-Aquarienbeleuchtung gehören, war es mit ihnen doch möglich, mit bescheidenem Glühlampenlicht prachtvolle Pflanzenbestände zu erzielen. Freilich darf man diese Frage nicht verallgemeinern. Neben ausgesprochenen Schattenarten oder Arten mit weitem Anpassungsspielraum gibt es durchaus lichtbedürftige Arten, ja sogar Arten, deren Optimum erst mit vollem Tageslicht erreicht wird.

Entsprechend ihren Herkunftsgebieten sollten *Cryptocoryne*-Arten nicht bei Temperaturen unter 22°C kultiviert werden. Doch sind die meisten Arten tolerant und vertragen auch gelegentliche Abkühlungen, optimal dürften etwa 24–27°C sein.

Für die Pflanzung gelten die Hinweise auf Seite 45. Darüber hinaus sollte man bei Cryptocorynen besonders sorgfältig überlegen, bevor man pflanzt (Lichtbedarf, Wuchshöhe usw.). Cryptocorynen vertragen Umpflanzen außerordentlich schlecht, und mehrfach umgesetzte Pflanzen verlieren schnell an Vitalität. Bevor sich Cryptocorynen an ihrem neuen Standort wohl fühlen, können viele Monate vergehen. Die Vermehrung erfolgt im Aquarium durch vom Rhizom unterirdisch horizontal wachsende Ausläuferpflanzen, eine Vermehrungsweise, wie sie auch an natürlichen Standorten häufig ist (und die für triploide Arten auch die einzige Vermehrungsform darstellt). Die „Ausläuferfreudigkeit" einzelner Arten ist sehr unterschiedlich. Gute Eingewöhnung und Kondition der Mutterpflanze sind in jedem Fall nötig. Viele beliebte Sri-Lanka-Cryptocorynen bilden reichlich Ausläufer, auch *Cryptocoryne affinis* z.B. bildet so schnell dichte Bestände. Einen von Ausläufern durchzogenen Cryptocorynenbestand sollte man möglichst ungestört lassen. Erst wenn sich Wachstumsmüdigkeit zeigt, kann man einzelne Pflanzen herausnehmen. Bei dicht verwachsenen Beständen ist (meist erst nach Jahren) eine Radikalkur in Form einer Neupflanzung nötig. Arten, die nur wenig Ausläufer bilden, kann man durch freitreibende Rhizomstücke vermehren. Hierbei werden die Sproßanlagen aktiviert und neue Pflänzchen gebildet (diese erst nach Wurzelbildung abtrennen).

Import-Cryptocorynen von natürlichen Fundorten erreichen den Aquarianer oft in schlechter Verfassung, ganz im Gegensatz zu auf Pflanzenfarmen angezogenen Exemplaren, die in Töpfen kultiviert werden. Empfindliche Importpflanzen aus Wildbeständen müssen vorsichtig eingewöhnt werden: Am besten in reinen, gewaschenen Quarzkies setzen, alle Faulstellen sorgfältig entfernen, sehr flacher Wasserstand (10 cm), Beleuchtung leicht gedämpft, Wasser häufig wechseln, über Torf filtern. Oft verlieren die Pflanzen alle Blätter, treiben aber nach einigen Wochen wieder aus und können dann endgültig gepflanzt werden.

Krankheiten und Mangelerscheinungen: Sie sind bei Cryptocorynen nicht häufiger als bei anderen Aquarienpflanzen, sieht man einmal von der gefürchteten Cryptocorynenkrankheit ab (Seite 52). Ganz allgemein gilt der Grundsatz: Alle plötzlichen Veränderungen vermeiden! Mangelerscheinungen sind selten, bei dunkelblättrigen Arten auch sehr schwer zu deuten. Auffallend ist der relativ hohe Eisengehalt vieler Cryptocorynengewässer, den man durch entsprechende Eisengaben (Seite 32) berücksichtigt.

Wasser: Daß nicht unbedingt alle Cryptocorynen aus Biotopen mit weichem, extrem salzarmem Wasser stammen, ist inzwischen allgemein bekannt (siehe auch Seite 108), genau wie die Vorstellung vom tiefschattigen Urwaldbach nicht verallgemeinert werden kann. So gedeiht Cryptocoryne crispatula in hartem Wasser bei pH 7,5 und vollem Tageslicht zu prachtvollen Exemplaren. Die Mehrzahl der in Aquarien gepflegten Cryptocorynen erweist sich hier auch als ziemlich tolerant, ganz allgemein können 3–10° KH als recht günstig gelten, doch selbst mittelhartes Wasser ist für viele Arten noch geeignet, sofern mit CO_2-Zusatz ein Gleichgewicht gehalten wird. Ständige Schwankungen im Wasserchemismus werden jedoch sehr schlecht vertragen und sind oft „Auslöser" der Blattfäulnis (Seite 52). Für ausgesprochene Weichwasser-Cryptocorynen kommt man gegebenenfalls jedoch um eine Entsalzung nicht herum (siehe Seite 26). Und hier noch das Rezept vieler erfahrener Cryptocorynen-Pfleger: kein Filter, keine Durchlüftung, sehr schwacher Fischbesatz, regelmäßiger Teilwasserwechsel.

Emerse Kultur der Cryptocorynen kommt für den Aquarianer normalerweise nicht in Betracht, es sei denn, man pflegt robuste Arten wie Cryptocoryne ciliata im Aqua-Terrarium. Da jedoch die Blütenbildung bei den meisten Arten erst bei abgesunkenem Wasserspiegel eintritt (Trockenzeit), muß man dies nachvollziehen, wenn man Cryptocorynen zur Blüte bringen möchte. Hierzu zieht man die Pflanzen in Töpfen in verschiedenen Erdmischungen, z.B. Lauberde (50%), Torf (15%) und Sand (35%) (nach MÖHLMANN), oder man nimmt reinen Torf mit einer minimalen Nährstoffzugabe; auch Quarzkies oder Lavagestein eignen sich, sofern man etwas Tonerde zugibt. Man stellt die Töpfe z.B. in ein altes Aquarium bei flachem Wasserstand, 25°C (Bild 82).

Eine aufgelegte Deckscheibe sorgt für hohe Luftfeuchtigkeit. Sofern Schutz vor praller Sonne besteht, kann die Aufstellung in vollem Tageslicht erfolgen, ausgesprochene Schattenarten gedeihen bei gedämpftem Licht oder Kunstlicht besser. Der Blütenansatz variiert je nach Art und Haltungsbedingungen (Tageslänge). MÖHLMANN empfiehlt in hartnäckigen Fällen eine Dauerlichtbehandlung (6 Wochen), um Blütenauslösung zu bewirken. Die Umgewöhnung emers kultivierter Pflanzen an Aquarienverhältnisse macht keine Schwierigkeiten, umgekehrt müssen Aquarienexemplare für emerse Kultur durch schrittweise Absenkung des Wasserspiegels langsam vorbereitet werden. Bei seltenen, empfindlichen Arten bietet die emerse Kultur zuweilen die sicherste Art der Kultivierung, weil Blattfäulnis und Veralgung usw. hier weniger Schwierigkeiten machen. Vorsicht mit der Düngung gilt auch hier: Minimale Nährstoffmengen genügen, ein Zuviel hat katastrophale Folgen (etwa $1/10$ der Normaldosis reicht meist aus).

Küstengebiete des südostasiatischen Festlandes und südostasiatische Inselwelt:

Cryptocoryne ciliata, [T]
Gewimperter Wasserkelch
Indien bis Neuguinea
Blattspreite länglich-lanzettlich, bis 50 cm lang und 9 cm breit, Basis keilförmig bis gerundet, teilweise ungleichseitig, zugespitzt, derb, grasgrün, Stiel sehr kräftig, bis 30 cm, eine mehr breitblättrige Form mit kurzen, sprossenden Ausläufern, auch eine Form mit schmaleren Blättern ist bekannt, letztere mit länger gestielten Ausläufern. Spathaspreite purpurrot mit gewimperten Rändern, Schlund gelb, meist mit rötlichen Punkten, Selbstbestäubung gelegentlich beobachtet, Sämlinge mit charakteristischen Anhängseln, dienen offenbar der Verankerung im Gezeitenstrom, vivipar.
Großwüchsige, robuste Cryptocoryne, bleibt unter Aquarienbedingungen meist etwas kleiner, jedoch Mindestwasserstand 40 cm, licht-

Bild 79. *Cryptocoryne ciliata,* der Gewimperte Wasserkelch, ist in Südostasien außerordentlich weit verbreitet. Diese großwüchsige Art ist im Gegensatz zu vielen anderen Arten sehr lichtbedürftig.

bedürftig bis 1 W/l, je nach Beckengröße Einzelpflanzung oder in kleiner Gruppe. Wächst unter den unterschiedlichsten Wasserbedingungen, u.a. im Gezeitenbereich (auch Populationen aus Brackwasser bekannt = diese für Brackwasseraquarien brauchbar), meist auf Schlamm halbemers an vollsonnigen Standorten, entsprechend gut auch für Aqua-Terrarien geeignet und hier unter guten Lichtbedingungen auch regelmäßig blühend.

Südostasiatisches Festland:

Mit Ausnahme von *Cryptocoryne crispatula* spielen die meist in den küstennahen Bereichen beheimateten Cryptocorynen dieser Regionen nur eine untergeordnete Rolle in der Aquaristik. Im Wuchscharakter überwiegen Arten mit mehr oder minder linealischen, grasartigen Blättern. Aus Thailand liegen u.a. für die formenreiche *C. crispatula* Biotopuntersuchungen vor. Rassen dieser Art werden unter unterschiedlichen Wasser- und Temperaturverhältnissen angetroffen (JACOBSEN 1979). Für die Aquaristik ist hier interessant, daß die in der Aquarienkultur beliebte breitblättrige Form (*balansae*-Typ) in kalkhaltigen Gewässern, z.T. mit Kalkablagerungen an den Blättern, gefunden wurde, was die gute Eignung dieser Art für härteres Leitungswasser erklären dürfte.

Cryptocoryne crispatula [A]
Von Indien östlich bis Vietnam und Südchina
Bildet in der Blattform recht variable Rassen von sehr schmalblättrigen linealischen Formen mit glatten Blättern bis zu der für Aquarien bevorzugten Form mit bis zu 20 mm breiten und 50 cm langen, lebhaft hellgrün gefärbten Blättern mit stark beuliger Struktur (*C. balansae*), Blattstiel bis 15 cm, zwischen beiden gibt es offenbar Übergangsformen. Spathaspreite lang, spiralförmig ausgezogen, innen mehr oder minder bleich-gelblich, mit violetter Strich- und Punktzeichnung.
Eine der schönsten Cryptocorynen für Aquarien, die in der Kultur kaum Probleme macht und die aufgrund ihrer ökologischen Prägung in härterem Wasser gut gedeiht, benötigt volle Beleuchtung, 0,7 W/l, und möglichst hohe Becken (40 cm), dennoch können sich die Blätter auf dem Wasserspiegel umlegen, ideal

in dichten Gruppen als Hintergrundpflanzung. Nahe verwandt mit *Cryptocoryne crispatula* sind *C. albida* (Burma, Thailand) mit schmal-lanzettlichen, bis 30 cm langen Blättern, sowie *Cryptocoryne retrospiralis* (Indien) mit schmalen, fast linealen, bis 50 cm langen Blättern, letztere stellt einen ausgesprochen emersen Wuchstyp dar.

Cryptocoryne spiralis
Südindien, Bangladesch
Blattspreite linealisch bis länglich-lanzettlich, 15–30 (50) cm lang, bis 30 mm breit, grün teilweise mit bräunlichem Anflug, Stiel kräftig, bis 12 cm. Spathaspreite lang spiralig gedreht, innen rötlich-purpurn, Ränder mit runzeligen Verstärkungen (ohne Röhre erscheinend, dem Boden entwachsend, Kessel verbleibt im Boden).
Benötigt wie die meisten Cryptocorynen dieser Gruppe gute Lichtverhältnisse, dabei erweisen sich die meisten Arten als durchaus haltbar, wenngleich bei weitem nicht so wüchsig wie *C. crispatula*. Gut für emerse Kultur im Aqua-Terrarium geeignet, zeigt sich hier oft wüchsiger.
In die Nähe dieser Art gehören die von JACOB-SEN als „*Consobrina*-Gruppe" zusammenge-faßten Arten *C. cognata* (Vorderindien), *C. cruddasiana* (Burma) und *C. consobrina* (Vorderindien), für die Aquaristik bislang unbedeutend.

Insel-Cryptocorynen: Sumatra

Neben *C. ciliata* mehrere endemische Arten, von denen für die Aquaristik nur *Cryptocoryne pontederiifolia* von Bedeutung ist. Diese Art wird von Standorten auf sandigem Boden an bewaldeten Ufern beschrieben, meist in schwach strömenden Gewässern, vor allem solchen, die noch vom Gezeitenstrom beeinflußt werden.

Cryptocoryne pontederiifolia, Pontederien-blättriger Wasserkelch
Sumatra, westliche Gebiete
Blattspreiten länglich-eiförmig, nach oben zu-gespitzt, 10–12 cm lang, bis 5 cm breit, Basis herzförmig, oberseits hellgrün, zuweilen auch bleigrau angelaufen oder fein gefleckt, unter-

Bild 80. *Cryptocoryne crispatula* ist eine der empfeh-lenswertesten Arten, die keine speziellen Forderungen stellt und auch in hartem Leitungswasser sehr gut wächst. Aufnahme G. Brünner

seits hellgrün, junge Blätter auch manchmal rötlich, im Habitus entfernt an *C. ciliata* erin-nernd, Blattstiel kräftig, etwa so lang wie die Spreite, scheidige Stielbasis mit deutlichen Niederblättern. Spathaspreite länglich, zuge-spitzt, leicht gedreht, intensiv gelb, groß, mit weitem Schlund, Röhre nur durch Einschnü-rung zwischen Spreite und Kessel angedeutet. Gedeiht unter Aquarienbedingungen recht gut, treibt nach Eingewöhnung willig Ausläu-fer, benötigt etwa 0,7 W/l, wächst auch in mit-telhartem Wasser, Wuchshöhe bis 20 cm, je

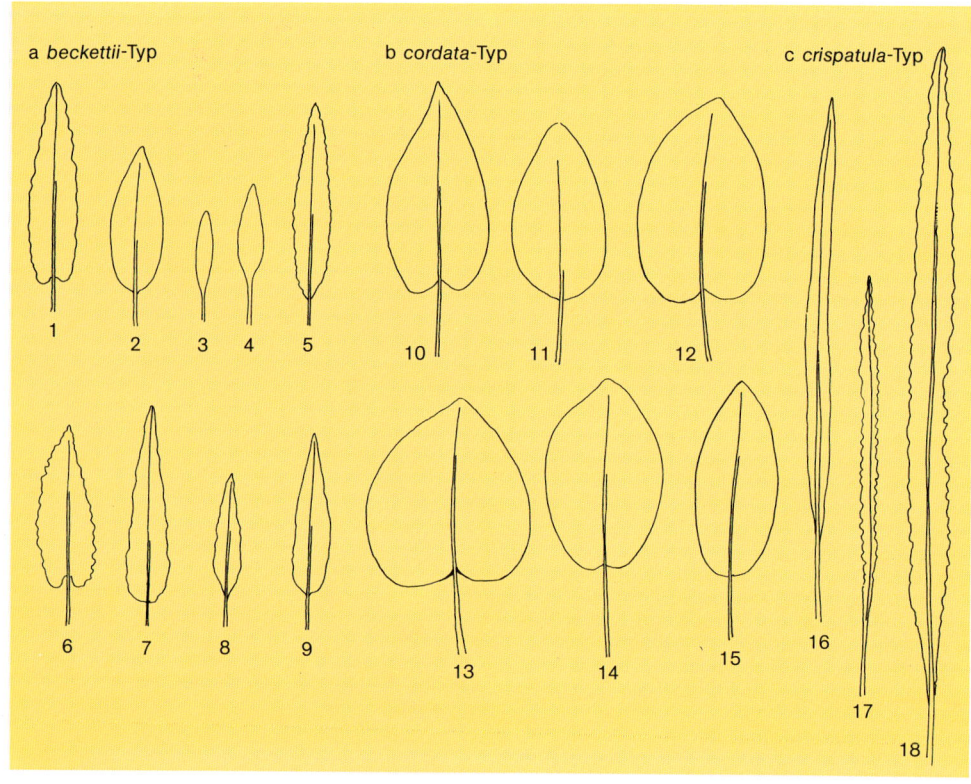

Bild 81. Cryptocorynen lassen sich nach den Blattformen in drei Hauptgruppen unterteilen (Artenbeispiele):
A Blattformen des *beckettii*-Typs mit mehr oder minder lanzettlichen Blättern, **b** Blattformen des *cordata*-Typs mit elliptischen bis herzförmigen Blättern, **c** Blattformen des *crispatula*-Typs mit mehr oder minder linealischen Blättern.

a *beckettii-Typ:* **1** *C. beckettii,* **2** *C. walkeri,* **3** *C. parva,* **4** *C. × willisii,* **5** *C. undulata,* **6–9** *C. wendtii* in verschiedenen Lokalrassen.

b *cordata-Typ:* **10** *C. pontederiifolia,* **11** *C. purpurea,* **12** *C. longicauda,* **13** *C. cordata* (Nominatform), **14** *C. cordata* „blassii"-Typ, **15** *C. cordata* „siamensis"-Typ.

c *crispatula-Typ:* **16** *C. spiralis,* **17** *C. crispatula,* **18** *C. usteriana.*

nach Behältergröße als Solitärgruppe und Mittelgrundpflanzung. Wurde 1975 eingeführt, gehört heute zum regelmäßigen Angebot. – Sehr ähnlich ist *C. moehlmannii,* sicher von *C. pontederiifolia* nur durch Spatha (stärker gedreht, bräunlichrot) zu unterscheiden. Andere Arten aus Sumatra wie *C. scurillis, C. villosa* und *C. gasseri* sind noch ungenügend bekannt.

Sri Lanka

Die Cryptocorynen der Insel Sri Lanka (Ceylon) nehmen entwicklungsgeschichtlich aufgrund ihrer Isolierung eine Sonderstellung ein. Ihre Verbreitungsgebiete sind zudem durch Flußsysteme begrenzt. Dabei sind gestaltlich relativ einheitliche Pflanzentypen mit großer Variabilität (*C. wendtii*) entstanden. Die von JACOBSEN in der *Beckettii*-Gruppe zusammengefaßten Cryptocorynen sind für die Aquarienkultur hervorragend geeignet. Hingegen erweisen sich die Cryptocorynen der *Thwaitesii*-Gruppe als problematisch und für die Aquaristik unbedeutend. Viele Arten der *Beckettii*-Gruppe werden im zentralen Hochland der Insel längs der Flußufer bei z. T. vollbesonnten Standorten und wechselnden Wasserverhältnissen (Trocken-, Regenzeit) angetroffen. Mit Härtegraden um 10° GH und pH-Werten um 7 sind die Wasserverhältnisse gegenüber den Weichwasserbedingungen der

Niederungen schon als relativ hart zu bezeichnen, ein Umstand, der zweifellos auch die gute Aquarieneignung dieser Arten erklärt. *Cryptocoryne wendtii* wird u. a. auch in Quellgebieten angetroffen, scheint aber andererseits ein Kulturfolger des Menschen zu sein (u. a. pharmazeutisch genutzt): Sie wird in üppiger Entwicklung in Bewässerungskanälen und Waschplätzen gefunden. Cryptocorynen der *Thwaitesii*-Gruppe sind offenbar auf die Weichwassergebiete der Niederungen beschränkt, was die Schwierigkeiten bei der Aquarienkultur erklären dürfte. Viele Cryptocorynenbiotope Sri Lankas sind durch übermäßiges Sammeln für den Export stark bedroht.

Bei der Benennung der Sri Lanka-Cryptocorynen haben sich durch neuere Forschungen (JACOBSEN) erhebliche Änderungen ergeben (siehe Seite 117).

Cryptocoryne beckettii

Blattspreite lanzettlich, stumpf zugespitzt, 8–10 cm lang, an der Basis gerundet, z.T. ungleichseitig, bis leicht herzförmig, oberseits bronzegrün-bräunlich, von unten rötlich-purpurn. Auffallend ist der undeutlich wellige, leicht herabgebogene Blattrand. Eine triploide Form dieser Art (*C. petchii*-Typ) besitzt mehr zugespitzte Blätter mit etwas kleinerer, dunkel olivgrüner, glänzender, fein gewellter Spreite, z.T. mit dunkler Querzeichnung. Spathaspreite lanzettlich, meist nur wenig gedreht, bräunlich, Schlund dunkelbraun, Kragen schmal.

Altbewährte, dekorative Cryptocoryne, die sich im Aquarium als sehr wüchsig erweist, heute vor allem im Wuchstyp *C. petchii* angeboten. Hinsichtlich Beleuchtung und Wasserverhältnissen sehr anpassungsfähig, Licht 0,5 W/l, jedoch nicht durch andere Pflanzen beschatteter Standort, Ausläuferbildung erst nach längerer Eingewöhnungszeit.

Cryptocoryne parva

Eine der kleinsten Cryptocorynen, erreicht im Aquarium kaum 5 cm Wuchshöhe, Blätter schmal-elliptisch, bis 24 mm lang und 4 mm breit, grasgrün, Spitze leicht stumpflich, Basis in den Stiel verlaufend. Winzige Spathaspreite stark gedreht, violett-rötlich, Röhre stark reduziert.

Bild 82. *Cryptocoryne pontederiifolia* aus Sumatra zeigt gute Aquarienanpassung, gedeiht aber auch halbaufgetaucht sehr gut und entwickelt dabei ziemlich regelmäßig ihre dekorativen Blütenstände. Aufnahme G. Brünner

Ausgesprochen zierliche Vordergrund-Cryptocoryne, die viel Licht benötigt, 1 W/l. Es dauert dennoch ziemlich lange, bis sich ein ansehnlicher Bestand entwickelt hat. Dichte Rasen sind nur bei intensivem Licht erreichbar, tolerant gegenüber Wasserhärte, sofern CO_2-Gleichgewicht besteht.

Bild 83. *Cryptocoryne wendtii* ist eine Aquarienpflanze, die kaum einer Empfehlung bedarf, ist sie doch ganz allgemein die meistkultivierte, den Aquarienbedingungen wie kaum eine andere Art angepaßte, sehr formenreiche Art mit vielen Lokalrassen. Aufnahme G. Brünner

Cryptocoryne nevillii

Blätter oval-lanzettlich, 6–8 cm lang, dunkelgrün, Blattstiel kräftig, etwas länger als Spreite, Spathaspreite lanzettlich gedreht, violett, Schlund mit auffallender Fleckenzeichnung und deutlichem Kragen.

In der Aquaristik noch kaum bekannte Art. Durchläuft an ihren natürlichen Standorten offenbar eine Ruheperiode, wobei die Pflanzen bis auf den Wurzelstock zurückgehen.

Cryptocoryne undulata

Seit Jahren irrtümlich als „C. willisii" bekannt. Blattspreite lineal-lanzettlich bis lanzettlich, bis 8 cm lang und 1–2 cm breit, Basis verschmälert bis leicht gerundet, mehr oder minder spitz auslaufend, dunkelgrün bis rötlich-olivgrün, mit auffallender Schrägzeichnung (fehlt bei der triploiden Form, die großblättriger ist, an *C. beckettii* erinnernd), unterseits meist rötlich. Spathaspreite länglich-lanzettlich, leicht (= triploid) oder stärker (= diploid) gedreht, gelblich bis hellbraun, Schlund gelb mit leicht bräunlichem Kragen.

Wie *C. beckettii* seit Jahrzehnten bekannt und in der Aquarienkultur bewährte, schöne, mittelgroße Cryptocoryne mit zahlreichen Ausläufern, ziemlich schnell dichte Bestände bildend, hinsichtlich Beleuchtung (0,5 W/l) und Wasser recht anpassungsfähig.

Cryptocoryne walkeri
Blattspreite länglich-oval bis lanzettlich, bis 8 cm lang, zugespitzt, Basis mehr oder minder gerundet, Rand fein gewellt bis glatt, oberseits grasgrün bis leicht bräunlich angelaufen, auch bräunliche Formen, langgestielt. Schließt *C. lutea* mit ein (JACOBSEN). Spathaspreite länglich-lanzettlich, grünlich bis gelbgrün, Schlund gelb, Kragen undeutlich. – Eine in mehreren Formen kultivierte Art, wächst submers recht langsam, relativ anspruchslos, etwa 0,7 W/l, besser halbemerser Kultur angepaßt.

Cryptocoryne wendtii A
Die heute wohl bekannteste und in der Aquarienkultur verbreitetste Cryptocoryne mit einer außerordentlich großen Variabilität, zum Teil mit triploiden Rassen, die offenbar durch spontane Mutation innerhalb verhältnismäßig begrenzter Areale entstanden sind (Lokalrassen). Diese außerordentliche Vielfalt natürlicher Formen, die noch ungenügend bekannt sind und offenbar fließende Übergangsformen bilden, läßt eine Aufteilung nach definierten Varietäten fragwürdig erscheinen, so daß man sich hier besser der Handelstypenbezeichnung bedient. Die Blattfärbung kann von einem kräftigen Grün über Dunkelgrün zu Rötlichbraun bis fast Schwarzbraun variieren, wobei grüne Formen noch unterschiedliche Blattzeichnungen aufweisen. Die Blattform variiert von länglich-eiförmigen, am Grunde herzförmigen, bis zu lanzettlichen, mehr oder minder zugespitzten, an der Basis rundlichen bis herzförmigen Blättern. Schließlich findet man ausgesprochen kleinwüchsige Typen mit kaum 10 cm Wuchshöhe bis zu relativ großblättrigen Pflanzen mit 10 cm Spreitenlänge. Auch Blattrandwellung und Struktur sind weitgehend veränderlich, von fast glatten grünen Typen bis zu mehr oder minder bullösen rötlich-bräunlichen Pflanzen. Bedenkt man ferner, daß auch die Kulturbedingungen des Aquariums noch gewisse Abweichungen innerhalb dieser Rassen bedingen, erscheint es verständlich, daß gerade bei dieser Art nur der Blütenstand ein wirklich verläßlicher Identitätsnachweis ist: Spathaspreite länglich-lanzettlich, mehr oder minder gelblich-bräunlich, z.T. leicht rötlich, stark gedreht, mit dunkelviolettem bis dunkelbraunem Schlund (durch Drehung oft nur wenig sichtbar), Kragen deutlich.

Cryptocoryne wendtii ist zweifellos die in der Aquarienkultur bewährteste und wüchsigste Cryptocoryne, die man vorbehaltlos auch dem Anfänger empfehlen kann. Sie ist überaus anpassungsfähig und bildet meist schon nach kurzer Zeit Ausläufer, so daß es ohne Mühe gelingt, einen schönen Bestand zu etablieren. Ihre Formenmannigfaltigkeit wird nahezu allen Wünschen gerecht, so daß man die Pflanzen nach Größe und Färbung entsprechend wählt und pflanzt. Beleuchtung etwa 0,5 W/l.

Cryptocoryne × willisii A
Die bislang irrtümlich als „*Cryptocoryne nevillii*" bezeichnete Art stellt einen natürlichen Hybridkomplex dar, bei dem *C. parva* einen Elternteil sowie *C. walkeri* (*lutea*) und *C. beckettii* den anderen Hybridpartner bilden (JACOBSEN). Blätter etwas steif, beidseitig grasgrün, länglich bis schmal-lanzettlich, bis 7 cm lang und 12 mm breit (im Aquarium meist kleiner bleibend), Basis keilförmig, Ende stumpflich zugespitzt, Stiel bis 6 cm lang, bildet auch im ganzen etwas größere, länger gestielte Formen (*C. lucens*–Typ). Spathaspreite breitlanzettlich, meist rötlich-violett bis bräunlich, Kragen und Schlund braunviolett, Schlund z.T. auch gelblich.
Schon zu Anfang dieses Jahrhunderts eingeführte Art, bewährt und empfehlenswert,

Bild 84. *Cryptocoryne × willisii* benötigt volles Licht, d. h. keine Abschattung durch andere Pflanzen.

111

leicht zu pflegende Vordergrund-Cryptocoryne, bildet nach längerer Eingewöhnungszeit dichte Bestände, die sehr dekorativ wirken. Benötigt jedoch viel Licht (etwa 1 W/l). Bei ausgeglichenem CO_2-Gleichgewicht auch in härterem Wasser wachsend.

Cryptocoryne thwaitesii, 1956 zum ersten Mal importiert, gehört mit ihren metallisch-bronzeartigen, dunkelgrünen, mehr oder minder elliptischen Blättern zu den dekorativsten Cryptocorynen. Leider ist sie im Aquarium auch bei leicht saurem, weichem Wasser und gedämpfter Beleuchtung kaum ausdauernd. Erfolgversprechender ist hier die emerse Kultur. Ähnliches gilt auch für die ihr sehr nahestehende Art *Cryptocoryne alba*. Zum gleichen Gestalttypus gehört *C. bogneri,* die in Waldbächen gefunden wird. Sie ist eine ausgesprochene Weichwasserart.

Borneo

Die auf Borneo vorkommenden Cryptocorynen sind noch sehr unvollständig untersucht, so daß zu den bereits bekannten Arten noch weitere hinzukommen dürften. Die bisherigen Funde stammen vor allem aus Nordborneo (Sarawak), während der größere indonesische Teil (Kalimantan) floristisch weniger bearbeitet ist, so daß insbesondere bei Cryptocorynen lückenhafte Kenntnisse bestehen. Für Nordborneo liegen auch Biotopuntersuchungen vor: Die Flußsysteme der küstennahen Gebiete unterliegen einem sich weit ins Binnenland erstreckenden Gezeiteneinfluß. Dies betrifft die Arten *Cryptocoryne ferruginea. C. lingua* und *C. fusca. C. lingua* kann dabei bei rücklaufendem Wasser völlig trockenfallen (HORST). In den von Gezeiten unabhängigen Bächen und Flüssen der Tiefebene findet sich *C. bullosa,* deren Wuchsgröße teilweise durch die Strömungsgeschwindigkeit bestimmt wird. Gleichfalls in klaren, schnellfließenden, schattigen Waldgewässern der Tiefebene findet sich *C. grabowskii,* oft in fast salzfreiem Wasser bei pH-Werten um 5 (JACOBSEN). Kennzeichnend für Biotope von *C. longicauda* sind kleinere Flüsse und Ströme, stets in tiefem Baumschatten, wo die Art oft in größeren Beständen vorkommt. Auch *C. striolata* findet sich in schattigen Fließgewässern, meist auf steinigem

Grund. *C. auriculata* stellt dagegen eine nur kurzfristig (Regenfälle) überflutete, überwiegend emers wachsende Pflanze dar (JACOBSEN). Die Wassertemperaturen in den Niederungen Borneos liegen bei 27–28°C, für *C. grabowskii* konnte HORST eine Gesamthärte von 0,9 bei pH 4,2 und einem Lichtwert von nur 100 lx feststellen. Schließlich ist hier auch noch die Verschiebung der Standardionenkombination bemerkenswert (S. 22). Diese Biotope zeigen, daß wir es hier durchweg mit extremen Weichwasser-Cryptocorynen zu tun haben, ihre Kultur im Aquarium ist entsprechend problematisch. Borneo-Cryptocorynen sollten deshalb nur erfahrenen Pflegern vorbehalten sein. Vielfach ist emerse Kultur sicherer, so empfiehlt JACOBSEN reinen Torf (pH 5–6) mit sauer betontem, organischem Düngezusatz in entsprechend minimaler Dosierung bei schattiger Tageslichthaltung (Gewächshaus) als eine der erfolgversprechendsten Kulturmethoden.

Cryptocoryne auriculata
Blattspreite länglich-oval, 6–8 cm lang, 2–3 cm breit, leicht zugespitzt, Basis gerundet bis schwach herzförmig, oberseits bräunlich olivgrün mit Strichzeichnungen, Stiel kräftig, Spathasspreite lanzettlich, intensiv rot, ohne deutliche Röhre in Kessel übergehend.
Aquarienpflege heikel, am besten emers (Torf).

Cryptocoryne bullosa
Blattspreiten mehr oder minder lanzettlich, meist kaum länger als 10 cm und 2 cm breit, Basis leicht herzförmig, Ende spitz auslaufend, dunkelgrün, mit starker Noppung („Hammerschlag"), Blattstiele etwa so lang wie Spreite, Spathasspreite lanzettlich, dunkelrot, mit warziger Struktur, Röhre weitgehend fehlend.
Aquarienkultur schwierig.

Cryptocoryne ferruginea
Blätter länglich-eiförmig, am Grund leicht herzförmig, zugespitzt, Größe variabel, 4–10 cm, zartgrün mit dunkelbrauner Zeichnung (unterseits behaart, submers jedoch meist fehlend), Blattstiele 8–20 cm. Spathasspreite länglich-lanzettlich, mit langem Schwanz, violettrötlich, auffallend weiter Kessel mit kurzer, dicker Röhre.

Zuweilen auch als „C. pondederiifolia" angeboten. Im Aquarium relativ haltbar, jedoch langsam im Wuchs, emers besser wachsend.– Ähnlich ist C. sarawacensis, von JACOBSEN zu C. ferruginea gezählt.

Cryptocoryne fusca
Blattspreite oval, 10 cm lang, Basis herzförmig, bronzegrün, Stiel etwa so lang wie Spreite, Spatha lang, schwanzartig ausgezogen, innen warzig purpurrot.
Mehrfach importiert. Erfordert gedämpfte Beleuchtung, weiches, saures Wasser, zeitweilig haltbar.

Cryptocoryne grabowskii
Blätter sehr langgestielt, länglich-eiförmig, 5–8 cm, Basis gerundet, Ende zugespitzt, oberseits grün, unterseits rötlich. Spathaspreite länglich-lanzettlich, leicht geschwänzt, rötlich-violett mit gelbem Schlund.
Aquarienkultur schwierig, extrem weiches Wasser mit Torffilterung.

Cryptocoryne lingua
Kleine Art mit hell grasgrünen, fleischigen Blättern, die mehr oder minder löffel- bis eiförmig, leicht zugespitzt, eine Wuchshöhe von etwa 10–12 cm erreichen. Spathaspreite lang geschwänzt, gelb, im oberen Drittel rötlich, mit langer Röhre.
Häufiger angeboten, für Aquarien bedingt haltbar, relativ gut halbemers im Aqua-Terrarium gedeihend. Sehr gute Kulturerfolge wurden bei Ebbe- und Flutsimulation erreicht, was den natürlichen Wuchsbedingungen weitgehend entspricht.

Cryptocoryne longicauda
Blattspreite mehr oder minder länglich-herzförmig, in der Größe variierend, 3–12 cm, tiefgrün bis bräunlich-violett, mit beuligen Vertiefungen und fein gezähntem Blattrand, Blattstiel 2–20 cm. Spathaspreite fast eirund, dunkelrot bis violettrot, lang geschwänzt.
Ausgesprochen lichtempfindliche Art. Für erfolgversprechende Kultur stark gedämpftes, rotreiches Licht (Glühlampen) bei weichem, saurem Wassser.

Cryptocoryne striolata
Blattspreite länglich-eiförmig bis oval, Basis gerundet bis leicht herzförmig, Spitze abgestumpft, 4–18 (10) cm lang, 2–4 cm breit, Färbung und Struktur variabel, dunkelgrün bis bräunlich gescheckt, unterseits heller, teilweise auch mit beulig vertieften Stellen. Spathaspreite lanzettlich, schwanzartig verlängert und gedreht, bräunlich-violett bis gelblich, Schlund heller mit violetter Zeichnung.
Aquarienkultur schwierig.

Cryptocoryne tortilis
Blattspreite eiförmig bis 12 cm lang, Basis herzförmig, grasgrün, beulig vertieft, Spathaspreite schwanzartig ausgezogen, dunkelpurpurn, warzig.
Ausgesprochene Schattenart, Kultur wie C. longicauda.

Cryptocoryne zonata
Blattspreite herzförmig, bis 8 cm lang, dunkelgrün, mit beuligen Vertiefungen, unterseits rötlich, Blattstiel kurz, kräftig. Spathaspreite lanzettlich, gelb bis leicht bräunlich, Innenseite des Kessels mit violetter Zone.
Kleine, kompakt wachsende Art (gedämpftes Licht, weiches, saures Wasser), deren Aquarieneignung als relativ gut bezeichnet werden kann.
Wenig ist bisher über die Aquarieneigenschaften einer weiteren Borneo-Cryptocoryne, C. pallidinervia, bekannt, einer Art mit herzförmigen, dunkelgrünen Blättern.

Cryptocorynen der Malaiischen Halbinsel

Die Malaiische Halbinsel ist die Heimat einer Reihe populärer Aquarien-Cryptocorynen, wie Cryptocoryne affinis, C. cordata und anderer. Wie fast überall in Südostasien sind die küstennahen Flußgebiete im Gezeitenbereich von oft dichten Beständen von Cryptocoryne ciliata (Seite 106) besiedelt. Andere Arten werden vorwiegend im seichten Wasser von Bächen und Flußläufen der Regenwaldgebiete gefunden. SADILEK hat in Johore die Standorte von C. nurii, C. schulzei und C. cordata untersucht. Auch hier zeigten sich zum Teil extrem saure Wasserwerte (pH 4,8) bei außerordentlich geringer Härte (unter 1° GH). Auffallend war ferner die dunkle, durch Hu-

Bild 85. Haertels Wasserkelch, *Cryptocoryne affinis,* ist eine seit Jahrzehnten in Aquarien kultivierte Art. Sie ist ausgesprochen lichtbescheiden, ausdauernd und dekorativ. Aufnahme G. Brünner

minsäuren bedingte Färbung und eine starke Sedimentablagerung (tonige Bestandteile), die teilweise auch die Blätter der stets völlig submersen Pflanzen bedeckte. Stickstoff war nur in Spuren als Ammonium nachweisbar, auffallend war dagegen der relativ hohe Eisengehalt. Stets waren die Fundorte stark beschattet, wobei sich stellenweise Werte um nur 100 lx ergaben. Die im flachen Wasser der Bäche außerordentlich fest verwurzelten Cryptocorynen wurden fast ausnahmslos auf kiesig-lehmigem Bodengrund gefunden, die Durchschnittstemperaturen lagen bei 25 °C. *Cryptocoryne*

affinis wird dagegen (nach JACOBSEN) zum Teil in Flußgebieten mit Kalksteinformationen gefunden. Dies läßt auf eine wesentlich größere ökologische Spanne schließen und wird auch durch die Aquarienpraxis bestätigt: *Cryptocoryne affinis* gehört zu den ausgesprochen pflegeleichten Arten!

Cryptocoryne affinis, $\boxed{A}$
Haertels Wasserkelch (Bild S. 6)
Blattspreite lanzettlich, bis 15 cm lang und 3 cm breit, im unteren Teil breiter, Basis gerundet, allmählich zugespitzt, oberseits dunkelgrün, z. T. leicht bläulichgrün, unterseits heller grün, z. T. leicht rötliche Blätter, nicht selten mit beuligen Vertiefungen (besonders emers), Blattstiele etwa so lang wie Spreite. Spathaspreite länglich-lanzettlich, bis 10 cm, stark spiralig gedreht, innen tief purpurviolett. 1936 von HAERTEL eingeführt, neben *C. wendtii* eine der besten Aquariencryptocorynen, Kultur im Aquarium ohne Schwierigkeiten, sehr wüchsig, bildet schnell Ausläufer, sehr dekorativ, gedeiht auch in härterem Wasser problemlos, lichtbescheiden (0,4 W/l), in extrem weichem Wasser oft problematisch.

Cryptocoryne cordata
Blätter oval bis länglich herzförmig, bis 10 cm lang und 4 cm breit, am Grunde deutlich herzförmig eingeschnitten, stumpflich zugespitzt, oberseits dunkelgrün bis unregelmäßig bräunlich-violett, unterseits rötlich, Blattstiele 10 – 30 cm. – Schließt mit fließenden Übergängen auch die bisherigen Arten *C. blassii* und *C. siamensis* mit ein (JACOBSEN), die man lediglich als Rassen mit abweichendem Blatt-Typ bezeichnen kann (s. Verzeichnis S. 117):
„*C. blassii*-Typ": Blattspreiten eirund, bis 8 cm lang und 4,5 cm breit, Basis leicht gerundet oder schwach herzförmig, stumpflich zugespitzt, oberseits purpurn-rötlich bis bräunlich-violett, unterseits purpurrot, z. T. auch beulig vertieft. Blattform variabel.
„*C. siamensis*-Typ": Blattspreite länglich-oval bis elliptisch, bis 7 cm lang und 2,5 cm breit (deutlich schmaler als *blassii*-Typ), olivbraunrötlich, z. T. mit Scheckung, unterseits meist purpurrot. Zu *C. cordata* gehört schließlich auch noch eine als „*C. rosaenervis*" bezeichnete Form mit hell gestreiften Blättern. – Spathaspreite lanzettförmig, lang ausgezogen, z. T.

Bild 86. *Cryptocoryne ‚blassii"*, eine zu *Cryptocoryne cordata* gerechnete Cryptocoryne, gehört zu den dankbarsten malaiischen Arten und wächst in leicht gedämpftem Licht z. B. unter Schwimmpflanzen besonders üppig und dekorativ. Aufnahme G. Brünner

zurückgebogen, gelb mit gelbem Schlund, Kragen fehlend.
Eine schon um die Jahrhundertwende importierte Art. Es ist indes nicht sicher, ob die Nominatform heute in Aquarien kultiviert wird, sie gilt als heikel, dagegen sind die „blassii"- und „siamensis"-Typen prächtige, für Aquarien ausgezeichnet haltbare Cryptocorynen, die sich insbesondere für Gruppenpflanzung im Mittel- und Hintergrund eignen. Besonders *C. blassii* kommt noch mit sehr geringen Lichtverhältnissen aus (0,3 W/l) und wächst dabei oft besonders großblättrig. Beide Arten sind auch noch für mittelhartes Wasser geeignet, sofern man mit CO_2-Düngung den pH-Wert konstant hält.

Cryptocoryne griffithii
Blattspreite variabel, eiförmig bis rundlich herzförmig, bis 10 cm lang (im Aquarium meist kleiner), Basis leicht herzförmig eingeschnitten oder gerundet, stumpflich zugespitzt, Blattstiel 10−30 cm, Spathaspreite länglich-eiförmig zugespitzt, tief dunkelviolettrot, warzig, mit deutlichem Kragen.
Aquarienkultur schwieriger als die der „blassii"- und „siamensis"-Typen, gedeiht nur unter ausgesprochenen Weichwasserbedingungen (pH 6), bei gedämpfter Beleuchtung (0,4 W/l).

Cryptocoryne minima
Blätter verschmälert eiförmig, 3−4 cm lang, bis 2 cm breit, Basis verschmälert bis gerundet,

Bild 87. *Cryptocoryne purpurea* ist an der charakteristischen Blattzeichnung zu erkennen. Diese Cryptocoryne ist nach längerer Eingewöhnungszeit gut haltbar, benötigt aber möglichst weiches Wasser und optimale Versorgung mit Kohlendioxid. Aufnahme G. Brünner

Ende zugespitzt, Blätter grün, z.T. leicht bräunlich angelaufen, Blattstiel bis 10 cm. Spathaspreite lanzettförmig, warzig, dunkelbräunlich-violett, Spreite in den Kessel übergehend. (Ähnlich ist *C. zewaldiae*, jedoch großwüchsiger.)
Kleinere, seltener importierte Art, verhältnismäßig gut haltbar, stammt aus Regenwaldgebieten (weiches, saures Wasser, 0,4 W/l).

Cryptocoryne nurii
Blattspreiten sehr variabel, lanzettlich bis elliptisch, 8–12 cm lang, bis 3 cm breit, Basis verschmälert, mehr oder minder länglich zuge-

spitzt, bräunlich-olivgrün bis rötlichbraun mit dunkler Fleckenzeichnung, Rand z.T. etwas gewellt. Spathaspreite eiförmig zugespitzt, dunkel purpurrot mit auffallender, unregelmäßig warziger Struktur.
Eine wenig anpassungsfähige, schwierig zu kultivierende Art (Weichwasser, pH 6).

Cryptocoryne purpurea
Blätter länglich herzförmig bis eiförmig-rund, 6–8 cm lang, bis 3,5 cm breit, Basis leicht herzförmig, mehr oder minder zugespitzt, oberseits meist olivgrün bis leicht rötlich-bräunlich, mit charakteristischer Fleckenzeichnung, unterseits rötlich, langgestielt (bis 20 cm), Spathaspreite eiförmig zugespitzt, rot bis purpurrot, leicht warzig, mit orangefarbenem Schlund, Kragen fehlend. Die Identität der unter diesem Namen gepflegten Cryptocorynen ist nicht immer eindeutig.
Neben *C. „blassii"* und *„siamensis"*-Typen eine der brauchbarsten Malaysia-Cryptocorynen, offenbar schon seit Jahrzehnten kultiviert, jedoch meist verwechselt, u.a. als *„C. griffithii"*. Benötigt zwar längere Eingewöhnungszeiten, ist aber selbst bei 10° GH bei CO_2-Düngung gut haltbar. Beleuchtung etwa 0,5 W/l.
Zu den genannten Arten kommen weitere Cryptocorynen der malaiischen Halbinsel, u.a. *C. jacobsenii* und *C. decus-silvae*, bisher wenig bekannt und kaum erprobt. Das gilt auch für *C. diderici*. Dagegen ist *C. schulzei* mit länglich-ovalen, rötlichbraunen, schwach gescheckten, 5–6 cm langen Blättern mehrfach kultiviert und unter Aquarienbedingungen gut haltbar (0,4 W/l, leicht saures Wasser, CO_2-Zufuhr). *C. elliptica* mit mehr herzförmigen Blättern ist offenbar noch nicht kultiviert worden.

Philippinen, Neuguinea

Auf der Inselgruppe der Philippinen sowie auf Neuguinea (West-Irian) sind Cryptocorynen nur mit wenigen Arten vertreten. Für die Philippinen konnte SCHULZE im Süden von Luzon Beobachtungen über das Vorkommen von *C. usteriana* machen. Danach wächst diese Art vorwiegend im flachen Uferwasser teilweise beschatteter Flußufer, wobei die Blätter dicht übereinander geschichtet auf der Wasseroberfläche in der Strömung liegen, z.T. wurde reichliche Blütenbildung beobachtet, C. usteriana wächst hier auf vulkanisch-kiesigem Grund, dicht verwurzelt in kaum 0,5–1 m Tiefe. Emers wurden nur vereinzelte kümmernde Exemplare gefunden.

Für die auf Neuguinea vorkommende C. versteegii bieten sich vom Biotop – wie auch gestaltlich – gewisse Parallelen zu C. lingua (Seite 113), sie wird im Bereich der Gezeitenströme gefunden. Die Unempfindlichkeit gegenüber höheren Salzbelastungen läßt bei C. versteegii vermuten, daß diese Art auch bis in die Brackwasserzonen vordringt. Auf die Anpassung an die Brackwasser-Gezeitenströmung läßt übrigens auch die C. ciliata-ähnliche Ausbildung von viviparen Sämlingen schließen.

Cryptocoryne usteriana
Blattspreiten bandförmig lang, bis 60 cm, 3–4 cm breit, Basis verschmälert bis stumpf, Ende leicht abgestumpft, mittelgrün, mit stark beuliger Struktur („Hammerschlag"), Blattstiele etwa so lang wie Spreite. Spathaspreite länglich-lanzettlich, leicht gedreht, mit langem, meist umgebogenem Schwanz, leicht warzig, leuchtend violett, mit hellem Schlund. Die Identität dieser Art mit C. aponogetifolia wird bisweilen bezweifelt.

Diese größte Aquarien-Cryptocoryne (Blätter bis 1 m) erinnert entfernt an C. crispatula. Prächtig im Wuchs, stellt keine besonderen Ansprüche an das Wasser, bis 12° GH (CO_2-Düngung), ist jedoch ziemlich lichtbedürftig (1 W/l), nur für entsprechend große und hohe Aquarien geeignet, vermag sich aber auch kleineren Beckenmaßen bis zu einem gewissen Grad anzupassen, Blätter legen sich dann an der Wasseroberfläche um. Hoher Bodengrund (12 cm), für Hintergrundpflanzung.

Von den Philippinen sind noch zwei weitere *Cryptocoryne*-Arten bekannt, C. pygmaea und C. dewitii, über deren Aquarieneignung aber noch keine Erfahrungen vorliegen.

Cryptocoryne versteegii
Blattspreiten charakteristisch dreieckig, 3–6 cm lang und 2–3 cm breit, mit stumpfer Basis und abgerundeter Spitze, hell grasgrün, fleischig, Stiel kräftig, 5–7 cm. Spathaspreite breit lanzettlich mit gelbem Schlund.

Kultur wie C. lingua (Seite 113), benötigt hellen Standort (Tageslicht), halbemers im Aqua-Terrarium bei hoher Luftfeuchte und 25°C verhältnismäßig wüchsig, submers nur träge wachsend.

Verzeichnis der Cryptocorynen-Zweitnamen:
(irrtümlich gebrauchte und Handelsnamen in „ ") * nach DE WIT (1983) gültig

C. aponogetifolia = C. usteriana, S. 117
C. axelrodii = C. undulata, S. 110
C. balansae* = siehe C. crispatula, S. 106
C. blassii* = siehe C. cordata, S. 114
C. caudata* = siehe C. longicauda, S. 113
C. costata = C. albida, S. 107
C. dalzellii = C. retrospiralis, S. 107
C. evae = C. cordata, S. 114
C. gracilis = C. striolata, S. 113
C. grandis = C. grabowskii. S. 113
C. „griffithii" = C. purpurea, S. 116
C. haerteliana = C. affinis, S. 114
C. hansenii = C. albida, S. 107
C. hejnyi = C. purpurea, S. 116
C. huegelii* = siehe C. spiralis, S. 107
C. johorensis = C. longicauda, S. 113
C. kerrii = C. grabowskii, S. 113
C. „lastii" = C. zonata, S. 113
C. legroi = C. walkeri, bzw. C. lutea*, S. 111
C. „longicauda" = C. fusca, S. 113
C. longispatha = C. crispatula, S. 106
C. lucens* = siehe C. × willisii, S. 111
C. lutea* = siehe C. walkeri, S. 111
C. „nevillii" = C. × willisii, S. 111
C. „ongii" = C. striolata, S. 113
C. petchii* = siehe C. beckettii, S. 109
C. „pontederiifolia" = C. ferruginea, S. 112
C. pontederiifolia ssp. sarawacensis = C. ferruginea, S. 112
C. retrospiralis ssp. albida = C. albida, S. 107
C. retrospiralis var. costata = C. albida, S. 107
C. retrospiralis var. crispatula = C. crispatula, S. 106
C. retrospiralis var. tonkinensis = C. crispatula, S. 106
C. „rosaenervis" = C. cordata, S. 114
C. sarawacensis* = siehe C. ferruginea, S. 112
C. siamensis* = siehe C. cordata, S. 114
C. „somphongsii" = C. crispatula, S. 106
C. spathulata = C. lingua, S. 113
C. stonei = C. cordata, S. 114
C. sulphurea = C. pontederiifolia, S. 107

C. tonkinensis = *C. crispatula*, S. 106
C. venemae = *C. pallidinervia*, S. 113
C. „willisii" = *C. undulata*, S. 110

Cyperaceae, Sauergräser ~~GR~~ ~~T~~
Weltweit verbreitet
Sauergräser sind als Aquarienpflanzen bis auf
eine Gattung nur von untergeordneter Bedeutung. Für Aqua-Terrarien kommen vor allem
Cypergräser wie *Cyperus alternifolius* (Madagaskar, Réunion) und hier besonders die Sorte
„*gracilis*" in Betracht, auch das weniger zierliche *C. albostriatus* (*C. diffusus*) aus Südafrika
ist geeignet, die echte Papyruspflanze *Cyperus
papyrus* (tropisches Afrika) wird mit 1,5 m

Bild 88. Die Bachburgel *Didiplis diandra* ist auch als *Peplis diandra* bekannt. Sie ist eine sehr anpassungsfähige
Aquarienpflanze, die in dichten Gruppen sehr dekorativ
wirkt.

Wuchshöhe zu groß. Hier kann man als kleinere Alternative *C. haspan* (pantropisch)
nehmen. Alle sind nur für halbemerse Kultur
geeignet. Das gilt auch für das zierliche Sauer-
gras *Isolepis cernua* (*I. gracilis*, Südwesteuropa, Afrika, Amerika, Australien) mit fadendünnen Halmen. Gut submers haltbar sind dagegen einige *Eleocharis*-Arten, siehe S. 130.

Cypergras siehe *Cyperaceae*

Dickblattgewächse siehe *Crassulaceae*

Didiplis, ~~ST~~ ~~A~~
Bachburgel, Wasserhecke
Lythraceae, Weiderichgewächse
Nordamerika, Mexiko
Gattung mit nur einer Art, *D. diandra*. Im fla-
chen Wasser amphibisch wachsend oder auch
untergetaucht gefunden.

Didiplis diandra, Amerikanische Bachburgel
USA (überwiegend Südstaaten)
Blätter linealisch, 15 (25) mm lang und 1,5 (2)
mm breit, kreuzweise gegenständig, sitzend,
zart, an dünnen Stengeln (1,2 mm), hellgrün
bis kräftig grün, zur Triebspitze bisweilen auch
leicht rötlich, unscheinbare Blüten, blattachselständig, auch in Aquarien zuweilen ausgebildet.
Empfehlenswerte zierliche Aquarienpflanze,
sowohl in Gruppen als auch verzweigte Einzel-
triebe in kleinen Behältern sehr dekorativ, hat
einen hohen Anpassungsspielraum, stellt
keine spezifischen Ansprüche. Standort möglichst frei und etwa 0,7–1 W/l, damit sich die
Pflanzen schön kompakt entwickeln, Vermehrung durch Stecklinge, auch bei Zimmertem-
peratur (15–20 °C) haltbar, sonst 22–25 °C.

Dysophylla siehe *Eusteralis*, S. 133

Echinodorus, Amazonaspflanzen ~~GR~~ ~~A~~
Alismataceae, Froschlöffelgewächse
überwiegend tropisches Amerika, vereinzelt
Afrika, Asien
Amazonaspflanzen gehören zu den bekanntesten und verbreitetsten Aquarienpflanzen. Ihr
Spektrum reicht von kleinen, rasenartig wachsenden Vordergrundpflanzen bis zu imposan-
ten Solitärpflanzen, die nur noch in sehr großen Aquarien Platz finden. Dabei sind die mei-

sten Arten raschwüchsig, anpassungsfähig und leicht zu pflegen. Kein Wunder also, daß *Echinodorus*-Arten so beliebt sind.

Von den etwa 50 bekannten Arten werden bislang knapp 30 Arten in Aquarien kultiviert. Eine große Anzahl davon stammt aus dem tropischen Südamerika, u. a. aus den weiten Flußgebieten des Amazonasbeckens. Wenige Arten, wie *E. tenellus* und *E. cordifolius,* kommen noch in gemäßigten Klimagebieten der USA vor, während südlich die Verbreitung der Gattung bis nach Argentinien reicht.

Die Benennung der Arten (Nomenklatur) folgt hier weitgehend der Revision von RATAJ (1975), obschon hier beträchtliche Zweifel bestehen (DE WIT 1983). So sind wahrscheinlich u. a. Kulturformen, Bastarde wie auch triploide Formen z. T. als Arten beschrieben. Für den Aquarienfreund kann die Bestimmung oft sehr schwierig sein, zumal Aquarienexemplare stark variieren (Umweltverhältnisse, Beleuchtungsdauer usw.). Eine exakte Bestimmung ermöglichen nur emerse Exemplare mit Blüten und Früchten (sog. Nüßchen). – Siehe hierzu auch Übersicht der Zweitnamen, S. 127.

Vom gestaltlichen Typ her erinnern *Echinodorus*-Arten entfernt an unseren heimischen Froschlöffel *Alisma plantago-aquatica*: Ihre Blätter stehen rosettig, sind linealisch-lanzettlich bis herzförmig, der meist einfache Blütenstand trägt an langem Stiel mehrere Blütenquirle, deren Einzelblüten 3 weiße Kronblätter tragen. *Echinodorus*-Arten werden in der freien Natur oft amphibisch wachsend angetroffen, d. h., die Pflanzen stehen einen Großteil des Jahres in flachem Wasser oder auf sumpfigem Boden, werden aber während der Regenzeit oft völlig überflutet und wachsen dann untergetaucht weiter. Einige Arten wie *E. horemanii. E. osiris* und *E. opacus* sind dagegen bislang überwiegend untergetaucht wachsend angetroffen worden.

Die Wassertypen der *Echinodorus*-Biotope sind uneinheitlich, es überwiegen aber die Gewässer mit Weichwassercharakter, so wurde z. B. *Echinodorus osiris* in Paraná bei pH-Werten um 6,0–6,2 und einer nicht mehr meßbaren Härte angetroffen.

Die Aquarienkultur von *Echinodorus*-Arten ist im allgemeinen einfach und problemlos. Die meisten Arten sind ziemlich robust. Kulturfehler werden meist mit Wachstumsstagnation

beantwortet, so daß in der Regel genügend Zeit bleibt, um eventuelle Mängel abzustellen. Nur allzuoft wird hier das Gegenteil zum Problem: Viele Arten wachsen zu gut, d. h. werden für das Aquarium zu groß. Besonders größere Arten sind oft ausgesprochen rasch- und starkwüchsig. Das kann man bis zu einem gewissen Grad durch Ausbrechen von Blättern und durch mageren Boden ausgleichen. Normalerweise benötigen aber alle Arten einen entsprechend nährstoffhaltigen Boden, da sie ihre Nährstoffe vorzugsweise mit den Wurzeln aufnehmen. Man muß also den Bodengrund entsprechend vorbereiten (S. 43). Über Nährstoffmangel siehe Seite 51.

Wasserhärte und pH-Wert können bei den meisten *Echinodorus*-Arten in weiten Grenzen schwanken. Für die meisten Arten sind Karbonathärten von 4–8° KH und ein pH-Wert von 6,8–7 optimal. Viele Arten gedeihen aber auch noch in härterem Wasser über 14° KH und bei pH-Werten bis 7,5 ohne deutliche Wuchsminderung. Dann jedoch für stabile pH-Verhältnisse sorgen (CO_2-Zusatz). Besonders dankbar reagieren *Echinodorus*-Arten auf regelmäßigen Frischwasserzusatz mit leichter Aufdüngung.

Die Lichtansprüche von *Echinodorus* kann man allgemein als relativ hoch bezeichnen, d. h., man muß normalerweise 0,7–1,0 W/l zugrunde legen. Problematisch wird dies bei kleinen Vordergrundarten in hohen Becken. Hier jede Abschattung durch andere Pflanzen vermeiden und möglichst eine vordergrundbetonte Beleuchtung wählen. Für die meisten Arten sind 22–26°C die richtige Wassertemperatur; nordamerikanische und südbrasilianische Arten können einen Temperaturabfall bis 15°C ohne weiteres vertragen. So wurde z. B. *E. osiris* bei nur 15°C in 50 cm Wassertiefe gefunden.

Die Vermehrung ist je nach Artzugehörigkeit unterschiedlich. Kleinere Arten wie *E. tenellus, E. latifolius* und *E. quadricostatus* bilden kriechende Ausläufer, die sich schnell zu dichten Beständen entwickeln. Sie sind äußerst produktiv. Bei den größeren Arten ist dagegen die Bildung von Adventivpflanzen an Blütensprossen die häufigste Art der Vermehrung (Blütenstiel nach Entwicklung der Adventivpflanzen unter Wasser biegen). Manchmal zeigen sich bei größeren Exemplaren an der Basis kleine Sproßpflanzen, die man genügend stark werden läßt, bevor man sie vorsichtig abtrennt (je nach Lage evtl. schneiden – nicht bei Heizkabeln! – oder brechen). Gegebenenfalls kann man auch die Pflanze herausnehmen und die „Operation" dann bequemer vornehmen. Dabei säubert man die alte Pflanze von unansehnlichen Blättern, schneidet die Wurzeln um die Hälfte zurück, düngt evtl. den Boden (Seite 43) und pflanzt neu. *Echinodorus*-Arten vertragen Umpflanzen verhältnismäßig gut und erholen sich ziemlich schnell. Die Teilung von großen Pflanzen wie z.B. von *E. osiris* birgt stets die Gefahr des Verlustes, sie sollte nur vorgenommen werden, wenn auch getrennte Vegetationszentren erkennbar sind. Vermehrung durch Aussaat kommt für Aquarienverhältnisse nicht in Betracht. Einige Arten wie *E. horemanii* und *E. portoalegrensis* sind schwierig zu vermehren und deshalb entsprechend teurer.

Bild 89. Adventivpflanzen an umgebildeten Blütenständen von *Echinodorus*-Arten sollten erst nach einsetzender Wurzelbildung entfernt werden.

Kleinere schmalblättrige Arten:

Arten dieses Wuchstyps sind teilweise recht klein (*E. tenellus*), teils auch etwas größer, insgesamt jedoch ausgesprochene Vordergrundpflanzen. Sie bilden mit kriechenden Ausläufern dichte, z.T. rasenartige Bestände. Dies muß man anfangs dadurch unterstützen, daß Ausläufer, die eine „falsche" Richtung nehmen, umgeleitet werden (mit kleinen Steinen beschweren). Sobald Ausläuferpflanzen genügend erstarkt sind, kann man sie umsetzen. Andererseits sollte man darauf achten, daß die Bestände nicht zu dicht werden, da dann leicht Wachstumsermüdung eintritt, rechtzeitiges Auslichten ist ratsam.

Echinodorus tenellus, [BO]
Grasartige Amazonaspflanze
Östliche USA bis Südbrasilien
Kleinste Art, Blätter schmal-linealisch, 3 – 7 cm lang und 2 – 3 mm breit, im Wuchs an *Sagittaria* erinnernd (= „*Sagittaria microfolia*"), in Aquarien wird wahrscheinlich die tropische Varietät (var. *tenellus*) kultiviert (=

Bild 90 (oben links). Die Grasartige Amazonaspflanze *Echinodorus tenellus* ist eine wenig gattungstypische, jedoch hervorragend wüchsige, kleine Vordergrundpflanze, die dichte Bestände bildet. Aufnahme G. Brünner

Bild 91 (oben rechts). *Echinodorus quadricostatus* var. *xinguensis,* dem Aquarianer als „Zwergamazonas" ein Begriff, wächst mit kriechenden Ausläufern zu dichten Gruppen heran. Sie ist eine der beliebtesten Vordergrundpflanzen. Aufnahme G. Brünner

gute Eignung für Warmwasseraquarien). Um schöne dichte Vordergrundrasen zu bekommen, darf gerade bei dieser Art nicht mit Licht gespart werden (Pflanzung siehe Seite 46). Empfindlich gegen CO_2-Mangel.

Echinodorus bolivianus, BO
Bolivianische Zwergamazonaspflanze
Südbrasilien bis Argentinien
Sehr variabel, ähnelt submers der folgenden Art, schwierig von dieser zu unterscheiden,

Blätter schmal-lanzettlich, oft fast linealisch, bis 8 cm lang und 10 mm breit, undeutlich gestielt.

Mit ihren hellgrünen Blättern und der prächtigen Rasenbildung eine der schönsten Vordergrundarten, in letzter Zeit zunehmend verbreitet.

Echinodorus quadricostatus BO
var. *xinguensis,*
Zwergamazonaspflanze
Brasilien (Rio Xingu, Parà)
Größer als *E. bolivianus,* Blätter schmal-lanzettlich, 8−15 cm lang und 10−15 mm breit, am Ende zugespitzt, Basis verschmälert, in einen mehr oder weniger deutlichen Stiel verlaufend. Wuchsform stark von Lichtbedingungen abhängig, bei vermindertem Lichteinfall schmale, verlängerte Blätter.
Wie vorige Art als schöne Vordergrundart

121

verwendbar und wie diese vermehrt eisenbe-
dürftig.

Echinodorus latifolius,   BO
Mittlere Amazonaspflanze
Mittelamerika, nördliches Südamerika, West-
indische Inseln
Blätter ungestielt, schmal-lanzettlich, 10–20
cm lang, 12–15 mm breit, variabel, nach oben
spitz verlaufend, zur Basis lang verschmälert,
zuweilen stielartig erscheinend, Mittelnerv
hell, deutlich.
Wegen ihrer Wuchshöhe auch für Mittel-
grundpflanzungen geeignet, anspruchslos und
ausdauernd.
Ähnlich ist auch *Echinodorus angustifolius*
(Brasilien) mit sehr schmalen, bis 25 cm langen
und 10–15 mm breiten Blättern.
Echinodorus humilis siehe *Ranalisma humile,*
S. 181
Echinodorus ranunculoides siehe *Baldellia ranunculoides,* S. 87

Amazonas-Schwertpflanzen und ähnliche Arten:

Zu dieser Gruppe lassen sich die typischen
Vertreter der Gattung zusammenfassen, also
die „echten" Amazonas-Schwertpflanzen
Echinodorus amazonicus und *E. bleheri* (die
beide offenbar im Amazonas selbst noch nicht
gefunden wurden). Hierzu gehören aber auch
eine Reihe anderer bewährter Arten wie *E.
maior,* Arten, die z. T. „beckenfüllende" Maße
erreichen. Auch so prächtige Arten wie *E. osiris* und *E. berteroi* kann man zu diesem Wuchstyp rechnen. Bei der Artenwahl sollte man unbedingt die erreichbare Wuchsgröße berücksichtigen. Freier Stand und nahrhafter Boden
(Tonerde, Depotdünger) sind unumgänglich,
um die volle Schönheit dieser Pflanzen zur
Entfaltung zu bringen. Für die Pflanzung eignen sich nicht zu kleine Jungpflanzen am besten. Nach der Etablierung bilden viele Arten
Blütentriebe, die man jedoch zunächst entfernen sollte, um ansprechende Schaupflanzen zu
erzielen. Legt man Wert auf Vermehrung,
kann dies in der auf Seite 50 beschriebenen
Weise geschehen. In offenen Aquarien kann
man die Blüte auch zur vollen Entfaltung
kommen lassen, doch bilden sich auch hier
meist verkümmerte Blüten. Man biegt den
Blütenstiel besser zur Wasseroberfläche, da-

Bild 92. Die Schmalblättrige Amazonas-Schwertpflanze
Echinodorus amazonicus, eine vielseitig verwendbare,
anspruchslose Art. Sie zählt seit Jahrzehnten zum festen
Bestand unserer Aquarienflora. Aufnahme G. Brünner

mit sich die Adventivpflanzen in der feuchten
Atmosphäre besser entwickeln können, später
Trieb ganz submers halten (= bessere Wurzel-
bildung).

Echinodorus amazonicus,   A
Schmalblättrige Amazonasschwertpflanze
Flußgebiete des Amazonasbeckens
Blätter schwertförmig schmal, lanzettlich, bei-
derseits spitz auslaufend, bis 30 cm lang und
2–3 cm breit, meist leicht gebogen, Stiel etwa
ein Drittel so lang wie die Spreite, nur ein Ner-
venpaar entspringt etwas oberhalb der Basis,
Blattrand ohne Wellung.
Bei uns als erste *Echinodorus*-Art 1938 unter

dem Namen „*Echinodorus tenellus*" bekannt geworden. Für mittelgroße Becken solitär, auch in Gruppen bei entsprechender Behältergröße.

Echinodorus bleheri, ⬚A
Große Amazonas-Schwertpflanze (Bild 20, S. 42)
Großwüchsige Art, Blätter bis 50 cm lang, davon etwa die Hälfte auf die lanzettliche Spreite entfallend, Spreite 4–7 cm breit, bildet bei intensivem Lichteinfall bisweilen auch mehr schmalovale Formen, Pflanzen lassen eine deutliche Randwellung erkennen. Im Gegensatz zu *E. amazonicus* entspringt ein sehr zartes, oft undeutliches Nervenpaar direkt an der Basis (in den Rand verlaufend), während ein zweites, kräftiges Paar etwas oberhalb der Basis entspringt. Blattfärbung meist dunkler grün als bei voriger Art, oft mit auffallend dunkler Quernervatur (Artstatus unsicher).
Ausgesprochene Solitärpflanze, als Beckenmittelpunkt von hohem dekorativem Wert, muß jedoch frei stehen!

Echinodorus berteroi, Zellophanpflanze
Südliche USA (Süddakota bis Texas), Mexiko, Westindien
Auffallendstes Merkmal dieser Pflanze sind die fast durchscheinenden, sehr dünnhäutigen, submersen Blätter. Nervatur leuchtend hellgrün, eine außergewöhnlich schöne Pflanze. Blattform und Größe wechselnd, stark vom Entwicklungszustand abhängig: Primärblätter mehr oder minder linealisch, vergänglich, zunächst undeutlich gestielt, bis 20 cm lang und 1 cm breit, Folgeblätter gestielt, länglich-elliptisch. Mit herzförmigen bis länglich-herzförmigen, an der Spitze stumpfen Blättern erreicht die Pflanze ihre Altersform und geht dann zur Bildung von Luftblättern über. Letzteres kann man durch eine kurze Beleuchtungsperiode (nicht länger als 12 Stunden) verzögern, auch sollte man alle erscheinenden Luftblätter sofort entfernen, Temperatur nicht über 24 °C.
E. berteroi ist eine der wenigen Arten, die nur durch Samen vermehrt werden können, Samenansatz ist jedoch nur bei halbemersen Pflanzen unter Tageslichtbedingungen möglich, Bildung von Sproßpflanzen ist recht spärlich. Hervorragende Solitärpflanze.

Echinodorus horemanii,
Horemans Amazonaspflanze
Brasilien (Paraná)
Eine *E. osiris* sehr nahestehende Art (wie diese triploid, mit unsicherem Artstatus) mit kräftigen Blattstielen und lanzettlichen, bis 25 cm langen und 3 cm breiten, dunkelgrünen, ziemlich derben Blattspreiten mit schwacher Randwellung. Verträgt aufgrund ihrer Herkunft auch Wassertemperaturen etwas unter 20 °C.
Schöne, haltbare, wüchsige Pflanze, die leider selten Adventivpflanzen bildet.

Echinodorus maior, Riesen-Amazonaspflanze
Brasilien (Minas Gerais) (Bild 93, S. 124)
Blätter kurz gestielt, sehr veränderlich, abhängig vom Entwicklungszustand, breit-lanzettlich bis oval, zur Spitze abgestumpft, Basis gerundet bis leicht herzförmig, bei fortgeschrittener Entwicklung erhalten die Blätter ihre typische breit-lanzettliche, bis 50 cm lange und 9 cm breite Spreite mit auffallend heller Nervatur und weitläufiger Randwellung.
Für Aquarien ab 200 l eine der schönsten, das Aquarium meist völlig beherrschenden Amazonaspflanzen, entfaltet – wenn eingewöhnt – einen enormen Wuchs, zahlreiche Blütenstände mit Adventivpflanzen. Benötigt entsprechend kräftigen und hohen Bodengrund (auch Kulturgefäße mit Tonerde geeignet), hoher Eisenbedarf, ältere Pflanzen bilden an der Basis laufend Tochterpflanzen, neigt nicht zur Bildung von Luftblättern, auch bei höherer Wasserhärte und pH 7,4 noch gut wachsend.

Echinodorus opacus
Brasilien (Paraná, Ponta Grossa)
Blätter kurz gestielt, sehr derb, mehr oder minder eiförmig zugespitzt, Basis gerundet bis leicht verschmälert, bis 12 cm lang und 6 cm breit, dunkelgrün mit hellen Hauptnerven, Wurzelstock länglich horizontal.
Entwickelt bei gutem Licht (1 W/l) schöne gedrungene Pflanzen. Sowohl für Einzel- wie für Gruppenpflanzung.

Echinodorus osiris, ⬚A
Rote oder Osiris-Amazonaspflanze (Bild 30, S. 57) Südbrasilien (Paraná)
Steht *E. horemanii* nahe, junge Blätter jedoch ausgesprochen rötlichbraun. Blätter ziemlich

Bild 93. *Echinodorus maior* ist eine außergewöhnlich schöne, leuchtend hellgrüne Amazonaspflanze. Sie benötigt große Behälter (ab 200 l) und einen Wasserstand von mindestens 45 Zentimetern. Aufnahme G. Brünner

derb, lanzettlich, beidseitig spitz auslaufend, Rand deutlich gewellt. Ältere Pflanzen bilden Blütenstände mit Adventivpflanzen (relativ selten).

Wächst ausladend und benötigt entsprechend große Aquarien. Hervorragende Solitärpflanze, die rötliche Färbung der jungen Blätter kommt bei höherer Beleuchtungsstärke vermehrt zum Ausdruck, sollte wie *E. horemanii* möglichst nicht über 25 °C gehalten werden, setzt emers schnell Blüten und Adventivpflanzen an, triploid, Artstatus unsicher.

Echinodorus parviflorus,
Schwarze Amazonaspflanze
Peru, Bolivien
Blätter variabel lanzettlich, bis 22 cm lang und 5 cm breit, oft kleiner bleibend, beidseitig zugespitzt, zuweilen auch mit abgestumpfter Basis, meist dunkelgrün mit dunkler Nervatur, junge Blätter oft rötlichbraun, Blattstiel etwa ein Drittel der Spreitenlänge.

Beliebte, wegen ihrer Blattfärbung als „Schwarze" Amazonaspflanze bezeichnete Art, in Aquarien gut anpassungsfähig. Ältere Pflanzen bilden Blüten mit Adventivpflanzen, vielseitig verwendbar, auch für kleinere Aquarien. Möglicherweise eine Kulturform von *E. amazonicus.*

Echinodorus portoalegrensis
Brasilien (Paraná)
Steht *E. opacus* sehr nahe, Blätter derb, länglich-lanzettlich, bis 15 cm lang und 3 cm breit, Rand leicht gewellt. Wächst im Gegensatz zu *E. opacus* auffallend niederliegend.

Schöne Pflanze im „Mittelformat", vielseitig verwendbar, auch als Solitärpflanze im Vordergrund, Vermehrung recht spärlich, bildet zuweilen Sproßpflanzen an horizontalem Wurzelstock.

Bild 94. „Schwarze Amazonas" wird *Echinodorus parviflorus* aus Peru genannt. In der Tat sind die dunklen Blätter dieser Art eine ungewöhnliche Erscheinung unter den Amazonaspflanzen. Aufnahme G. Brünner

Zu dieser Gruppe gehören noch eine Reihe weiterer seltener kultivierter Arten wie *Echinodorus amphibius* (Brasilien) mit fast ungestielten, schmal-lanzettlichen, kaum 15 mm breiten Blättern, *E. andrieuxii* var. *longistylus* (Brasilien) mit lanzettlichen, hellgrünen Blättern und auffallend hervortretenden Hauptnerven. *E. aschersonianus* (Südbrasilien bis Argentinien) mit lanzettlichen bis leicht herzförmigen, variablen Blättern (je nach Lichtperiode) bleibt relativ klein. Auch der stattliche *E. subalatus* (Mittelamerika bis Südbrasilien) mit lanzettlichen bis ovalen, bis 30 cm langen Blattspreiten wird in Aquarien gepflegt. Der „echte" *E. paniculatus* (tropisches Amerika bis Argentinien) hat breit-lanzettliche Blätter mit dreikantigen Blattstielen (RATAJ). Eine als „*Echinodorus longistylus*" im Handel befindli-

che Pflanze gehört zu *E. argentinensis* (Südbrasilien bis Nordargentinien) mit relativ kurz gestielten, länglich-eiförmigen bis ovalen, zugespitzten, 10—15 cm langen und 7—8 cm breiten Blattspreiten (RATAJ).

Arten mit herzförmigen Blättern:

In der Regel sehr stattliche Pflanzen, fast ausschließlich als Solitärpflanzen verwendet. Die bekannteste Art ist *Echinodorus cordifolius*, die Herzblattförmige Amazonaspflanze, auch Wasserwegerich genannt. Sie gehört seit Jahrzehnten zum eisernen Bestand unserer Aquarienflora. Ein Nachteil mancher Arten dieses Typs ist die Neigung zur Bildung von Luftblättern besonders in flacheren Aquarien. Dieser wenig geschätzten Eigenschaft kann man durch Einhaltung einer Lichtperiode, die nicht mehr als 12 Stunden beträgt, entgegenwirken, was sich insbesondere bei *E. cordifolius* bewährt hat. Rein tropische Arten wie etwa *E. horizontalis* neigen weniger dazu, über den Wasserspiegel zu wachsen. — Die Vermehrung erfolgt bei dieser Gruppe allgemein durch Adventivpflanzen, die sich an Blütenstengeln entwickeln.

Echinodorus cordifolius, | A | T |
Herzblattförmige Amazonaspflanze, Herzblattförmiger Wasserwegerich (Bild 95, S. 126, Bild 7, S. 17)
USA (südliche Staaten, im Mississippital bis Tennessee)
Blätter langgestielt, mit herzförmiger Spreite, 15—20 cm lang, 8—10 cm breit, stumpflich endend bis leicht zugespitzt, Basis gerundet bis herzförmig eingeschnitten, hellgrün.
Sehr dekorativ für große Becken als Solitärpflanze, übermäßiger Wuchs durch verminderte Nährstoffzufuhr (Boden) regulierbar, bildet leicht Blüten mit Adventivpflanzen, bei günstigen Bedingungen (Freilandkultur in den Sommermonaten mit halbemersem Wuchs, auch Samenansatz).

Echinodorus horizontalis,
Horizontale Amazonaspflanze
Flußgebiete des Amazonas
An ihren langgestielten, fast horizontal gestellten, länglich-herzförmigen, 10—15 cm langen

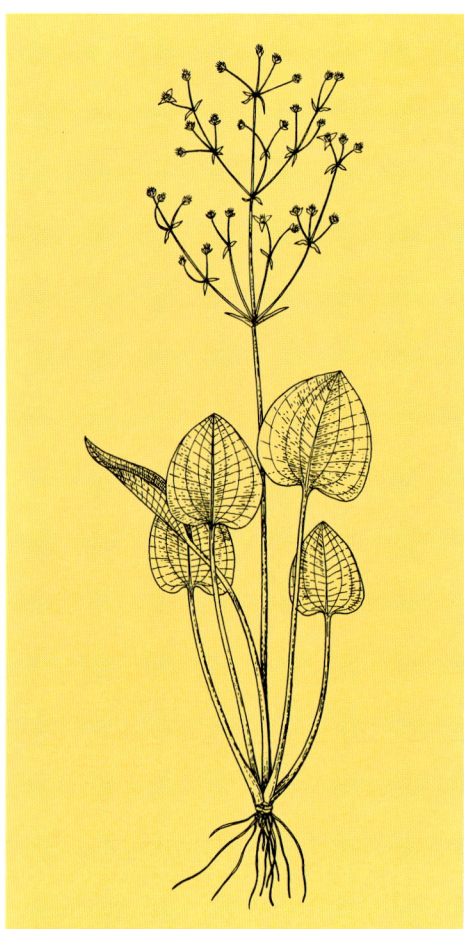

Bild 95. *Echinodorus cordifolius,* die Herzblattförmige Amazonaspflanze, wird meist als Solitärpflanze verwendet.

und 4–7 cm breiten, spitzen Blättern leicht kenntliche Art.
Wird als Aquarienpflanze wegen der geringen Wuchsgröße besonders für kleinere Behälter geschätzt, verlangt freien Standort, bildet nur vereinzelt Blüten mit Adventivpflanzen.

Echinodorus longiscapus
Südbrasilien bis Argentinien
Im ganzen an *E. cordifolius* erinnernd, im Wuchs jedoch wesentlich kleiner, mit mehr ovalen, an der Basis kaum gerundeten Blättern, verhältnismäßig selten im Handel.

Echinodorus macrophyllus,   ☐ T
Riesenblättriger Wasserwegerich
Zentralbrasilien, Guayana, bis nach Argentinien
Eine der größten Arten, Blätter länglich-oval, bis 35 (40) cm lang und 20 cm breit, Basis gerundet bis leicht herzförmig, Spitze kurz, jedoch deutlich zugespitzt, sehr feine Stacheln an Blattstiel und basalen Blatteilen (Lupe), junge Blätter rötlich-olivbraun mit deutlicher dunkelbrauner Zeichnung, später kräftig grün. Blattstiel bis 25 cm, sehr kräftig. Wird auch zu *E. muricatus* gerechnet = *E. muricatus* var. *macrophyllus.*
Bildet in zu flachen Aquarien schnell Luftblätter. Nur für größere Becken (ab 200 l) eine überaus prächtige Solitärpflanze, ältere Pflanzen entwickeln mitunter basale Sproßpflanzen. Wird auch mit *E. scaber* verwechselt, offenbar gibt es auch Bastarde mit *E. scaber* und *E. grandiflorus,* so daß eine eindeutige Identifizierung dieses Komplexes schwierig ist.

Echinodorus scaber,   ☐ T
Rauhe Amazonaspflanze
Venezuela bis Brasilien
Blätter variabel länglich-herzförmig bis leicht eiförmig, bis 25 cm lang und 18 cm breit, Basis herzförmig, Spitze schwach ausgeschnitten, zumindest jedoch stumpf, junge Blätter rötlichbraun, z. T. mit Fleckenzeichnung, feine warzige rauhe Bestachelung am Blattansatz, bei jungen submersen Blättern oft wenig ausgeprägt, später jedoch deutlich (Lupe).
Die Pflanze ähnelt *E. macrophyllus,* bleibt jedoch etwas kleiner, hervorragende Solitärpflanze. Ältere Pflanzen neigen bisweilen zum Überwasserwuchs (auch bei verkürzter Lichtperiode), hier hilft rechtzeitige und regelmäßige Entfernung älterer Blätter, so daß die Pflanzen ihre emerse Entwicklungsstufe nicht erreichen (gilt auch für *E. macrophyllus,* beide im Handel meist als „*Echinodorus muricatus*"). Hierbei unterbleibt gewöhnlich auch die Ausbildung von Blütenständen, so daß man keine Adventivpflanzen gewinnen kann.
Zu dieser Gruppe zählt auch noch *Echinodorus palaefolius* (Brasilien), im Handel meist als „*Echinodorus frankoiana*", eine recht groß werdende Art mit eiförmigen bis ovalen, am Grunde gerundeten bis herzförmigen, zugespitzten, bis zu 20 cm langen Blättern.

Bild 96. *Echinodorus macrophyllus*, der Riesenwasserwegerich, macht seinem Namen alle Ehre. Für die Praxis bedeutet dies: Entsprechend große Aquarien (ab 200 l). Nur so kann sich dieser *Echinodorus* zu seiner vollen Schönheit entwickeln. Aufnahme G. Brünner

Verzeichnis der Echinodorus-Zweitnamen:

(irrtümlich gebrauchte und Handelsnamen in „")* nach DE WIT (1983) gültig

E. austroamericanus = *E. bolivianus*, S. 121
E. brevipedicellatus = *E. amazonicus*, S. 122
E. „frankoiana" = *E. palaefolius*, S. 126
E. „guianensis" = *E. horizontalis*, S. 125
E. „grisebachii" = wechselweise für *E. latifolius*, *E. quadricostatus*, S. 121, 122
E. „intermedius" = für *E. latifolius* und *E. quadricostatus*, S. 121, 122

E. „leopoldina" = *E. maior*, S. 123
*E. longistylis** = siehe *E. argentinensis*, S. 125
E. magdalenensis = *E. bolivianus*, S. 121
*E. martii** = siehe *E. maior*, S. 123
E. „michaelii" = *E. longiscapus*, S. 126
*E. muricatus** = wechselweise für *E. scaber* und *E. macrophyllus*, S. 126
E. „peruensis" = *E. parviflorus*, S. 124
E. radicans = *E. cordifolius*, S. 125
E. „rangeri" = *E. bleheri*, S. 123
E. rostratus = *E. berteroi*, S. 123
E. „rubra" = *E. osiris*, S. 123
E.„undulatus" = *E. horemanii*, S. 123
*E. tunicatus** = siehe *E. horizontalis*, S. 125

Egeria,

ST A E

Südamerikanische Wasserpest
Hydrocharitaceae, Froschbißgewächse
Der Wasserpest *Elodea* sehr nahestehende
Gattung (Blütenkronblätter der zweihäusigen
Pflanzen besitzen im Gegensatz zu *Elodea* ein

sog. Nektarium = auf Insektenbesuch angewiesen), blühen jedoch unter Aquarienbedingungen normalerweise nicht.

Egeria densa, Argentinische Wasserpest
Brasilien bis Argentinien, weltweit verschleppt, u. a. Mexiko, Florida, Afrika, Australien und Neuseeland, Japan, teilweise auch in Europa (England, Niederlande, bei uns sporadisch)
Blätter länglich-lanzettlich bis breit linealisch, bis 30 mm lang und 5 mm breit (im Aquarium kleiner), Basis sitzend, Spitze zugespitzt, Rand sehr fein gesägt, kräftig grün, in meist 4−5zähligen Quirlen, Stengel 2 (3) mm, verzweigt. In stehenden, ruhigen Gewässern im flachen Wasser kriechend wachsend oder unter der Oberfläche, oft in sehr dichten Beständen.
War als „*Elodea densa*" schon vor der Jahr-

Bild 97. Die Argentinische Wasserpest *Egeria densa* zählt zu den robustesten Wasserpflanzen. Sie eignet sich sowohl für Kaltwasseraquarien als auch für Tropenbecken.

hundertwende ein Begriff als Aquarienpflanze, eine der genügsamsten und anpassungsfähigsten Arten, sowohl für Kalt- als auch für Warmwasserbecken. In ungeheizten Aquarien wird Pflanzung (dichte Gruppen) bevorzugt, oft als beherrschende Pflanze, im Tropenaquarium besser freitreibend zu halten, wegen des entsprechend höheren Lichtbedarfs (allgemein etwa 0,7-1 W/l), auch weil *Egeria* als Pflanzengruppe nur schwer mit anderen Arten harmoniert.

Egeria najas, Nixkrautähnliche Wasserpest
Brasilien bis Nordargentinien
Im Wuchs wesentlich zarter als *E. densa,* Blätter linealisch, bis 20 mm, nur 1 mm breit, spitz, mit weitläufig gesägtem Rand. Stengel dünn, 0,5−1 mm.
Wird hin und wieder als „Brasilianische Wasserpest" angeboten, von allen Arten den Temperaturen des Tropenaquariums am besten angepaßt, jedoch sehr hohes Lichtbedürfnis. (Man braucht mindestens 1 W/l, um schönen Wuchs zu erzielen.)

Eichhornia, Wasserhyazinthe   ⌈SCH⌉
Pontederiaceae, Pontederiengewächse
Gattung mit sieben Arten, amphibisch wachsend, im flachen Wasser und in Uferregionen, z. T. frei schwimmend wie *E. crassipes,* dabei in Massen vorkommend (Seite 178). Einige Arten, wie *E. azurea* und *E. diversifolia,* bilden submerse Formen, für Aquarienkultur geeignet. Überwasserformen nur bei sehr hohem Lichtaufwand haltbar.

Eichhornia azurea,   ⌈ST⌉
Dünnstielige Wasserhyazinthe,
Palmwedelkraut
Zentralamerika, Antillen, Südamerika bis Nordargentinien
Submerse Form mit linealischen, 8−12 (20) cm langen, bis 7 mm breiten, zarten, zweizeilig stehenden Blättern. Emerse Blätter rundlich, bis 12 cm, dunkelgrün, derb, mit langen Blattstielen und meist niederliegenden Sprossen. Blütenstände ähnlich *E. crassipes,* jedoch mit auffallend dunkelblauem Schlund, sehr dekorativ.
Unterwasserform für Aquarien hervorragend geeignet, am besten leicht saures, weiches Wasser, sehr schnell wachsend, Triebe mög-

lichst häufig neu stecken, dürfen nicht die Oberfläche erreichen (= emerse Blätter), gekappte Triebe verzweigen sich. Meist solitär gepflanzt. Beleuchtung 0,8–1 W/l, Boden nährstoffbereichert. Vermehrung auch aus Überwassertrieben, die man absenkt. Austreibende Sprosse können als Stecklinge dienen, gut haltbare Pflanze. Überwasserform äußerst lichtbedürftig, für Aqua-Terrarien mit Tageslicht oder Hochdrucklampen.

Eichhornia crassipes, Wasserhyazinthe
Tropisches Amerika, weltweit in subtropische und tropische Gebiete verschleppt
Blattspreite variabel, meist nierenförmig gerundet, stumpf, 5–10 cm lang, glänzend hellgrün bis dunkelgrün. Stiele schwammig aufgeblasen, je nach Entwicklungsbedingungen fast kugelig oder mehr langgestreckt. Tauchwurzeln lang, feinhaarig, dunkel. Blütenstand rispig, 10–20 cm, mit 8–15 hellblauen Blüten mit 6 am Grunde verwachsenen Kronblattzipfeln und auffallend gelbem Fleck, Blütenstand entfernt an eine Hyazinthenblüte erinnernd. Eine schon wegen ihrer eigenartigen Gestalt interessante Schwimmpflanze, die zu den ältesten Aquarienpflanzen gehört, heute in Aquarien aber seltener kultiviert wird. Erst die offenen Aquarien mit Hochdrucklampen haben auch der Wasserhyazinthe zu neuer Popularität verholfen. Auch bei Leuchtstofflampen ist die Kultur möglich (Wasserspiegel etwas absenken, 1 W/l). Die Tauchwurzeln werden gern von Jungfischen aufgesucht. Aquarienexemplare sind stets schwächer im Wuchs als Freilandpflanzen, auch ist im Zimmeraquarium kaum mit Blütenbildung zu rechnen. Problemlos ist die Pflege im sonnigen Freilandbecken während des Sommers, wobei meist im Spätsommer (Kurztag) auch Blüten-

Bild 98. Als „Palmwedelkraut" sind die Unterwassertriebe der Dünnstieligen Wasserhyazinthe *Eichhornia azurea* im Handel. Es sind unvergleichlich wirkungsvolle Pflanzen mit charakteristischer, zweizeiliger Blattstellung, die aber häufig neu gesteckt werden müssen, da sie an der Wasseroberfläche Luftblätter bilden. Aufnahme G. Brünner

Bild 99. Ebenso dekorativ wie berüchtigt: die Wasserhyazinthe *Eichhornia crassipes.* Bei uns blüht sie nur unter optimalen Kulturbedingungen (siehe auch S. 178). Aufnahme G. Brünner

bildung einsetzt. Vermehrung durch Ausläuferpflanzen. Überwinterung von Freilandpflanzen hell (Tageslicht), bei 15 °C in flachem Wasser (ca. 5 cm Wasserstand).

Eichhornia diversifolia, ST
Verschiedenblättrige Eichhornie
Antillen (Kuba, Santa Domingo) bis Guayana und Zentralbrasilien
Submerse Form an *Heteranthera zosterifolia* erinnernd, jedoch mit zweizeilig gestellten Blättern, Spreite linealisch, 4–9 cm lang, bis 5 mm breit, wechselständig, Basis verschmälert, Spitze abgestumpft, kräftig grün bis schwärzlich-grün, Sprosse submers aufrecht wachsend, an der Wasseroberfläche flutend, dann kleine herzförmig-runde Blätter bildend, Blüte mit scheidigem Hüllblatt an der Basis der Blütenstiele, meist einzelne kleine, hellblaue Blüten.
Wird wie *E. azurea* kultiviert, im Tropenaquarium gut haltbar, weiches, leicht saures Wasser, als Bestand gepflanzt, neigt manchmal zu Kahlwerden unterer Stengelpartien, rechtzeitig neu stecken. Meist als *„Heteranthera mattogrossensis"* im Handel.
Andere *Eichhornia*-Arten können nur für Aqua-Terrarien empfohlen werden, so die an *Pontederia* erinnernde *E. paniculata* (tropisches Südamerika), eine dekorative und stattliche Sumpfpflanze. Aquarienkultur wie *Eichhornia diversifolia.*

Eichhornia natans (trop. Afrika) sehr ähnlich *E. diversifolia,* dieser sehr nahestehend, Wuchs bisweilen kräftiger.

Eidechsenschwanz, siehe *Saururus,* S. 191

Elatine, Tännel BO K
Elatinaceae, Tännelgewächse
Weltweit verbreitet
Gattung mit meist niederliegend wachsenden Pflanzen, überwiegend von Standorten mit wechselnden Wasserverhältnissen, Überschwemmungsgebieten usw., können sich im Wachstum den Umweltverhältnissen anpassen. Bei uns bekannte Arten: *E. hydropiper* (Europa, besonders Nordeuropa), Wasserpfeffer (Rote Liste S. 201), mit kriechend wachsendem Stengel und winzigen, spateligen Blättern, sowie der Quirl-Tännel *E. alsinastrum* (Rote Liste, Mittel- und Südeuropa, Nordafrika, Asien) mit haarfeinen, quirlig stehenden Unterwasserblättern. Beide nicht sehr ausdauernd (erfordern Tageslicht). Für Aquarien ist die mediterrane Art *E. macropoda* (Südfrankreich, Spanien, Portugal, Nordafrika) am besten geeignet, gedeiht bis 22 °C gut, war früher eine der bevorzugten rasenbildenden Arten, wächst kriechend dicht mit niederliegendem Stengel und gegenständigen, mehr oder minder verkehrt-eiförmigen bis spateligen, gestielten, 3–15 mm langen Blättern. Benötigt feine Bodenstruktur (Grobsand) und viel Licht (1 W/l), nicht zu tief setzen. Schöne Vordergrundpflanze, braucht Zeit zur „Rasenbildung", seltener angeboten.

Bild 100. *Elatine macropoda* ist eine kleine, kriechend wachsende Pflanze und ein hervorragender Bodendekker.

Eleocharis, GR FW
Sumpfbinse, Simse
Cyperaceae, Sauergräser
Weltweit verbreitet
Gattung, die auch submers gut haltbare Arten aufweist, so die bekannte Nadelsimse *E. acicularis,* meist in kalkärmeren, nährstoffärmeren Seen und langsam fließenden Wasserläufen, z.T. bis in 1 m Tiefe, dichte Rasen bildend.

Eleocharis acicularis, Nadelsimse
Nördliche Halbkugel, Südamerika, Australien
Stengel („Blätter") fadendünn, bis 0,5 mm, und bis 20 (50) cm lang, sehr spitz auslaufend, 3- bis 4kantig, hellgrün, an sehr dünnen, kriechenden Ausläufern, an den Knoten wurzelnd, meist dichte Rasen bildend.

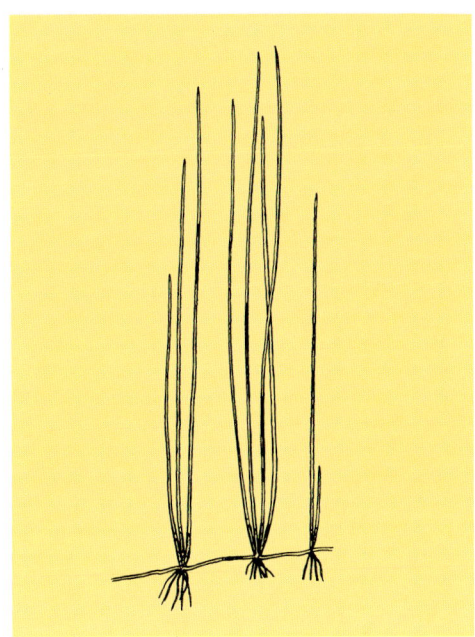

Bild 101. Die Nadelsimse *Eleocharis acicularis* ist eine weltweit verbreitete Wasserpflanze. Als Vordergrundpflanze, sowohl für Kalt- wie Warmwasseraquarien.

stehen können. Abgelöste Adventivpflanzen wachsen ohne Störung weiter.

Die Nadelsimsen bilden dichte, zierliche Vordergrundpflanzen und sind seit Jahrzehnten als Aquarienpflanzen geschätzt. Ihre Kultur ist nicht schwierig, doch sollte man in jedem Fall gut eingewöhnte Exemplare aus Kulturen beziehen. Wichtig ist feine Bodenstruktur (Grobsand) und weiches Wasser bis 10° GH, Temperatur nicht über 25°C, auch sehr schöne wintergrüne Kaltwasserpflanze, Beleuchtung 0,8–1 W/l, bei hohen Aquarien bedenken, daß Pflanzen am Boden in „Rasenhöhe" entsprechend hohen Lichtaufwand fordern. Kann auch als Büschel gesetzt werden, Rasenbildung erfordert Zeit. Dies gilt auch für die Zwergsimse *E. parvulus* (Art der Roten Liste, Seite 201). Sie bildet sehr niedrige, zierliche Rasen, verträgt auch Salzbelastung und härteres Wasser (CO_2-Gleichgewicht). Inwieweit Populationen aus wärmeren Gebieten besser für Tropenaquarien geeignet sind, ist bislang unklar. Für die Regenschirmpflanze *E. vivipara* ist eine Beckenhöhe von möglichst 60 cm erforderlich, da der Etagenaufbau dieser eigentümlichen Pflanze recht viel Platz beansprucht. Möglichst einzeln als Solitärpflanze im Vordergrund setzen, üppig entwickelte Exemplare wirken sehr schön. Kultur wie *E. acicularis*.

Eleocharis parvula, Kleine Sumpfbinse, Zwergsimse
Südwesteuropa, Afrika, Amerika, Japan
Ähnlich *E. acicularis*. Stengel fadendünn, bis 0,5 mm, nur bis 7 cm lang, nicht kantig, mit kriechend wachsenden haarfeinen Ausläufern, an deren Spitze weißgelbe, gebogene Halmknospen stehen. Kommt u. a. auch in Brackwassergebieten und im Gezeitenbereich vor. Bei uns ausgestorben (Art der Roten Liste, S. 201).

Eleocharis prolifera siehe *E. vivipara*

Eleocharis vivipara, Regenschirmpflanze A
Südöstliches Nordamerika
Stengel fadenförmig dünn, submers, 20–70 cm lang, untergetauchte Form entwickelt anstelle der Blüten am Stengelende adventive Rosettenpflanzen, die ihrerseits wiederum am Halmende schirmartige rosettige Pflanzen bilden, so daß mehrere Pflanzen übereinander

Elisma natans (S) siehe *Luronium*, Seite 156

Elodea, Wasserpest ST A K
Hydrocharitaceae, Froschbißgewächse
Elodea-Arten gehören zusammen mit den ihnen nahestehenden *Egeria*-Arten zu den klassischen Aquarienpflanzen. Ihnen wurde bereits in den Gründerjahren der Aquaristik eine besonders gute „wasserreinigende" und „sauerstofferzeugende" Wirkung zugeschrieben. Wie wir heute wissen, nicht zu Unrecht, denn rapider Pflanzenwuchs und optimale Sauerstoffproduktion sind Prozesse, die die „Lebensqualität" im Aquarium in hohem Maße fördern. Allerdings sind im heutigen Tropenaquarium *Elodea*-Arten weitgehend durch andere Stengelpflanzen verdrängt worden.
Wasserpest-Arten kommen überwiegend in gemäßigten Breiten vor, meist in stehenden oder schwach strömenden Gewässern. Sie vermögen auch noch in alkalischem Wasser zu gedeihen, neigen dabei zu vermehrter Bikar-

bonatassimilation und können z. B. in hell stehenden, kleinen Aquarien den pH-Wert in gefährliche Höhen treiben (Laugenvergiftung bei Fischen), insbesondere bei sehr dichtem Wuchs und Besonnung.

Die Kanadische Wasserpest *Elodea canadensis* ist ein Musterbeispiel dafür, wie eine ursprünglich auf eine bestimmte geographische Region beschränkte Art, durch den Menschen in andere Weltteile verschleppt, zu ungeahnter Ausbreitung gelangen und zum gefährlichen Konkurrenten der heimischen Flora werden kann (weshalb das Aussetzen fremdländischer Pflanzen bei uns auch verboten ist). 1836 tauchte *E. canadensis* zum ersten Mal in Irland auf und hat sich seitdem über ganz Europa bis in die Polargebiete und südlich bis Nordafrika ausgebreitet, oft in einem Ausmaß, das den Namen „Wasserpest" gerechtfertigt erscheinen läßt. Inzwischen ist *E. canadensis* weiter nach Südasien, Australien und Neuseeland vorgedrungen und hat bei uns dagegen fast „normalen" Verbreitungscharakter angenommen. Im Vordringen ist dagegen eine andere Elodea-Art in Westeuropa: *E. nuttallii*.

Elodea ist wie die nahe verwandten Gattungen *Egeria* und *Lagarosiphon* außerordentlich raschwüchsig. So können praktisch aus jedem Teil der Pflanze neue Sprosse entstehen. Die Vermehrung ist deshalb für den Aquarianer nicht schwierig, jedes abgebrochene Sproßstück treibt wieder aus. Die gelegentlich an diesen freitreibend wachsenden Pflanzen zu beobachtenden Wurzeln dienen offenbar nur der Nährstoffaufnahme, als normale Bodenverankerung sind sie bedeutungslos.

Elodea canadensis, Kanadische Wasserpest
Nordamerika, weltweit verschleppt
Blätter der bei uns verbreiteten weiblichen Pflanzen länglich-oval, 6–12 mm lang und 2–4 mm breit, stumpflich zugespitzt, Basis sitzend, Rand sehr fein gezähnt, meist in 3- bis 4(5)zähligen Quirlen, zur Spitze dicht gedrängt, an der Sproßbasis bisweilen gegenständig, freitreibend oder kriechend wachsend, im flachen Wasser oft in sehr dichten Beständen, dabei von Kalkablagerungen überzogen und graugrün erscheinend.

Nur für Kaltwasseraquarien, nicht über 20 °C, entwickelt sich besonders gut bei Tageslicht in karbonathaltigem Wasser sehr üppig. In Frei-

Bild 102. Nuttalls Wasserpest, *Elodea nuttallii,* ähnelt der Kanadischen Wasserpest, ist im Wuchs jedoch lockerer. Für hellstehende Kaltwasserbecken als wintergrüne Pflanze gut geeignet.

landbecken oft sehr stark wachsend, nur bedingt empfehlenswert.

Elodea callitrichoides, Chilenische Wasserpest
Chile, Argentinien
Blätter linealisch, 7–20 mm lang und kaum 1–1,5 mm breit, zur Spitze allmählich verschmälert, in 2- bis 3zähligen Quirlen, Rand fein gezähnt, hellgrün, Stengel 1–2 mm dick, ziemlich brüchig.
Gehörte früher – wie *E. canadensis* – zu den beliebten Kaltwasserpflanzen, heute nur noch selten kultiviert. Ähnlich ist *Elodea ernestiae* (Argentinien): Blätter 8–15 mm, etwa 1 mm breit und fein zugespitzt, Rand sehr fein gezähnt, blaßgrün, in 3zähligen Quirlen, früher meist zu *E. callitrichoides* gerechnet, als Aquarienform von dieser kaum unterscheidbar, in Europa (Rheingebiet) teilweise eingebürgert.

Elodea nuttallii, Nuttalls Wasserpest
Nordamerika, verschleppt nach Europa (u. a. Niederlande, Norddeutschland, vereinzelt)
Blätter schmal-lanzettlich bis linealisch, 6–14 mm lang und 0,4–1,8 mm breit, Basis sitzend,

zur Spitze allmählich zugespitzt, meist in 3zähligen Quirlen, hellgrün bis mittelgrün, Stengel an den Knoten leicht violett, gegenüber *E. canadensis* wesentlich lockerer erscheinend, auch schlaffer in der Struktur. Bevorzugt flache stehende Gewässer, zuweilen auch in brackigem Wasser gefunden.

Wird im Handel meist als „*Elodea minor*" angeboten, verhältnismäßig anpassungsfähig, erfordert bei höheren Temperaturen (über 20°C) einen sehr hohen Lichtaufwand (über 1 W/l). Haltung am besten frei treibend wie alle Arten, im Freilandbecken ausdauernd und problemlos zu halten.

Eriocaulon [GR]

Eriocaulaceae
Subtropische und tropische Gebiete, besonders Amerika
Pflanzen mit rosettig stehenden, meist grasartigen oder pfriemlichen Blättern, als Aquarienpflanzen noch wenig bekannt, hin und wieder importiert, u. a. mit Wasserpflanzensendungen aus Sri Lanka *Eriocaulon setaceum*.

Euphorbiaceae, Wolfsmilchgewächse [SCH]

Weltweit verbreitet
Überwiegend tropische Pflanzenfamilie, u. a. Arten mit extremer Anpassung (Halbwüstenpflanzen), nur wenige bewohnen nasse Standorte wie etwa unsere heimische Sumpfwolfsmilch *Euphorbia palustris* (Mitteleuropa), für Freilandbecken gut geeignet (Pflanze der Roten Liste, Seite 201). Eine der wenigen echten Wasserpflanzen findet sich in der artenreichen Gattung *Phyllanthus*: die Flutende Wolfsmilch *Phyllanthus fluitans* (tropisches Südamerika), eine Schwimmpflanze, die entfernt an *Salvinia* erinnert. Blätter mehr oder minder kreisrund, etwa 10−15 mm groß, Spreite beiderseits des Mittelnervs etwas aufgewölbt, Basis leicht herzförmig, hellgrün, zuweilen bläulich-rötlich angelaufen, dicht einander überdeckend, an mehr oder minder horizontal orientierten Sprossen flutend wachsend, Blüten klein, unscheinbar.

Phyllanthus fluitans hat als Aquarienpflanze nie große Verbreitung erlangt, was mit ihrem sehr hohen Lichtbedürfnis in Zusammenhang steht. Während des Sommers ist sie bei Tageslicht und Temperatur nicht unter 20°C mü-

helos zu halten, bedarf aber während der Wintermonate zusätzlicher Beleuchtung. Im ausschließlich mit Kunstlicht beleuchteten Aquarium ist die Flutende Wolfsmilch wenig beständig und meist nur zeitweilig haltbar.

Eusteralis [ST]

Lamiaceae, Lippenblütler
Tropisches Asien, Australien
Krautige, meist amphibisch wachsende, z. T. auch obligate Wasserpflanzen, viele als Kulturfolger in Bewässerungskanälen, Reisfeldern u. a. vorkommend. *E. stellata* wird als etwa 0,5 m hohe Sumpfpflanze an Gräben und Ufern gefunden (so auf Sri Lanka), bislang nur diese Art in Aquarien kultiviert.

Eusteralis stellata, Sternrotala, Sternpflanze
Südostasien (Bild 103, S. 134)
Submerse Blätter linealisch, bis 70 mm lang und 2 (4) mm breit, in 5- bis 12zähligen Quirlen (in Aquarien meist kleiner bleibend), hellgrün bis leicht rötlich, unterseits rötlich-violett, je nach Lichtbedingungen, Stengel relativ kräftig, 2−3 mm. Bildet im flachen Wasser emerse Triebe, oft bleiben submerse Triebe nach 10−15 cm Wuchslänge auch „stecken", bilden jedoch Seitensprosse. Emerse Triebe mit 5zähligen Blattquirlen, Blätter schmallanzettlich, dunkelgrün, Rand gesägt.

Zählt zu den anspruchsvollen Stengelpflanzen, benötigt hohe Lichtenergie (1 W/l), meist als freistehende Gruppe gepflanzt, benötigt weiches, vor allem karbonatarmes, CO_2-gedüngtes, leicht saures Wasser (bis 5° KH), wächst dann sehr schnell und üppig. Angeboten werden meist emers vorkultivierte Pflanzen mit ungeteilten Blättern, solche Stengel kann man flach auf den Boden legen, mit kleinen Steinen beschweren und austreiben lassen, das ergibt meist eine prächtige Gruppe, sonst Vermehrung durch Stecklinge, die sich leicht bewurzeln, Temperatur 22−28°C.

Fabaceae, Schmetterlingsblütengewächse [T]

Weltweit verbreitet
Pflanzenfamilie mit nur wenigen echten Wasserbewohnern, die sämtlich nicht untergetaucht wachsen, sondern amphibisch, so u. a. Vertreter der tropischen Gattung *Aeschynomene*, einige *Sesbania*-Arten (Reisfeldunkräuter), vor allem ist hier die pantropische Was-

Bild 103 (links). *Eusteralis stellata* ist als Sumpfpflanze in Südostasien weit verbreitet. Sie ist auch für kleinere Aquarien geeignet, ihre zarten Unterwassertriebe sind besonders attraktiv. Sehr lichtbedürftig, wächst besonders gut in weichem, leicht saurem Wasser. Aufnahme G. Brünner

Bild 104 (rechts). Das Quellmoos *Fontinalis antipyretica* wurde früher gerne als Ablaichpflanze verwendet. Für Kaltwasserbecken ist es nach wie vor eine der brauchbarsten Pflanzen. Aufnahme G. Brünner

sermimose *Neptunia oleracea* zu nennen. Sie wächst mit schwammig verdickten, mehr oder minder horizontal wachsenden Zweigen flach in oder auf dem Wasser, entfaltet ihre feinen, paarig gefiederten Blätter jedoch stets über der Wasseroberfläche und entwickelt zahlreiche dekorative gelbe Blütenköpfe.

Lediglich für geheizte Aqua-Terrarien geeignet, verlangt Tageslicht (Sonne), Triebe in flachem Wasser (5 cm) einwurzeln lassen, so daß

Triebende über Wasser bleibt, wächst während des Sommers sehr reichlich und blüht bis tief in den Herbst.

Fettblatt siehe *Bacopa*, S. 86

Filigranfarn siehe *Ceratopteris thalictroides*, S. 97

Fontinalis, Quellmoos   ST | A | K
Fontinalaceae, Quellmoosgewächse
Nördliche gemäßigte Zonen, Südafrika
Völlig untergetaucht wachsende Wassermoose sowohl in fließenden Gewässern, meist flutend an Steinen und Wurzeln haftend, als auch z. T. in stehenden Gewässern. Als Aquarienpflanze ist vor allem das Gewöhnliche Quellmoos *Fontinalis antipyretica* (gemäßigte Zonen) verbreitet. Als Vertreter der heimischen Wasserflora zählt das Quellmoos zugleich auch zu den ältesten Aquarienpflanzen, ist aber in der Kaltwasseraquaristik immer noch eine der wichtig-

sten wintergrünen Pflanzen. Die feinen, aus dem Wasser genommen dreikantig erscheinenden, nur mäßig verzweigten Stengel tragen kleine, stark gefaltete, meist dunkel-olivgrüne, breit-lanzettliche, bis 7 mm lange Blättchen. Färbung und Blattgröße einzelner Populationen können erheblich schwanken, sind im Aquarium auch kulturbedingt.

Ausgesprochene Kaltwasserpflanzen bis 20 °C, die auch bei mäßigem Beleuchtungsaufwand (0,6–0,8 W/l) gut gedeihen, jedoch sind nicht alle Arten gleich gut einzugewöhnen. Am besten eignen sich Pflanzen aus stehenden Gewässern, dennoch in jedem Fall starke Wasserumwälzung nötig, vor allem CO_2-Gleichgewicht, d. h. CO_2-Zufuhr obligat. Oft dauert es geraume Zeit, bis sich die Pflanzen etabliert haben. Quellmoosbüschel kann man mit Vorteil an Moorkienwurzeln und Steinen verankern, die Pflanzen sollten dann möglichst ungestört bleiben.

Froschbiß siehe *Hydrocharis,* S. 138

Froschbißgewächse siehe *Hydrocharitaceae*

Froschkraut siehe *Luronium,* S. 156

Gitterpflanze siehe *Aponogeton madagascariensis,* S. 79

Glyceria fluitans siehe *Poaceae,* S. 177

Glossadelphus siehe *Vesicularia,* S. 198

Glossostigma elatinoides, Zwergkraut   BO
Scrophulariaceae, Braunwurzgewächse
Neuseeland
Gattung mit kleinen, kriechend im flachen Uferwasser wachsenden Pflanzen, *G. elatinoides* mit länglich verkehrt-eiförmigen, bis 8 mm langen, gegenständigen Blättern. Blattstiel als verlängerte Blattbasis, undeutlich, Stengel kriechend, an den Knoten wurzelnd. Bildet nach Eingewöhnung dichte Vordergrundrasen, ist jedoch sehr lichtbedürftig, bis 1 W/l, sonst recht anspruchslos, nicht zu hohe Temperatur, maximal bis 25 °C, feines Bodensubstrat (Grobsand), nicht zu tief pflanzen, Pflänzchen auf den Boden legen und (unter Wasser) sehr wenig mit Sand beschichten, halbemers besser wachsend.

Goldkolben siehe *Orontium,* S. 174

Gräser siehe *Poaceae,* S. 177

Graskalmus siehe *Acorus gramineus,* S. 71

Graspflanze, Neuseeländische, siehe *Lilaeopsis,* S. 150

Grundnessel siehe *Hydrilla verticillata,* S. 138

Gymnocoronis siehe S. 84

Haarnixe siehe *Cabomba,* S. 92

Heleocharis (S) siehe *Eleocharis,* S. 130

Hemianthus siehe Micranthemum S. 160

Heteranthera, Trugkölbchen
Pontederiaceae, Pontederiengewächse
Tropisches Amerika südlich bis Nordargentinien
Überwiegend amphibisch wachsende Pflanzen, z. T. flutend oder halbaufgerichtet in flachem Wasser. Für Aquarien ist lediglich *Heteranthera zosterifolia* geeignet, wächst kriechend flutend, dabei oft dichte Bestände in flachen Uferbuchten und stehenden Gewässern bildend. *H. zosterifolia* ist seit nahezu 100 Jahren in Aquarienkultur und gehört damit zu den ältesten exotischen Aquarienpflanzen.

Heteranthera dubia siehe *Zosterella dubia,* S. 200

Heteranthera graminea (S) siehe *Zosterella dubia,* S. 200

Heteranthera zosterifolia,   ST | A
Seegrasblättriges Trugkölbchen
Zentralbrasilien, südlich bis Nordargentinien
Submerse Blätter lineal-lanzettlich, 3–5 cm lang, bis 7 mm breit, Basis leicht verschmälert, allmählich zugespitzt, leuchtend hellgrün, unterseits weißlich-grün, wechselständig, Stengel ziemlich zart, recht verzweigt, an den Knoten wurzelnd. Bildet lanzettliche Schwimmblätter und relativ unscheinbare blaue Blüten, im Aquarium selten.
Sehr wüchsig und leicht zu pflegen, Pflanzung in Gruppen aus Stecklingen, wurzeln leicht

Bild 105. *Heteranthera zosterifolia*, das Seegrasblättrige Trugkölbchen aus dem tropischen Amerika, wird seit nahezu einem Jahrhundert in Aquarien kultiviert. Es ist eine wüchsige, leicht zu pflegende Stengelpflanze. Aufnahme G. Brünner

und verzweigen sich, nicht zu dicht pflanzen, da *H. zosterifolia* sehr lichtbedürftig ist (etwa 0,8 W/l), um wirklich üppigen Wuchs zu erzielen. In weichem, leicht saurem Wasser (CO_2-Zufuhr) gut, nicht unter 20°C. Wirkungsvolle Hintergrundpflanze in mittelgroßen Behältern, auch als Vorder- und Mittelgrundpflanzung sehr dekorativ, rechtzeitig einkürzen und auslichten.

Heteranthera reniformis, ⊤
Nierenblättriges Trugkölbchen
Warme Gebiete Amerikas, nördlich bis Georgia, südlich bis Argentinien
Blätter stets emers, nierenförmig, breiter als lang, bis 8 cm breit und 4 cm lang (meist klei-

ner), am Grunde schmal herzförmig eingebogen, Blattstiele bis 15 cm, kräftig, wächst kriechend in flachem Wasser.
Wie *H. zosterifolia* eine der ältesten Vivarienpflanzen, jedoch nur für Aqua-Terrarien geeignet, submers nicht haltbar. Nicht unter 20°C und sehr hell (Tageslicht) halten.

Heteranthera peduncularis, Trugkölbchen ⊤
Mexiko bis Nordargentinien
Ähnelt im ganzen *H. reniformis,* wird vielfach mit dieser verwechselt, Blätter jedoch deutlich herzförmig, Spitze stumpflich, etwa 3–4 cm lang und breit, Blütenstand ährig mit zierlichen weißlichen Blüten. – Kultur wie *H. reniformis.*

Heteranthera ,,mattogrossensis" siehe *Eichhornia diversifolia,* S. 130

Heusenkraut siehe *Ludwigia,* S. 154

Hornblatt oder Hornkraut siehe *Ceratophyllum,* S. 95

136

Hornfarn siehe *Ceratopteris*, S. 96

Hottonia, ST K

Wasserfeder, Wasserprimel
Primulaceae, Primelgewächse
Europa, Nordamerika
Am Grunde wurzelnde Stengelpflanzen mit kammartig gefiederten Blättern und emersen Blütenständen, in Gräben, Tümpeln, Ufer-buchten und Flachwasserzonen stehender Gewässer, meist in relativ nährstoffarmem

Bild 106. Nierenblättriges Trugkölbchen, *Heteranthera reniformis.* Diese Art ist nur für Aqua-Terrarien geeignet.

Bild 107. Wasserfeder oder Wasserprimel, *Hottonia palustris;* benötigt viel Licht und leicht saures Wasser.

Wasser mit torfig moorigem Grund, wie unsere heimische Wasserfeder *Hottonia palustris* (Pflanze der Roten Liste, S. 201).

Hottonia palustris, FW
Wasserfeder, Wasserprimel
Europa
Blätter kammartig gefiedert, mit 10–15 leicht abgeflachten Fiedersegmenten, 20–50 (80) mm lang und bis 30 mm breit (meist kleiner bleibend), leuchtend hellgrün, am Stengel spiralig stehend bis quirlständig genähert, blüht nur in flachem Wasser, Blütenstand 20–40 cm über der Wasseroberfläche mit 3–7 Blüten-quirlen mit weißen bis leicht rosafarbenen, am Schlund gelben Kronblättern, oft in dichten Beständen.

Hottonia inflata,
Nordamerikanische Wasserfeder
Atlantische Staaten der USA bis Florida
Ähnelt in den Blättern *H. palustris,* Blätter bis 30 mm lang, mit 10–15 Fiedersegmenten, wechselständig, an einem an der Basis wur-zelnden Stengel. Unscheinbare Blüten entwik-keln sich aus endständigen, gedrungen aufge-blasenen, verdickten, blattlosen Stengeln über der Wasseroberfläche. Es ist sehr fraglich, ob diese Art überhaupt in Aquarien gehalten wird. Handelspflanzen unter diesem Namen gehören in der Regel zur *Proserpinaca pecti-nata* (S. 164).
Hottonia palustris ist eine ausgesprochene Kaltwasserpflanze, recht anspruchsvoll, d.h. benötigt weiches, CO_2-reiches, leicht saures (pH 6,8) Wasser, am besten Tageslicht. Unter ungünstigen Lichtbedingungen und bei zu warmer Haltung (nicht über 18°C) entarten die Pflanzen schnell, sind aber andererseits eine besondere Zierde des Heimataquariums. Pflanzung muß vorsichtig geschehen, da die Wasserprimel recht zerbrechlich ist. Boden mit Torfzusatz, dazu leichte Torffilterung, Wasser-stand möglichst nicht über 20 cm. Unter opti-malen Kulturbedingungen gelangen die Pflan-zen regelmäßig zur Blüte. Wesentlich besser hält sich *Hottonia palustris* allerdings im Frei-landbehälter, jedoch muß man auch hier ihren speziellen Wasseransprüchen Rechnung tra-gen. Blütezeit Mai bis Juni.

Hydrilla verticillata, `ST` `A` `FW`
Grundnessel
Hydrocharitaceae. Froschbißgewächse
(Bild 6, S. 16)
Mittel- und Osteuropa, Süd- und Ostasien,
Nordafrika, Madagaskar, Australien, USA
(Florida, eingeschleppt)
Blätter in 4- bis 8zähligen Quirlen, linealisch
zugespitzt, sitzend, 10–20 mm lang, 1–2 mm
breit, Rand scharf, jedoch relativ weitläufig ge-
sägt. Mittelnerv oft leicht rötlich-bräunlich,
Stengel etwa 1 mm, je nach Wuchsbedingun-
gen über 1 Meter lang, Blüten unscheinbar,
blüht im Aquarium nicht, wächst in ruhigem
Uferwasser stehender Gewässer bis 1 (3) m
Tiefe.
Gut haltbare und anpassungsfähige Aquarienpflanze, an Wasserpest erinnernd, sowohl für
Kaltwasserbecken wie Tropenaquarien geeignet, kann in Gruppen gepflanzt oder (besser)
frei treibend gehalten werden, wächst dann
dicht unter der Wasseroberfläche besonders
kräftig, bedarf besonders im Tropenaquarium
bei 24–26°C häufiger Auslichtung. Auch für
Freilandbecken geeignet. Für Warmwasseraquarien sind offenbar tropische Populationen
besser geeignet.

Hydrocharitaceae, Froschbißgewächse
Gemäßigte und warme Zonen, weltweit
„Echte" Wasserpflanzenfamilie, deren Vertreter entweder ganz untergetaucht oder
schwimmend wachsen, meist in stehenden
oder langsam fließenden Gewässern. 15 Gattungen, die Mehrzahl davon bekannte Aquarienpflanzen wie *Vallisneria, Egeria, Elodea,
Hydrilla, Lagarosiphon,* weniger bekannt und
schwieriger zu kultivieren sind *Blyxa* und *Ottelia.* Auch die schwimmblattbildenden Arten
wie *Hydrocharis* und *Limnobium* sind sehr
lichtbedürftig und deshalb heute nicht mehr so
populär.
Froschbißgewächse sind außerordentlich viel-
gestaltig, ihre Blüten sind überwiegend eingeschlechtig, z.T. wenig auffallend, mit speziellen Anpassungen, u.a. durch schwimmfähige
männliche Blüten an der Wasseroberfläche
(Hydrophilie), im Aquarium bei *Vallisneria* zu
beobachten (S. 197).

Hydrocharis morsus-ranae, `SCH` `A` `FW`
Froschbiß
Eurasien
Schwimmblätter rundlich, 4–6 cm lang, an der
Basis herzförmig, rosettig stehend und Ausläu-
fer bildend, blüht im Frühjahr mit kleinen,
weißen, eingeschlechtigen Blüten.
Sehr lichtbedürftige Kaltwasser-Schwimm-
pflanze, kommt nur für Freilandbehälter in
Betracht. Bildet im Herbst Winterknospen, die
im Frühjahr zu neuen Pflanzen austreiben.

Hydrocleis nymphoides, `SCH` `A` `F`
Wasserschlüssel, Wassermohn
Limnocharitaceae
Warme Gebiete Amerikas, eingebürgert in
Japan und Neuseeland
Schwimmblätter breit-oval, 3–8 cm lang, an
der Basis herzförmig, Spitze stumpflich, unterseits mit leicht schwammig verdickter Mittelrippe, kräftig grün, häufig mit dunkler Flek-
kung, ziemlich derb, je nach Wasserstand mehr
oder minder lang gestielt, Stiel mit Segmentierung, relativ dünn. Stengel niederliegend kriechend, mehr oder minder horizontal wachsend, an den Knoten wurzelnd, Blüte langge-

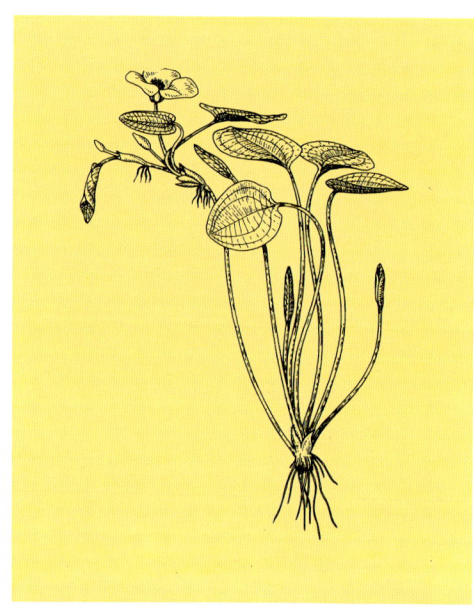

Bild 108. Seerosenähnlicher Wasserschlüssel, *Hydrocleis nymphoides,* eine zierliche, reich blühende
Schwimmpflanze.

stielt, etwa 10 cm über Wasseroberfläche mit großen, dreizähligen Blüten (bis 5 cm Durchmesser), Kronblätter auffällig gelb mit bräunlichem Grund, hinfällig.

Schwimmblattpflanze für flaches Wasser, gehört zu den ältesten Vivarienpflanzen, wüchsig und blühwillig, jedoch kaum für Tropenaquarium geeignet. Um Freude an dieser Pflanze zu haben, pflegt man sie in einem ausgedienten Aquarium am Fenster bei vollem Tageslicht (Sonne), Wasserstand sehr flach, Temperatur nicht unter 20°C, gelegentliches Absinken schadet nicht, Behälter luftig halten, nicht zu weit abdecken (Überhitzung bei Sonne), Boden nährstoffbereicherte Kiesmischung, hin und wieder leichte Aufdüngung. Unter diesen Bedingungen blüht *Hydrocleis* während des ganzen Sommers, Blüten jedoch nur einen Tag haltbar. Auch im flachen, sonnendurchwärmten Uferwasser eines Freilandbeckens während der warmen Monate haltbar und je nach Witterungsbedingungen mehr oder weniger reich blühend, im Herbst hereinnehmen und kühl bei hellem Stand überwintern. Kulturversuche im Aquarium verlaufen bei starker Beleuchtung (Hochdrucklampe) oft erfolgreich (Blütenbildung), doch sind die Pflanzen auf die Dauer bei Kunstlicht nicht haltbar.

Hydrocotyle, Wassernabel
Hydrocotylaceae, Wassernabelgewächse
Weltweit verbreitet

Eine – auch zu den Doldenblütlern *Apiaceae* gerechnete – Gattung mit niederliegend kriechend wachsenden Pflanzen, überwiegend amphibisch, wie unser heimischer Wassernabel *Hydrocotyle vulgaris,* letzterer bevorzugt nährstoffarme und kalkarme, moorige Standorte. Normalerweise wächst auch *H. verticillata* emers. *H. leucocephala* stammt aus tropischen Gebieten, bevorzugt hier jedoch Höhenlagen (über 1000 m) und wächst (V. D. VLUGT) in Venezuela und Ecuador an sehr trockenen Standorten als gewöhnliches Wegunkraut im Andengebiet, wo die Temperaturen nachts bis auf den Gefrierpunkt sinken. Ist im Grunde also weder eine echte Wasserpflanze noch eine ausgesprochene Tropen-Tieflandpflanze, ein typisches Beispiel dafür, wie Pflanzen dank ihrer Anpassung unter völlig anderen Wachstumsvoraussetzungen dennoch gut kultiviert werden können.

Bild 109. Der Brasilianische Wassernabel *Hydrocotyle leucocephala* ist von allen bislang kultivierten Arten der Gattung zweifellos am einfachsten zu pflegen. Er wächst untergetaucht aufstrebend. Aufnahme G. Brünner

Hydrocotyle leucocephala, | ST | A | T |
Wasserefeu, Brasilianischer Wassernabel
Tropisches Amerika (Andengebiete, Höhenlagen bis 2500 m)
Blätter etwas unregelmäßig nierenförmig, bis 50 mm im Durchmesser, Basis tief eingeschnitten, mit gebuchtetem Rand, submers hellgrün, langgestielt, Stengel normalerweise kriechend (emers) wachsend, im Aquarium aufstrebende Triebe entwickelnd. Blüten blattachselständig, langgestielt, doldig, mit zahlreichen kleinen weißlichen Blüten (nur emers entwickelt).

Hydrocotyle vulgaris, (BO) T FW
Wassernabel
Europa, Nordafrika, Vorderasien
Blattspreite schildförmig, 10–40 mm im
Durchmesser, Rand schwach gekerbt, Blattstiel je nach Standort sehr variabel, 10–80
(200) mm lang, zum Blattansatz hin zerstreut
behaart (submers oft undeutlich), mit niederliegendem, an den Knoten wurzelndem Stengel. Blüte blattachselständig, sehr kurz gestielt
(wesentlich kürzer als Blattstiele), in lockeren,
z. T. verzweigten, wenigblütigen Dolden (nur
emers).

Hydrocotyle verticillata (BO) T
Amerika, Afrika, Australien und Polynesien
Ähnelt im ganzen *H. vulgaris,* jedoch mit kahlen oder winzigen, vereinzelten Härchen, Blütenstiele etwa so lang wie Blattstiele, Blüten
deutlich in Kränzen (Quirlen). Quirlig verzweigte Blütenstände hat auch *H. bonariensis*
(subtropisches und tropisches Amerika),
gleichfalls mit schildförmigen, jedoch eirun-
den, am Rand unregelmäßig gekerbten Blättern, wird offenbar auch gelegentlich kultiviert
und mit vorgenannten Arten verwechselt.
Als Favorit unter den Wassernabelarten kann
H. leucocephala gelten, eine Art, die seit ihrer
Einführung zu einem Begriff geworden ist und
regelmäßig angeboten wird. Es ist allerdings
aussichtslos, diese Pflanze im Aquarium zu
kriechendem Wuchs zu erziehen. Sie hat ständig das Bestreben, an die Oberfläche zu wachsen. Wir halten sie in einigen lockeren Trieben
im Vorder- und Mittelgrund, wo sie am besten
zur Geltung kommt. Unzureichende Beleuchtung führt leicht zu Kümmerwuchs, 0,8 W/l
sollte man dieser Art schon zugestehen. Sie
verträgt bis 12 °C, wächst sogar bei 15 °C noch,
optimal sind etwa 22–25 °C, wobei die Triebe
so raschwüchsig sind, daß man häufiger kürzen
muß. *H. vulgaris* und *H. verticillata* behalten
auch im Aquarium ihren kriechenden Wuchs
bei. Verwendung als Vordergrundpflanzen,
dabei aber sehr lichtbedürftig (1 W/l), andernfalls erfolgt eine übermäßige Streckung der
Blattstiele, möglichst nicht über 22 °C, im flachen Wasser bildet *H. vulgaris* auch leicht
Schwimmformen. Offenbar ist *H. verticillata*
besser an Aquarienbedingungen anzupassen
und bleibt gedrungener im Wuchs, doch sind
beide Arten submers nicht sicher zu unter-

scheiden. Gelingt es, diese Pflanzen im Vordergrund anzusiedeln, so sind sie mit ihren eigenartigen schildförmigen Blättern eine überaus prächtige Erscheinung. Während *H. leucocephala* mit fast jedem Wasser vorliebnimmt,
sollte man besonders *H. vulgaris* nur in weichem, leicht saurem Wasser kultivieren. Alle
Arten aus Stengelstücken, die sich an den Knoten bewurzeln, leicht zu vermehren. Sehr gute
Pflanzen für Aqua-Terrarien.

Hydromystria siehe *Limnobium,* S. 151

Hydrostachyaceae siehe *Crassulaceae,* S. 99

Hydrothrix gardneri, ST
Brasilianisches Wasserhaar
Pontederiaceae, Pontederiengewächse
Zentralbrasilien (Ceará)
Mehr oder minder fadendünne, bis 2 mm dicke
und bis 20 mm lange, quirlig genähert stehende Blätter, Pflanze erinnert entfernt an ein
Nixkraut *Najas,* Stengel kaum verzweigt,
wächst aufgerichtet zur Wasseroberfläche, bei
gutem Licht sehr dicht, sonst lockerer wachsend. Blüten entfalten sich direkt an der Wasseroberfläche oder kleistogam. Wächst in Flüssen und Weihern, nur submers, von BOGNER
1976 in Fischteichen bei Icó (Ceará) gesammelt und in die Aquaristik eingeführt.
Stellt hohe Anforderungen an Licht (0,8–1
W/l) und Wasserqualität (Karbonathärte möglichst nicht mehr als 2 ° KH, CO_2-Zufuhr, pH
5,8–6,5), Temperatur 24–28 °C. Wächst zwar
zeitweilig auch in härterem Wasser, doch neigen die Pflanzen dann stark zur Veralgung, was
Verluste zur Folge hat. Als einzelne Gruppe
mit Spotlight besonders wirkungsvoll, wächst
bei zusagenden Bedingungen zügig, muß häufiger neu gesteckt werden, Stecklinge bewurzeln sich rasch (Bodenwärme).

Hydrotriche hottoniiflora, ST
Hottoniablütiges Wasserhaar
Scrophulariaceae, Braunwurzgewächse
Madagaskar
Blätter mit 5–7 haarfeinen, pfriemförmigen,
20–30 mm langen Segmenten, paarweise gegenständig, so eine scheinbar quirlige Blattstellung zeigend. Stengel kräftig, wenig verzweigt, Blütenstiel 10–12 cm über der Wasseroberfläche, mit traubig stehenden, gestiel-

Bild 110 (links). Gemeiner Wassernabel *Hycrocotyle vulgaris,* unter geeigneten Bedingungen eine dekorative Vordergrundpflanze.

Bild 111 (Mitte). *Hydrothrix gardneri*, ein ungewöhnliches Pontederiengewächs aus Zentralbrasilien.

Bild 112 (rechts). Hottoniablütiges Wasserhaar, *Hydrotriche hottoniiflora,* ist eine interessante Stengelpflanze aus Madagaskar.

ten, fünfzähligen, mehr oder minder weißlichen (mit blauem Fleck, var. *hottoniiflora*) oder gelben Röhrenblüten (var. *flava*). Wurde von J. BOGNER an vollbesonnten Standorten in nur mäßig warmem Wasser (21°C) auf Madagaskar gefunden und 1968 nach Europa eingeführt.
Aquarienkultur ähnlich *Hydrothrix*, benötigt viel Licht (bis 1 W/l) und weiches Wasser mit CO_2-Düngung, pH leicht sauer. Wird in kleinen Gruppen gepflanzt und kommt besonders vor dunkelblättrigen Hintergrundpflanzen wirkungsvoll zur Geltung. Unter sehr günstigen Lichtbedingungen bilden sich auch Blüten.

Hygrophila, Wasserfreund   ST | A | (T)
Acanthaceae, Bärenklaugewächse
Pantropisch, überwiegend in der Alten Welt
Eine etwa 80–90 Arten umfassende Gattung niederliegend oder aufgerichtet wachsender Sumpfpflanzen, die sich wechselnden Wasserbedingungen gut anzupassen vermögen, viele Begleitunkräuter des Reisanbaus (*H. auriculata*). In der Regel emers wachsend (siehe S. 16), sind viele Arten im Aquarium doch außerordentlich haltbar, wüchsig und dekorativ, besitzen aber doch zuweilen die Neigung, über den Wasserspiegel hinauszuwachsen, so daß man sie rechtzeitig kürzen und neu stecken muß. Blüten werden nur an emersen Trieben in kleinen, blattachselständigen Blütenständen gebildet. Blüte mit 5zähligem Kelch und kleinen weißen bis purpurvioletten, zweilippigen Blüten. Bei der Benennung der Arten bestehen beträchtliche Unsicherheiten, so u. a. beim *Hygrophila stricta*-Komplex, der wahrscheinlich in vielen Rassen in Aquarien kultiviert wird, andere Arten sind noch nicht näher identifiziert. Vermehrung allgemein durch Stecklinge, die sehr leicht wurzeln, selbst einzelne lose Blätter vermögen sich zu regenerieren, in-

141

Bild 113. Der Riesenwasserfreund *Hygrophila corymbosa* ist eine variable Art, die im Aquarium sehr rasch wächst. Stecklinge bewurzeln sich sehr schnell und sind besonders auch zur Erstbepflanzung geeignet. Aufnahme G. Brünner

dem sie am Blattstiel Adventivsprosse bilden. Alle Arten gedeihen gut bei 22–28°C und benötigen etwa 0,7 W/l, wobei jedoch gilt, daß der Wuchs um so kräftiger und gedrungener wird, je mehr Licht die Pflanzen bekommen.

Hygrophila angustifolia,
Schmalblättriger Wasserfreund
Südostasien
Blätter schmal-lanzettlich bis lineal, bis 12 cm lang und 15 mm breit, zur Spitze allmählich zugespitzt, Basis lang verschmälert, Stengel ziemlich kräftig, 3 mm, Internodien je nach Licht relativ lang, wächst leicht über den Wasserspiegel hinaus, emers bis 1 m Wuchshöhe,

Blüten kranzförmig in Blattachseln, weißlich, auch schwach violett angelaufen, klein.
Kultur nur in entsprechend großen Aquarien, hier meist als lockere Gruppe gepflanzt; Einzelpflanzen in kleineren Behältern als Solitärpflanzen recht dekorativ, weniger wüchsig als andere *Hygrophila*-Arten.

Hygrophila corymbosa, E
Riesenwasserfreund
Südostasien
Kräftige, sehr variable Sumpfpflanzen (von vielen Autoren nur als Varietät von *H. stricta* betrachtet = *H. stricta* var. *corymbosa*), in mehreren Rassen (Klonen) verbreitet: Der am häufigsten kultivierte Wuchstyp besitzt breitlanzettliche, hellgrüne, 7–12 cm lange und bis 4,5 cm breite Blätter; einige Formen entwikkeln unter starker Beleuchtung in weichem, saurem Wasser rötlich-bräunliche Blattfärbungen, die von der hell-leuchtendgrünen Färbung abweichen, andere Kulturformen (?) besitzen schmalere, stets rein grüne Blätter und leiten damit über zum *H. stricta*-Komplex (siehe dort). *H. corymbosa* bildet bei entsprechendem Lichteinfall leicht Überwassertriebe, die bei starkem Tageslicht (volle Sonne) oft eine dunkel-olivgrüne bis bräunlich-violette Färbung annehmen. Blüten violettblau.
Eine Aquarienpflanze, die schon kurz nach ihrer Einführung vor etwa 30 Jahren ungewöhnliche Verbreitung erlangte und auch heute noch zu den am häufigsten kultivierten tropischen Wasserpflanzen gehört. Sie ist enorm wüchsig und mit ihrer leuchtenden Blattfärbung auch ungewöhnlich dekorativ. Gepflanzt wird in kleinen Gruppen, doch sollte der Wasserstand 40 cm nicht unterschreiten, da sonst die volle Schönheit dieser Art nicht zum Ausdruck kommt. Kultur problemlos, wächst in härterem Wasser noch recht gut, CO_2-Düngung vorteilhaft, unten kahl werdende Triebe deuten auf Kulturfehler (mangelnde Frischwasserzufuhr, Beleuchtungsfehler usw.), Köpfen der Triebe wenig sinnvoll, da Verzweigungen zu schnell die Wasseroberfläche erreichen, stets über dem Boden abschneiden und entsprechend eingekürzt neu stecken (gilt auch für andere Arten).

142

Hygrophila difformis   E
Wasserwedel, Wasserwistarie
Südostasien
Submerse Blätter recht variabel, tief fiedrig
eingeschnitten, teilweise auch nur kammartig
geteilt bis gelappt (besonders Übergangsblät-
ter), Größe wechselnd, bis 12 cm lang und
7 cm breit, hellgrün; eine Form mit weißge-
fleckten Blättern ist seit einiger Zeit im Handel, emerse Blätter elliptisch mit gesägtem
Rand, dunkelgrün, Blüten blattachselständig,
12 mm, blaßviolett mit dunkler Zeichnung.
Wurde 1954 als „water-wisteria" nach England eingeführt, seither eine der populärsten
Aquarienpflanzen, vor allem wegen ihrer ausgezeichneten Aquarieneigenschaften. Stecklinge bewurzeln sich rasch und wachsen innerhalb kürzester Zeit zu dekorativen Pflanzengruppen heran. Locker pflanzen, 7–10 cm Abstand, die fiederschnittigen, hellgrünen Blätter
ergeben wirkungsvolle Kontrastpflanzungen,
die Pflanzen entwickeln sich um so schöner, je

Bild 114. Eine der „erfolgreichsten" Aquarienpflanzen,
die „Wasserwistarie" *Hygrophila difformis.* Wegen ihrer
Wüchsigkeit, der problemlosen Kultur und ihrem hohen
dekorativen Wert ist sie eine der beliebtesten Pflanzen
des Tropenaquariums. Aufnahme G. Brünner

optimaler die Lichtverhältnisse sind. Plötzlicher Temperaturfall kann Wachstumsstörungen (weniger tief eingeschnittene Blätter) hervorrufen, Vermehrung durch Stecklinge, aber
auch dadurch, daß gut eingewachsene Stecklinge ausläuferähnliche, horizontal wachsende
Sprosse entwickeln, die sich aufrichten und
den Bestand vergrößern.
Entfernt an *H. difformis* erinnert die aus Indien und Sri Lanka stammende *Hygrophila
balsamica.* Emerse Blätter ungeteilt, länglich-
lanzettlich bis 8 cm lang, am Rand mehr oder
minder gezähnt-gesägt. Untergetauchte Blattspreiten in feine Fiedersegmente reduziert, bis

143

10 cm lang, wirkt im ganzen jedoch wesentlich feiner als *H. difformis*. Charakteristisch ist der harzartig intensive Geruch vor allem bei emers kultivierten Pflanzen. Dies solle ein Warnzeichen sein: Die Pflanzen enthalten einen Giftstoff, der für Aquarienfische unter Umständen tödlich sein kann. Von einer Aquarienkultur dieser Art muß deshalb abgeraten werden.

Hygrophila polysperma ⬚E⬚
Indischer Wasserfreund
Indien
Blätter länglich-elliptisch bis länglich-oval, bis 5 cm lang und 12 mm breit, Spitze leicht gerundet, Basis allmählich verschmälert, mehr oder minder sitzend, relativ zart, hellgrün, bisweilen auch leicht rötlich-bräunlich angelaufen, bildet leicht Seitentriebe und zahlreiche Adventivwurzeln. Zu *H. polysperma* rechnen wahrscheinlich auch als ,,Ceylon"-Wasserfreund oder ,,*H. guinensis*" im Handel befindliche Pflanzen mit bis zu 8 cm langen Blättern.

Bild 115. Der Indische Wasserfreund *Hygrophila polysperma* kam als erste *Hygrophila*-Art nach Europa. Es ist eine wüchsige, leicht zu pflegende und vielseitig verwendbare Aquarienpflanze. Aufnahme G. Brünner.

H. polysperma wächst emers kriechend halb aufgerichtet, mit kleinen weißen bis schwach violetten Blüten.
Seit vielen Jahrzehnten populärer Wasserfreund mit seinen lebhaft hellgrünen Blättern, besonders als größere Gruppe äußerst wirkungsvoll, für jede Beckengröße geeignet, an Anpassungsfähigkeit wohl kaum zu übertreffen, eine Aquarienpflanze, bei der man kaum etwas verkehrt machen kann. Allerdings sollte man auf ausreichende Lichtverhältnisse achten, damit die Pflanzen sich auch wirklich schön entwickeln.

Hygrophila salicifolia (S) siehe *Hygrophila angustifolia*, S. 142

Hygrophila stricta-Komplex (siehe auch *H. corymbosa*, auch zur Gattung *Nomaphila* gerechnet)
Südostasien, Afrika
Blattspreite variabel, die unter diesem Namen zusammengefaßten Pflanzentypen besitzen meist schmalere Spreiten als *H. corymbosa*, so der „Thailändische Wasserfreund" mit bis zu 15 cm langen und 2,5 cm breiten Blättern, im Aquarium meist kleinblättriger, eine schöne, kräftig grüne bis hellgrüne Pflanze, die gedrungen wächst (auch als „*H. siamensis*" im Handel). Eine weitere Art, offenbar afrikanischer Herkunft, hat etwas breitere Blätter, es fällt jedoch schwer, diese Pflanzentypen von *H. corymbosa* abzugrenzen, zumindest was submerse Aquarienexemplare betrifft. Emers zeigen sich z. T. deutliche Unterschiede (Blütenstand, Behaarung, photoperiodisches Verhalten). – Kultur wie *H. corymbosa*.
Außer den aufgeführten Arten sind noch eine Reihe weiterer *Hygrophila*-Arten im Handel, die aber sämtlich nicht sicher bestimmt sind. Als *Hygrophila „longifolius"* wird eine besonders lange und schmalblättrige Pflanze angeboten, Blattlänge bis 20 cm, bis 12 mm breit, Rand weitläufig gewellt, bildet sehr dichte Triebspitzen, etwas schlaff in der Struktur, lebhaft grün gefärbt. Gleichfalls ungesicherten taxonomischen Status hat der sog. Rosetten- oder Quirlblättrige Wasserfreund *Hygrophila* sp.; die schmal-lanzettlichen Blätter (bis 12 cm lang) stehend in meist 3zähligen Quirlen. Von ähnlichem Wuchstyp, jedoch kleiner bleibend ist eine als *Hygrophila „lacustris"* bezeichnete Pflanze, Blätter sehr schmal, bis 8 cm lang, mit gesägtem Rand.

Hygrorhiza aristata siehe *Poaceae,* S. 177

Igelkolben siehe *Baldellia,* S. 87

Ilysanthes parviflora `ST` `T`
Scrophulariaceae, Braunwurzgewächse
Blätter mehr oder minder rundlich bis eiförmig, bis 10 mm lang und 7 mm breit, hellgrün, an relativ dünnen Stengeln, gegenständig, sitzend, emerse Blätter größer, kleine blattachselständige Blüte, weiß. Niederliegend kriechend wachsende Pflanzen in Sümpfen und Überschwemmungsgebieten, überwiegend emers wachsend.

Bild 116. Als „Thailändischer Wasserfreund" ist eine an *Hygrophila corymbosa* erinnernde, jedoch schmalblättrige Pflanze im Handel. Sie gehört wahrscheinlich zum *Hygrophila stricta*-Komplex. Aufnahme G. Brünner

Entfernt an *Micranthemum* erinnernde Pflanzen, benötigen hohe Lichtenergie (1 W/l), entarten sonst sehr schnell, besser für emerse Kultur im Aqua-Terrarium. Teilweise auch zur Gattung *Lindernia* gerechnet und so im Handel bezeichnet.

Isoetes, Brachsenkräuter `GR`
Isoetaceae, Brachsenkrautgewächse
Weltweit, besonders artenreich in den Tropen Untergetaucht bzw. amphibisch wachsende Pflanzen, die in der Gestalt an Gräserbüschel erinnern, spielen als Aquarienpflanzen heute nur noch eine untergeordnete Rolle, oft Bewohner ausgesprochen nährstoffarmer Weichwasserseen (so die heimischen Arten),

bilden hier z. T. unterseeische „Wiesen" in 0,5–2 m Wassertiefe, spezielle Anpassung läßt sie für Aquarien problematisch erscheinen.

Isoetes lacustris, Gewöhnliches Brachsenkraut
Nord- und Zentraleuropa
Blätter grundständig, rosettig, spiralig, 8–20 cm lang und 1–2 mm dick, kurz zugespitzt, im Querschnitt viereckig, dunkelgrün, Rhizom 2- bis 3lappig.
Benötigt unbedingt weiches, nährstoffarmes, leicht saures Wasser, Temperatur 12–18°C, Tageslicht oder Kunstlicht, mindestens 0,8 W/l. Nur aus Kulturen beziehen (wie auch folgende Art Pflanze der Roten Liste, S. 201).

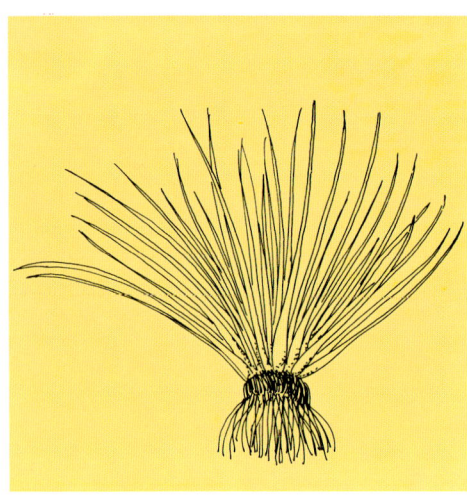

Bild 117. Igelsporiges Brachsenkraut, *Isoetes echinospora.*

Isoetes echinospora,
Stacheliges Brachsenkraut
Überwiegend nördliche Halbkugel
Variable Art, ähnlich *I. lacustris,* Blätter jedoch 5–12 cm lang und relativ dick, bis 3 mm, im Querschnitt dreieckig bis halbkreisförmig, allmählich in feine Spitze auslaufend.
In der Kultur heikler als *I. lacustris,* kaum geeignet. Unklar ist die Identität der als *Isoetes setaceum* angebotenen, offenbar südeuropäischen Arten, die sich im Aquarium als relativ haltbar erweisen. Kultur wie *I. lacustris.*

Isoetes malinverniana,
Italienisches Brachsenkraut
Oberitalien (eingebürgert)
Blätter sehr lang, bis 1 m, jedoch nur 2 mm dick, allmählich zugespitzt, im Querschnitt 3- bis 5eckig, meist lebhaft grün, Rhizom scheibenförmig. Wurde 1858 in Bewässerungskulturen (Reisanbau) in Oberitalien gefunden. Herkunft wahrscheinlich Ostasien. Wächst untergetaucht, teilweise auch amphibisch, Rhizom überdauert Trockenperioden.
Die für Aquarianer empfehlenswerteste Art, allerdings ist auch hier weiches, leicht saures Wasser und etwa 0,8 W/l notwendig. Wird sehr groß und kräftig, deshalb Mindestwasserhöhe 50–60 cm.

Javafarn siehe *Microsorium pteropus,* S. 160

Javamoos siehe *Vesicularia dubyana,* S. 198

*Jussiaea-*Arten siehe *Ludwigia,* S. 154

Kalmus siehe *Acorus calamus,* S. 71

Kardinals-Lobelie siehe *Lobelia cardinalis,* S. 154

Karolina-Wasserfarn siehe *Azolla caroliniana,* S. 85

Kleefarn siehe *Marsilea,* S. 157

Knöterichgewächse siehe S. 178

Kognakpflanze siehe *Ammannia,* S. 73

Korbblütengewächse siehe *Asteraceae,* S. 84

Krebsschere siehe *Stratiotes aloides,* S. 192

Kreuzblütengewächse siehe *Brassicaceae,* S. 90

Lagarosiphon ST A
Falsche Wasserpest
Hydrocharitaceae,
Froschbißgewächse
Im Wuchscharakter stark an Wasserpest *Elodea* erinnernde Pflanzen, jedoch im Unterschied zu dieser keine echten Blattquirle bildend. Blätter stehen allenfalls quirlig genähert, oft auch mehr oder minder dicht schrauben-

ständig, z.T. gegenständig erscheinend, als Aquarienpflanzen bisher nur zwei Arten bekannt.

Lagarosiphon major   K F
Krause „Wasserpest"
Südafrika, verschleppt u.a. nach Neuseeland (hier zur Plage geworden), Westeuropa, Oberitalien
Blätter schmal-lanzettlich, 10–20 mm lang und 2–3 mm breit, zugespitzt, Basis leicht ver-

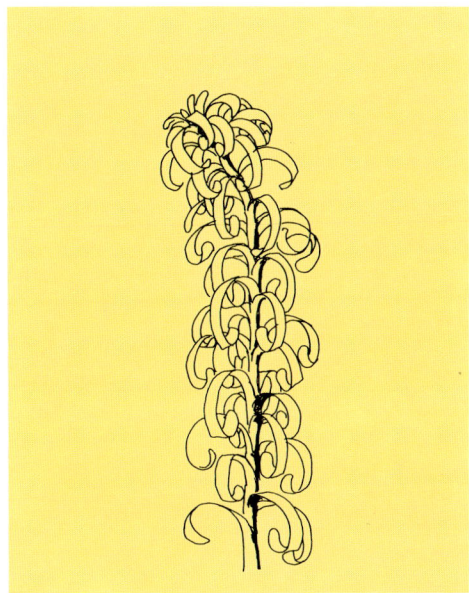

Bild 118. Seit Jahrzehnten als „Krause Wasserpest" oder „*Elodea crispa*" bekannt: *Lagarosiphon major* aus Südafrika.

schmälert, Rand relativ weitläufig, stumpf gezähnt, stark zurückgebogen (auffälliges Merkmal), kräftig grün, mit hellem Mittelnerv, quirlig genähert, auch locker schraubenständig.
Als „*Elodea crispa*" bekannte Wasserpflanze, gehört zu den ältesten Aquarienpflanzen, echte Kaltwasserpflanze, d.h. hohe Lichtenergie (1 W/l) und Temperaturen nicht über 20°C ergeben die schönste Entwicklung. Am besten in größerem, isoliert stehendem Bestand, auch für Freilandbecken, jedoch nicht winterhart.

Lagarosiphon madagascariensis,
Madagaskar-, „Wasserpest"
Madagaskar
Blätter linealisch, bis 15 mm lang und kaum 1 mm breit, spitz, an der Basis sitzend, hellgrün, wechselständig bis quirlig genähert, Stengel zart, 1 mm, offenbar nur weibliche Pflanzen in Kultur.
Aus dem ganzen Gattungskomplex *Elodea – Egeria – Lagarosiphon* die am besten für Tropenaquarien geeignete Art, zwar auch sehr lichtbedürftig (bis 1 W/l), jedoch unter Kunstlichtbedingungen im Warmwasseraquarium gut ausdauernd, keine speziellen Forderungen, wird in kleinen Gruppen im Vordergrund gesteckt, wächst relativ rasch, muß also häufiger gesteckt werden, für jede Aquariengröße geeignet. Freitreibend gehalten ist *Lagarosiphon madagascariensis* sehr wüchsig.
Eine im Handel zuweilen auch als „*Elodea minor*" bezeichnete Pflanze ist möglicherweise auch in die Gattung *Lagarosiphon* einzuordnen, jedoch nicht näher bestimmt, teils wohl auch mit *Elodea nuttallii*, S. 132, verwechselt.

Lagenandra   GR T
Araceae, Aronstabgewächse
Indien, Sri Lanka
Sumpfpflanzengattung, die den Cryptocorynen sehr nahesteht, jedoch durch die freie Anordnung der weiblichen Blütenanlagen in mehreren Kreisen (bei *Cryptocoryne* kreisförmig verwachsene Blütenanlagen) unterschieden wird. Ähnlich in der Gestalt dem *Cryptocoryne ciliata*-Typus, lassen sich vegetativ jedoch leicht an den unentwickelten Blättern unterscheiden: bei *Lagenandra* beiderseits eingerollt, bei *Cryptocoryne* tütenförmig eingerollt. Verbreitungsschwerpunkt ist Sri Lanka (9 Arten), die meisten wachsen mit kräftigem, kriechendem Wurzelstock an Flußufern und Gewässerrändern. Für *L. thwaitesii* sind auch Standorte an feuchten Stellen in Regenwaldgebieten bekannt, echt submerse Arten finden sich nicht, obwohl Überflutungen während der Monsunzeit vorkommen. In der Vivaristik haben *Lagenandra*-Arten bei weitem nicht den Stellenwert der *Cryptocoryne*-Arten. Sie sind in erster Linie für das Aqua-Terrarium geeignet, für ständig untergetauchte Kultur kann man sie kaum empfehlen. Dagegen wachsen sie halbemers ausgezeich-

Bild 119. *Lagenandra thwaitesii* ist eine Sumpfpflanze aus Sri Lanka. Ihr Blütenstand läßt die nahe Verwandtschaft zur Gattung *Cryptocoryne* erkennen.

net. Boden tiefgründig (am besten Kulturgefäß) mit Tonerde und Kies 1:1, auch Torfzusatz ist günstig. Licht je nach Art 0,6–1 W/l. *L. toxicaria* ist stark giftig (!), jedoch offenbar nicht im Handel. Regelmäßig angeboten werden vor allem *L. ovata, L. lancifolia* und *L. thwaitesii*.

Lagenandra lancifolia
Sri Lanka
Blätter lanzettlich, bis 15 cm lang und 4 cm breit, Basis verschmälert bis leicht gerundet, Rand zuweilen weitläufig gewellt, dunkelgrün, Blattstiel bis 30 cm lang, Spatha kurz gestielt, leicht warzig, grünlich-purpurn.
Submers nur zeitweilig haltbar.

Lagenandra ovata
Sri Lanka
Blattspreiten 20–50 (60) cm lang bis 12 (15) cm breit, schmal elliptisch, zur Spitze und Basis gleichmäßig verschmälert, Basis mitunter auch leicht gerundet, grasgrün, Blattränder enden auf dem Stielansatz (Unterscheidung gegen-

über der ähnlichen *Cryptocoryne ciliata*), Blattstiele sehr kräftig, etwa so lang wie Spreite, Spatha oberhalb des Kessels grobwarzig, Spitze lang ausgezogen aufgerichtet.
Größte und am häufigsten angebotene Art, robust, auch für Aquarienkultur geeignet, jedoch in flachen Becken schnell über den Wasserspiegel wachsend (Rückschnitt, magerer Boden), ideal für Aqua-Terrarien, recht starkwüchsig, für Halbschatten und volle Beleuchtung (Sonne).

Lagenandra meeboldii
Indien (Mysore), Sri Lanka
Blattspreite eiförmig, zugespitzt, Basis rund bis leicht herzförmig, 7–10 cm lang, 6 cm breit, dunkelgrün, z.T. variabel, auch bräunlich, Rand fein gekräuselt. Blattstiel 10–15 cm, Spatha glatt, purpurn angelaufen, Spreite sehr lang geschwänzt.
Für kleinere Aqua-Terrarien.

Lagenandra toxicaria
Indien (Travancore, Mysore)
Ähnelt im ganzen *L. ovata*, im Wuchs kleiner, Blattspreiten meist deutlich breiter, 12–20 cm lang und 5–12 cm breit, grasgrün bis dunkelgrün, Spatha nahezu glatt (sichere Unterscheidung zu *L. ovata!*), Öffnung kaum breiter als Kessel, deutlich länger als breit.
Rhizom und wahrscheinlich die ganze Pflanze stark giftig! Für Vivarienkultur nicht geeignet!

Lagenandra thwaitesii
Sri Lanka
Blattspreite lanzettlich bis länglich-eiförmig, zugespitzt, am Grunde mehr oder minder gerundet, bis 15 cm lang und 4 cm breit, oft kleiner bleibend, dunkelgrün, mit silbrig-weißer Randzeichnung, verblaßt jedoch oft unter Kulturbedingungen, Spatha fast glatt, bis 10 cm lang, weißlich-grünlich bis leicht purpurn, innen tief purpurn.
Dekorative Art, halbemers sehr ausdauernd und lichtbescheiden (0,6 W/l). Unbedingt schattig halten.
Aus Sri Lanka stammen noch *L. insignis, L. erosa, L. bogneri* und andere, aus dem östlichen Himalayagebiet kommt *L. undulata,* alle in der Vivaristik unzulänglich bekannt.

Laichkraut siehe *Potamogeton,* S. 179

Lemnaceae,
Wasserlinsengewächse
Weltweit verbreitet
Sehr kleine Schwimmpflanzen, wenige auch untergetaucht, mit blattähnlichen, verbreiterten Sproßgliedern. Bilden oft dichte, geschlossene Schwimmdecken in ruhigen, strömungs- und windgeschützten Uferbuchten, Teichen, Weihern, Tümpeln usw. Die meisten Arten bevorzugen nährstoffreiches, zuweilen sogar stärker verschmutztes Wasser, sie sind z. T. Zeigerpflanzen für Gewässerbelastung (Eutrophierung), meist ausgesprochen wärmeliebend, mit Verbreitungsschwerpunkten in wärmeren Gebieten. Bei uns am bekanntesten und verbreitetsten ist die Kleine Wasserlinse *Lemna minor,* mit ovalen, 2−5 mm langen, bis 3 mm breiten, hellgrünen, beiderseits flachen Sproßgliedern und 10−30 mm langen Wurzeln, überaus anpassungsfähig, vielerorts zur Plage geworden, in ihrer Verbreitung auf kühle und gemäßigte Klimazonen beschränkt. Nahezu kosmopolitische Verbreitung besitzt die Buckelige Wasserlinse *Lemna gibba* mit nach unten bauchig gewölbten Sproßgliedern. In den Tropen häufig, zuweilen auch mit Wasserpflanzensendungen eingeführt, ist *Lemna paucicostata,* ähnlich *L. minor,* jedoch mit mehr oder minder verkehrt-eiförmigen Sproßgliedern und einer geflügelten Wurzelscheide (fehlt bei *L. minor*).
Unverwechselbar ist *Lemna trisulca,* die Untergetauchte Wasserlinse, mit ihren dicht unter der Oberfläche treibenden, oft dicht verketteten, leicht transparenten, dunkelgrünen, breit lanzettlichen, gestielten Sproßgliedern. Die Vielwurzelige Teichlinse *Spirodela polyrrhiza* (nördlich gemäßigte Zonen) hat rundliche bis verkehrt-eiförmige, bis 10 mm lange und 8 mm breite Sproßglieder, die oberseits gelblichgrün, unterseits rötlich-violett gefärbt sind und Wurzelbüschel tragen.
Die Gattung *Wolffia* und die ihr sehr nahestehenden Gattungen *Wolffiopsis* und *Wolffiella* zählen zu den kleinsten Blütenpflanzen. Hier ist *Wolffia arrhiza* zu nennen, die bei uns verhältnismäßig selten ist, jedoch in warmen Gebieten der Alten Welt weit verbreitet ist. Die oval- bis eiförmig geformten, wurzellosen Sproßglieder messen kaum 1 mm und sind gerade 0,6 mm breit, oberseits lebhaft hellgrün, nach unten bauchig verdickt.

Für die Aquaristik haben die Wasserlinsengewächse keine große Bedeutung, sind sie doch von ihrer Größe und Wuchsform her kaum Dekorationspflanzen. Oft genug gelangt man allerdings unfreiwillig zu diesen Pflanzen, und hier ist besonders *Lemna minor* zu nennen: Einige Sproßglieder, mit dem Lebendfutter in das Tropenaquarium eingeschleppt, finden hier so optimale Lebensbedingungen, daß sie in kurzer Zeit die Wasseroberfläche bedecken und damit den Pflanzen das Licht schmälern und den Gasaustausch des Wassers stören. Eine solche Massenvermehrung darf man nicht dulden. Nur sorgfältiges Abfischen und Absuchen auch der letzten Wasserlinse schützt vor Neubefall. Auch in Freilandbecken nimmt *L. minor* gern schnell überhand.
Die Untergetauchte Wasserlinse *L. trisulca* kann man dagegen unbedenklich im hellen Kaltwasseraquarium (am besten bei Tageslicht) kultivieren, sie verträgt auch Temperaturen bis 24°C und bildet eine dekorative Belebung der Wasseroberfläche. Das gilt auch für *Spirodela polyrrhiza,* doch bildet diese im Zimmeraquarium meist schnell reduzierte, wenig ansehnliche Formen. Wer es mit der kleinsten Blütenpflanze versuchen möchte, sollte für *Wolffia arrhiza* ein kleines Spezialbecken am Fenster aufstellen und am besten eine Sumpfpflanze mit einsetzen, um übermäßige Algenentwicklung zu verhindern; hier kann man während des Sommers auch (mit einer Lupe) die winzigen Blüten von *Wolffia arrhiza* beobachten. Gelegentlich entdeckt man diese Pflanze auch durch Zufall an der Wasseroberfläche des Aquariums, wenn sie mit Importpflanzen eingeschleppt wurde, sie ist jedoch „ungefährlich".

Leptodyctium riparium,
Stumpfdeckelmoos, Federmoos
Amblystegiaceae,
Stumpfdeckelmoosgewächse
Nördliche gemäßigte Zonen
Stengel fadendünn, mit kleinen, schuppenartigen, etwa 1 mm langen Blättchen, lebhaft hellgrün gefärbt, mehr oder minder locker im Wuchs, je nach Kulturbedingungen. Bildet Landformen, dann kriechend wachsend.
Aufgrund seiner Herkunft ein für Kaltwasseraquarien geeignetes, zierliches Wassermoos, wie Javamoos verwendet, wächst bis 22°C, bei

0,7 W/l gut, jedoch empfindlich gegen zu hohen Nährstoffgehalt des Wassers, veralgt dann leicht.

Lilaeopsis, Graspflanzen BO A
Apiaceae, Doldenblütengewächse
Amerika, Australien, Neuseeland, eingebürgert in Portugal
Amphibisch bis submers wachsende kleine Wasserpflanzen mit kriechend wachsendem Stengel und aufgerichteten, pfriemlichen bis linealischen, z. T. spateligen Blättern, ,,grasartige" Bestände bildend. Blüten unscheinbar, auf Überschwemmungsflächen usw. vorkommend, z. T. auch in Brackwassergebieten. *L. lacustris* (Neuseeland) wird noch in Wassertiefen bis 4 m gefunden. Schon vor mehr als zwei Jahrzehnten für die Aquaristik importiert, haben sich jedoch erst in den letzten Jahren als Bodenbedecker durchsetzen können, vor allem *L. novae-zelandiae* (Neuseeland), doch werden möglicherweise auch andere Arten

Bild 120. Die Neuseeländische Graspflanze, *Lilaeopsis novae-zelandiae,* wird im Aquarium kaum 2 Zentimeter hoch. Sie wächst kriechend und ist eine zierliche, gut haltbare Vordergrundpflanze. Aufnahme G. Brünner

kultiviert wie *L. minor* (Brasilien) oder *L. attenuata* (südöstliche USA, Südamerika), letztere auch in Portugal eingebürgert. Eine sichere Beurteilung ist an submersen Aquarienexemplaren nicht möglich.

Lilaeopsis novae-zelandiae, Neuseeländische Graspflanze, ,,Falsche Tenellus"
Australien, Neuseeland
Blätter variabel, submers pfriemlich abgeplattet bis linealisch, bis 50 mm lang, meist kleiner (20−30 mm), 2 mm dick, allmählich verschmälert, Spitze stumpflich, Basis lang in den Stiel verschmälert. Sproßachse kriechend wachsend, an den Knoten wechselständig be-

blättert. Typisch für alle *Lilaeopsis*-Blätter sind die sog. Septen (im Gegenlicht mit der Lupe erkennbare Segmentierung = Querstruktur).

Im Handel in kleinen Schälchen vorkultiviert angeboten, eignen sich für einen Vordergrundrasen im Tropenaquarium, bis 26°C, Licht etwa 0,8−1 W/l, um dichten Wuchs zu erreichen. Pflanzung etwas schwierig, am besten in kleinen Büscheln, die zunächst mit Steinchen am Boden verankert werden. Vorsicht beim Absaugen, es dauert geraume Zeit, bis die Pflänzchen verwurzelt sind und sich auf die submerse Lebensweise umgestellt haben. Im Verlauf einiger Monate bilden sie jedoch ein dicht verwobenes Netz, so daß der Eindruck eines „Rasens" entsteht. Karbonathärte bis 12° KH, CO_2-Zufuhr, pH-Wert am günstigsten leicht sauer.

Limnanthemum (S) = *Nymphoides* S. 172

Limnobium, SCH F
Amerikanischer Froschbiß
Hydrocharitaceae, Froschbißgewächse
Wärmere Gebiete Amerikas, teilweise verschleppt
Eine früher in der Aquaristik sehr populäre Gattung von Schwimmpflanzen mit rosettig stehenden Schwimmblättern.

Limnobium laevigatum,
Südamerikanischer Froschbiß
Tropische Gebiete Amerikas, andernorts eingebürgert (Java)

Bild 121. Südamerikanischer Froschbiß, *Limnobium laevigatum,* eine wegen ihrer guten Anpassung geschätzte kleine Schwimmpflanze.

Blätter rundlich-eiförmig, stumpf, bis 2 cm lang, rosettig stehend, deutlich kürzer gestielt als *L. spongia*, nach unten schwammig verdickt, hellgrün, z.T. leicht gefleckt. Blüten unscheinbar, zweihäusig, in Aquarien offenbar nur weibliche Pflanzen, Vermehrung durch Ausläufer. − Benötigt hohe Beleuchtungsstärke, ist aber auch bei Kunstlicht im Tropenaquarium haltbar und anpassungsfähig. Temperatur nicht unter 20°C, während des Sommers auch in sonnigen Freilandbecken kultivierbar, wächst hier sehr kräftig, auch für Wasserteil von Aqua-Terrarien geeignet.

Limnobium spongia,
Nordamerikanischer Froschbiß
Südöstliche USA
Blätter mehr oder minder herzförmig, auffallend schwammig verdickt, 3−4 cm lang, rosettig stehend, mit eingeschlechtigen Blüten, meist im Uferschlamm wurzelnd, bildet bei zusagenden Bedingungen reichlich Ausläuferpflanzen.
Wie *Hydrocharis* sehr lichtbedürftig, im Aquarium kaum ausdauernd oder nur Kümmerformen bildend, dagegen in Freilandbecken sehr gut haltbar, bevorzugt seichtes, sonnendurchwärmtes Uferwasser, nicht winterhart.

Limnocharis flava GR T
Limnochariaceae
Warme Gebiete Amerikas, eingebürgert in Südostasien
Entfernt an *Echinodorus* erinnernd, Blätter grundständig, lang gestielt, mit variabler, lanzettlicher bis verkehrt-eiförmiger Spreite, bis 12 cm lang, stumpflich zugespitzt, eigenartig bläulich-grün angelaufen erscheinend. Blütenstand doldenähnlich, mit zahlreichen großen gelben Blüten.
Wächst im flachen Wasser von Sümpfen, Gräben usw., auch auf Reisfeldern vorkommend. Im oberen Teil stets emers bleibend, deshalb auch nur für Aqua-Terrarien geeignet, Wuchshöhe 30−80 cm; südostasiatische Pflanzen bleiben kleiner, eine seit fast 100 Jahren bekannte Vivarienpflanze.

Limnophila, Sumpffreund ST A
Scrophulariaceae, Braunwurzgewächse
Tropische Gebiete der Alten Welt
Kleine, krautige Sumpf- und Wasserpflanzen

an Ufern, sumpfigen Flußniederungen, stehenden Gewässern und Überschwemmungsgebieten und Bewässerungskulturen (Reisanbau), teils submers, teils halbmers amphibisch bis emers wachsend. Etwa ein Drittel aller Arten zählen zum überwiegend aquatischen Typus, mit fein zerteilten submersen Blättern und mehr oder minder ungeteilten Überwasserblättern. Kleine zweilippige Röhrenblüten, entweder blattachselständig oder in endständigem Blütenstand. *Limnophila*-Arten zählen seit mehr als 70 Jahren zu den beliebtesten feinfiedrigen Pflanzen des Tropenaquariums.

Limnophila aquatica, Riesen-Wasserfreund
Sri Lanka, Indien (Bengalen, Kerala, Madras)
Blätter 1- bis 2fach gefiedert, sehr fein, bis 60 mm lang, in 5- bis 9zähligen Quirlen, Stengel oft sehr kräftig, bis 5 mm, Überwasserblätter (nur in flachem Wasser bei starker Beleuchtung) länglich-elliptisch, bis 45 mm lang, ungeteilt, Blütenstand endständig mit auffallend dekorativen, wohlriechenden, hellvioletten Blüten.

Bild 122. Blütenstand von *Limnophila aquatica*, dem Riesensumpffreund, mit emersen, ungeteilten Blättern.

Unter günstigen Kulturbedingungen können die Blattquirle einen Durchmesser von 12 cm erreichen. Das setzt geräumige Aquarien voraus, wenn man diese Art in Gruppen pflanzen will, doch auch einzelne Triebe sind sehr attraktiv. Pflegeansprüche wie *L. indica*.

Limnophila gratioloides siehe *L. indica*

Limnophila indica, Indischer Sumpffreund
Indien bis Nordaustralien, Westafrika, Zentralafrika
Fiederblätter bis 30 mm lang, in 6- bis 12zähligen Quirlen, hellgrün, Stengel 2–4 mm, emerse Triebe drüsig, kann bis 1 m lang werden, Luftblätter variabel quirlig stehend, tief eingeschnitten bis ungeteilt, Rand gekerbt gesägt, zuweilen unregelmäßig, Blüten einzeln blattachselständig, deutlich gestielt, malvenfarben-violett, zur Basis weiß bis gelblich.
Eine der schönsten und wüchsigsten Arten, verlangt jedoch – wie alle Arten – möglichst gute Lichtverhältnisse (0,8–1 W/l), die günstigsten Wasserwerte liegen bei 5° KH und einem pH-Wert von 6,8, die Gesamthärte sollte 10° GH nicht überschreiten, doch erweisen sich besonders *L. indica* wie auch *L. sessiliflora* hier als recht anpassungsfähig, sofern man für CO_2-Gleichgewicht sorgt. Wegen des schnellen Wuchses ist ein eisenbetonter Düngezusatz wichtig (S. 32). Für eine dekorative Pflanzengruppe benötigt man etwa 10–20 Stecklinge, die man verhältnismäßig dicht steckt (bei *L. aquatica* entsprechend weiter), sie sollten auch abgestuft gepflanzt werden. Mit ihrer leuchtend hellgrünen Belaubung ergeben *Limnophila*-Bestände hervorragende Kontrastpflanzungen zu dunkleren Hintergrundpflanzen, z.B. Cryptocorynen. Etwas Tonerde oder ein Nährstoffdepot im Boden ist günstig, normalerweise ist das Wachstum so zügig, daß man alle 2–3 Wochen kürzen und neu stecken muß. „Köpfen" der Triebe ergibt Verzweigung, meist ist es besser, neu zu stecken. *L. indica* enthält giftig wirkende Verbindungen, die zu Atemnot oder Lähmungserscheinungen bei Aquarienfischen führen können (verdächtig sind emerse Pflanzen, die zerrieben deutlich nach Kampfer riechen). Ob allerdings unter künstlichem Licht wachsende submerse Pflanzen giftig sind, ist ungeklärt, zumal über Zwischenfälle wenig bekannt ist. Doch kann es

ratsam sein, frisch geschnittene Triebe in kleinen Aquarien etwa 1 Stunde zu wässern, bevor
man sie steckt.

Limnophila sessiliflora,
Blütenstielloser Sumpffreund
Südostasien, nördlich bis Südchina, Korea und
Japan
Gleicht submers weitgehend der vorigen Art,
wie diese recht variabel, so daß Aquarienexemplare kaum sicher zu unterscheiden sind.
Dagegen bieten blühende Triebe eindeutige
Merkmale: *L. sessiliflora* hat sitzende Blüten
(vereinzelt Exemplare mit sehr kurzem – unter
1 mm – Stiel), Blüten einzeln, blattachselständig, blauviolett bis purpurfarben, emerse Blätter eingeschnitten bis ungeteilt, elliptisch-lan-
zettlich, am Rand gekerbt-gesägt, kahl, bis
15 mm lang an bis zu 20 cm langen, behaarten
Lufttrieben. Eine weiteres wichtiges Unter-
scheidungsmerkmal sind die bei *L. indica* stets
vorhandenen Brakteolen, die bei *L. sessiliflora*
fehlen. Allerdings wird manchmal eine Unterscheidung unmöglich, da ein vermutlich in
Kulturen verbreiteter Bastard von *L. indica* ×
L. sessiliflora teils Merkmale der einen, teils
der anderen Art aufweist. Offenbar auch in
Aquarienkulturen verbreitet und im Süden der
USA (Florida, Louisiana) verwildert.

Limnophila heterophylla,
Verschiedenblättriger Sumpffreund
Südostasien (Indien bis Südchina, Borneo)
Submers im ganzen den vorigen Arten glei-
chend, jedoch zarter im Wuchs. Blätter sehr
fein zerteilt, bis 25 mm lang, in 6- bis 10fachen
Quirlen, Stengel 3 mm, bis 50 cm lang, emerse
Triebe bis 20 cm über der Wasseroberfläche
mit am Rand gekerbten, kahlen Blättern. Blüten blaßrosa, sitzend oder fast sitzend, einzeln
blattachselständig, bilden eine lockere, termi-
nale Ähre (sichere Unterscheidung gegenüber
L. indica und *L. sessiliflora*).
Kultur wie diese; offenbar nur noch selten angeboten.

Limnophila sp.
Südostasien
Submerse Blätter mit haarfeinen Segmenten,
nur 10–16 mm lang, in 3- bis 7zähligen Quir-
len. Nicht sicher bestimmt, möglicherweise zu
Limnophila glabra gehörend.

Bild 123. Sumpffreund-Arten – hier *Limnophila sessiliflora* – zählen zu den schönsten und dankbarsten Stengelpflanzen des Tropenaquariums. Sie benötigen einen
hellen und freien Standort, damit sie ihre volle Pracht entfalten können. Aufnahme G. Brünner

Verhältnismäßig anspruchslos (0,7 W/l),
wächst selbst in härterem Wasser gut, wenn
24°C nicht überschritten werden. Sehr haltbar,
für kleine Behälter.

Limosella aquatica, [GR] [K]
Schlammkraut
Scrophulariaceae, Braunwurzgewächse
Nördlich gemäßigte Breiten
Pflanze und Blätter variabel, Blattspreite spa-
telig, 10–30 mm lang, gestielt z.T. auch
Zwergformen bildend, submers wesentlich
größer, mit Stiel bis 12 cm, schlaff, bildet
dichte Bestände, bei uns selten, Art der Roten
Liste, S. 201.

153

Als Kaltwasseraquarienpflanze gelegentlich gepflegt, jedoch nur bei Tageslichtbedingungen einigermaßen haltbar. Eine weitere Art, *Limosella australis* (Nordamerika), ist ähnlich gestaltet, bleibt jedoch noch kleiner.

Lindernia siehe *Ilysanthes*

Littorella uniflora, GR K

Strandling
Plantaginaceae, Wegerichgewächse
Atlantische Gebiete Europas
Blätter grundständig, dicht rosettig stehend, binsenähnlich, jedoch etwas abgeflacht, bis 12 cm lang und 2 mm dick, hellgrün. Wächst in nährstoffarmen Weichwasserseen untergetaucht bis halbemers, bei uns selten. Art der Roten Liste, S. 201.
Früher in Kaltwasserbecken gepflegt, heute nicht im Handel.

Lobelia, Lobelien
Lobeliaceae, Lobeliengewächse
Weltweit verbreitet
Eine Reihe von Lobelien-Arten wie *L. cardinalis* wachsen an feuchten oder nassen Standorten, teilweise auch ganz submers wie *Lobelia dortmanna* oder in flachem, fließendem Wasser wie *L. aquatica* oder *L. alsinoides*, die beiden letzteren in der Aquaristik noch unbekannt.

Lobelia dortmanna, GR K

Wasserlobelie
Atlantische Gebiete Nordeuropas und Nordamerikas
Blätter rosettig, linealisch, fleischig, steif, meist im flachen Wasser von nährstoffarmen Weichwasserseen in 10–50 (100) cm Wassertiefe. Bei uns sehr seltene Art der Roten Liste! Wegen ihrer speziellen Lebensansprüche recht schwierig zu kultivieren: Weiches Wasser, pH 6,8, Tageslicht. Da Exemplare aus Kulturen heute kaum noch zur Verfügung stehen, ist eine Haltung dieser Art („vom Aussterben bedroht") nicht mehr zu verantworten.

Lobelia cardinalis, ST T

Kardinalslobelie, Scharlachrote Lobelie
Erinnert im Wuchs an Wasserfreund-Arten, hat jedoch wechselständige Blätter, Blattspreite mehr oder minder verkehrt eiförmig, bis

Bild 124. *Lobelia cardinalis,* eine seit Jahrzehnten beliebte Stengelpflanze.

70 mm lang und 30 mm breit, meist kleiner bleibend. Stengel ziemlich kräftig.
Stecklinge bewurzeln sich rasch, doch ist das Wachstum relativ langsam, ein Tonerdezusatz bzw. Nährstoffdepot ist anzuraten, weiches bis mittelhartes Wasser und CO_2-Düngung fördern den Wuchs, Licht etwa 0,7 W/l, nicht sonderlich wärmebedürftig, auch im temperierten Aquarium haltbar, hat die Neigung, über den Wasserspiegel hinauszuwachsen, rechtzeitig neu stecken.

Ludwigia, ST A

Ludwigie, Heusenkraut
Onagraceae, Nachtkerzengewächse
Weltweit verbreitet, bevorzugt in wärmeren Gebieten
Teils amphibisch in und an Gewässern, teils als Sumpfpflanzen wachsend, letztere können beträchtliche Größen erreichen (*L. peruviana*). Blätter gegen- bis wechselständig (Aquarienarten bis auf eine alle gegenständig), Blüten einzeln, blattachselständig, unscheinbar bis auffallend, einige Arten mit sog. „Atemwurzeln", die der Sauerstoffversorgung dienen. Ludwigien zählen zu den ältesten Aquarienpflanzen. *L. palustris* wurde schon vor 1896 kultiviert, um die Jahrhundertwende kamen

154

weitere nordamerikanische Arten hinzu, u. a. *L. „mulertii"*, eine der „erfolgreichsten" Arten. Die meisten Ludwigien sind sowohl für Kalt- als auch für Warmwasseraquarien bis 24°C geeignet, *L. repens* kann auch wärmer (bis 28°C) kultiviert werden.

Ludwigia alternifolia,
Wechselblättrige Ludwigie
Nordamerika

Blätter mehr oder minder breit-lanzettlich, bis 30 mm lang und 12 mm breit, Basis verschmälert, kurz gestielt, Spitze zugespitzt, mittelgrün, unterseits heller, wechselständig.
Eine an der wechselständigen Beblätterung leicht zu erkennende Ludwigie. Nur für Kaltwasserbecken geeignet, Kultur wie *L. arcuata*.

Ludwigia arcuata, Schmalblättrige Ludwigie
USA (Südkarolina bis Florida)

Blätter sehr schmal-lanzettlich, bis 20 mm lang, meist kleiner, 3–4 mm breit, Basis langverschmälert, sitzend, Spitze zugespitzt, hellgrün bis leicht rötlich gefärbt.
Wegen ihres zierlichen Wuchses besonders geschätzte Art mit guten Aquarieneigenschaften, sollte jedoch nicht über 22°C, bei etwa 0,8 W/l, gehalten werden, Wasserfrage von untergeordneter Bedeutung, pH um 7.

Ludwigia brevipes [T]
USA (Oststaaten)

Blätter variabel, schmal-lanzettlich, bis 35 mm lang und 8 mm breit, dunkelgrün, z. T. leicht rötlich.
Submers wenig haltbar, wächst in flachem Wasser schnell über die Oberfläche hinaus, für Aqua-Terrarien bei Tageslicht geeignet, blüht mit auffallend großen, gelben Kronblättern.

Ludwigia natans (S) = L. repens

Ludwigia palustris, [T] [K] [FW]
Sumpfheusenkraut
Europa (Westen, Süden), in Amerika weit verbreitet, eingebürgert in Australien und Südafrika
Blattspreiten variabel, ziemlich breit-lanzettlich bis verkehrt-eiförmig, Basis sich schnell verschmälernd und sehr lang (!) herabgezogen in kurzen Stiel, kurz zugespitzt, bis 30 mm lang und 10 mm breit, hellgrün bis mittelgrün, bei

starker Beleuchtung auch leicht rötlich, Stengel rötlich, Blüten sehr unscheinbar, ohne Kronblätter. Bei uns sehr seltene Art der Roten Liste.
Wird bevorzugt in Kaltwasseraquarien und Freilandbecken gepflegt (hier auch amphibisch als Uferpflanze), gedeiht im Aquarium bei Temperaturen bis 23°C mit entsprechendem Lichtaufwand (bis 1 W/l). Sehr gut für Aqua-Terrarien, kriechend wachsend, anspruchslos.

Ludwigia repens
Südliche USA, Mittelamerika, Karibische Inseln

Variabel, verschiedene Rassen, Blattform zudem durch Lichtperiode geprägt, von fast elliptischen, zu Basis und Spitze kurz verschmälerten, bis zu lanzettlichen Blättern mit verlängerter Basis. Blätter bis 40 (50) mm lang und bis 15 (20) mm breit, in Aquarien meist kleiner, sitzend, Färbung mittel- bis olivgrün bis rötlich (lichtabhängig), unterseits stets rötlich, Blüte mit 4 gelben, bis 4 mm langen Kronblättern (gleich lang wie die Kelchblätter).
Neben der Bastardludwigie die empfehlenswerteste Art für Warmwasseraquarien. Kultur siehe Bastardludwigie.

Ludwigia palustris × Ludwigia repens, [T] [E]
Bastardludwigie

Blätter breit-lanzettlich, zur Basis wesentlich breiter und keilförmig verschmälert, bis 30 (40) mm lang und 10 (18) mm breit, Färbung variabel von olivgrün bis rötlich, z. T. auch hellgrün, Blüten mit winzigen, sehr hinfälligen, nur 1–2 mm langen Kronblättern.
Die am häufigsten kultivierte, meist als *L. mulertii* gehandelte Ludwigie, empfehlenswerteste Art, außerordentlich wüchsig und anpassungsfähig, bis 25°C haltbar, bei höheren Temperaturen erheblich höherer Lichtaufwand (bis 1 W/l), allgemein genügen 0,7 W/l. Wird als Gruppe dicht gesteckt, bewurzelt sich schnell, muß in Abständen immer wieder gekürzt und neu gesteckt werden, neigt sonst – wie alle Ludwigien – zum Überwasserwuchs. Bestes Wachstum in weichem Wasser bis 8° KH und pH 6,8, doch auch in härterem Wasser gut wachsend (CO_2-Düngung). Gruppen im Mittelgrund wirken besonders prächtig, wenn sie vor dunkleren Pflanzen stehen. – Die Un-

Bild 125. Die Bastardludwigie *Ludwigia palustris* × *L. repens,* im Handel meist als „*Ludwigia mulertii*" bekannt, ist von allen Arten die empfehlenswerteste mit der größten Anpassungsfähigkeit. Aufnahme G. Brünner

terscheidung der im Handel befindlichen Ludwigien ist nicht immer einfach, oft nur nach Blüten möglich, d. h., man muß emerse Triebe haben, bei der Bastardludwigie sollen die Blätter beim Herausnehmen aus dem Wasser schlaff herabhängen, im Gegensatz zu *L. repens.*

Weitere *Ludwigia*-Arten werden gelegentlich angeboten: *L. glandulosa* ähnelt der schmalblättrigen Form von *L. repens,* bei mäßigen Temperaturen bis 23°C gut haltbar. *L. peploides (Jussiaea repens,* südliche USA), vielerorts eingebürgert, u. a. in Südwesteuropa, wächst amphibisch über dem Wasserspiegel, sehr lichtbedürftig, im Sommer im Freilandbecken haltbar. Bedingt geeignet für zeitweilige Kultur im Tropenaquarium ist auch *L. sedioides (Jussiaea sedioides)* mit schwimmenden, rosettig stehenden Blättern, an *Trapa* erinnernd, auch als „*Trapa brasiliensis*" im Handel. Zwei im wärmeren Amerika vorkommende Arten, *L. peruviana (J. peruviana)* und *L. uruguayen-*

sis (*J. grandiflora*), wachsen strauchförmig und blühen sehr dekorativ, jedoch für Aquarienkultur ungeeignet. Wuchshöhe bis 1 m.

Luronium natans,   (SCH) | T | FW
Schwimmendes Froschkraut
Alismataceae, Froschlöffelgewächse
Kriechende Sproßachse entwickelt Blattrosetten mit langgestielten, schwimmenden, elliptischen, 2–3 cm langen Blättern. Eine zierliche, bei uns in stehenden Gewässern und Sümpfen vorkommende, seltene Pflanze, Art der Roten Liste, S. 201.
Für Kaltwasseraquarien mit sehr guten Lichtverhältnissen ist vor allem die untergetauchte

Form mit bandförmigen, 2–3 mm breiten, bis 30 cm langen, rosettigen Blättern interessant. Benötigt aufgrund ihrer Herkunft weiches Wasser. Nur aus Kulturen beziehen!

Lysimachia nummularia, `ST` `T` `FW`
Pfennigkraut
Primulaceae, Primelgewächse
Europa, teilweise weltweit in gemäßigten Zonen eingebürgert
Submerse Blätter mehr oder minder elliptisch, bis 20 mm lang, Basis leicht verschmälert, Spitze stumpf, ziemlich zarthäutig und leicht transparent, hellgrün, Rand unregelmäßig gebogen, kurz gestielt, kreuzweise gegenständig, aufstrebend wachsend (im Gegensatz zur kriechend wachsenden Landform mit mehr rundlichen Blättern und gerundeter Basis). Eine der häufigsten einheimischen Wasserpflanzen, wächst kriechend an Ufern, in Sümpfen und Feuchtgebieten.
Für Kaltwasseraquarien geeignet. Um wirklich schönen und gedrungenen Wuchs zu erreichen, ist hohe Lichtintensität (1 W/l) sowie eine Temperatur nicht über 18°C nötig, zu hohe Wärme und Lichtmangel führen zu verkümmerten Pflanzen mit starker Internodienstreckung und reduzierten Blattspreiten. Für Aqua-Terrarien ist Pfennigkraut hervorragend geeignet, auch für Freilandanlagen an Ufern überall leicht anzusiedeln.

Mangrovefarn siehe *Acrostichum aureum,* S. 71

Marsilea, Kleefarn `GR` `T`
Marsileaceae, Kleefarngewächse
Tropische und subtropische Gebiete, wenige Arten in den gemäßigten Zonen
Artenreiche Gattung mit Verbreitungsschwerpunkten in Afrika und Australien. Emerse Blattspreiten tief vierteilig, an Sauerklee (Glücksklee) erinnernd. Wachsen mit dünnem, kriechendem, verzweigtem Rhizom (Sproßachse) in flachem Wasser oder auf nassem Grund. Bilden sowohl untergetauchte als auch Schwimm- oder vollemerse Formen, sich den wechselnden Wasserständen anpassend, einige Arten überstehen auch längere Trokkenperioden (*M. drummondii*), andere sind zu Begleitunkräutern des Reisanbaus geworden. Unser heimischer Kleefarn *M. quadrifolia* gilt

Bild 126 (oben). Vom Schwimmenden Froschkraut, *Luronium natans,* gibt es eine submerse Form, die für Kaltwasseraquarien geeignet ist.

Bild 127 (unten). Das überall häufige Pfennigkraut, *Lysimachia nummularia,* bildet unter geeigneten Bedingungen auch untergetaucht wachsende Formen (hohe Lichtintensität und kühles Wasser erforderlich).

als ausgestorben für die Bundesrepublik, kommt jedoch besonders in Südeuropa noch vor (Pflanzen der Roten Liste, S. 201). Als „Zwergkleefarn" sind offenbar mehrere Arten in Kultur.

Marsilea crenata, „Zwergkleefarn" BO
Nordaustralien, Indonesien, Neuguinea, Philippinen
Blattspreiten variabel, vierteilig bis ungeteilt (submers), Segmente verkehrt-eiförmig, keilförmig verschmälert, insgesamt bis 3 cm Durchmesser, etwas derb, kräftig, grün, an kriechender Sproßachse kurz gestielt, bleibt im Aquarium submers viel kleiner, mit ein-, selten zweiteiligen Blättern, kriechend wachsend, auf dem Boden dichte Bestände bildend. Sehr kleine Pflanzen mit rundlich-ovalen Blättern gehören dabei möglicherweise zu *M. exarata* (Australien), eine Art, der offenbar viele Aquarienpopulationen zugerechnet werden müssen, eine sichere Bestimmung ist jedoch nur nach emersen Exemplaren mit Sporokarpien möglich (diese bei *M. exarata* gerippt, bei *M. crenata* glatt).

Marsilea drummondii T
Australien
Schwimmblätter verkehrt-eiförmig, keilförmig verschmälert, stets vierteilig, äußerer Rand gekerbt, erreichen einen Durchmesser von 5–6 cm, Blattstiele je nach Wasserhöhe 2–30 cm, submerse Exemplare mit ungeteilten Blättern z. T. auch als *M. crenata* im Handel. Bewohnt Sümpfe in Gebieten mit Trockenzeiten.

Marsilea quadrifolia, K T
Kleefarn
Europa, Asien, nach Nordamerika verschleppt
Blattspreiten stets tief vierteilig, verkehrt-eiförmig, oft relativ schmal-keilförmig verschmälert, emers recht klein, Schwimmblätter erreichen einen Durchmesser bis 30 mm, sehr lang gestielt, submers kleiner bleibend.

Gelegentlich finden sich im Handel weitere Arten, so *M. hirsuta* (Australien) mit breiteiförmigen, keilförmig verschmälerten Blattsegmenten, stets vierteilig und breit-gerundet, als Schwimmform bis 40 mm Durchmesser. Artzugehörigkeit oft unsicher. Kleefarne gehören allgemein nicht zu den wüchsigen Aquarienpflanzen. Viele dauern im Aquarium submers nur kurze Zeit aus und neigen besonders im flachen Wasser schnell zur Bildung von Schwimmformen. Andere Kleefarne wie u. a. *M. crenata* sind zwar submers haltbar, bilden dann aber ungeteilte Blätter aus, verlieren also völlig ihr ursprüngliches Aussehen. Für Tropenaquarien ist der „Zwergkleefarn" ohne Frage am besten geeignet, entwickelt zierliche, horizontal wachsende Sprosse und bildet nach einiger Zeit einen kleinen Rasen, eine ausgesprochene Vordergrundpflanze, die viel Licht benötigt (0,8–1 W/l), zudem sind nicht zu grober Boden und weiches Wasser – bis 5° KH –, mit CO_2-Zusatz auf pH 6,8–7 gehalten, nötig, dann ist das Wachstum recht gut. Wichtig ist, wie die Pflanzen vorkultiviert wurden, ob schon an submerse Verhältnisse gewöhnt (als kleine „Rasenstücke" oder als normaler Kleefarn). Im letzteren Fall benötigen die Pflanzen längere Zeit zur Umgewöhnung und eine Temperatur von 22–26 °C. Sie kann auch etwas niedriger sein, ohne daß die Pflanzen wesentlich langsamer wachsen. Zeigen sich nach längerer Zeit „Ermüdungserscheinungen", kann ein teilweiser Bodenwechsel und Neupflanzung Abhilfe schaffen. Pflanzung siehe *Lilaeopsis*. Für das feuchtwarme Aqua-Terrarium sind Arten wie u. a. *M. drummondii* sehr gut brauchbar, halbemers auch ausgesprochen haltbar.

Ausschließlich emers wird auch eine nahe Verwandte der Kleefarne, *Regnellidium* ☐ *diphyllum* (Südbrasilien bis Nordargentinien), kultiviert, für feuchtwarme Terrarien mit Sumpfteil usw. gelegentlich als Wasserpflanze angeboten.

Mayaca fluviatilis, [ST]
Flutendes Mooskraut
Mayacaceae
USA, südöstliche Staaten, vermutlich auch tropisches Amerika
Kleine, sehr zarte, im flachen Wasser oder auf Schlammböden wachsende Pflanzen. Blätter

Bild 130. Das zierliche Flutende Mooskraut *Mayaca fluviatilis* benötigt möglichst hohe Lichtintensität und weiches, leicht saures Wasser. Aufnahme G. Brünner

Bild 129. Der heimische Kleefarn, *Marsilea quadrifolia,* ist bei uns ausgestorben (Art der Roten Liste).

linealisch, bis 15 mm lang und kaum 1 mm breit, spitz, Basis nur wenig verschmälert, dicht wechselständig, hellgrün, Stengel dünn, zart, mäßig verzweigt, bis 30 cm lang, emers gedrungener, Blätter dann meist dunkelgrün gefärbt. Blüten blattachselständig, klein, hellviolett.

Seit vielen Jahrzehnten bekannte Aquarienpflanze, benötigt vor allem hohe Lichtenergie (bis 1 W/l), kurzen Strahlungsabstand, am besten flache Aquarien bis 30 cm. Als Vordergrundpflanze in lockerer Gruppe. Stecklinge wachsen zunächst langsam, bilden nach Eingewöhnung Seitentriebe, so daß sich ein dekorativer Bestand entwickelt, weiches, leicht saures Wasser, pH etwa 6,8, spricht sehr gut auf CO_2-Düngung an, Wuchs stagniert in karbonatreichem alkalischem Wasser, Temperatur 22–28°C, emerse Form auch für Aqua-Terrarien.

Mayaca vandellii = siehe *Mayaca fluviatilis*

Meerstrand-Dreizack siehe *Triglochin maritimum*, S. 181

Micranthemum, Perlenkraut [ST | T]
Scrophulariaceae, Braunwurzgewächse
Amerika, Mehrzahl der Arten in tropischen Gebieten
Micranthemum sowie die ihr sehr nahestehende Gattung *Hemianthus* wachsen kriechend oder halbaufgerichtet im flachen Wasser oder an Uferrändern, zwei Arten als Aquarienpflanzen bekannt.

Bild 131. Das Rundblättrige Perlenkraut *Micranthemum umbrosum* ist eine zierliche Pflanze, die meist kriechend bis halbaufgerichtet am Boden wächst.

Hemianthus (Micranthemum) micranthemoides, Perlenkraut
Nordamerika
Blätter schmal-lanzettlich, zugespitzt, bis 6 mm lang und 1,2 mm breit, in 3 (4)zähligen Quirlen, hellgrün, an kriechend wachsenden, dünnen Stengeln.

Man setzt mehrere Triebe als kleine Vordergrundgruppe, wobei die Stengel dann meist aufrechten Wuchs zeigen, möglichst geringer Strahlungsabstand (flache Becken), da sehr lichtbedürftig (bis 1 W/l). In leicht saurem, weichem Wasser entwickeln sich die Pflanzen besonders prächtig. Boden am besten Grobsand, auch für Kaltwasserbecken geeignet.

Micranthemum umbrosum,
Rundblättriges Perlenkraut
Östliche USA und wärmere Gebiete Amerikas
Ähnelt im Wuchstyp *Hemianthus*, hat jedoch gegenständige, mehr oder minder runde, bis 7 mm lange, hellgrüne Blätter an dünnen, verzweigten Trieben.

Wächst im Aquarium eher horizontal kriechend oder halbaufgerichtet (je nach Lichtverhältnissen) und läßt sich als kleine Vordergrundpflanze verwenden. Mindestlichtbedarf 0,8 W/l, auch freitreibend zu kultivieren, halbemers in Aqua-Terrarien ausgezeichnet haltbar.

Microsorium pteropus, Javafarn [GR | A | T]
Polypodiaceae, Tüpfelfarngewächse
Südostasien
Wird teilweise auch zur Gattung *Polypodium* gerechnet (= *Polypodium pteropus*). Wächst an seinen Fundorten amphibisch, meist an kleinen beschatteten Urwaldbächen auf Steinen und Baumwurzeln, wird während der Regenzeit überflutet, wächst jedoch in der übrigen Jahreszeit aufgetaucht und bildet dann Sporokarpien an den Blattunterseiten. Blätter variabel, in der Form meist länglich-lanzettlich, an Hirschzungenfarn erinnernd, zur Basis verschmälert in kurzen Stiel, oft fast sitzend, Spitze mehr oder minder lang zugespitzt, z. T. umgebogen. Spreiten zuweilen auch dreiteilig (besonders bei emerser Form), bis 30 cm lang, in Aquarien meist kürzer (möglicherweise auch kleinwüchsige Rassen), derbhäutig, kräftig grün bis dunkelgrün, Rhizom horizontal wachsend, bis 10 mm dick, mit zahlreichen steifen Haftwurzeln.

Bild 132 (oben). Der bekannte Javafarn *Microsorium pteropus* sollte stets verankert (nie gepflanzt) werden. Man heftet ihn z. B. an Moorkienwurzeln an, wo er mit der Zeit verwächst.

Bild 133 (unten). Tausendblatt-Arten *(Myriophyllum)* bilden dicht über der Wasseroberfläche unscheinbare Blütenstände, z. T. mit ungeteilten Blättern.

Ein anpassungsfähiger, submers gut haltbarer Farn. Nicht einpflanzen, sondern verankern (Steine, Moorkienholz, auch grüne Filterrohrabschnitte geeignet), wird mit feinem grünem Plastikdraht wie Epiphyten aufgebunden, wirkt als Bodenpflanze unnatürlich, kann hier jedoch auch an Steinen verankert werden. Lichtbedarf mäßig, ab 0,5 W/l, auch hinsichtlich der Wasserbeschaffenheit besteht ein weiter Spielraum, optimal in weichem Wasser bei pH 6,8 wachsend, verträgt jedoch auch ohne weiteres härteres, karbonatreiches Wasser (CO_2-Gleichgewicht), ist erstaunlich salztolerant. Verträgt (nach WILKENS) sogar Brackwasser bis 3 ppm, sofern die Umgewöhnung schrittweise vollzogen wird. Temperatur 20–30°C, Vermehrung durch Adventivpflanzen an den Blatträndern älterer Blätter, am besten solche Blätter abschneiden und an der Oberfläche treiben lassen, wobei die Jungpflanzen sich am kräftigsten entwickeln, auch seitliche Rhizomsprosse können abgeschnitten werden und zur Verjüngung von Beständen dienen. *Microsorium* wächst auch in feuchtwarmen Aqua-Terrarien halbemers sehr gut, wichtig ist jedoch sehr hohe Luftfeuchtigkeit.

Mooskraut siehe *Mayaca fluviatilis*, S. 159

Mummel siehe *Nuphar lutea*, S. 167

Muschelblume siehe *Pistia stratiotes*, S. 176

Myriophyllum, Tausendblatt   ST (FW)
Haloragaceae, Seebeerengewächse
Weltweit verbreitet
Submerse Stengelpflanzen, deren Blätter in haarfeine Fiedersegmente gegliedert sind, stehen normalerweise in Quirlen, lediglich der unscheinbare endständige Blütenstand erhebt sich mit lanzettlichen, gezähnten Tragblättern über die Wasseroberfläche. Tausendblätter wachsen normalerweise verankert in langsam fließenden oder stehenden Gewässern in Wassertiefen von 0,3–1 (3) m, können aber auch flutend vorkommen. Einige Arten sind auf nährstoffarme Weichwassergewässer angewiesen, wie unser heimisches Wechselblütiges Tausendblatt *M. alterniflorum*.
Auch *M. verticillatum* wächst eher in schwach nährstoffarmem Wasser. *M. spicatum* verträgt dagegen höhere Belastungen, ist auch kalk-

und salzverträglich, d. h. im Aquarium anpassungsfähiger. Diese Eigenschaft zeichnet auch besonders das Brasilianische Tausendblatt *M. aquaticum* aus, das u. a. im Reisanbau erhebliche Verunkrautungen verursacht und auch emerse Triebe bildet. Die Identität einiger vom Handel angeboteter Arten ist nicht sicher, da die Variabilität der Aquarienformen eine exakte Bestimmung (nur nach Blütenmaterial möglich) nicht zuläßt. Die meisten Tausendblatt-Arten hatten ihre größte Popularität während der Zeit der Kaltwasseraquaristik, dennoch finden sie auch heute wegen ihres überaus zierlichen, schönen Wuchses noch zahlreiche Anhänger, obwohl die Artenauswahl für Tropenaquarien nicht gerade groß ist.

Myriophyllum alterniflorum, K
Wechselblütiges Tausendblatt
Überwiegend Nordwesteuropa, auch Nordafrika, Nordamerika
Blätter meist in 4zähligen Quirlen, 15–20 mm lang, mit haarfeinen, deutlich wechselständigen, blaßgrünen Fiedersegmenten, im ganzen recht zart, wenig haltbare Art der Roten Liste, S. 201.

Myriophyllum aquaticum, A
Brasilianisches Tausendblatt
Tropisches und subtropisches Amerika, verschleppt in Südasien, mit Reisanbau bis nach Südeuropa (Portugal, Spanien)
Blätter meist in 6zähligen Quirlen, 20–30 (40) mm lang, mit hellgrünen bis leicht rötlichen, wechsel- bis gegenständigen, sehr feinen, etwa 10–20 mm langen Fiedersegmenten, maximal bis 10 mm lang, meist kürzer, emerse Form weniger zart, auffallend bläulich-grün gefärbt (Papageienfeder), Quirle zur Spitze dicht gedrängt.

Myriophyllum brasiliense (S) = *M. aquaticum*

Myriophyllum heterophyllum, K
Verschiedenblättriges Tausendblatt
USA, südöstliche Gebiete, nach Europa verschleppt
Blätter in 4- bis 6zähligen Quirlen, variabel, z. T. temperaturabhängig, in Kaltwasser bis 50 mm lange, mittelgrüne, in feine Fiedersegmente (5–10) gegliederte Blätter. Bei höheren Temperaturen neigt die Art dazu, lanzettliche,

tief fiederschnittige bis ungeteilte, am Rand gezähnte Blätter auszubilden, selten angeboten.

Myriophyllum hippuroides
Nordamerika bis Mexiko
Blätter in 4 (5)zähligen Quirlen, bis 30 mm lang, mit mehr oder minder gegenständigen, zur Basis mitunter auch wechselständigen Fiedersegmenten (bis zu 15), grün bis olivgrün, bei starker Beleuchtung auch rötlich gefärbt.

Myriophyllum mattogrossense,
Rotes Tausendblatt
Südamerika
Blätter in 4zähligen Quirlen, bis 40 mm lang, haarfeine (jeweils etwa 10) Fiedersegmente, gegenständig, z. T. auch wechselständig, Färbung dunkel olivbraun bis leuchtend braunrot (Identität mit der von HOEHNE beschriebenen Pflanze bislang ungesichert).

Myriophyllum proserpinacoides (S) = *M. aquaticum*

Myriophyllum scabratum,
Buschiges Tausendblatt
Nordamerika, Mexiko, Kuba
Blätter in 3zähligen Scheinquirlen, d. h. nur quirlig genähert, oder auch deutlich wechselständig, bis 30 mm lang, mit 3–12 hellgrünen Fiedersegmenten, bildet emerse Übergangsformen mit lanzettlichen, am Rande gesägten Blättern.

Myriophyllum spicatum, A K
Ähriges Tausendblatt
Europa, Asien bis Südostasien, Afrika, Nordamerika
Blätter in 4 (5)zähligen Quirlen, variabel, bis 30 mm lang, mit 12–30 bis zu 25 mm langen Fiedersegmenten, in der Regel gegenständig, weniger zart, dunkelgrün, auch leicht rötlich überlaufen, einige Populationen auch im Brackwasser.

Myriophyllum verticillatum, K
Quirliges Tausendblatt
Nördliche Halbkugel
Blätter in 5 (6)zähligen Quirlen, bis 30 mm lang, 20–30 gegenständige Fiedersegmente, 10–30 mm lang, Kaltwasserart.

Bild 134 (links). *Myriophyllum aquaticum,* das Brasilianische Tausendblatt, ist aufgrund seiner tropischen Herkunft gut an die Bedingungen des beheizten Aquariums angepaßt. Aufnahme G. Brünner

Bild 135 (rechts). Als „Rotes Tausendblatt" wird *Myriophyllum mattogrossense* geschätzt, behält jedoch die Rotfärbung nur bei intensiver Beleuchtung. Aufnahme G. Brünner

Dazu werden zeitweilig noch andere Arten vom Handel angeboten, so *Myriophyllum elatinoides* (Südamerika, Australien, Neuseeland) mit haarfeinen Fiedersegmenten.

Im kunstlichtbeleuchteten Tropenaquarium sind die meisten *Myriophyllum*-Arten nicht ausdauernd. Ganz allgemein gilt: je kühler das Wasser und je höher die Lichtintensität, desto prächtiger der Wuchs. Dies ist insbesondere bei den Kaltwasserarten wie *M. heterophyllum, M. hippuroides* und *M. verticillatum* zu beachten. *M. alterniflorum* ist besonders empfindlich (Weichwasserpflanze). Tolerant sind *M. spicatum* (je nach Herkunft) und *M. scabratum.* Im normal beleuchteten Tropenaquarium bei etwa 0,7 W/l ist *M. aquaticum* die beste und ausdauerndste Art, da sie sich sehr gut anpaßt und prächtig wächst. Dazu sollte das Wasser nicht mehr als 10° KH aufweisen und in CO_2-Gleichgewicht stehen, pH-Wert 6,8–7, Temperatur bis 26°C. In weniger warmem Wasser wächst *M. mattogrossense* bis 24°C bei mittlerer Karbonathärte, benötigt aber zur vollen Ausfärbung 1 W/l bzw. sollte im Strahlungskegel von Hochdrucklampen gepflanzt werden. Alle Tausendblätter pflanzt man in Gruppen, dazu benötigt man mindestens 10–20 Stecklinge, die freistehend gesteckt werden. Boden mit Tonerdezusatz günstig, für „rotblättrige" Arten scheint insbesondere auch Eisendüngung wichtig zu sein. Wie bei allen feinfiedrigen Pflanzen sollte man stark wühlende Fische nicht zusammen mit *Myriophyllum* halten, da aufgewirbelter Mulm sich in den Blättern festsetzt.

Gleichfalls zur Familie der ST (T) (F)
Haloragaceae gehören Proserpinaca-Arten
wie P. palustris und P. pectinata, von denen besonders die letztere angeboten wird (beide aus
den USA). Die stets wechselständigen Blätter
sind kammartig tief eingeschnitten (Wasserblatt) oder lanzettlich mit gesägtem Rand
(Luftblatt). Bei P. pectinata sind auch die Luftblätter kammartig eingeschnitten, wachsen
amphibisch in Sümpfen und flachem Wasser.
Proserpinaca pectinata ist meist als „Hottonia
inflata" im Handel, in kleinem Bestand als
Vordergrundpflanze sehr dekorativ, jedoch
nicht wärmer als 24°C halten, Beleuchtung 0,8
bis 1 W/l. Proserpinaca palustris eignet sich gut
für ungeheizte Aqua-Terrarien, läßt sich auch
im Freilandbehälter ansiedeln.

Nadelkraut siehe Crassulaceae, S. 99

Nadelsimse siehe Eleocharis acicularis, S. 130

Najas, Nixkraut   ST A
Najadaceae, Nixkrautgewächse
Weltweit verbreitet
Ausschließlich submers wachsende Pflanzen,
die Mehrzahl der Arten in tropischen Gebieten, bewohnen stehende und langsam fließende Gewässer, meist im flachen Uferwasser,
doch auch in Tiefen bis zu 6 Metern vorkommend (N. flexilis), z.T. auch in Brackwasser
(N. marina u.a.), vielfach auch in stärker nährstoffreichen Gewässern und Bewässerungskulturen (Reisanbau). Nixkräuter sind zartgliedrige Stengelpflanzen, oft recht brüchig, mit gegenständigen oder quirlig genäherten Blättern,
diese meist linealisch mit mehr oder minder
fein gezähntem Rand und zur Basis verbreitert, eine Blattscheide bildend, deren Form
und Bestachelung neben den Früchten wichtige Bestimmungsmerkmale sind. Arten oft
schwierig zu unterscheiden. Gepflegt werden
meist tropische Arten wie N. indica und N.
guadalupensis. Arten aus unseren Gebieten
wie das Kleine Nixkraut Najas minor (weltweit, auch tropische Gebiete, Art der Roten
Liste, S. 201) sowie das Biegsame Nixkraut
Najas flexilis (Nordwesteuropa, Art der Roten
Liste, S. 201) werden kaum noch angeboten,
gelegentlich wird N. minor mit Wasserpflanzensendungen importiert, ebenso wie N. graminea (warme Gebiete der Alten Welt). Be-

sonders letztere Art ist verhältnismäßig anpassungsfähig und mit Erfolg zu kultivieren, jedoch äußerst lichtbedürftig. Importiert worden
sind ferner Najas pectinata (tropisches Afrika)
und N. interrupta (Ostafrika). Zum festen
Handelsangebot gehören jedoch nur die beiden folgenden Arten:

Najas indica,   E
Indisches Nixkraut
Südostasien
Blätter linealisch, bis 20 mm lang und etwa
1 mm breit, gegenständig bzw. 3zählig quirlig
genähert, an der Basis mit öhrchenartigen
Blattscheiden, Blattrand mit feinen Zähnchen
besetzt, etwa 16–19 (Lupe), ziemlich starr und
brüchig, hellgrün, oft leicht transparent, Stengel spröde, in der Regel dicht verzweigt.
Pflanze variabel, je nach Umweltbedingungen.

Najas guadalupensis,   E
Guadeloupe-Nixkraut
Tropische und subtropische Gebiete Amerikas
Blätter linealisch, bis 20 mm lang und etwa
1 mm breit, gegenständig, z.T. auch dreizählig-quirlig genähert, Blattscheiden gegenüber
N. indica deutlich schmaler, Blattränder sehr
viel feiner gezähnt als bei N. indica (Lupe),
hellgrün bis kräftig grün, brüchig, Pflanze wie
N. indica recht variabel.
Von N. indica oder N. guadalupensis braucht
man nur einige Kurztriebe ins Aquarium zu
werfen und hat oft schon nach wenigen Wochen einen undurchdringlichen Pflanzendschungel unter der Wasseroberfläche. Die
frei treibende Haltung ist für diese Arten die
günstigste und natürlichste Wuchsweise, die
lockeren Triebe wirken unter der Wasseroberfläche besonders schön und verleihen dem
Aquarium Natürlichkeit und Tiefenwirkung.
Najas-Polster jedoch nicht zu umfangreich
werden lassen, da sonst anderen Pflanzen zuviel Licht entzogen wird. Das Einpflanzen der
brüchigen Stengel bereitet Schwierigkeiten:
Sind die Pflanzen glücklich plaziert, genügt
schon unbedachtes Hantieren, um sie wieder
aufzutreiben, auch können Fische die zerbrechlichen Triebe in Mitleidenschaft ziehen.
Will man unbedingt pflanzen, ist N. guadalupensis vorzuziehen. Beide Arten gedeihen am
besten in weichem, nährstoffreichem, leicht
saurem Wasser, nehmen aber auch noch mit

Bild 136. Nixkraut, *Najas guadalupensis*, wird wegen der Brüchigkeit der Stengel am besten frei treibend gehalten, was auch der natürlichen Wuchsweise entspricht. Bildet schnell dichte Bestände, die ausgelichtet werden müssen, als Erstbepflanzung geeignet. Aufnahme G. Brünner

Karbonathärten bis 10° KH vorlieb, wenn man CO_2 zuführt. pH-Wert leicht sauer bis neutral, Temperatur 22−28°C, die Lichtfrage ist bei frei unter der Wasseroberfläche treibenden Pflanzen normalerweise optimal gelöst, sonst rechnet man etwa 0,8 W/l. Bei starkem Wachstum ist Wasserwechsel mit Aufdüngung wichtig. Vermehrung durch Stengelabschnitte.

Najas microdon (S) = *N. guadalupensis*

Neptunia oleracea siehe *Fabaceae*, S. 133

Nesaea

Lythraceae,
Weiderichgewächse
Weltweit in warmen Regionen, Schwerpunkt tropisches Afrika
Amphibische, krautige Pflanze, in Gräben und Wasseransammlungen, bei fehlendem Niederschlag auch ganz emers an feuchten Stellen, meist halb aufgetaucht in seichtem Wasser, oft sehr weich, 0,5° KH, 5° GH, pH 5,7, 26−31°C (KASSELMANN, Sansibar). Mehrere Arten in Aquarien kultiviert, stark an *Ammannia* erinnernd, sicher nur durch emerse blühende Exemplare zu unterscheiden.

Nesaea crassicaulis
Tropisches Afrika, ostafrikanische Inseln
Blätter schmal-lanzettlich, bis 80 mm lang (meist kleiner) und 10−15 mm breit, zur Basis allmählich verschmälert, sitzend, Spitze zugespitzt, gelblich-olivgrün bis bräunlich-rötlich gefärbt. Stengel auffallend dick, bis 5 mm, emerse Blätter verkehrt-eiförmig, meist zuge-

165

spitzt, gegenständig, blüht im Aquarium nicht, submerse Form stark an *Ammannia gracilis* erinnernd.

Nesaea pedicellata
Sansibar, Mafia, Tansania
Blätter länglich-lanzettlich, bis 90 mm lang und 15 mm breit (im Aquarium meist kleiner), zugespitzt, Basis breit, sitzend, rötlich-oliv-grün, gegenständig, aber auch quirl- und wechselständig, emerse Blätter länglich zugespitzt, Basis nur wenig verschmälert, gegenständig, bis 50 mm lang und 10 mm breit, dunkelgrün, blüht im Aquarium nicht.

Nesaea sp. (irrtümlich als „*crassicaulis*" bezeichnet)
Tropisches Afrika
Blätter schmal-lanzettlich, bis 40 (50) mm lang und 8 mm breit, im Aquarium oft kleiner bleibend, sehr kurz gestielt, Rand leicht ungleichmäßig gebogen, bei entsprechendem Licht oft tief weinrot gefärbt, sonst leicht vergrünend, emers ähnlich, im ganzen gedrungener.
Pflanzen, die nicht nur *Ammannia* recht ähnlich sind, sondern auch etwa die gleichen Kulturansprüche stellen (siehe S. 73), für Mittelgrundpflanzung in kleinen Gruppen äußerst wirkungsvoll, am besten ist *N. pedicellatus* für Aquarien geeignet, eine verhältnismäßig raschwüchsige Art.

Nitella flexilis, ST (K)
Biegsame Nitella
Characeae, Armleuchteralgen
Weltweit verbreitet
Bis zu 40 cm lange Triebe mit Quirlen von etwa 6 Kurztrieben, die jeweils etwa 60 mm lang werden, gabelig geteilt sind und einen feinen Stachel besitzen, dunkel olivgrün bis bräunlich-grün gefärbt, z. T. auch bleichgrün. Gedeiht innerhalb eines weiten Temperaturbereichs von 10–25°C, Beleuchtung etwa 0,8 W/l. Am schönsten entwickelt sich *Nitella* bei Tageslicht (keine Sonne), bevorzugt leicht saures Wasser, wächst auch in mittelhartem Wasser (CO_2-Zufuhr) noch gut, pH bis 7,2, im Gegensatz zu *Chara* weniger brüchig, läßt sich „büschelweise" pflanzen, d. h. mit Steinen verankern, wirkt so besonders dekorativ, bei freitreibender Haltung kommt die zarte Struktur im Oberflächenlicht besonders zum Ausdruck.

Bild 137. Biegsame Nitella, *Nitella flexilis,* eine Armleuchteralge mit guten Aquarieneigenschaften.

Für Brackwasserkultur sollten nur Populationen aus entsprechenden Vorkommen verwendet werden.

Nomaphila stricta siehe *Hygrophila stricta,* S. 145

Nuphar, Teichrose SCH
Nymphaeaceae, Seerosengewächse
Rosettig wachsende Schwimmblattpflanzen mit grundständigen, kräftigen, länglichen, kriechend wachsenden Wurzelstöcken, entwickeln zarte submerse Blätter. Pflanzen stehender oder fließender Gewässer, in flacherem Uferwasser (Seerosenzone), auch in Gräben, teilweise auch noch in Wassertiefen von 3 (6) Metern gefunden, dann keine Schwimmblätter mehr ausbildend. Heimische Teichrosen (unterliegen der Arten- und Naturschutzverordnung, nur aus Kulturen beziehen) sind als Aquarienpflanzen sehr geschätzt. Dazu kommen noch eine Reihe anderer Arten (oft unter der englischen Bezeichnung „spatterdock" im Handel), die teils *N. japonica* zuzurechnen sind, teils auch dem „Cape Fear Spatterdock" *Nuphar sagittifolia* zugehören dürften. Hier bestehen bei submersen Handelspflanzen einige Unsicherheiten, wie auch die Taxonomie dieser Gattung recht unterschiedlich ausgelegt wird.

166

Nuphar lutea, (GR) (SCH) FW
Teichrose, Mummel
Europa, Asien
Submerse Blätter im Umriß mehr oder minder rundlich, etwa 20 cm im Durchmesser, Rand unregelmäßig weitläufig gewellt, am Stielansatz tief eingeschnitten, zart hellgrün, oft fast durchscheinend, Blattstiele kräftig, je nach Haltungsbedingungen in der Länge unterschiedlich, Wurzelstock länglich, fleischig, oberseits grün, Schwimmblätter ledrig, dick, meist eiförmig, Blüten bis 5 cm groß, mit 5 gelben Kelchblättern.

Die großen, leuchtend hellgrünen Blätter der Teichrose sind für jedes Aquarium von unvergleichlicher Schönheit, beim Kauf darauf achten, daß man ein möglichst gesundes Rhizom erhält, der Austrieb ist weniger wichtig, am besten sind aus Sämlingen angezogene Pflanzen (seltener im Handel). Eventuelle Faulstellen mit scharfem Messer ausschneiden, notfalls Rhizom mit neuem Schnitt verkürzen, flach einpflanzen, Rhizom muß noch sichtbar sein, Grobkies mit Tonerde oder Nährstoffdepot (keine fäulnisfähigen Substrate), Wasser zunächst mit Torffilterung leicht sauer halten. Zeigen sich die ersten Blätter, wächst *Nuphar* sehr schnell und ergibt bei entsprechendem Freistand eine prächtige Solitärpflanze. Licht etwa 0,8 W/l, betont rotreiche Beleuchtung vermag der Bildung von Schwimmblättern entgegenzuwirken, evtl. entstehende Schwimmblätter ausschneiden, keine zu flachen Becken, Wasserstand mindestens 40–50 cm. Temperatur nicht über 24 °C, als heimische Pflanze auch hervorragend für Kaltwasserbecken, bleibt wintergrün. Nicht unnötig umpflanzen, bei zu hartem Wasser evtl. CO_2-Zufuhr.

Nuphar pumila, (GR) (SCH) FW
Zwergteichrose, Kleine Teichrose
Europa, westliche Gebiete, Nordasien
Submerse Blätter ähnlich *N. lutea,* bleibt jedoch wesentlich kleiner, Blattdurchmesser etwa 10 cm, auch Rhizom entsprechend schwächer entwickelt.
Eine Art, die auch für kleinere Behälter gut geeignet ist, jedoch auch hier Wasserstand etwa 40 cm, nicht über 22 °C (recht selten im Handel).

Nuphar japonica, GR (SCH) A
Japanische Teichrose
Japan (Bild 138, S. 168)
Submerse Blätter im Umriß mehr oder minder breit pfeilförmig bis annähernd breit-spießförmig, Basis tief eingeschnitten, zur Spitze meist stumpflich zugespitzt bis leicht gerundet, bis 18 cm lang und 8 cm breit, Rand auffallend gewellt, durchscheinend hellgrün, Schwimmblätter ähnlich *N. lutea,* jedoch schmaler eiförmig.
Hervorragend haltbare und schöne Aquarien-Teichrose, empfehlenswerteste Art, verträgt bis 26 °C bei entsprechend starker Beleuchtung (1 W/l), sonstige Ansprüche siehe *N. lutea,* häufig im Handel.

Nuphar sagittifolia, GR A
Pfeilblättrige Seerose,
,,Cape Fear Spatterdock"
USA, Virginia bis South Carolina
Submerse Blätter länglich-pfeilförmig, mehr oder weniger stumpflich, bis 35 cm lang und 7 cm breit, am Stielansatz tief eingeschnitten, Spitze mehr oder weniger stumpflich, Rand weitläufig gewellt, variabel, nur submers bekannt. Blüten klein, bis 25 mm Durchmesser, über der Wasseroberfläche.
Wird in den USA aus Rhizomabschnitten in Massen als Aquarienpflanze angezogen, eine besonders prächtige, aber etwas empfindliche Art, verlangt optimale Lichtverhältnisse (1 W/l), weiches, leicht saures Wasser am günstigsten.
Mit Ausnahme von *N. sagittifolia* kommen alle genannten Arten auch für Freilandteiche in Betracht, heimische Arten eignen sich selbst für schattige Becken, wo Seerosen nicht mehr gut gedeihen.

Nymphaeaceae, (SCH)
Seerosengewächse
Weltweit verbreitet, bevorzugt tropische Gebiete
Wasserpflanzenfamilie mit sechs Gattungen. Meist schwimmblattbildend wie Seerosen *Nymphaea,* Teichrosen *Nuphar* oder *Brasenia* (S. 90), dazu gehört auch *Euryale* (Südasien) sowie die Gattung *Victoria,* von der die im Amazonasbecken beheimatete Art *Victoria amazonica* Schwimmblätter mit einem Durchmesser bis zu zwei Metern erreichen

Bild 138. Teichrosen wie *Nuphar japonica* zählen mit ihren zarten, durchscheinenden, großen Blättern zu den ausdrucksvollsten Solitärpflanzen. Aufnahme G. Brünner

kann. Lotusblumen *Nelumbo* erheben ihre Blätter über die Wasseroberfläche, während die Gattung *Ondinea* (Nordwestaustralien) sowohl submerse als auch Schwimmblätter ausbildet, *Barclaya* (S. 87) schließlich wächst ganz submers, lediglich die Blüten erscheinen an der Wasseroberfläche.

Nymphaea, Seerosen   SCH
Nymphaeaceae, Seerosengewächse
Weltweit verbreitet
Schwimmblattpflanzen in Ufergewässern in Wassertiefen von 0,5–2 Metern und ruhigem Wasser (Seerosenzone), mit runden bis eiförmigen Schwimmblättern, z. T. mit zarthäutigen Unterwasserblättern, fleischigem Rhizom und dekorativen Blüten. Die meisten *Nymphaea*-Arten neigen im Aquarium dazu, nach kurzfristigem submersem Wuchs Schwimmblätter auszubilden, die keinen dekorativen Wert besitzen. Eine Ausnahme bilden Pflanzen der *Nymphaea lotus*-Gruppe, die beständig sub-

mers wachsen und einen außerordentlich hohen Wert für die Aquaristik besitzen. Zur Blütenbildung reicht für *Nymphaea* das Lichtniveau im Aquarium nicht aus. Zwar kommt es vereinzelt zur Ausbildung von Blüten (u. a. bei *N. stellata*), doch sind solche Blüten klein und kaum voll ausgefärbt. Am ehesten gelingt dies noch im Strahlungskegel von Hochdrucklampen, besser jedoch an einem sonnigen Fenster in flachen Aquarien (Seite 171), nicht zu vergessen die sog. Kaltwasser-Seerosen, die im Freilandbecken bei entsprechendem Standort und entsprechender Sortenwahl von Juni bis in den Herbst einen reichen Blütenflor entwickeln.

Bild 139. Die „Grüne Tigerlotus" aus Westafrika ist seit vielen Jahren ein Begriff für eine submers gut haltbare Seerose. Sie gehört zum *Nymphaea-lotus*-Komplex. Aufnahme G. Brünner

Nymphaea lotus-Gruppe, Tigerlotus

Afrika, Südostasien

(GR) (SCH) A

Submerse Blätter beim Austrieb zunächst spießförmig, später oval-elliptisch oder rundlich. „Grüne Tigerlotus": Blätter mehr oder minder oval bis rundlich, bis 20 cm lang und 12 cm breit, hellgrün mit unregelmäßiger brauner Fleckung, Rand leicht weitläufig gewellt, Stielansatz tief und schmal eingeschnitten (wahrscheinlich aus Nigeria importiert). Eine andere Form, die „Rote Tigerlotus", besitzt tief braunrote, dunkel gefleckte Blätter, oft mit hellerer Nervatur, in der Form meist

rundlich, bis 15 cm lang, mit auffallend weitem Stieleinschnitt. Blattstiele je nach Lichtbedingungen dünn und lang bzw. kürzer und dicker. Schwimmblätter rundlich-eiförmig, bis 30 cm lang (im Aquarium kleiner), am Rand ausgeschweift gezähnt, variabel, oberseits dunkel olivgrün mit Fleckung, unterseits heller, z.T. dunkelviolett angelaufen mit hervortretender Nervatur. Rhizom kugelig bis oval, bildet Tochterknollen, Blüte mit bis zu 25 weißen, stumpflich zugespitzten Kronblättern (Nachtblüher: Blüten öffnen sich in der Abenddämmerung, schließen sich am folgenden späten Vormittag).

Eine der besten Seerosen für die untergetauchte Kultur im Aquarium, Identität wegen der großen Variabilität der *Nymphaea lotus*-Populationen nicht sicher, beide Formen dürften zu den Fließwasserformen von *N. lotus* gehören. Wuchsform und dekorative Färbung weisen die Tigerlotus eindeutig als Solitärpflanze aus, d.h. einen freien Platz im Blickfeld

169

Bild 140. Die „Rote Tigerlotus" ist mit ihrer intensiven Rotfärbung wohl eine der farbenprächtigsten Aquarienpflanzen und eine der besonders eindrucksvollen Solitärpflanzen. Aufnahme G. Brünner

wählen, möglichst intensives Licht (etwa 1 W/l). Bei vermindertem Lichteinfall und zu hoher Temperatur werden die Blattstiele oft zu lang, so daß sich die Blätter erst unter der Wasseroberfläche entwickeln. Temperatur möglichst nicht über 24°C, weiches, leicht saures Wasser fördert das Wachstum von *N. lotus* ungemein, doch zeigt sich die Art auch in härterem Wasser bei 12° KH und 15° GH, pH 7,2 noch gut wüchsig (CO_2-Zufuhr). Sollte in nährstoffbereichertem Boden flach (!) gepflanzt werden, Triebspitzen mit oberen Rhizomteilen noch sichtbar, am besten ausgetriebene Tochterknollen. Benötigen Zeit zur Entwicklung, bleiben aber gut submers, auftretende Schwimmblätter entfernen, so bleiben

die Pflanzen jahrelang in guter Kondition (Wasseraufdüngung mit eisenbetontem Dünger, nicht umpflanzen, wird von Seerosen schlecht vertragen). Die Rote Tigerlotus kommt besonders schön zwischen leuchtend grün gefärbten Pflanzen zur Geltung, während die Grüne Tigerlotus einen dunklen Hintergrund haben sollte, beide Formen ergeben ungemein wirkungsvolle Farbkontraste.

Nymphaea stellata [SCH]
Tropisches Südasien
Ähnelt der Tigerlotus. Submerse Blätter variabel, mehr oder minder spießförmig, dünnhäutig, rötlichbraun-violett, bis 12 cm lang und 8 cm breit, neigt stark zur Bildung von Schwimmblättern, diese sind dunkelgrün, undeutlich gefleckt, unterseits oft violett, mit gekerbtem Rand, Rhizom länglich, 5–10 cm lang und 15 mm dick (Unterscheidung gegenüber *N. lotus*).
Besitzt nicht die gute Aquarieneignung der *N. lotus*-Gruppe, häufiger im Handel, z.T. auch

mit *N. lotus* verwechselt. Gelangt unter Aquarienbedingungen verhältnismäßig leicht zur Blüte und paßt sich in der Schwimmblattbildung an. Blüten meist stark reduziert, kaum 5 cm groß, weiß-hellviolett bis violett-blau.

Außer *N. stellata* wird noch eine Reihe anderer tropischer Seerosen als „Aquarien-Seerosen" angeboten, so *N. capensis* (südliches Afrika), *N. rubra* (Südasien), *N. caerulea* (tropisches Afrika), *N. micrantha* (Westafrika) sowie *N. pubescens* (Südostasien). Sie haben jedoch für die Unterwasserkultur kaum einen Wert, sondern kommen in erster Linie für die Kultur bei Tageslicht als dekorativ blühende Schwimmpflanzen in Betracht. Dabei erweisen sich allerdings oft die Hybriden wie *N.* × *daubenyana* als anpassungsfähiger und blühfreudiger. Letztere, eine Kreuzung aus *N. micrantha* und *N. caerulea*, wächst in warmen Sommern sogar im flachen Wasser eines Freilandbeckens hervorragend, entwickelt zahlreiche kleine hellblaue Blüten und vermag sich selbst kleinsten Behältergrößen anzupassen.

Bild 141. Kaltwasser-Seerosen (*Nymphaea*-Züchtungen) zählen zu den bezauberndsten Wassergewächsen. Sie lassen sich im Freilandbehälter mühelos kultivieren. Aufnahme G. Brünner

Auch an einem sonnigen Zimmerfenster ist eine Kultur während des Sommers lohnend: Alles, was man dazu braucht, ist ein altes ausgedientes Aquarium, flach – etwa 20 cm –, das mit Wasser gefüllt wird. Das Seerosenrhizom pflanzt man am besten in flachen Töpfen in eine Mischung aus Aquarientonerde, Torf und Grobsand, etwa in gleichen Verhältnissen. Die Temperatur sollte nicht unter 20°C absinken, anfängliche Algenbildung verschwindet mit zunehmender Schwimmblattbildung, und bald zeigen sich auch die ersten Blüten langgestielt über der Wasseroberfläche. Rhizome feucht und kühl überwintern. In größeren Behältern ab 100 l, z.B. halbierten Holzfässern, kann man auf Terrasse oder Balkon auch Arten wie

N. lotus oder *N. caerulea*, besonders aber deren farbenprächtige Züchtungen zur Blüte bringen, sofern man für Wärme (nicht unter 20 °C) und einen sonnigen Platz sorgt. SCH FW A
Für Freilandbecken stehen zahlreiche Züchtungen mit einer reichen Palette von Blütenfärbungen von reinem Weiß, Rosa über cremefarbene Sorten bis zu tiefroten Seerosen zur Verfügung. Ein Großteil dieser Züchtungen ist fast ein Jahrhundert alt und geht auf den französischen Züchter J. B. Latour-Marliac zurück. (Pflanzen nur aus Kulturen beziehen, heimische Seerosen wie *N. alba* stehen unter Natur- und Artenschutz, S. 201). Für ein Seerosenfreilandbecken ist eine vollsonnige Lage wichtig. Unbedingt die zur Wassertiefe passende Sorte auswählen, Pflanzung erfolgt in Kunststoffkörben in käuflicher Seerosenpflanzerde oder einer Mischung aus Tonerde, abgelagerter Gartenerde und gut vorgeweichtem Torf. Kleine, sehr flache Freilandbecken kann man mit *N. tetragona* (*N. pygmaea*) in der Sorte „*alba*" oder „*Helvola*" bepflanzen. Auch die weiß und rot blühenden „*Laydekeri*"-Züchtungen kommen schon mit 20 cm Wassertiefe aus, mehr benötigt die Sorte „James Brydon" (30–50 cm), während die am häufigsten angebotenen *Marliacea*-Sorten (weiß-, rot-, gelbblühend) zwischen 50–90 cm benötigen. Am besten läßt man sich in einer Spezialgärtnerei beraten, keinesfalls sollte man einfach eine „Freilandseerose" kaufen. Es ist oft nämlich Glückssache, ob sich die Pflanze etabliert oder zur Bildung von Luftblättern neigt bzw. zu kümmern anfängt. Pflanzung am besten im Frühjahr. Alle Seerosenrhizome sind nicht winterhart. Sofern die Wassertiefe unter 60 cm beträgt, sollte man die Pflanzkörbe in einem kühlen, frostfreien Raum (Keller) mäßig feucht überwintern.

Nymphoides, Seekanne
Menyanthaceae, Fieberkleegewächse
Weltweit verbreitet
Auch zu den Enziangewächsen *Gentianaceae* gerechnete Gattung. Pflanzen normalerweise mit Schwimmblättern und gestielten, oft unterhalb des Schwimmblattes dem Blattstiel (oder Knoten der Tragblätter) entspringende Blüten, im flachen, stehenden Wasser sonnendurchwärmter Gewässer, einige Reisfeldunkräuter, z. B. *N. indica, N. cristata*.

Nymphoides aquatica, (SCH)
Bananenpflanze, Wasserbanane
Östliches Nordamerika
Im Aquarium nur submers, Blätter rundlich, an der Basis herzförmig eingeschnitten, bis 8 cm lang, dunkel olivgrün bis hellgrün, verhältnismäßig derb, rosettig angeordnet, mit relativ kurzen Stielen, Schwimmblätter nur bei Tageslicht (Sonne), mit kleinen weißen Blüten. Rhizome in dichtem Büschel, bananenförmig, dunkel olivbraun, über dem Grund stehende Pflanze mit langen Wurzeln im Boden verankert, an der Oberfläche treibende Blätter bilden Adventivpflanzen.

Bild 142. *Nymphoides aquatica* wird wegen ihres an ein Bananenbüschel erinnernden Rhizoms Bananenpflanze genannt. Sie ist bei guter Beleuchtung recht ausdauernd. Nicht einpflanzen, verwächst mit langen Wurzeln fest im Bodengrund.

Bild 143. Südamerikanische Seekanne, *Nymphoides humboldtiana,* eine nur bei optimalen Lichtbedingungen (Tageslicht) blühende tropische Schwimmpflanze.

Nymphoides humboldtiana, SCH
Südamerikanische Seekanne
Tropisches Amerika
Schwimmblätter rundlich, breit herzförmig bis fast nierenförmig, bis 12 cm lang, oft kleiner bleibend, Basis tief herzförmig eingeschnitten, glänzend, lebhaft grün, Unterseite mit feinen drüsigen Haaren. Blüten zu mehreren dem anschwellenden Blattstiel entwachsend, mit fünfzähligen weißen, elliptischen, fein gefransten Kronblättern und gelbem Blütenzentrum.

Nymphoides indica, SCH
Indische Seekanne
Tropen der Alten Welt, vielerorts eingebürgert
Blätter kreisrund bis oval, bis 18 cm lang, oft kleiner bleibend, Basis eng herzförmig eingeschnitten, Blüten meist rein weiß, doch gehören zum variablen *N. indica*-Komplex auch Populationen mit gelbem Blütengrund, Kelchblätter oval bis eirund (bei *N. humboldtiana* schmaler und spitz verlaufend).

Nymphoides peltata, SCH FW A
Gemeine Seekanne
Europa, Asien, gemäßigte Zonen
Schwimmblätter rund bis oval, Basis schmal und tief eingeschnitten, 6–15 cm lang und 5–8 cm breit, mittelgrün mit dunkler Zeichnung, unterseits blaßgrün bis rötlich-violett. Blüten am Stengel mit am Grunde scheidigen Tragblättern, gestielt über der Wasseroberfläche, mit 5zähliger, gelber, am Rande fein gezähnter Blütenkrone, Rhizom lang, kriechend am Grund wachsend. – Art der Roten Liste, S. 201.
Nymphoides-Arten spielen im Tropenaquarium keine große Rolle, eine Ausnahme macht lediglich *N. aquatica*, die „Bananenpflanze", die wegen ihres eigenartigen bananenähnlichen Rhizombüschels so genannt wird. Man setzt solche Pflanzen am besten in den Vordergrund. Sofern man für karbonatarmes (bis 8° KH), leicht saures Wasser und etwa 0,8 W/l Beleuchtung sorgt, ist *N. aquatica* recht ausdauernd, doch sollte man darauf achten, daß die Pflanzen mit ihren langen Wurzeln im Boden (Tonerdebeimischung) Fuß fassen. Sie dürfen dann nicht gestört werden, Vermehrung im Aquarium selten (Adventivpflanzen aus losen Blättern). Schwimmblattbildung tritt nur bei starkem Lichteinfall (Tageslicht, Sonne) auf. Absolut sonnenhungrig sind *N. humboldtiana* und *N. indica*, die nur bei Tageslicht haltbar sind. Kultur am sonnigen Südfenster wie Seerosen (S. 171). Bei 10 cm Wasserstand und 25 °C setzt während des Sommers reiche Blütenbildung ein, die erst mit verkürzter Tageslänge im Herbst nachläßt. Die zierlichen, fein gefransten Blüten sind es, die Aquarianer schon vor vielen Jahrzehnten dazu gebracht haben, sich diesen Pflanzen zu widmen. Inzwischen sind auch noch andere Arten hinzugekommen, wie u. a. *N. crenata* (Australien), Pflege wie oben. *N. peltata* – unsere heimische Seekanne – eignet sich nur für Freilandbecken (nur aus Kulturen beziehen). Sie hat den Vorteil, nicht so starkwüchsig wie Seerosen zu sein, dekorative gelbe Blüten erscheinen im Juni. Wassertiefe etwa 40 cm.

Ondinea siehe *Nymphaeaceae*, Seerosengewächse, S. 167
„*Oriocaulon*" siehe *Eusteralis stellata*, S. 133

Orchidaceae, Orchideengewächse
Weltweit, überwiegend in tropischen Gebieten
Aus der Pflanzenfamilie der Orchideen sind keine Arten bekannt, die im Wasser leben. Es gibt jedoch viele erdbewohnende Orchideen, die an feuchten Standorten wachsen und gelegentliche kurze Überschwemmungen überstehen. Dieser Umwelt entstammt auch eine als Aquarienpflanze angebotene Orchidee, die in den USA als „waterorchid" bekannt ist: *Spiranthes cernua* (südliche USA, insbesondere Florida). Sie wächst in Sümpfen und auf feuchten Wiesen, ist aber nicht an stehendes Wasser gebunden. Wahrscheinlich war es der Name Wasserorchidee, der die Aquarianer dazu veranlaßte, diese Pflanze im Aquarium zu kultivieren. *Spiranthes* trägt grundständige, schmal-lanzettliche, gleichseitig verschmälerte, bis 12 cm lange, dunkelgrüne Blätter. Am 30 cm hohen Blütenstiel entwickeln sich drei bis vier kleinere Blätter und ein reichblühender weißer Blütenstand. Die Wurzeln sind fleischig verdickt. GR T F
Für die untergetauchte Haltung im Aquarium darf das Becken nicht zu hoch sein (maximal 30 cm), damit der Blütenstand noch die Wasseroberfläche erreichen kann. Günstig sind aus Wurzelsprossen vermehrte Jungpflanzen, die

173

Bild 144. Selbst Orchideen lassen sich in hell stehenden, flachen Aquarien kultivieren, so die „water-orchid" genannte *Spiranthes cernua* aus Florida, deren Blütenstand wochenlang haltbar ist. Aufnahme G. Brünner

sich am besten eingewöhnen lassen. Die Kultur erfordert hohe Lichtenergie (etwa 1 W/l), besser wächst die Pflanze natürlich halbemers bei Tageslicht. Während des Sommers ist sie gut im Freiland haltbar und gelangt hier im August bis September zur Blüte. Die Blüte ist lange haltbar. – Pflanzung in Töpfe mit einer Mischung aus Torfkultursubstrat, Torf und kalkfreiem Kies. Wurzeln nicht beschädigen, nicht umsetzen, Vermehrung durch Wurzelableger.

Orontium aquaticum, `GR` `K` `FW`
Goldkolben
Araceae, Aronstabgewächse
Nordamerika
Im flachen Wasser wachsende Pflanze. Blattspreiten lanzettlich, bis 10 cm lang und 5 cm

breit, bläulichgrün, zur Basis und Spitze meist gleichmäßig verschmälert, je nach Wasserverhältnissen schwimmend oder emers wachsend. Die Blüte hat einen auffallend schönen, goldgelben Blütenkolben. Die Spatha ist klein und schnell vergänglich.
Die Pflanze wurde früher in Aquarien kultiviert (Tageslicht), heute kommt sie nur für Freilandanlagen in Betracht. Am besten in Kulturgefäßen in flache Uferpartien setzen, blüht im Frühjahr, gegebenenfalls Winterschutz.

Oryza sativa siehe *Poaceae,* S. 177

Ottelia, Ottelie `GR`
Hydrocharitaceae, Froschbißgewächse
Tropen der Alten Welt (bis auf eine Art)
Teilweise recht stattliche, rosettenartige, in der Regel untergetaucht wachsende Pflanze, wenige, wie *O. ovalifolia* (Australien), mit Schwimmblättern. Einige Arten durch Reisanbau verschleppt, so u. a. auch die als Aquarienpflanze bekannte, jedoch seltener gepflegte *Ottelia alismoides.* Die Pflanzen bevorzugen normalerweise flache, stehende Gewässer, die sich durch Sonneneinstrahlung stark erwärmen.

Ottelia alismoides
Afrika, Südasien, eingeschleppt in Südeuropa und Australien
Blätter veränderlich, Jugendform linealisch bis lanzettlich, Folgeblätter beständig mit eiförmiger bis rundlich-herzförmiger Spreite, 10–20 cm lang, zart durchscheinend, hellgrün, an der Basis tütenförmig zusammengezogen. Rand mehr oder minder gewellt, Stiel kräftig, 15–25 cm lang. Die zwittrigen, langgestielten Blüten erscheinen über der Wasseroberfläche mit 3 weißen, auffallenden Kronblättern.
Früher sehr bekannte Warmwasserpflanze, heute seltener kultiviert. Wächst bei Tageslicht (Sonne) während des Sommers zu prächtigen Pflanzen heran, blüht regelmäßig und setzt keimfähigen Samen an. Geht im Winter jedoch stark zurück und wird deshalb alljährlich neu aus Samen angezogen. Solche noch anpassungsfähigen Sämlingspflanzen eignen sich für die Aquarienkultur. Kulturgemäß mit 1/3 Tonerdebeimischung, hohe Lichtintensität (etwa 1 W/l). Schöne Solitärpflanze, die entsprechend

Bild 145. *Ottelia alismoides* ist eine wüchsige und dekorative, jedoch verhältnismäßig selten kultivierte Wasserpflanze aus den Tropen der Alten Welt.

große Behälter (mindestens 100 l) benötigt. In der Regel jedoch nicht ausdauernd. Vermehrung durch Aussaat. Temperatur 22–28°C.

Ottelia mesenterium
Celebes
Blätter linealisch bis nadelförmig, bis 25 cm lang und 10–15 mm breit, an der Spitze gerundet, Basis keilförmig in den mehr oder minder langen Stiel verlaufend, Mittelnerv auffallend kräftig, Blattstruktur stark gekräuselt, an *Aponogeton* erinnernd, Blüten eingeschlechtig.
Eine erst 1976 als Aquarienpflanze von BOG-NER eingeführte Art, die hohe Kulturansprüche stellt. Sie benötigt weiches, saures Wasser, pH 6–6,2 und CO_2-Zufuhr, Beleuchtung etwa 0,7 W/l, Boden Grobsand und Tonerde, liebt offenbar keine zu hohen Temperaturen, am besten bei 22°C wachsend.

Ottelia ulvaefolia
Tropisches Afrika (Westafrika, Zimbabwe)
Blattspreiten mehr oder minder breit-lanzettlich bis oval, bis 15 cm lang und 5 cm breit, Basis keilförmig, Stiel meist dünn und lang

(Aquarienform), Blattrand leicht gewellt und gedreht, meist dunkelgrün, oft leicht bräunlich, Blüten zwittrig mit gelben Kronblättern. Wie *O. mesenterium* nur in weichem, saurem Wasser und bei starkem Kunstlicht und nährstoffhaltigem Boden (Tonerde) haltbar und gut gedeihend, bildet gelegentlich Ausläufer.

Palmwedelkraut siehe *Eichhornia azurea,* S. 128

Papageienblatt siehe *Alternanthera,* S. 72

Papageienfeder siehe *Myriophyllum aquaticum,* S. 162

Perlenkraut siehe *Micranthemum,* S. 160

Peplis diandra siehe *Didiplis diandra,* S. 118

Pfeilkraut, Pfeilblatt siehe *Sagittaria,* S. 186

Pfriemenkresse siehe *Brassicaceae,* S. 90

Phycophyta, Algen
Algen sind als Pflanzen im Süßwasseraquarium normalerweise unerwünscht. Sie bilden Beläge an Scheiben und Blättern und hemmen vielfach das Pflanzenwachstum, siehe Seite 52. Lediglich die sogenannten Armleuchteralgen (*Charophyta*) sind im Süßwasseraquarium als Pflanzen willkommen. Es sind eigenartige, sehr einfache, nur in einen Trieb und quirlige Kurztriebe gegliederte Pflanzen, die eine entfernte Ähnlichkeit mit winzigen Schachtelhalmen haben. Siehe auch *Nitella, Chara*

Phyllanthus fluitans siehe *Euphorbiaceae*

Pillenfarn siehe *Pilularia*

Pilularia, Pillenfarn ⬚BO⬚⬚K⬚
Marsiliaceae, Kleefarngewächse
Gemäßigte Zonen
Kleine, an die Nadelsimse erinnernde Pflanzen, von denen für die Aquarienhaltung nur *Pilularia globulifera* (atlantische Gebiete West- und Südeuropas) in Betracht kommt. Überwiegend in ausgesprochen nährstoffarmen Weichwasserseen vorkommend. Durch Gewässerverschmutzung stark gefährdet (Art der Roten Liste, S. 201). Bildet oft dichte, ra-

175

senartige Bestände in bis zu 1 m tiefem Wasser. Blätter sehr fein, stielrund, bis 20 cm lang, meist kürzer, an fadendünnem, horizontal kriechend wachsendem Rhizom, an der Blattbasis kugelige Sporokarpien („Pillen").

Aufgrund der Biotopverhältnisse für Aquarien nur bedingt geeignet. Benötigt weiches, leicht saures Wasser (häufig wechseln!) und ungewaschenen Grobsand. Bildet, einmal eingewöhnt, dichte, schöne Rasen. Hohe Lichtenergie (0,8 W/l), besser Tageslicht, Temperatur 10–18°C, Torffilterung (bis pH 6,5). Überwinterung kühl bei 10°C.

Ähnlich ist *Pilularia minuta* (Südwesteuropa), hat aber wesentlich kleinere Blätter (maximal 5 cm).

Pistia stratiotes, (SCH) (F) A
Muschelblume, Wassersalat
Araceae, Aronstabgewächse
Weltweit in tropischen und subtropischen Gebieten, sporadisch in Südeuropa
Blätter keilförmig, 5–15 cm lang und bis 6 cm breit, zur Basis verschmälert, sitzend, eine Rosette bildend, oben leicht gerundet, oft ausgerandet, auffällig hervortretende Längsnerven, blaß bis bläulich gefärbt, mit eigenartig samtiger Oberflächenstruktur. Blüte unscheinbar, in den Blattachseln, mit weißlich-grüner, kaum 10 mm langer Spatha, Kolben z. T. verwachsen, trägt eine grundständige weibliche Blüte und an der Spitze wenige männliche Blüten. Lange feinfiedrige Tauchwurzeln. Wächst normalerweise schwimmend in ruhigem Wasser und Teichen, Staubecken usw. Bildet reichlich Ausläuferpflanzen und oft dichte Pflanzenteppiche, ist in vielen Tropengebieten zur Plage geworden, zumal u. a. die Entwicklung von *Mansonia*-Moskitos durch *Pistia* begünstigt wird.

Die Muschelblume zählt zu den ersten exotischen Pflanzen der Aquaristik und galt um die Jahrhundertwende als eine Kostbarkeit der Aquarienflora. Obwohl *Pistia* wie die meisten Schwimmpflanzen heute an Bedeutung verloren hat, gehört sie doch noch zum regelmäßigen Handelsangebot. Zwar wird man im Aquarium nicht so üppig gewachsene Formen wie die meist aus Gewächshauskulturen stammenden Pflanzen kultivieren können. Dennoch ist diese Pflanze schon wegen ihrer eigenartigen Erscheinung und den samtigen, oft

Bild 146 (oben). Der Pillenfarn, *Pilularia globulifera,* bildet wie die Nadelsimse rasenartige Bestände. Bei uns sehr selten, Art der Roten Liste.

Bild 147 (unten). Die Muschelblume *Pistia stratiotes* ist eine frei treibende Schwimmpflanze. In vielen Tropengebieten sind ihre dichten Pflanzenteppiche zur Plage geworden.

leicht smaragdgrünen Blättern einen Kulturversuch im Aquarium wert. Wie bei allen Schwimmpflanzen hängt der Erfolg von den Lichtverhältnissen ab. Je mehr Licht, desto besser der Wuchs. Wenngleich die Muschelblume als Oberflächenpflanze die Lichtenergie gewissermaßen schon aus erster Hand bekommt, sollte man mit Leuchtstofflampen nicht sparen, sofern man diese lichtbedürftigen Pflanzen nicht lieber im offenen Aquarium unter Hochdrucklampen ziehen will. Dabei hat man entscheidend mehr von der Muschelblume. Aber auch die dunklen, lang herabhängenden Tauchwurzeln bilden eine willkommene Belebung der Aquarienlandschaft. Es ist jedoch darauf zu achten, daß die Muschelblume nur über lichtbescheidenen Pflanzen wie Cryptocorynengruppen treibt. *Pistia* hat einen verhältnismäßig hohen Nährstoffbedarf und vermittelt uns Hinweise auf das Nährstoffpotential des Aquarienwassers. Zeigen Muschelblumen Mangelsymptome, ist meist eine Aufdüngung des Aquarienwassers nötig (S. 32). Die Wasserhärte ist von untergeordneter Bedeutung. Für eine Tropenpflanze wie *Pistia* sollte ein Temperaturminimum von 18°C nicht längere Zeit unterschritten werden. Wärme und hohe Luftfeuchtigkeit (jedoch keine stickige Luft) begünstigen die Entwicklung, die auch im Aquarium so stark sein kann, daß man wöchentlich auslichten muß. In sonnigen Freilandbecken gelangt die Muschelblume in warmen Sommern zu üppiger Entwicklung, sollte aber rechtzeitig im September wieder hereingenommen werden.

Poaceae, Gräser
Weltweit verbreitet

Die Pflanzenfamilie der Gräser enthält nur wenige echte Wasserpflanzen, die für die Aquaristik kaum von Bedeutung sind. Viele dieser Gräser wachsen im flachen Wasser, teilweise auch flutend im fließenden Wasser, wie z. B. unser heimischer Flutender Schwaden *Glyceria fluitans* (Europa, Nordasien). Der Reis *Oryza sativa*, gleichfalls ST T (F) zu den Gräsern zählend, der auf künstlich überfluteten Feldern angebaut wird, ist eine der ältesten Kulturpflanzen. Für Aquarianer, die über ein Freilandbecken verfügen, ist es reizvoll, einige Reiskörner im Frühjahr am Fenster in Töpfen (zunächst nur 1–2 cm überflutet) auszusäen. Geeignet ist nur ungeschälter Reis (sogenannter Paddy). Nachdem die Pflanzen ungefähr 15 cm Wuchshöhe erreicht haben, kann man die Töpfe ab Mitte Mai in flaches, sonnendurchwärmtes Wasser eines Freilandteiches stellen. In warmen Sommern kommt es sogar zum Ausreifen der Rispen. In jedem Fall ist Reis eine schöne und interessante Uferpflanze (Kultur nur einjährig). Weniger wärmebedürftig ist der sog. Indianerreis *Zizania aquatica* (Nordamerika), er kann bis 1 m Höhe erreichen, mit über 30 cm langen Rispen, gleichfalls einjährig, mitunter auch in Fischteichen verwildert. Eine völlig andere Wuchsform zeigt ein SCH anderes Wassergras, und zwar *Hygrorhiza aristata* (Südasien, von Sri Lanka, Indien, Burma

bis Malaysia, häufig als Unkraut im Reisanbau) mit auf dem Wasserspiegel schwimmenden Sproßachsen. Es ist ein Wassergras, das vor gut 10 Jahren als Aquarienpflanze importiert wurde. Die länglich-eiförmigen bis elliptischen, bis 4 cm langen, meist dunkelgrünen, mit bräunlich-dekorativer Zeichnung versehenen Blätter tragen eine zum Schwimmkörper schwammig verdickte Blattscheide. Es bilden sich oft dicht verzweigte, ausgedehnte Bestände auf stehenden oder auch in Buchten langsam fließender Gewässer, Gräben usw. Obwohl diese Pflanze im Aussehen stark vom Gräsertypus abweicht, verraten die kleinen, aufrechten, wenigblütigen Ähren die Zugehörigkeit zur Gräserfamilie.

Im Aquarium erweist sich *Hygrorhiza* auf die Dauer oft als problematisch und entwickelt mehr oder minder stark reduzierte Formen, eine Folge des Lichtmangels. Lediglich bei starkem Tageslichteinfall (Sonne) bleibt *Hy-*

Bild 148. *Hygrorhiza aristata*, ein in Südasien weit verbreitetes Wassergras mit aufgeblähten Schwimmkörpern, verlangt sehr hohe Lichtintensität.

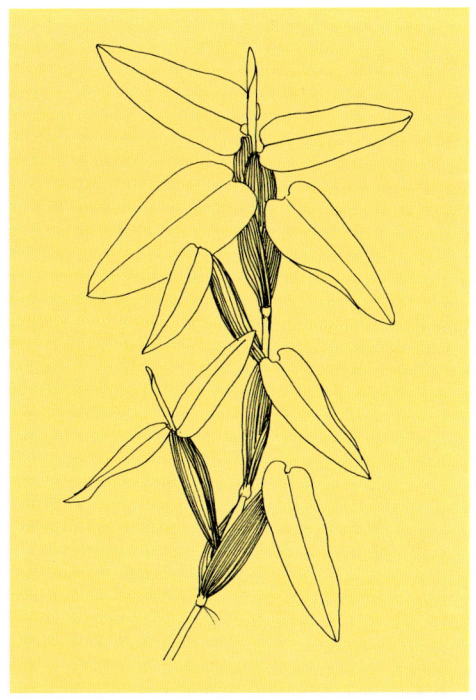

grorhiza in guter Kondition und ist oft sogar sehr raschwüchsig, etwa im Uferteil eines Aqua-Terrariums oder auch im flachen Ufer eines sonnigen Freilandteiches während des Sommers. Die langen, fein zerteilten Tauchwurzeln kommen dagegen erst im Aquarium recht zur Geltung. Hier gilt grundsätzlich: Je mehr Licht, desto sicherer der Erfolg.

Podostemaceae siehe *Crassulaceae*

Polygonaceae, Knöterichgewächse
Weltweit verbreitet
Nur wenige Arten dieser Pflanzenfamilie sind echte Wasserpflanzen, sie kommen meist in tropischen Gebieten vor. In unseren Breiten wächst lediglich der Wasserknöterich *Polygonum amphibium* (nördliche Halbkugel), in der Regel als Schwimmblattform im flachen Uferwasser von Seen, Teichen und langsam fließenden Gewässern. Die Pflanze hat länglicheiförmige, etwa 10 cm lange Schwimmblätter und vermag sowohl reine Land- wie völlig untergetauchte Formen zu bilden. Nur für Freilandanlagen geeignet, als Aquarienpflanze kaum von Wert. ⬛SCH
Eine andere, im Handel meist als *Polygonum „aquaticum"* bezeichnete Pflanze entstammt offensichtlich gleichfalls dieser Gattung, ist aber noch nicht näher bestimmt, bei starker Beleuchtung (1 W/l) im Tropenaquarium haltbar. Blätter bei der submersen Form mehr oder minder schmal-lanzettlich, bis 6 cm lang und etwa 15 mm breit, mit mehr oder weniger gerundeter Basis (emers Basis pfeilförmig), wechselständig, Rand fein gezähnelt, Stengel mit feiner Bedornung, besonders bei Überwassertrieben (Vorsicht bei schreckhaften Fischen). Wächst emers im Paludarium wesentlich zügiger und treibt hier auch willig Seitentriebe, die zur Vermehrung geeignet sind.

Polypodium siehe *Microsorium*

Pontederiaceae, Pontederiengewächse
Tropische Gebiete, Schwerpunkt tropisches Amerika
Sumpf- und Wasserpflanzen. Von den neun Gattungen sind für die Aquaristik vor allem *Heteranthera* (tropisches Amerika, Afrika), S. 135, *Zosterella* (südliche USA), S. 200, *Eichhornia* (überwiegend tropisches Amerika),

S. 128, sowie *Hydrothrix* (Brasilien), S. 140, von Bedeutung. *Pontederia* (subtropisches Amerika), S. 178, und *Reussia* (tropisches Amerika), S. 182 kommen nur für die Haltung im Aqua-Terrarium in Frage. Einige Arten sind weltweit verschleppt, das gilt besonders für die Wasserhyazinthe *Eichhornia crassipes*. Ursprünglich im Amazonasgebiet beheimatet, gelangten die ersten Pflanzen vor der Jahrhundertwende nach Florida (1890). Seither ist die Wasserhyazinthe in ständiger Ausbreitung begriffen: Nach und nach wurden weite Gebiete Asiens von dieser Schwimmpflanze heimgesucht: Indien, Indonesien bis Nordaustralien. Auch Zentralafrika, oberes Nilgebiet, Westafrika (Kongobecken) sind inzwischen von dieser „Wasserpest" mit ihrer katastrophalen Ausbreitung erfaßt. Selbst aus Südeuropa (Portugal: u. a. Entre-os-Rios) sind „Befallsherde" gemeldet. Gefährdet sind vor allem stehende Gewässer und auch Stauseen. Die aufgeblähten Blattbasen und die aufgerichteten Blätter dieser Pflanze sind ideale Voraussetzungen für Schwimmfähigkeit und Abdrift. Dazu kommt die enorme Produktivität: Eine einzige Pflanze vermag innerhalb eines Monats durch Ausläufer über 600 Exemplare hervorzubringen. Obwohl diese gewaltigen Blattmassen teilweise wirtschaftlich genutzt werden (Viehfutter), ist der Schaden, den die dicht geschlossenen Schwimmpflanzenteppiche anrichten, kaum abzuschätzen (Fischsterben, Schiffahrtshindernisse bis hin zur Verstopfung von Bewässerungssystemen mit oft verheerenden Folgen). Andere Pontederiaceen sind als Unkräuter im Reisanbau wie *Heteranthera reniformis* u. a. bis nach Norditalien verschleppt. *Pontederia cordata* ist in Südeuropa verwildert. – Für den Aquarianer erweist sich die Mehrzahl der Pontederiengewächse als ziemlich heikel, da sie ausgesprochen lichtbedürftig sind.

Pontederia, Pontederie
Warme Gebiete Amerikas
Meist aufrecht wachsende Sumpfpflanzen, die in flachem Wasser oder an feuchten Uferrändern wachsen.

178

Pontederia cordata, GR T F A
Herzblättrige Pontederie

Atlantische Staaten der USA bis Mittelamerika, nach Europa und Australien eingeschleppt Blätter länglich-oval, herzförmig, variabel, an der Basis herzförmig bis gerundet, Spitze stumpflich, bis 20 cm lang und 7 cm breit (meist kleiner), glänzend hellgrün. Stiele kräftig, 40 cm und länger, Wuchshöhe bis 80 cm, Blütenstände ährig, bis 10 cm lang, mit zahlreichen kleinen blauen, zweilippigen, an der Oberlippe gelbgefleckten Blüten. Rhizom kurz, kriechend wachsend.

Die Herzblättrige Pontederie gehörte zu den populärsten Aquarienpflanzen der Gründerjahre, zu einer Zeit, als offene Aquarien mit hochwüchsigen Sumpfpflanzen in Mode waren. Heute spielt die Pflanze in der Aquaristik keine Rolle mehr, hat sich dagegen als beliebte Freilandpflanze ihren Platz bewahrt, sie gehört zum regelmäßigen Teichpflanzenangebot und blüht im sonnigen Freilandbecken überaus reichlich, ist jedoch nicht völlig frosthart. Entweder im geräumigen Container kultivieren und im Herbst hereinnehmen (kühl, bei 5°C überwintern) oder Frostschutz durch Laubdecke bei abgesenktem Wasserspiegel. Kleinere Exemplare auch für Aqua-Terrarien geeignet.

Pontederia lanceolata f. *lanceolata*
USA (Georgia, Südcarolina)
Hat mehr lanzettliche Blätter ohne herzförmige Basis, Kultur wie *P. cordata.*

Potamogeton, Laichkraut ST
Potamogetonaceae, Laichkrautgewächse
Weltweit verbreitet

Mit über 100 Arten eine der größten Gattungen echter Wasserpflanzen, spielt jedoch in der Aquaristik nur eine untergeordnete Rolle, da die Kultur der meisten Arten problematisch ist. *Potamogeton*-Arten kommen entweder ganz untergetaucht wachsend oder Schwimmblätter ausbildend in den unterschiedlichsten stehenden oder fließenden Gewässern vor. Sie entwickeln teils linealische bis fadenförmige, teils lanzettliche, oft durchscheinende submerse Blätter oder mehr oder minder derbhäutige Schwimmblätter. Blüte: über der Wasseroberfläche als unscheinbare Ähre. Ihre exakte Bestimmung ist oft schwierig, z. T. auch

Bild 149. Das Durchwachsene Laichkraut, *Potamogeton perfoliatus,* bildet im hell stehenden Kaltwasserbecken eine zarte Aquarienform, die recht ausdauernd ist.

Bastardierungen. Einige Arten, wie das Krause Laichkraut *Potamogeton crispus* und das Durchwachsene Laichkraut *Potamogeton perfoliatus,* sind über unser Gebiet hinaus fast kosmopolitisch verbreitet, werden also auch in tropischen Gewässern gefunden, z.T. im Reisanbau (*P. crispus*).

Viele Laichkräuter bevorzugen nährstoffreiche, oft auch kalkreiche Gewässer, andere finden sich auch im Brackwasser. Doch einige Arten sind auch auf ausgesprochen nährstoffarmes Wasser angewiesen (*P. polygonifolius,* Rote Liste S. 201) bzw. reagieren auf Verunreinigungen (Ammonium) überaus empfindlich, wie *Potamogeton coloratus* (Rote Liste S. 201), und sind deswegen für Aquarien ungeeignet. Heimische Laichkräuter sind für die Aquaristik unbedeutend, fast alle erwiesen sich als problematisch. Wenige, u.a. *Potamogeton perfoliatus* und *Potamogeton densus,* kann man als bedingt geeignet bezeichnen (helles Tageslicht, Temperatur nicht über 18°C). Sie entwickeln nur noch reduzierte Formen, können aber aufgrund ihrer Blattstruktur dennoch recht dekorativ wirken. Während der Wintermonate (8°C) stagniert der Wuchs. Häufiger Wasserwechsel ist wichtig, der pH-Wert sollte durch CO_2 stabilisiert

179

werden. Für Freilandbecken sind die meisten heimischen Laichkräuter gut geeignet, empfehlenswert u.a. *Potamogeton natans,* Schwimmendes Laichkraut, *Potamogeton densus, P. perfoliatus* und *P. lucens,* das Spiegelnde Laichkraut (oft so stark im Wuchs, daß Auslichtung nötig wird).

Viele tropische Laichkräuter besitzen offenbar ein besseres Anpassungsvermögen. Die nachfolgend beschriebenen Arten wurden bislang mit gutem Erfolg kultiviert, wenngleich sie nicht immer zum regelmäßigen Handelsangebot gehören.

Potamogeton gayii, [ST] [A]
Gays Laichkraut
Südbrasilien bis Argentinien
Blattspreite linealisch, 2–7 (10) cm lang und bis 4 (7) mm breit, zur Basis allmählich verschmälert, sitzend, zur Spitze mehr oder minder stumpflich und kurz zugespitzt, dünn, etwas durchscheinend, Mittelnerv deutlich, je ein dünner Längsnerv, zunächst rötlich-olivgrün, später kräftig grün gefärbt, wechselständig, mit kurzem Nebenblatt. Stengel sehr zart (bis 1 mm) lang, blüht in Aquarien nicht.

Bild 150. Gays Laichkraut, *Potamogeton gayii,* zählt zu den haltbarsten tropischen Laichkräutern im Aquarium.

Potamogeton malaianus, [ST] [A]
Malaiisches Laichkraut
Südostasien, Japan
Blätter mehr oder minder länglich-lanzettlich, bis 10 cm lang und 15 mm breit, in Aquarien meist kleiner, zur Basis in den 10–30 mm langen Stiel verschmälert, Spitze lang zugespitzt. Färbung durchscheinend hellgrün, jung bräunlich-olivgrün, Mittelnerv kräftig, je 2 zarte Längsnerven, Rand unregelmäßig leicht gewellt. Stengel verzweigt, bis 3 mm stark. Blüht unter Aquarienbedingungen nicht (Identität dieser Art nicht hinreichend gesichert). Eine weitere Art, *Potamogeton octandrus* (tropisches Afrika, Asien), ist ähnlich gestaltet, bildet jedoch Schwimmblätter.

Sowohl *P. gayii* als auch *P. malaianus* sind im Tropenaquarium ausgesprochen wüchsig, meist so stark, daß man die Triebe häufig kürzen und neu stecken muß. Beide haben die Neigung, schnell an die Wasseroberfläche zu wachsen und hier dichte, flutende Bestände zu bilden. Stecklinge sollten mindestens fünf Blätter besitzen, man steckt in ziemlich dichtem Bestand. Mit ihrer eigenartigen durchscheinenden Blattstruktur ergeben Laichkräuter besonders schöne Wirkungen, sowohl im Mittelgrund als auch vor allem in kleineren Aquarien – auch als Hintergrundpflanzung. Freilich sind sie sehr lichtbedürftig (0,7 W/l). Beide Arten gedeihen auch in härterem Wasser noch gut, sofern man mit CO_2 den pH-Wert stabilisiert. Sie sind den Temperaturen des Tropenaquariums gut angepaßt, wachsen aber auch bei Wärmegraden um 20°C.

Inwieweit salztolerante Pflanzen wie *Potamogeton filiformis* (Rote Liste S. 201), und *P. vaginatus* für Brackwasseraquarien geeignet sind, ist kaum erprobt, zumal diese Arten nicht sehr attraktiv sind. Das gilt auch für eine Reihe anderer heimischer Brackwasserpflanzen. Hierher gehört auch die Strandsalde *Ruppia maritima* (Rote Liste, potentiell gefährdet, Küstengebiete der Nord- und Ostsee), gleichfalls mit schmalen, fast fadendünnen Blättern, die jedoch an der Basis blasig verdickte Blattscheiden besitzen. Zierliche Pflanzen, die einen Salzgehalt bis 5 ppm tolerieren. Sie werden teils zu den *Potamogetonaceae* gerechnet, teils als eigene Familie *Ruppiaceae* aufgefaßt. Für ungeheizte Brackwasseraquarien dürfte auch der Sumpfteichfaden *Zannichellia palu-*

180

stris (weltweit verbreitet), der zu den Teichfadengewächsen (*Zannichelliaceae*) zählt, von Interesse sein. Zartblättrige Pflanzen, gleichfalls an Laichkraut erinnernd.

Der Meerstrand-Dreizack *Triglochin maritimum (Juncaginaceae)* wächst im Gegensatz zu den vorgenannten Arten als Sumpfpflanze. Von größerem Interesse sind Arten dieser Gattung, die submers wachsen, wie etwa *Triglochin procera*, eine australische Brackwasser-Art mit vallisneriaähnlichen, breiten, bandförmigen Blättern, die bisher noch nicht als Aquarienpflanze erprobt wurde. *Triglochin striata*, eine besonders auf der Südhalbkugel verbreitete Art mit grasähnlichen Blättern, wurde früher submers kultiviert (WENDT).

Proserpinaca siehe S. 164

Pteridophyta, Farnpflanzen

Zur Abteilung der Farnpflanzen werden eine ganze Reihe von Aquarienpflanzen gerechnet. Darunter auch solche, die gestaltlich kaum an Farne erinnern, wie die Brachsenkräuter *Isoetes* (siehe S. 145). Farne in engerem Sinne stellen die zu den *Filicatae* (*Filicopsida*) gehörenden Wasserfarne (*Hydropterides*) dar, im Aquarium durch die bekannten Schwimmfarne *Azolla* (S. 85) und *Salvinia* (S. 189) vertreten. Hierher gehören aber auch noch die Kleefarne (*Marsiliaceae*), eine insgesamt 75 Arten umfassende Familie mit den Gattungen *Marsilea* (S. 157), den Pillenfarnen (*Pilularia*) (S. 175) und *Regnellidium* (S. 159). Hingegen umfassen die Büschelfarne (*Salviniaceae*) nur 12 Arten und die kleinen Moosfarne (*Azollaceae*) nur 6 Arten. Alle anderen in Aquarien gehaltenen Farne sind keine „echten" Wasserpflanzen, sie sind lediglich in der Lage, sich den submersen Verhältnissen anzupassen. Die Mehrzahl von ihnen wächst an natürlichen Standorten emers bis amphibisch, d. h. an Orten mit wechselnden Wasserverhältnissen wie Überschwemmungsgebieten, Uferrändern usw. Ein typisches Beispiel für die ökologische Spanne dieser Farne ist der im Aquarium als „Sumatrafarn" bekannte und geschätzte *Ceratopteris thalictroides* (S. 97). Dieser Farn wächst sowohl voll aufgetaucht auf nassen Standorten, halb untergetaucht in Sumpfgebieten, als Schwimmfarn auf der Wasseroberfläche treibend oder auch ganz untergetaucht, so wie wir diesen Farn im Aquarium schätzen. Ähnliches gilt auch für den afrikanischen Kongofarn *Bolbitis heudelotii* (S. 90) oder den Javafarn *Microsorium pteropus*, auch ihr Anpassungsspielraum ist derart groß, daß sie voll untergetaucht im Aquarium mühelos kultiviert werden können. Andere Farne lassen in dieser Beziehung zu wünschen übrig, d. h., sie verfügen offenbar nicht über ein so großes Anpassungsvermögen, ein Beispiel hierfür ist *Trichomanes javanicum* (S. 194) bzw. auch *Acrostichum*.

Sämtliche Aquarienfarne werden im Aquarium nur vegetativ, d. h. durch Adventiv- oder Sproßpflanzen vermehrt.

Purpurblatt siehe *Alternanthera*, S. 72

Quellmoos siehe *Fontinalis*, S. 134

Ranalisma, GR T
Afrikanische Schwertpflanze
Alismataceae, Froschlöffelgewächse
Tropisches Afrika, Südasien

Von den beiden Arten dieser Gattung erinnert die im tropischen Afrika beheimatete *Ranalisma humile* stark an *Echinodorus* (oft auch als *Echinodorus humilis* bezeichnet). Vom Wuchstyp im Aquarium ist *Ranalisma humile* mit den Zwergamazonaspflanzen zu vergleichen. Wie diese bildet sie kriechende Ausläufer und entwickelt schnell dichte Bestände. Die gestielten, an der Basis lang verschmälerten, lanzettlichen bis schmal-lanzettlichen Blätter erreichen eine Wuchshöhe von 10–15 cm. Bildet an natürlichen Standorten zumeist emerse amphibische Formen, zählt in Afrika zu den häufigsten Unkräutern des Reisanbaus.

Ranunculaceae, ST K FW
Hahnenfußgewächse
Weltweit verbreitet

Von den Hahnenfußgewächsen sind nur wenige Arten der Gattung *Ranunculus* im Kaltwasseraquarium zu verwenden, Arten, die auch in unseren Gebieten in Gräben, Bächen und Teichen und schnellfließenden Gewässern vorkommen. Obgleich auch in tropischen Zonen verbreitet, bevorzugt *Ranunculus* hier die kühleren Bergregionen, ist also auch aus tropischen Herkünften nicht für Warmwasseraquarien geeignet. Im Habitus an Haarnixen erinnernd: Gemeiner Wasserhahnenfuß *Ranunculus aquatilis* (nördliche Halbkugel, Südamerika in Höhenlagen der Anden) mit wechselständigen, feinzerteilten Tauchblättern, nicht sehr ausdauernd. Besser geeignet ist *Ranunculus circinatus,* der Spreizende Hahnenfuß (Europa, Asien). Er entwickelt keine Schwimmblätter, Blätter im Umriß fast kreisförmig, in kurze, feine Segmente gegliedert, die, über Wasser gezogen, starr bleiben und nicht zusammenfallen. Bedingt geeignet sind *Ranunculus trichophyllus* (nördliche Halbkugel, Südaustralien), der Schlaffe Hahnenfuß, mit langgestielten und schlaffen Tauchblättern, gebietsweise auch im Brackwasser vorkommend, und ein häufig Brackwasser bewohnender Hahnenfuß, *Ranunculus baudotii* (Europa, Küstengebiete), jedoch weniger ansehnlich als andere Arten. Der Flutende Hahnenfuß *Ranunculus fluitans* (Mitteleuropa) ist nicht geeignet. *Ranunculus peltatus* (Europa, Nordafrika) neigt stark zu Schwimmblattbildung. Dagegen ist die nordamerikanische Art *Ranunculus flabellaris* („Yellow Water Butter Cup") für Aquarien gut geeignet, aber offenbar nur noch selten in Kultur.

Alle sind als echte Kaltwasserpflanzen zu behandeln, d.h. Lichtbedarf sehr hoch (1 W/l), besser Tageslicht und Temperaturen bei 15°C. So gelingt es am besten, die Pflanzen in guter Kondition zu halten. In den Wintermonaten evtl. Zusatzlicht. Sie bevorzugen härteres Wasser und sind gegen Nährstoffbelastung (Verschmutzung) empfindlich. – Im Freilandbecken problemlos haltbar und auch regelmäßig blühend.

Regenschirmpflanze siehe *Eleocharis vivipara*, S. 131

Regnellidium siehe *Marsilia*, S. 157

Reussia rotundifolia, $\boxed{\text{SCH}\,|\,\text{T}}$
Rundblättrige Reussia
Pontederiaceae, Pontederiengewächse
Südamerika (Amazonasgebiet, Peru, Ecuador, südlich bis Nordargentinien)
Blattspreiten mehr oder minder herzförmig, häufig breiter als lang (bis 10 cm breit und 8 cm lang, kultiviert kleiner bleibend), glänzend dunkelgrün, Spitze stumpf, Basis herzförmig

Bild 151 (oben). Die Blätter einiger untergetaucht wachsender Hahnenfuß-Arten *(Ranunculus)* erinnern an *Cabomba*, stehen jedoch wechselständig am Stengel.

Bild 152 (unten). *Reussia rotundifolia,* ein Pontederiengewächs aus dem tropischen Amerika, erinnert an die Wasserhyazinthe *(Eichhornia),* bleibt aber kleiner.

eingeschnitten, langgestielt, Blütenstand einem grundständigen, scheidigen Blütenhüllblatt entspringend, bis 12 cm über die Wasseroberfläche wachsend, mit dichtblütigem Blütenstand, hellrötlich-violett, an Eichhornia erinnernd. Die verdickte Sproßachse wächst kriechend, in stehenden Gewässern und Sümpfen meist flutend.

Im Aquarium nur bei sehr hoher Lichtintensität haltbar, am besten direkt unter Hochdrucklampen oder bei Tageslicht. Wegen des weniger ausladenden Wuchses der Aquariengröße gut anpaßbar, bei zusagenden Bedingungen auch recht blühfreudig, selbst bei Kunstlicht. Benötigt konstante Nährstoffzufuhr und Wasserwechsel mit eisenbetonter Aufdüngung. Eine auch für Aqua-Terrarien geeignete und wegen ihrer Blüten geschätzte Pflanze. Andere *Reussia*-Arten wie *R. triflora, R. lagoensis* und *R. subovata* (sämtliche in Brasilien beheimatet) wachsen auch flutend, bislang noch nicht importiert.

Riccia fluitans, SCH A F
Flutendes Teichlebermoos
Ricciaceae, Teichlebermoosgewächse
Kleiner, nur 0,5–1 mm breiter, mehrfach gabelig geteilter Thalluskörper, wächst normalerweise schwimmend unter der Wasseroberfläche in locker verflochtenen Polstern, Thal-

Bild 153. Das Flutende Teichlebermoos *Riccia fluitans* ist ein zierliches Wassermoos mit hervorragender Aquarienanpassung. Es bildet dichte Polster an der Wasseroberfläche, dient u. a. als Stützsubstrat für die Schaumnester der Labyrinthfische. Aufnahme G. Brünner

lusenden gekerbt. Die Schwimmfähigkeit beruht auf Luftkammern in den Pflanzen, überwintert in unseren Breiten auf dem Gewässergrund, bevorzugt im allgemeinen nährstoffreichere Gewässer, bildet bei absinkendem Wasser auch emerse Formen.
Früher war *Riccia* eine der beliebtesten Ablaichpflanzen, auch heute noch z.B. als Stützmaterial beim Schaumnestbau der Labyrinthfische geschätzt. Besonders bei durchfallender Beleuchtung wirken die unter der Wasseroberfläche treibenden hellgrünen Polster äußerst dekorativ, u. a. auch als Abschattung zu verwenden. Nicht umsonst zählt *Riccia* zu den beliebtesten Wasserpflanzen: Dieses Lebermoos ist außerordentlich anpassungsfähig, gedeiht

Bild 154. *Rotala rotundifolia* ist eine ziemlich anspruchs-lose *Rotala*-Art, mit der sich sowohl in kleineren als auch in größeren Becken als Gruppenpflanzung schöne Wirkungen erzielen lassen. Aufnahme G. Brünner

bei Temperaturen zwischen 12–25°C und ist auch hinsichtlich der Wasserverhältnisse nicht wählerisch, neigt aber im alkalischen Wasser zur Veralgung, dann mit einer Pinzette die noch unbefallenen Sprosse herausnehmen und für eine Neuzucht verwenden. Für die schwimmenden *Riccia*-Polster ist die Lichtenergie schon bei normalem Aufwand voll ausreichend. Sehr ähnlich *Riccia rhenana* (nur durch Chromosomenuntersuchung von *R. fluitans* sicher zu unterscheiden).

Ricciocarpus natans, $\boxed{\text{SCH}}\,\boxed{\text{F}}$
Schwimmendes Lebermoos
Ricciaceae, Teichlebermoosgewächse
Weltweit verbreitet
Thallus mehr oder minder dreieckig, bis

10 mm lang, 2–3 tiefe Kerben, schwammig (Luftkammern), oberseits kräftig grün, Rand bräunlich, ebenso Unterseite. Bevorzugt stehende, nährstoffreiche Gewässer.
Als Aquarienpflanze kaum angeboten, in der Kultur ziemlich anspruchsvoll: am besten Tageslicht und weiches, leicht saures Wasser bei flachem Wasserstand. Bildet auf Uferschlamm rosettige Landformen. Für entsprechende Freilandbecken geeignet (Rote Liste S. 201).

Riesenamazonaspflanze siehe *Echinodorus maior,* S. 123

Riesensumpffreund siehe *Limnophila aquatica,* S. 152

Riesenvallisnerie siehe *Vallisneria gigantea,* S. 198

Riesenwasserfreund siehe *Hygrophila corymbosa,* S. 142

Rotala, Rotala $\boxed{\text{ST}}$
Lythraceae, Weiderichgewächse
Weltweit in wärmeren Gebieten, teilweise verschleppt
Gattung mit 44 Arten, meist kleine, oft einjährige, amphibische Pflanzen. Kriechend bis halb aufgerichtet, teilweise auch flutend verzweigt wachsend. Einige der Reiskultur folgend bis nach Südeuropa vordringend (Portugal, Italien), so u.a. *R. indica, R. filiformis.* Als Aquarienpflanzen sind bisher submers sehr gut kultivierbare Arten verbreitet, von denen *Rotala rotundifolia* am längsten bekannt ist. Die kultivierten Arten sind sämtlich in Südasien beheimatet. Die Gattung ist in bezug auf Aquarienkulturwürdigkeit noch wenig erschlossen.

Rotala macrandra (Bild Seite 34)
Indien
Blattspreiten variabel, breit bis länglich-eiförmig, zugespitzt, bis 30 mm lang und 10 (12) mm breit, Rand ungleichmäßig gewellt und gebogen, kreuzweise gegenständig, relativ zart und empfindlich (brüchig), beiderseits weinrot bis weinrot angelaufen, z.T. auch olivgrün gefärbt (je nach Kulturbedingungen), emerse Blätter fast eiförmig, mit endständigem, ährigem Blütenstand.

Gilt im Aquarium als sehr anspruchsvoll, benötigt weiches, leicht saures Wasser und hohe Lichtenergie, um volle Schönheit zu erreichen (1 W/l). Zudem sind optimale CO_2-Verhältnisse und regelmäßige Düngung (Eisen) wichtig, um voll ausgefärbte weinrote Bestände zu erzielen. Sofern diese Bedingungen erfüllt sind, ist die Kultur nicht schwierig. R. macrandra ist relativ wärmebedürftig, nicht unter 22°C, Vermehrung durch Stecklinge, die in dichter Gruppenpflanzung hervorragende Farbkontraste ergeben.

Rotala rotundifolia, Rundblättrige Rotala [A] Südostasien
Blattspreiten variabel, länglich-elliptisch bis linealisch, 16 (20) mm lang und bis 3 mm breit, Spitze stumpflich, bisweilen auch leicht gerundet, oberseits olivgrün, Unterseiten rötlich, zur Sproßspitze färben sich die Blätter (je nach Kulturbedingungen) weinrötlich. Emerse Blätter relativ derb, hellgrün, fast rund, Blütenstände bilden eine endständige Ähre. Im Gegensatz dazu hat die submers ähnliche *Ro-*

Bild 155. *Rotala wallichii* gilt allgemein als recht heikel. Sie benötigt intensives Licht und extrem weiches Wasser bei einem pH-Wert von 6, um sich im Wachstum voll entfalten zu können. Aufnahme G. Brünner

tala indica (siehe S. 184) einzelne blattachselständige Blüten.
Rotala rotundifolia ist von den kultivierten Arten fraglos die anpassungsfähigste und robusteste Art. Stellt weder an die Beleuchtung noch an die Wasserverhältnisse sehr hohe Ansprüche. Dennoch ist ein freier, voll beleuchteter Standort für eine möglichst dicht gepflanzte Gruppe zu bevorzugen, so daß die Sproßspitzen ihre dekorative rötliche Färbung voll zeigen. Nicht rechtzeitig eingekürzte Sprosse legen sich an der Wasseroberfläche um und wachsen dicht gedrungen horizontal weiter, daher besser Bestände rechtzeitig neu stecken. Temperatur 20−28°C.

Rotala wallichii
Südostasien
Weicht in der Gestalt mit linealischen, fast nadelförmigen, äußerst zarten Blättern, die in 6-

bis 9- (12)zähligen, dichten Quirlen stehen, völlig von den vorgenannten ab. Die grünen, zur Spitze leicht rötlichen Blätter können bis 20 mm Länge erreichen. Emerse Triebe im ganzen gedrungener, mit endständigen ährigen Blütenständen, Blüten unscheinbar.

Rotala wallichii ist eine der anspruchsvollsten Aquarienpflanzen. Erfolgreiche Kultur mit üppig entwickelten Pflanzengruppen gelingt nur in weichem, zumindest sehr karbonatarmem Wasser (1–4° KH), pH-Wert mit CO_2 und Torffilterung um 6 halten. Auch hinsichtlich der Beleuchtung zeigt diese *Rotala* wenig Anpassungsvermögen. Entsprechend ihren natürlichen Standorten in vollbesonnten, flachen Ufergewässern verlangt die Pflanze intensive Beleuchtung (mindestens 1 W/l). Je höher die Lichtintensität, desto kompakter und schöner der Wuchs. Vermehrung durch Stecklinge, Temperatur um 25°C.

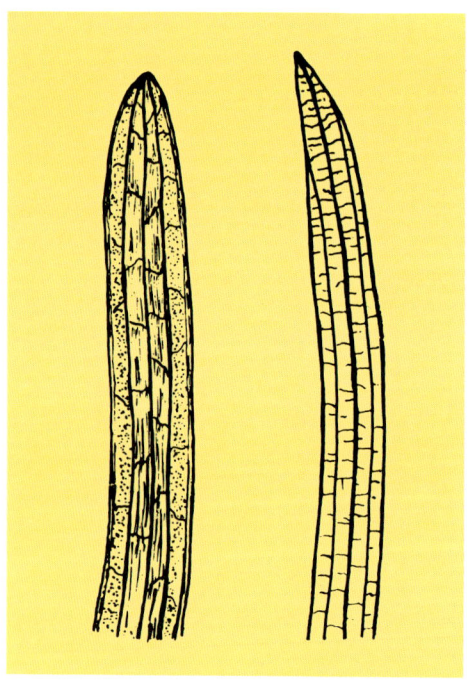

Bild 156. Mit einer Lupe läßt sich die gestaltlich sehr ähnliche *Sagittaria* von *Vallisneria* an der Blattspitze unterscheiden: Bei *Vallisneria* (links) enden die Blattnerven sämtlich in der Blattspitze, während sie bei *Sagittaria* (rechts) vorher im Blattrand auslaufen.

Sagittaria, Pfeilblätter   GR
Alismataceae, Froschlöffelgewächse
Europa, Asien, Nord- und Südamerika
Etwa 25 Arten umfassende Gattung, einige submers bzw. flutend, meist jedoch emers wachsend. Blätter grundständig, oft variabel. Ein typischer Vertreter ist unser heimisches Pfeilkraut *Sagittaria sagittifolia*, das im flachen Wasser mit langgestielten, pfeilförmigen Blättern bis zu 60 cm hoch wird und dekorative Blütenstände entwickelt. In stärker strömendem Wasser kommt es dagegen nur zur Ausbildung der bandförmigen, an Vallisnerien erinnernden, meist flutenden Primärblätter. Junge Pflanzen können im Verlauf ihrer Entwicklung eine Vielfalt von Blattformen bilden. Während diese Art ebenso wie *S. latifolia* und andere nur für Freilandteiche gut geeignet ist, sind für Aquarien in Betracht kommende Arten z. T. auch an ihren Fundplätzen überwiegend an submerse Lebensweise angepaßt. Dies gilt vor allem für *Sagittaria subulata*. Sie bildet an ihren Standorten oft große „Unterwasserwiesen" u. a. im flachen Uferwasser größerer Flüsse. Als „*Sagittaria natans*" den Aquarianern seit nahezu 100 Jahren ein Begriff. – In der Nomenklatur gibt es bei *Sagittaria* Unsicherheiten, was sich teilweise daraus erklärt, daß die große Variabilität der meisten Arten eine Bewertung nach vegetativen Merkmalen unmöglich macht.

Sagittaria subulata („*S. natans*"),   A
Flutendes Pfeilkraut
Östliches Nordamerika, Südamerika (z. T. andernorts eingebürgert)
Recht variable Art, die auch als Artenkomplex aufgefaßt wird. Daraus lassen sich drei relativ konstante Wuchsformen ableiten: forma *subulata*: rosettig, stehende, bandförmige Blätter, bis 40 cm lang und 6 mm breit, ganzrandig, Mittelnerv mit je 1 Parallelnerv, die nicht in der lang ausgezogenen Spitze enden, mittelgrün, entwickelt bei optimalen Lichtverhältnissen und flachem Wasser 2–6 cm lange, oval-lanzettlich geformte Schwimmblätter an dünnen Stielen. Blütenstand unter der Wasseroberfläche, nur kleine Einzelblüten auf der Wasseroberfläche flutend.
forma *pusilla*: bleibt wesentlich kleiner als Nominatform. Blätter 5–10 cm lang und bis 5 mm breit, dreinervig, bildet mit der Zeit

Bild 157. *Sagittaria subulata* forma *pusilla,* eine der populärsten Vordergrundpflanzen, bildet ohne spezielle Kulturansprüche schnell dichte Bestände. Aufnahme G. Brünner

durch zahlreiche Ausläufer dichte „Vordergrundrasen", die in der Aquaristik heute verbreitetste und beliebteste *Sagittaria*, ausgezeichnete Vordergrundpflanze.

forma *gracillima:* äußerst feine, bis maximal 3 mm breite, oft sehr lange (bis 1 m) Blätter, selten im Handel.

Sagittaria subulata wird an Wuchsfreudigkeit und Genügsamkeit nur von wenigen Aquarienpflanzen übertroffen. In Kies mit wenig Tonerde gepflanzt, setzt die Ausläuferbildung meist schon nach kurzer Zeit ein. Zwar wird man mit 0,5 W/l schon befriedigendes Wachstum erreichen, doch besonders für dichte und niedrige Vordergrundrasen sollte man schon im Hinblick auf den größeren Lampenabstand bis zu 1 W/l aufwenden. Ein solcher dichter,

leuchtend grüner Pflanzenteppich ist dann eine wahre Pracht, noch dazu fast pflegefrei, da man nur selten ausdünnen muß. Kein extrem weiches Wasser verwenden. *S. subulata* ist wärmeliebend, 20–24°C sind optimal, sie kann jedoch auch in mäßig warmen, ungeheizten Behältern gepflegt werden, wächst dann entsprechend langsamer. Die „echte" *Sagittaria natans* ist dagegen eine reine Kaltwasserpflanze aus Nordeuropa und Nordasien, wächst gleichfalls völlig submers.

Sagittaria graminea,   A
Grasartiges Pfeilblatt
var. *graminea:* Östliche USA, Kuba, verschleppt, u. a. mit Reisanbau, Südasien, Australien, Italien
Aquarienform mit bandförmigen, bis 30 cm langen und 15–20 (30) mm breiten, parallelnervigen, recht dünnen Blättern. Emerse Blätter langgestielt mit variabler, mehr oder minder lanzettlicher bis ovaler Spreite, unter Aquarienbedingungen sehr selten.

Bild 158. Das Breitblättrige Pfeilkraut, *Sagittaria grami-nea* var. *platyphylla*, ist neben *Sagittaria subulata* die bewährteste Art für die Aquarienkultur.

var. *platyphylla* (auch als Art aufgefaßt = *S. platyphylla*): Südosten der USA, Mittelamerika, verschleppt nach Südasien, Italien (Reisanbau).
Ähnlich der Nominatform, submerse Blätter bandförmig, 10–30 cm lang, (8)–25 mm breit, ziemlich derb, mit breit gerundeter Spitze und auffallendem Mittelnerv und jeweils 3–6 Parallelnerven. Überwasserblätter lanzettlich bis elliptisch. – Besonders die letzte Varietät wird als Aquarienpflanze sehr geschätzt. Identität der Handelsexemplare nicht immer eindeutig, da sich die submersen Formen sehr ähneln (siehe *S. latifolia*).
Sehr schöne Pflanzen, die je nach Lichteinfall stärker aufstrebend oder bei stärkerer Beleuchtung breiter mit halbniederliegenden Blättern zu stattlichen Exemplaren heranwachsen und so freistehend auch als Solitärpflanzen in kleineren Becken sehr dekorativ wirken. Sonst pflanzt man in lockeren Gruppen in Grobsand oder Kies mit wenig Tonerde, Temperatur 20–26°C, Ausläuferbildung erst nach längerer Eingewöhnungszeit. Emerse Formen auch im Freilandteich schön und haltbar.

Sagittaria latifolia, K | A | FW
Breitblättriges Pfeilkraut
Nordamerika, vielerorts als Zierpflanze eingebürgert
Eine dem heimischen Pfeilkraut ähnliche Art, entwickelt gleichfalls submerse bandförmige Blätter, im Aquarium meist nicht beständig, neigt zur Bildung von Luftblättern oder geht völlig zurück. Emerse Blätter pfeilförmig, meist etwas stumpfspitzig. Blüten groß, Kronblätter rein weiß, bis 20 mm lang. – Kultur wie *Sagittaria sagittifolia*.

„*Sagittaria microfolia*" siehe *Echinodorus tenellus*, S. 120

Sagittaria sagittifolia, K | A | FW
Pfeilkraut
Europa, Asien (gemäßigte Zonen)
Submerse Blätter bandförmig, bis 2 m lang und 10–20 mm breit. Oft flutend an der Wasseroberfläche („f. *vallisneriifolia*"). In der Regel unbeständig, in Fließgewässern jedoch ausdauernd. Emerse Folgeblätter sehr variabel, bis zu den bekannten pfeilförmigen, langgestielten Blättern. Blüten kleiner als bei *S. latifolia,* Kronblätter 10–15 mm, weiß, mit rotem Basisfleck.
Untergetauchte Form in hellem Kaltwasseraquarium (Tageslicht) zeitweise haltbar (Sämlingspflanzen), Temperatur nicht über 20°C. Sowohl unser heimisches Pfeilkraut als auch *Sagittaria latifolia* sind ausgezeichnete Pflanzen für Freilandteiche, gedeihen im flachen Uferwasser vorzüglich, blühen regelmäßig und sind winterhart (bilden Überwinterungsknollen im Boden). *S. latifolia* wird wegen der größeren Blüten allgemein vorgezogen. Noch dekorativer blüht *Sagittaria montevidensis* (warme Gebiete Amerikas, z. T. weltweit verschleppt) mit am Grunde rötlich-bräunlich weißen Blüten, wird mit großen pfeilförmigen Blättern über 1 m hoch, früher als Vivarienpflanze beliebt. Für sonniges Freilandbecken geeignet (nicht winterhart).

Sagittaria teres, Rundblättriges Pfeilkraut
Nordöstliche atlantische Gebiete der USA
Blätter an der Basis stielrund, zur Spitze in eine schmale, 2–4 mm breite Spreite auslaufend, steif, nach rückwärts gebogen, hellgrün, deutliche Mittelrippe und sehr feine Längsnerven.

Verhältnismäßig selten im Handel. Stellt höhere Ansprüche an die Beleuchtung, etwa 0,8 W/l, im Tropenaquarium nicht ausdauernd, besser im hellen Kaltwasserbecken haltbar.

Salzbunge siehe *Samolus*, S. 190

Salvinia, Büschelfarn [SCH]
Salviniaceae, Büschelfarngewächse
Überwiegend tropische Gebiete (Amerika, Afrika), weniger in gemäßigten Zonen, z.T. weltweit verschleppt
Schwimmfarn, in stehenden oder langsam fließenden Gewässern vorkommend, in den Tropen z.T. durch Massenausbreitung zur Plage geworden (*S. auriculata* auf Sri Lanka), bildet oft zentimeterdicke Schwimmteppiche aus abgestorbenen und lebenden Farnen, die submerse Vegetation vernichten. *Salvinia* besitzt im Gegensatz zu *Azolla* keine echten Wurzeln: Von den in 3zähligen Quirlen stehenden Blättern entwickeln sich jeweils zwei Schwimmblätter an der Wasseroberfläche, während das dritte Blatt als sog. Tauchblatt sehr fein zerteilt ist und an eine Wurzel erinnert. Die Schwimmblätter sind dicht mit warzenartigen Erhebungen (Papillen) besetzt und dadurch unbenetzbar. Für Aquarien wird meist der Brasilianische Büschelfarn *S. auriculata* angeboten. Allerdings lassen die unter Aquarienbedingungen gezogenen Pflanzen kaum noch etwas von der vollen Schönheit der Salvinien erkennen. Sie bilden meist stark reduzierte Formen.

Salvinia auriculata
Tropisches Amerika, verschleppt (Sri Lanka, Indien)
Luftblätter mehr oder minder rundlich bis oval, variabel, bis 40 mm lang (!), in Aquarien sehr viel kleiner (bis 10 mm), Basis leicht herzförmig bis rund, kurz gestielt, Spitze stumpf, Oberseite wie bei allen fein-warzig, recht variable Art. Je nach Lichtverhältnissen und Lichtperiode sind die Blattflächen über der Wasseroberfläche mehr oder minder halb aufgerichtet und oft gelbgrün gefärbt, im Aquarium dagegen klein mit flach auf der Wasseroberfläche schwimmenden Blättern, rein grün.

Salvinia cuculata
Südostasien
Luftblätter rundlich bis leicht herzförmig, bis 15 mm lang und 12 mm breit (in Aquarien

kleiner), kurz gestielt, normalerweise sind die lebhaft grünen Blätter aufgerichtet, wobei die Basis tütenartig eingerollt ist (eine Kapuze bildend), leider hält sich diese interessante Form nur bei sehr hoher Lichtenergie, im Aquarium bilden sich schnell flache Formen, die stark an *S. auriculata* erinnern.

Salvinia natans, [K]
Heimischer Büschelfarn
Europa, Asien, wärmere Gebiete, bei uns verschollen
Schwimmblätter elliptisch, an der Basis herzförmig gestielt, Spitze leicht gekerbt, bis 15 mm lang und 10 mm breit. Stets flach ausgebreitet schwimmend (Art der Roten Liste).

Salvinia rotundifolia
Tropisches Amerika, vielerorts eingebürgert (Reisanbau) Luftblätter rundlich, oft leicht kahnförmig gefaltet, Spitze nicht eingekerbt, bis 15 mm lang (meist kleiner), stets flach schwimmend.

Salvinia oblongifolia
Brasilien
Luftblätter deutlich länglich-elliptisch, bis 30 mm lang und kaum 12 mm breit, gestielt mit herzförmiger Basis, Spitze eingekerbt.
Alle *Salvinia*-Arten erfordern sehr hohe Lichtenergie, mindestens 1 W/l, besser mehr. Doch geht bei Kunstlicht die ursprüngliche Wuchsform meist verloren, und es bilden sich flache kleine Aquarienformen. Der Raum zwi-

Bild 159. Der tropische Schwimmfarn *Salvinia auriculata* braucht viel Licht. Bei Lichtmangel bildet er im Aquarium abgeflachte, reduzierte Formen, die wenig dekorativ sind.

189

schen Deckscheibe und Wasseroberfläche
muß genügend Luftabzug haben. Das Wasser
muß ausreichenden Nährstoffgehalt aufweisen. Vermehrung durch Teilung, in der Regel
so stark, daß man häufig auslichten muß. Temperatur 20–26°C. Am heikelsten ist *Salvinia
cuculata*. Hier ist Spezialkultur bei Tageslicht
anzuraten, die, will man voll ausgewachsene,
gut ausgebildete Exemplare erzielen, auch für
die anderen Arten geboten ist: flaches Wasser,
vollsonnig, im Winter Zusatzlicht.

Samolus, Salzbunge, Bunge   GR | T
Primulaceae, Primelgewächse
Weltweit in gemäßigten Zonen der Nord- und
Südhalbkugel
Pflanzengattung mit grundständigen Blättern,
überwiegend im flachen Wasser halb aufgetaucht oder an feuchten Orten voll emers
wachsend. Teilweise im Brackwassergebiet
vorkommend, so auch die in Aquarien gepflegte Salzbunge *Samolus valerandi* (Art der
Roten Liste), die bei uns besonders im Küsten-
gebiet vorkommt, doch auch zerstreut auf

Überschwemmungsgebieten im Binnenland;
sie gedeiht auch in reinem Süßwasser. Bislang
ist *S. valerandi* die einzige in Aquarien gepflegte Art. Die als Unterart zu betrachtenden
nordamerikanischen Populationen *Samolus
valerandi* ssp. *parviflorus* werden offenbar
nicht in Aquarien gepflegt, wie neuere Untersuchungen gezeigt haben (KASSELMANN).

Samolus valerandi ssp. *valerandi*,
„Wassersalat", Salzbunge
Weltweit, gemäßigte Zonen Europas, Nord-
und Südamerika, Südafrika, Südwestaustra-
lien
Blätter spatelig bis länglich, verkehrt-eiförmig,

Bild 160. Die Salzbunge *Samolus valerandi*, oft als „Wassersalat" im Handel, ist eine ungewöhnliche Vordergrundpflanze, die nach Eingewöhnung recht gut wächst
und bis zu 25°C Wärme verträgt. Aufnahme G. Brünner

30–50 (70) mm lang und bis 20 mm breit, in dichter Rosette, hellgrün, helle Mittelrippe, kräftig, submers, in tiefem Wasser normalerweise steril, ohne Blütenstiel. In flachem Wasser oder emers entwickelt sich ein beblätterter Blütenstengel mit endständigen, winzigen weißen Blüten.

Samolus gehört zu den regelmäßig angebotenen Aquarienpflanzen, obwohl diese Pflanze im Tropenaquarium nicht immer ausdauernd ist. Sie ist eigentlich eine Pflanze des hellstehenden Kaltwasserbeckens. Sie verfügt jedoch über ausreichendes Anpassungsvermögen, um auch noch bei Temperaturen bis zu 25 °C gut auszudauern, sofern sie genügend Licht zur Verfügung hat, d. h. 1 W/l. So kann sich *Samolus* als kleine Gruppe, locker gepflanzt, recht üppig entwickeln. Sie ist dann in der Tat eine schöne Vordergrundpflanze. Als Boden genügt nicht zu grober Kies mit Tonerde oder Nährstoffdepot, Wasser nicht zu hart (bis 10° KH) und pH-Werte um 6,8. Länger im Aquarium kultivierte Pflanzen neigen bisweilen zu Ermüdungserscheinungen, so daß sie bei der unnatürlichen ständigen Tiefwasserkultur im Aquarium langsam verkümmern. Man kann *Samolus* dann auf dem Fensterbrett als Topfpflanze in sehr feuchter Erde weiter ziehen, wobei sich die Pflanzen schnell erholen und bei hellem Tageslicht während der Sommermonate auch leicht zur Blüte gelangen. Eine ideale Pflanze für Sumpfterrarien und feuchte Randzonen an Freilandbecken. Vermehrung nur durch Aussaat, emerse Pflanzen setzen Samen an, auch Adventivpflanzen an treibenden Blättern.

Saururus,   ST F
Eidechsenschwanz
Saururaceae, Eidechsenschwanzgewächse
Neben *S. loureiri* (Ostasien) umfaßt die Gattung auch die für Gartenteiche bekannte Art *S. cernuus* (Nordamerika). Gleichfalls als Sumpfpflanze wird die nahe verwandte *Houttouynia cordata* (Ostasien) kultiviert. Beide waren um die Jahrhundertwende als Paludarienpflanzen populär, blieben später aber nur noch von gärtnerischem Interesse. Die Unterwasserkultur von *Saururus cernuus* wurde erst vor einigen Jahrzehnten in den Niederlanden mehr durch Zufall „entdeckt".

Saururus cernuus,
Amerikanischer Eidechsenschwanz
Atlantische Gebiete Nordamerikas
Submerse Blätter länglich-eiförmig, Basis herzförmig eingeschnitten, zur Spitze leicht stumpflich zugespitzt, etwa 6 cm lang und 2–3 cm breit, hellgrün mit meist deutlich hellen Hauptnerven, Blattstiele 3–6 cm, Stengel kräftig, gedrungen wachsend, meist mit 4–6 wechselständigen Blättern, bildet längliche Rhizome und Ausläufer. Emers eine stattliche Sumpfpflanze mit über 1 m Wuchshöhe, Blätter größer, mehr zugespitzt und tiefer eingeschnitten. Blütenstände haben 10–20 cm lange Ähren (= Eidechsenschwanz) mit zahlreichen kleinen weißlichen Blüten.

Schöne und anspruchslose Aquarienpflanze,

Bild 161. Der Eidechsenschwanz *Saururus cernuus,* eine seit langem bekannte Sumpfpflanze, deren Unterwasserkultur in den Niederlanden „entdeckt" wurde. Sie ist gut wüchsig, wenig anspruchsvoll und u. a. als Vordergrundpflanze geeignet. Aufnahme G. Brünner

eignet sich in kleinen Gruppen für den Vorder- und Mittelgrund, Wuchshöhe bis 15 cm, recht wüchsig. Aus dem Handel bezogene, meist emers vorkultivierte Pflanzen benötigen Zeit zur Umgewöhnung, einmal etabliert, ist *Saururus* sehr gut haltbar und benötigt weder spezielle Wasser- noch Boden- noch Temperaturverhältnisse (auch im Kaltwasserbecken verwendbar). CO_2-Gleichgewicht und mindestens 0,8 W/l werden für schönen Wuchs benötigt. Vermehrung: Ausläufer von gut ausgebildeten Pflanzen am besten im Boden abtrennen (Vorsicht bei Heizkabeln!). Für größere Anzuchten (Pflanzengruppen) muß man auf emerse Sproßstücke zurückgreifen, sie treiben willig aus den Knoten aus, wenn man sie einige Zeit an der Aquarienoberfläche schwimmen läßt. Für Freilandbecken ist *Saururus* im Sumpfpflanzenteil verwendbar und kommt regelmäßig zur Blüte. Winterschutz mit Laubdecke, bei gesenktem Wasserstand ratsam.

Schaumkraut siehe *Brassicaceae*, S. 90

Schlammkraut siehe *Limosella*, S. 153

Schmetterlingsblütler siehe *Fabaceae*, S. 133

Schwaden siehe *Poaceae*, S. 177

Schwertpflanze siehe *Echinodorus*, S. 118

Schwertpflanze, Afrikanische, siehe *Ranalisma*, S. 181

Seebeerengewächse siehe *Myriophyllum*, S. 161

Seekanne siehe *Nymphoides*, S. 172

Seerosen siehe *Nymphaea*, S. 168

Shinnersia siehe *Trichocoronis* S. 84

Sparganium, Igelkolben   (GR) K FW
Sparganiaceae, Igelkolbengewächse
Weltweit, gemäßigte Zonen
Gattung, die auch zu den Rohrkolbengewächsen *Typhaceae* gerechnet wird. Für Kaltwasseraquarien sind submerse bzw. flutende Formen mit bandförmigen Blättern von Interesse. In Betracht kommt hier vor allem *Sparganium emersum*, der Einfache Igelkolben. Von letzte-

rem ist es die ssp. *emersum* (Europa, Asien, dort z.T. weit südwärts, Nordamerika), die kaum zur Bildung emerser Formen neigt und mit langen (über 1m), bandförmigen, bis 11mm breiten Blättern in Fließgewässern flutend in Wassertiefen von bis zu 1m wächst. Stellt hohe Anforderungen: Tageslicht, Temperatur bis 18°C, möglichst starke Wasserumwälzung, Wasser mittelhart, pH um 7. Im Freilandbecken einfach zu kultivieren.

Spathiphyllum ssp., Fahnenblatt   T
Araceae, Aronstabgewächse
Das Fahnenblatt, an *Anubias* (Speerblatt) erinnernd, kann zeitweilig submers gehalten werden, jedoch nicht ausdauernd, bis 8 Monate haltbar. Sehr gute Dekorationspflanzen für feucht-warme Terrarien.

Speerblatt siehe *Anubias*, S. 74

Spiranthes cernua siehe *Orchidaceae*, S. 173

Spirodela siehe *Lemnaceae*, S. 149

Sternpflanze siehe *Eusteralis*, S. 133

Sternrotala siehe *Eusteralis*, S. 133

Strandling siehe *Littorella uniflora*, S.154

Stratiotes aloides,   K SCH FW
Wasseraloe, Krebsschere
Hydrocharitaceae, Froschbißgewächse
Mittel- und Osteuropa bis Westsibirien
Blätter länglich-lanzettlich bis linealisch, bis 30 cm lang und 3 cm breit, zur Basis dreikantig, verschmälert, Rand gesägt, rosettenartig dicht übereinander angeordnet. In der Regel halb aufgetaucht wachsend, submers hellgrün, emerse Teile dunkelgrün. Zweihäusig, mit weißen, auffälligen Blüten, reichlich Ausläufer bildend, in stehenden, meist nährstoffreichen Gewässern. Bildet im Herbst Winterknospen oder reduzierte Formen, die auf den Gewässergrund absinken und überwintern.
Submerse Anpassungsformen können in nicht zu hartem Wasser ganzjährig kultiviert werden, Temperatur bis 22°C, 1 W/l, im Wuchs mehr oder minder reduziert, mit hellgrüner, schlafferer Beblätterung, am besten frei treibend zu halten. Für Freilandbecken bestens geeignet.

Stumpfdeckelmoos siehe *Leptodyctium,* S. 149

Subularia siehe *Brassicaceae*, S. 90

Sumatrafarn siehe *Ceratopteris*, S. 96

Sumpffreund siehe *Limnophila*, S. 151

Sumpfheusenkraut siehe *Ludwigia palustris,* S. 155

Sumpfschraube siehe *Vallisneria*, S. 196

Sumpfteichfaden siehe *Zannichellia,* S. 181

Sumpfwasserstern siehe *Callitriche palustris,* S. 94

Synnema triflorum (S) siehe *Hygrophila difformis*, S. 143

Tännel siehe *Elatine*, S. 130

Tillaea recurva siehe *Crassula helmsii,* S. 99

Trapa, Wassernuß ⬛SCH⬛(FW)
Trapaceae, Wassernußgewächse
Warme Gebiete der Alten Welt, zerstreut in Mittel- und Südeuropa, verschleppt nach Nordamerika und Australien
Am Grund wurzelnde Wasserpflanzen, die an langer Sproßachse auf dem Wasserspiegel dichte Rosetten von Schwimmblättern bilden. Je nach Auslegung der Artmerkmale werden zwischen einer und 30 Arten (mit nahezu 100 Unterarten) unterschieden. Ein wichtiges Bestimmungsmerkmal sind die Früchte, die sog. „Wassernüsse", Steinfrüchte, die entweder ungehörnt (*Trapa acornis*) oder normalerweise gehörnt, mit 2–4 dornenartigen Fortsätzen besetzt sind. Die bei uns fast ausgestorbene Wassernuß *Trapa natans* (Mittel- und Südeuropa, Nordafrika, Süd- und Südostasien, Art der Roten Liste) ist eine Pflanze kalkarmer, jedoch nährstoffreicher stehender Gewässer, ruhiger Uferbuchten usw., die in 0,5–1 m Wassertiefe wurzelt und an mit fiederartigen Wurzeln besetzten Sprossen auf der Wasseroberfläche Schwimmblattrosetten bis zu 40 cm Durchmesser entwickelt. Blattspreiten langgestielt, rautenförmig, bis 5 cm lang, glänzend dunkelgrün, oft rötlich überlaufen, in Aquarien meist hellgrün und kleiner. Stiel bis 20 cm, in der Mitte blasig verdickt, mit Luftgewebe, Blüten blattachselständig, weiß, Frucht (Nuß) mit 4 Hörnern, etwa 20 mm, einsamig.
Die Wassernuß erweist sich im Aquarium als nicht ausdauernd, da sie für langes Überleben sehr hohe Lichtenergie benötigt. Zwar zeigen Jungpflanzen besonders in weichem Wasser (2° KH und 5° GH) anfangs recht rapides Wachstum und bilden neue Rosetten, sind zudem mit ihren Fiederwurzeln recht dekorativ, doch tritt im Zimmerbehälter auf die Dauer Erschöpfung ein. Besser ist es, diese Pflanze in flachen, gut sonnendurchwärmten, geschützten Freilandbehältern anzusiedeln. Nüsse frostfrei im Wasser überwintern. Häufiger wird im Handel *Trapa bicornis* (hat nur 2 Hörner) – aus Ost- und Südostasien importiert – angeboten. Für sie gilt das gleiche wie für die heimische Wassernuß.

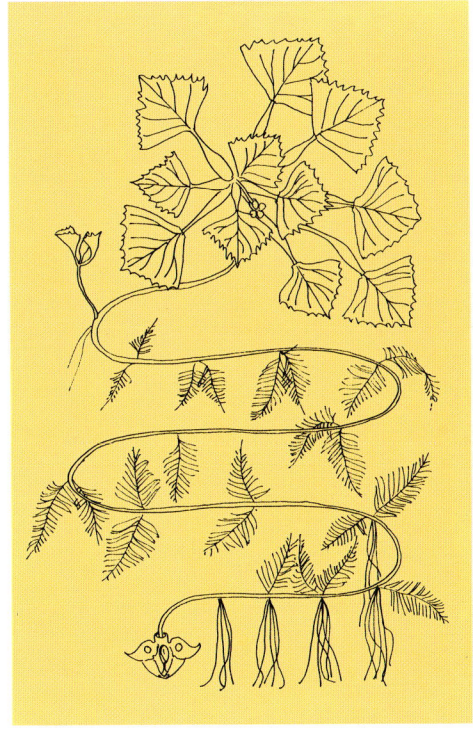

Bild 162. Die Wassernuß, *Trapa natans,* zeitweilig neben *Trapa bicornis* im Handel, ist auf die Dauer im Zimmeraquarium kaum ausdauernd, für sonnige Freilandbecken jedoch geeignet (bei uns Art der Roten Liste).

„Trapa brasiliensis" siehe *Ludwigia sedioides,* S. 156

Tausendblatt siehe *Myriophyllum,* S. 161

Teichlebermoos siehe *Riccia fluitans,* S. 183

Teichrosen siehe *Nuphar*-Arten, S. 166

Telanthera siehe *Alternanthera,* S. 72

Trichocoronis siehe *Asteraceae,* S. 84

Trichomanes javanicum GR
Hymenophyllaceae
Farne, von denen einige, wie u. a. *Trichomanes speciosum* (pantropisch, z. T. Westeuropa), in Gewächshäusern kultiviert werden, als Aquarienpflanze wird *Trichomanes javanicum* (Südostasien) importiert. Blätter rosettig, einfach gefiedert, hellgrün, transparent, bis 25 cm lang und 6 cm breit.
Ansprechender Farn, der im Aquarium oft monatelang hält, auf die Dauer jedoch schwer kultivierbar.

Triglochin siehe *Potamogeton,* S. 179

Trugkölbchen siehe *Heteranthera,* S. 135 und *Zosterella,* S. 200

Typhonium flagelliforme GR
Araceae, Aronstabgewächse
Malaiische Halbinsel
Blätter bis 10 cm lang, zugespitzt, am Grunde spitz gelappt, dadurch spießförmig erscheinend, hellgrün, Blattstiel kräftig, bis 30 cm, hellgrün. Rhizom knollenförmig. Blütenstand entfernt an Cryptocorynen erinnernd. Spatha gelbgrün, im oberen Teil lang peitschenartig verschmälert und gebogen.
Wenig an ständig submerse Haltung angepaßt. Kleinere, aus Tochterknollen angezogene Exemplare können bei möglichst starker Beleuchtung (1 W/l) zeitweilig submers gehalten werden. Im Aqua-Terrarium problemlos haltbar und blühwillig.

Utricularia, Wasserschlauch ST
Lentibulariaceae, Wasserschlauchgewächse
Weltweit, terrestrische Arten vor allem in den Tropen

Gattung mit meist niedrigwüchsigen, krautigen Pflanzen, teils als Landformen, teils epiphytisch oder auch submers wachsend. Die untergetaucht lebenden Wasserschlauch-Arten verfügen als besondere Anpassung über sog. Fangblasen, mehr oder weniger rundliche, blasenförmige Organe, deren Fangöffnung mit einer Klappe verschlossen und mit sensiblen Fühlborsten besetzt ist. Innere Drüsenhaare scheiden nach außen Wasser ab, so daß innerhalb der Fangblase ein leichter Unterdruck besteht. Sobald ein Wasserlebewesen – je nach artabhängiger Größe der Fangblasen – die feinen Fühlborsten berührt, öffnet sich die Klappe ruckartig (Druckausgleich), wobei eine Sogwirkung entsteht und das Wasserinsekt durch die Klappenöffnung in die Fangblase gelangt, darauf schließt sich die Klappe langsam wieder, und die Wasserausscheidung setzt (nach ca. 30 Min.) erneut ein. Die gefangene Beute wird nach dem Absterben durch ausgeschiedene Enzyme abgebaut, durch eiweißspaltende Enzyme werden Aminosäuren als Stickstoffquelle genutzt. Ob diese insektivore Eigenschaft als Anpassung an Standortbedingungen gewertet werden kann, ist unklar. Zwar kommen viele Arten in nährstoffarmen Moorgewässern vor, andere Arten, wie unser heimischer Wasserschlauch *Utricularia vulgaris,* wachsen in nährstoffreichen, ammoniumhaltigen Gewässern, oft in besonders kräftigen, mit sehr großen Fangblasen ausgestatteten Exemplaren. Alle aquatischen Arten blühen mit mehr oder minder langem Blütenstiel über der Wasseroberfläche mit zweilippigen, meist gelben oder auch blauen Blüten (= *U. biloba*).
Wasserschlauch-Arten sind im Aquarium nicht gerade attraktive Schaupflanzen. Gepflanzt werden sie schnell unansehnlich. Man kultiviert deshalb alle Arten frei treibend, was auch der natürlichen Lebensweise dieser wurzellosen Pflanzen entspricht. Arten mit größeren Fangblasen sind interessante Beobachtungsobjekte (starke Lupe, Mikroskop), andererseits können größere Fangblasen wie etwa die von *Utricularia vulgaris* winzigen Jungfischen durchaus gefährlich werden! Solche Arten deshalb nicht in Zuchtaquarien kultivieren. Arten wie der Zwergwasserschlauch *Utricularia gibba* ssp. *exoleta* sind dagegen unbedenklich, da sie nur Infusorien fangen können.

Bild 163. Viele Wasserschlauch-Arten *(Utricularia)* sind im Aquarium wegen ihrer Fangblasen nicht ganz unbedenklich. Einige tropische Arten wie *Utricularia aurea* bilden jedoch unter Aquarienbedingungen normalerweise keine Fangblasen aus und sind zudem äußerst wüchsig.

Utricularia aurea   E A
Südasiatischer Wasserschlauch
Südostasien, Nordaustralien, weit verbreitet, nördlich bis Japan
Blätter 3- bis 4lappig (-teilig), dabei jeweils etwa 30−50 mm Länge und bis 20 mm Breite erreichend, mehrfach in feine Fiedersegmente gegliedert, etwa 2−3 mm große, mit nur schwach entwickelten Fühlborsten besetzte Fangblasen, die bei Aquarienexemplaren aber auch ganz fehlen können, wechselständig, an langen, verzweigten Stengeln. Blüten goldgelb gefärbt, blüht im Aquarium selten. Im Tropenaquarium ungemein wüchsig, kann schon innerhalb weniger Tage den Freiraum unter der Wasseroberfläche völlig durchwuchern. Stark wuchernde Pflanzen besitzen in der Regel keine Fangblasen bzw. nur noch verkümmerte Ansätze hiervon.

Wächst sowohl in mittelhartem Wasser bei pH um 7,3 als auch in weichem Wasser bei pH 6,5, Temperaturbereich etwa 22−28 °C. Die Lichtverhältnisse unter der Wasseroberfläche sind optimal, so daß *Utricularia* hier eher für die übrigen Aquarienpflanzen durch Lichtentzug zum Problem wird, sofern man dem Wasserschlauch zuviel freien Raum läßt. Das bedeutet in der Regel, daß man vor jedem wöchentlichen Wasserwechsel kräftig ausdünnen muß. Cryptocorynen wachsen in dem halbschattigen Milieu von *Utricularia* ausgezeichnet. Fraglos ist *Utricularia aurea* die beste und wüchsigste Art für Tropenaquarien; ob alle im Aquarium kultivierten Pflanzen auf diese Art zurückgehen, ist an den vegetativen Aquarienanpassungsformen nicht nachzuweisen. In nährstoffarmem Wasser, besonders unter Tageslichtbedingungen, blüht *U. aurea* relativ leicht und bildet Fangblasen aus, die von ihrer Größe her frisch geschlüpften Jungfischen gefährlich werden können! Pflanzen genau beobachten und nicht im Zuchtaquarium belassen.

Utricularia vulgaris   (FW)
Gemeiner Wasserschlauch
Europa, Asien, Nordamerika
Blätter an langen Stengeln zweizeilig stehend, in je 2−4 allseitig abstehende Lappen gegliedert, bis 60 (80) mm groß werdend, meist kleiner, Segmente 2fach gegabelt, mit zahlreichen feinen Zipfeln auslaufend. Fangblasen groß, bis 4 mm, und oft dunkel-rötlichbraun (anthocyanhaltig), meist sehr dicht stehend. Ein kräftig entwickeltes Blatt kann bis zu 200 Fangblasen tragen. Blütenstand langgestielt (bis 30 cm) mit dottergelben Blüten.
Wurde früher gern in Kaltwasseraquarien gehalten. Erweist sich unter Zimmerbedingungen auch bei Tageslicht oft nicht als ausdauernd. Neigt zur Veralgung, deshalb weiches, leicht saures Wasser. Fangblasen können Jungfischen gefährlich werden! Im Freilandbecken haltbar, jedoch nicht empfehlenswert, u. a. Gefahr für Jungfische, bildet Winterknospen (Pflanze der Roten Liste, S. 201).

Utricularia gibba subsp. *exoleta*   A
Zwergwasserschlauch
Tropische Gebiete der Alten Welt, eingebürgert in Portugal und Spanien
Blätter haarfein, in der Regel an der Basis

2(3-)teilig gabelig, Segmente wiederum gabelig geteilt und nadelspitz endend, etwa 4–7 (10) mm lang, mit rundlich-ovalen, kaum 1 mm großen Fangblasen, wechselständig, an fadendünnen, blaßgrünen Stengeln. Blütenstand etwa 5 cm über der Wasseroberfläche, blüht in Aquarien nicht. – Wird auch als eigene Art betrachtet (= *Utricularia exoleta*). Die Nominatform *Utricularia gibba* (Afrika, Amerika, dort z. T. auch in gemäßigten Klimazonen) ist in vegetativem Zustand subsp. *exoleta* sehr ähnlich, besitzt jedoch etwas größere Blattsegmente, sicher nur an der Blüte zu unterscheiden, wahrscheinlich beide in Aquarien kultiviert.

Nicht selten gelangen die winzigen fadendünnen Triebe unbemerkt in das Aquarium, z. B. mit anderen Wasserpflanzen, und man wird erst auf sie aufmerksam, wenn sich die dicht verflochtenen Polster bilden. Der Zwergwasserschlauch wächst bei 20–30 °C flutend unter der Wasseroberfläche oder zwischen Pflanzen hängend, bietet u. a. Jungfischen gute Schutzmöglichkeiten, stellt keine besonderen Pflegeansprüche, die Fangblasen sind gefahrlos, früher als Ablaichpflanze verwendet.

Alle einheimischen Arten des Wasserschlauches *Utricularia* spp. fallen unter das Artenschutzgesetz (Seite 201).

Vallisneria   GR A
Sumpfschraube, Vallisnerie
Hydrocharitaceae, Froschbißgewächse
Tropen, Subtropen weltweit, vereinzelt auch gemäßigte Zonen.

Submers rosettig wachsende Pflanzen mit bandförmigen Blättern, durch Ausläuferbildung dichte Bestände bildend. Hinsichtlich der Artenzahl bestehen unterschiedliche Auffassungen, teils werden alle Pflanzen als Varietäten von *V. spiralis* betrachtet, teils wird eine Aufteilung nach Arten (3–12) vorgenommen. Für die Aquaristik ist die Artenaufteilung schon aus rein praktischen Gründen vorzuziehen. *V. spiralis* wächst bevorzugt in stehenden, flachen, vollsonnigen Gewässern und Uferregionen in Wassertiefen von 1–2 (3) Metern auf mehr oder minder schlammigem Grund, oft in karbonatreichem Wasser bei neutralen bis leicht alkalischen pH-Werten. Auch *V. neotropicalis* (Kuba) wird in leicht alkalischem Wasser in 2–3 Metern Tiefe auf sandigem

Bild 164. Von der Sumpfschraube *Vallisneria spiralis* gibt es sowohl weibliche als auch männliche Pflanzen. Die weiblichen entwickeln langgestielte Blüten an der Wasseroberfläche, wobei sich der Blütenstiel nach der Befruchtung spiralig zusammenzieht. Die männlichen Pflanzen bilden an der Basis eine Blütenhülle (Spatha) mit männlichen Blüten, die bei der Reife an die Wasseroberfläche gelangen.

Grund gefunden. Nach Angaben von SCHULZE wächst *V. gigantea* auf den Philippinen ausschließlich in stehenden Gewässern in etwa 2 m Tiefe auf schlammig-lehmigem Grund.

In ihrer Fortpflanzung sind Vallisnerien völlig dem Wasserleben angepaßt, sie sind zweihäusig, es gibt also männliche und weibliche Pflanzen. Die weiblichen Pflanzen entwickeln eine

langgestielte Blüte, die von einer Spatha um-
hüllt die Wasseroberfläche erreicht und sich
dann öffnet. Männliche Pflanzen bilden an der
Basis eine sehr kurzgestielte Spatha mit winzigen, kaum 1 mm großen Blütenknospen, die
nach Öffnung der Spatha durch Auftrieb an die
Wasseroberfläche gelangen, hier einzeln frei
schwimmend ihre winzigen Staubblätter entfalten, die dann durch Wasserbewegung an die
Narben der weiblichen Blüten gelangen. Nach
der Befruchtung rollt sich der Blütenstiel der
weiblichen Pflanze spiralförmig zusammen,
die Frucht reift unter Wasser heran. Bei *V. spiralis* sind blühende Pflanzen unter guten Lichtverhältnissen nicht selten, so daß man diesen
Vorgang auch im Aquarium beobachten kann,
sofern man Pflanzen beider Geschlechter hat.
Vallisneria gehört zu den ältesten Aquarienpflanzen, die schon vor der Jahrhundertwende
kultiviert wurden, dabei dürfte es sich ausnahmslos um *V. spiralis* gehandelt haben.
Doch auch *V. gigantea* ist schon in den ersten
Jahrzehnten dieses Jahrhunderts eingeführt
worden, das gilt auch für die sog. „Schrauben-
vallisnerie", was immer man darunter verstehen mag, dazu auch für die südeuropäischen
„var. Portugal", rötliche Formen aus dem Tejo
(Portugal).
Insgesamt sind alle Vallisnerien leicht zu pflegen, die meisten bevorzugen härteres, karbonatreiches Wasser und pH-Werte, die den
Neutralpunkt nicht unterschreiten, sondern
eher im leicht alkalischen Bereich liegen dürfen. In ausgesprochen weichem, deutlich saurem Wasser (pH 6) gehen die meisten Arten
innerhalb kurzer Zeit durch Zerfall der Blätter
zugrunde. Tropische Arten sollten nicht unter
18°C gehalten werden.

Vallisneria spiralis,
Gewöhnliche Sumpfschraube, Vallisnerie
Mittelmeergebiet, stellenweise bis nach Mitteleuropa verschleppt, auch tropische Gebiete
der Alten Welt
Blätter rosettig stehend, bandförmig, bis 60
(100) cm lang und 3–5 (8) mm breit, dabei
weitläufig gedreht, mittelgrün, deutlicher Mittelnerv und je 2 Längsnerven enden sämtlich in
der fein gezähnelten Blattspitze (Unterschied
gegenüber der ähnlichen *Sagittaria*), je nach
Population recht variabel in Blattgröße und
Färbung.

Die klassische Vallisnerie der Aquarianer, genügsam und leicht zu pflegen, sowohl im Tropenaquarium wie im ungeheizten Behälter bei
12–28°C, wächst in kühlem Wasser oft entsprechend langsamer (verträgt bis 42°C in
Thermalgewässern), in der Beleuchtung anpassungsfähig (0,7 W/l), Bodengrund Grobsand oder Kies mit Nährstoffdepot, Karbonathärte nicht unter 5° KH, pH um 7. Offenbar
gibt es Populationen (tropischen Ursprungs),
die sich besser für Warmwasseraquarien eignen, und solche, die erst bei gemäßigten Temperaturen vollen Wuchs entfalten. Mindestwasserhöhe 40 cm, wichtig bei Pflanzung:
Wurzelansatz muß noch zu sehen sein, nicht zu
tief pflanzen (gilt für alle Arten), Gruppenpflanzung.

Vallisneria americana,
Amerikanische Vallisnerie
Nordamerika, atlantische Gebiete
Steht *V. spiralis* sehr nahe, taxonomisch trenn-
bar von letzterer durch die bei *V. americana*
etwa doppelt so lange Spatha der männlichen
Blüten. Blätter bis 1 m lang, oft flutend gefunden, Rassen mit schraubig gedrehten Blättern,
jedoch weniger als bei *V. asiatica* var *biwaensis*, einige Populationen auch in Brackwasser
gefunden. – Kultur wie *V. spiralis*.

Vallisneria asiatica
Südostasien, Sri Lanka, Thailand, Vietnam,
Japan
Eine Art, die z. T. auch unter *V. natans* alle
südasiatischen Populationen einschließlich
V. gigantea zusammenfaßt (HARTOG). Unterscheidet sich von der sehr ähnlichen *V. spiralis*
durch den in ganzer Länge feingesägten Rand
(*V. spiralis* ganzrandig) und 5–9 gleichmäßige
Längsnerven (bei *V. spiralis* auffallender Mittelnerv). Von *V. asiatica* wird sowohl die Nominatform als auch die als Schraubenvallisne-
rie bekannte *V. asiatica* var. *biwaensis* (Japan,
u. a. im See Biwa vorkommend) gepflegt. Bei
var. *biwaensis* Blätter bis 40 cm lang, sehr stark
schraubig gedreht, Identität der Schraubenval-
lisnerien des Handels nicht immer eindeutig.
Kultur wie *V. spiralis,* vor allem die Schrau-
benvallisnerie muß mindestens eine Beleuchtungsstärke von 0,8–1 W/l erhalten, bei

Bild 165. *Vallisneria*-Arten sind populäre Aquarienpflanzen, die in vielen Formen und Größen kultiviert werden. Besonders beliebt sind halbhohe Arten mit gedrehten Blättern wie *Vallisneria asiatica*. Aufnahme G. Brünner

Lichtmangel verlieren die Pflanzen ihre gedrehte Blattstruktur; diese auch für kleinere Behälter verwendbar, Wasserstand 30 cm.

Vallisneria gigantea, Riesenvallisnerie
Philippinen, Neuguinea,
südostasiatische Inseln(?)
Zählt zum Formenkreis von *V. asiatica* bzw.
V. natans. Im Wuchs besonders kräftig, Blätter bis 2 m lang und 3 cm breit, ziemlich derb, oft leicht gewellt, meist 7 gleichmäßige Längsnerven, die gleichmäßig in die Blattspitze verlaufen.
Als Riesenvallisnerie im Handel, eignet sich nur für große Behälter bei Wasserständen von etwa 80 cm bis 1m, dazu muß ausreichend Lichtenergie zur Verfügung stehen (bis 1 W/l),

junge Pflanzen sind verhältnismäßig anpassungsfähig und können zeitweilig auch bei 0,5 m Wassertiefe kultiviert werden; sofern sich Pflanzen an der Wasseroberfläche lang umlegen, sollte man sie einkürzen, um den Lichteinfall nicht zu stark zu mindern. Wegen des kräftigen Wuchses Füllhöhe des Bodens nicht unter 12 cm, Nährstoffdepot wichtig. Kleinwüchsige „Rassen" von *V. gigantea* sind wahrscheinlich eine Bastardierung mit *V. spiralis*. Kein extrem weiches Wasser, pH neutral.

Vallisneria neotropicalis,
Rote Riesenvallisnerie
Südliche USA (Florida), Kuba
Ähnelt in der Größe *V. gigantea,* Blätter bis 1,5 m lang und 20 mm breit, jedoch mit auffallendem Mittelnerv, Blätter bräunlich-rötlich-olivgrün, bei starkem Lichteinfall auch tiefrot.
Empfehlenswerte, dekorative Art für größere Behälter, nach Eingewöhnung gut ausläuferbildend. Blattfärbung offenbar genetisch festgelegt, wird jedoch durch entsprechend starke Beleuchtung gefördert (1 W/l).

Vesicularia dubyana, Javamoos | ST | A |
Hypnaceae, Schlafmoosgewächse
Indonesien, Philippinen
Außerordentlich zarte, etwas transparente, hellgrüne, sitzende Blätter, kaum 1 mm lang, scharf zugespitzt, Basis kaum verschmälert, zweireihig wechselständig, Stengel sehr dünn, meist reich verzweigt, mehr oder minder kriechend wachsend. Wächst an natürlichen Fundorten an schattigen Plätzen von Fließgewässern mehr oder minder amphibisch.
Als Zufallsimport eingeführt, seither eine der beliebtesten Aquarienpflanzen, die kaum einer besonderen Empfehlung bedarf: In jeder Beziehung genügsam, sowohl in weichem wie in härterem Wasser wachsend, Beleuchtung ab 0,4 W/l. Wird meist an Moorkienholz oder Steinen verankert, wo es mit der Zeit mit sog. Rhizoiden festwächst, wächst bei Verankerung in der Nähe der Wasseroberfläche auch leicht über den Wasserspiegel und bildet emerse Formen am Aquarienrand, die Sporenkapseln tragen. Durch wühlende Fische verunreinigtes Javamoos wird außerhalb des Aquariums gut ausgespült und wieder befestigt. Nicht sehr wärmebedürftig, verträgt Temperaturen bis

15°C. Auch für Aqua-Terrarien emers verwendbar, benötigt jedoch viel Zeit bis zur völligen Etablierung.

Eine weitere, dem Javamoos sehr ähnliche Art ist als „Falsches Javamoos" bekannt, gehört zu *Glossadelphus zollingeri*, *Sematophyllaceae* (Südostasien). Die Pflanzen sind jedoch weniger verzweigt und wachsen lockerer, mehr aufstrebend. Blättchen nicht sitzend, sondern mit gerundeter Basis. – Kultur wie *Vesicularia dubyana*.

Bild 166. Javamoos, *Vesicularia dubyana,* das hier in dichten Büscheln an Moorkienholz wächst, ist ein für Tropenaquarien nahezu unentbehrliches Wassermoos; es verträgt auch tief schattige Standorte. Aufnahme G. Brünner

Wasserschlauch siehe *Utricularia*-Arten, S. 194

Wasserschlüssel siehe *Hydrocleis nymphoides,* S. 138

Wasserstern siehe *Callitriche*-Arten, S. 94

Wasserwedel siehe *Hygrophila difformis,* S. 143

Wasserwistarie siehe *Hygrophila difformis,* S. 143

Wolffia, siehe S. 149

Wolfsmilchgewächse siehe *Euphorbiaceae,* S. 133

Wolfsmilch, Schwimmende, siehe *Euphorbiaceae,* S. 133

Zannichellia, siehe S. 181

Zellophanpflanze siehe *Echinodorus berteroi,* S. 123

Zizania aquatica siehe *Poaceae,* S. 177

Zosterella dubia, ST A K
Grasblättriges Trugkölbchen
Pontederiaceae, Pontederiengewächse
USA (mittlere und südliche Staaten)
Blätter linealisch, bis 12 cm lang (im Aquarium meist kürzer) und 5 mm breit, grasartig, mit scheidiger, stengelumfassender Basis, zur Spitze allmählich zugespitzt, hellgrün, Stengel bis 3 mm. Triebe oft über 1 m lang, kaum verzweigt, flutende Blätter kürzer und derber, im flachen Wasser blühend, langgestielte Blüten auffallend groß, bis 20 mm, mit 6 gelben Kronblattzipfeln.
Nahe verwandt mit *Heteranthera,* bzw. als zu dieser gehörig betrachtet (*H. dubia*). Heute verhältnismäßig wenig kultiviert, haltbar und anspruchslos, in geräumigen Kaltwasserbecken bei 12–18°C und etwa 0,8 W/l, wächst in härterem Wasser bis pH 7,3, oft ausgesprochen wuchernd, so daß häufig ausgelichtet werden muß, zur Hintergrundpflanzung in dichten Gruppen.

Bild 167. Das Grasblättrige Trugkölbchen, *Zosterella dubia* (= *Heteranthera graminea)* ist eine anspruchslose Wasserpflanze für gemäßigte Temperaturen (12–18°C).

Zwergamazonas siehe *Echinodorus,* S. 121

Zwergkleeblatt siehe *Marsilea crenata,* S. 158

Zwergkraut siehe *Glossostigma,* S. 135

Zwergnadelsimse siehe *Eleocharis parvula,* S. 131

Zwergpfeilkraut siehe *Sagittaria subulata,* S. 187, *S. pusilla,* S. 186

Zwergseerose siehe *Nymphaea,* S. 168

Zwergspeerblatt siehe *Anubias barteri* var. *nana,* S. 75

Zwergwasserschlauch siehe *Utricularia gibba* var. *exoleta,* S. 195

Artenschutz, Pflanzen der Roten Liste

Der Handel bietet heute ein reichhaltiges Sortiment an tropischen Aquarienpflanzen, die aus Kulturen stammen, an (S. 23). Relativ gering ist dagegen die Auswahl für Kaltwasseraquarien geeigneter Arten, da hier die Nachfrage nicht sehr groß ist. Früher wurde der Bedarf teilweise aus gesammelten heimischen Wasserpflanzen gedeckt. Das ist heute aber kaum noch zu verantworten, insbesondere sind hier die gesetzlichen Bestimmungen zu beachten. Besonders für Freilandbecken findet der Aquarianer viele Wasser- und Sumpfpflanzen in Spezialgärtnereien, teilweise auch in Gartencentern. Hier finden sich oft auch für Kaltwasseraquarien brauchbare submerse Arten. Wie bei tropischen Aquarienpflanzen auch, ist das Angebot wechselnd, so daß man verschiedene Betriebe aufsuchen bzw. häufiger nachfragen muß. Auch der Versandhandel bietet hier oft ein reichhaltiges Sortiment.

Tropische Aquarienpflanzen unterliegen bislang nicht dem Washingtoner Artenschutzabkommen. Für Sammeln, Handel und Ausfuhr sind die Gesetzgebungen der jeweiligen Staaten gültig, teilweise besteht Ausfuhrverbot. Unter die Bundesartenschutzverordnung vom 25. 8. 80 fallen folgende einheimische Wasser- und Sumpfpflanzen:

Calla palustris, Sumpfkalla, Schlangenwurz
Aldrovanda vesiculosa, Wasserfalle
Euphorbia palustris, Sumpfwolfsmilch
Hottonia palustris, Wasserfeder, Wasserprimel
Iris spp., alle einheimischen Schwertlilien-Arten
Isoetes echinospora, Stachelsporiges Brachsenkraut
Isoetes lacustris, See-Brachsenkraut
Lobelia dortmanna, Wasserlobelie
Nymphaeaceae spp., Seerosengewächse, alle einheimischen Arten
Salvinia natans, Schwimmfarn
Stratiotes aloides, Krebsschere, Wasseraloe
Trapa natans, Wassernuß
Utricularia spp., Wasserschlauch, alle einheimischen Arten
Außerdem sind die jeweiligen Naturschutzverordnungen der Bundesländer zu beachten.

In der sogenannten Roten Liste sind Tiere und Pflanzen in der Bundesrepublik nach ihrem Gefährdungsgrad zusammengefaßt. Durch Biotopvernichtung und Umweltbelastung entfallen hierauf auch viele einheimische Wasser- und Sumpfpflanzen.

Ausgestorben oder verschollen: *Caldesia parnassifolia,* Herzlöffel; *Crassula aquatica,* Wasser-Fettkraut; *Crassula tillaea,* Moosblümchen; *Eleocharis parvula,* Kleine Sumpfbinse; *Marsilea quadrifolia,* Kleefarn; *Subularia aquatica,* Wasser-Pfriemenkresse.

Vom Aussterben bedroht: *Aldrovanda vesiculosa,* Wasserfalle; *Baldellia ranunculoides,* Igelschlauch; *Callitriche brutia,* Stiel-Wasserstern; *Elatine alsinastrum,* Quirl-Tännel; *Isoetes echinospora,* Stachelsporiges Brachsenkraut; *Isoetes lacustris,* See-Brachsenkraut; *Lobelia dortmanna,* Wasserlobelie; *Luronium natans,* Schwimmendes Froschkraut; *Najas flexilis,* Biegsames Nixkraut; *Nuphar pumila,* Zwergmummel; *Pilularia globulifera,* Pillenkraut, Pillenfarn; *Ranunculus hederaceus,* Efeublättriger Hahnenfuß; *Ranunculus hololeucus,* Weißer Wasserhahnenfuß; *Salvinia natans,* Schwimmfarn; *Sparganium angustifolium,* Schmalblättriger Igelkolben; *Typha minima,* Zwergrohrkolben; *Utricularia bremii,* Bremis Wasserschlauch; *Utricularia ochroleuca,* Ockergelber Wasserschlauch.

Stark gefährdet: *Elatine hexandra,* Sechsmänniger Tännel; *Elatine hydropiper,* Wasserpfeffer, Tännel; *Elatine triandra,* Dreimänniger Tännel; *Euphorbia palustris,* Sumpfwolfsmilch; *Isolepis fluitans,* Flutende Schuppenbinse; *Littorella uniflora,* Strandling; *Ludwigia palustris,* Sumpf-Heusenkraut, Ludwigie; *Lythrum hyssopifolia,* Ysop-Blutweiderich; *Myriophyllum alterniflorum,* Wechselblütiges Tausendblatt; *Najas intermedia,* Mittleres Nixkraut; *Nymphaea candida,* Kleine Seerose; *Potamogeton × angustifolius,* Schmalblättriges Laichkraut; *Potamogeton coloratus,* Gefärbtes Laichkraut; *Potamogeton compressus,* Flachstengeliges Laichkraut; *Potamogeton filiformis,* Faden-Laichkraut; *Potamogeton helveticus,* Schweizer Laichkraut; *Potamogeton × ni-*

tens, Glanz-Laichkraut; *Potamogeton praelongus*, Gestrecktes Laichkraut; *Potamogeton rutilus*, Rötliches Laichkraut; *Ranunculus reptans*, Ufer-Hahnenfuß; *Samolus valerandi*, Bunge, Salzbunge; *Sparganium minimum*, Zwerg-Igelkolben; *Trapa natans*, Wassernuß; *Typha shuttleworthii*, Shuttleworth Rohrkolben; *Utricularia intermedia*, Mittlerer Wasserschlauch.

Gefährdet: *Calla palustris*, Sumpfkalla, Schlangenwurz; *Ceratophyllum submersum*, Zartes Hornblatt; *Groenlandia densa*, Dickblättriges Laichkraut; *Hottonia palustris*, Wasserfeder, Wasserprimel; *Hydrocharis morsus ranae*, Froschbiß; *Limosella aquatica*, Schlammkraut; *Lysimachia thyrsiflora*, Straußblütiger Weiderich; *Menyanthes trifoliata*, Fieberklee; *Montia fontana ssp. chondrosperma*, Kleines Quellkraut; *Najas marina*, Großes Nixkraut; *Najas minor*, Kleines Nixkraut; *Nymphoides peltata*, Seekanne; *Parnassia palustris*, Sumpf-Herzblatt; *Potamogeton acutifolius*, Spitzblättriges Laichkraut; *Potamogeton alpinus*, Alpen-Laichkraut; *Potamogeton gramineus*, Gras-Laichkraut; *Potamogeton polygonifolius*, Knöterich-Laichkraut; *Potamogeton trichoides*, Haarblättriges Laichkraut; *Ranunculus lingua*, Zungen-Hahnenfuß; *Stratiotes aloides*, Krebsschere, Wasseraloe; *Triglochin palustris*, Sumpf-Dreizack; *Utricularia minor*, Kleiner Wasserschlauch; *Utricularia neglecta*, Verkannter Wasserschlauch; *Utricularia vulgaris*, Gewöhnlicher Wasserschlauch.

Potentiell gefährdet: *Alisma gramineum*, Grasblättriger Froschlöffel; *Callitriche hermaphroditica*, Herbst-Wasserstern; *Ranunculus baudotii*, Brackwasser-Hahnenfuß; *Ranunculus tripartitus*, Dreiteiliger Hahnenfuß; *Ruppia maritima*, Meerstrand-Ruppie.

Moose (*Bryophyta*): Hier ist u. a. *Ricciocarpus natans* in die Kategorie „Gefährdet" einzureihen.

Literatur

BRÜNNER, G.: Aquarienpflanzen, Kosmos-Vivarium, 8. erweiterte Auflage, Stuttgart 1983
BRÜNNER, G.: Pflanzen im Aquarium – richtig gepflegt, Kosmos-Vivarium, 5. Aufl., Stuttgart 1981
BRÜNNER, G., BECK, P.: Neue Wasserpflanzen-Praxis. Melle 1980
CASPER, S. J., KRAUSCH, H. P.: Süßwasserflora Mitteleuropas. Pteridophyta und Anthophyta, Band 1 und 2. Stuttgart 1981
COOK, C., D. K.: Water Plants of the World. Den Haag 1974
JACOBSEN, N.: Cryptocorynen. Stuttgart 1982
JACOBSEN, N., HANCKE, V.: Aquarienpflanzen. München 1979
MÜHLBERG, H.: Das große Buch der Wasserpflanzen. Hanau 1980
PAFFRATH, K.: Bestimmung und Pflege von Aquarienpflanzen. Hannover 1978
RATAJ, K. und HOREMAN, T.: Aquarium Plants. Neptun City 1978
SANDERSE, A.: Pflanzen als Aquarienschmuck. Bunte Kosmos-Taschenführer. Stuttgart 1973
SANDERSE, A.: 60 Aquarienpflanzen, Bunte Kosmos-Taschenführer. Stuttgart 1978
WENDT, A.: Die Aquarienpflanzen in Wort und Bild (ab 1952), fortgesetzt von CH. KASSELMANN. Essen 1982
DE WIT, H. C. D.: Aquarienpflanzen. Stuttgart 1971
DE WIT, H. C. D.: Aquarienplanten. Baarn 1983

Allgemeine Fragen, Wasserchemie, Technik, Einrichtung:

Kosmos-Handbuch der Aquarienkunde: Das Süßwasseraquarium. Redaktion Aquarien-Magazin, 4. Aufl. Stuttgart 1983
DENNERLE, E. und L.: Pflanzen für eine prächtige Unterwasserlandschaft (Pflanzenverzeichnis mit Einrichtungsvorschlägen und technischen Hinweisen), Vinningen 1980
HORST, K. und KIPPER, H.: Die optimale Aquarienkontrolle. Schloß Holte 1983
HÜCKSTEDT, G.: Aquarienchemie. Kosmos-Vivarium, 7. Aufl., Stuttgart 1978
KIPPER, H., HORST, K.: Das perfekte Aquarium. Melle 1978
KRAUSE, H. J.: Einführung in die Aquarientechnik. Kosmos-Vivarium. Stuttgart 1982
PAYSAN, K.: Beispielhafte Aquarien. Melle 1978
SCHMIDT VAN KLEI, F.: Das holländische Pflanzenaquarium. Minden 1980
VIERKE, J.: Vierkes Aquarienkunde. Stuttgart 1982
WEISS, W.: ABC der Aquarienkunde. Kosmos-Vivarium. Stuttgart 1982

Register

Die **deutschen Pflanzennamen** finden sich in alphabetischer Rangfolge mit entsprechendem Seitenverweis im Text (Seite 71–200). Verzeichnis der wissenschaftlichen Pflanzennamen mit Autorenzitat Seite 206

Verzeichnis der im Text (Seite 71–200) behandelten Arten mit Autorennamen und Seitenzahl (zur Synonymie siehe Textangaben)